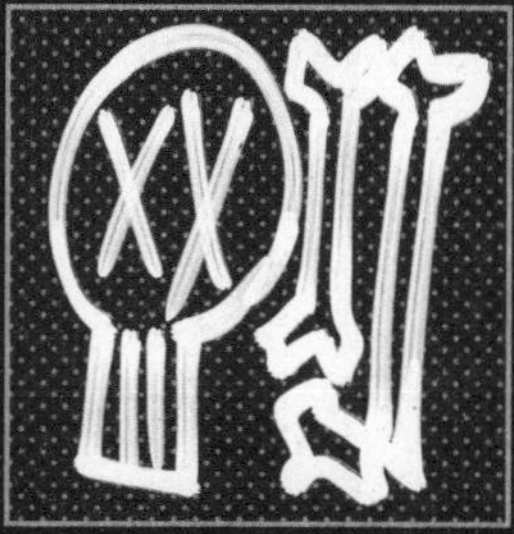

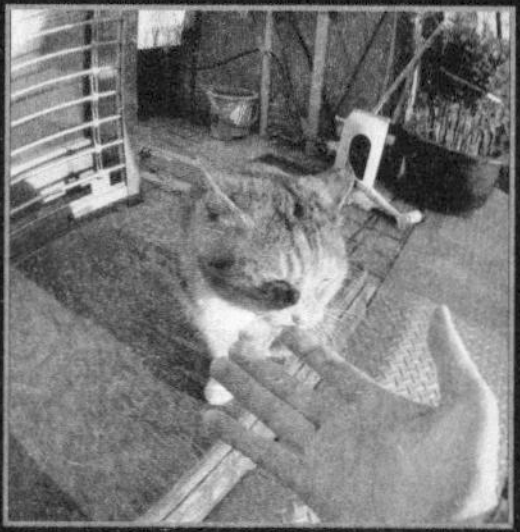

BETTEN COURT

Hier ist Band 1 des »My Hero Academia«-Spinoff »Vigilante«! Darin begegnet ihr auch dem einen oder anderen Helden! Ich würde mich freuen, wenn »MHA«-Fans es als eine Art Nebenlektüre lesen würden, und genauso, wenn bei einigen von denen, die mit dieser Serie eingestiegen sind, auch Interesse an »MHA« geweckt werden würde.

HIDEYUKI FURUHASHI

»Also, eine Serie in der Jump bekommen ja wirklich nur junge und sehr talentierte Leute. Schon genial!« »Na komm, lass uns mal irgendwo in einem Eckchen heimlich unser Ding machen.« »Die drüben sind die Academia, und wir hier sind die Vigilante, was? Muharhahar!« So reden wir und machen unser Ding. Bitte seid uns gewogen!

MY HERO ACADEMIA

VIGILANTE
MY HERO ACADEMIA ILLEGALS

Vol. 1

ICH BIN DA

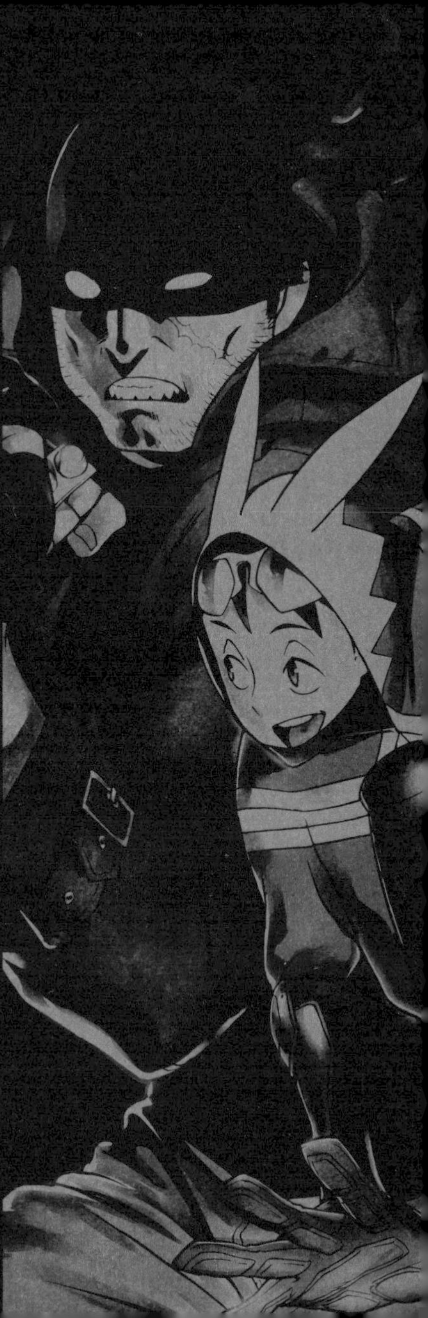

Carlsen Manga! News – jeden Monat neu per E-Mail!
www.carlsenmanga.de · www.carlsen.de

CARLSEN MANGA

Völckersstraße 14-20 · 22765 Hamburg
Aus dem Japanischen von Antje Bockel
VIGILANTE -BOKU NO HERO ACADEMIA ILLEGALS-

First published in Japan in 2016 by SHUEISHA Inc., Tokyo.
German translation rights in Germany, Austria, Luxembourg and German-speaking Switzerland arranged by SHUEISHA Inc. through VME PLB SAS, France.

Die Handlung dieser Geschichte ist frei erfunden. Ähnlichkeiten mit lebenden Personen, realen Organisationen oder Ereignissen sind rein zufällig und unbeabsichtigt.

Redaktion: Anne Berling
Textbearbeitung: Steffen Haubner
Herstellung: Gunta Lauck
Alle deutschen Rechte vorbehalten
ISBN: 978-3-551-71724-5

Wir produzieren nachhaltig

- Klimaneutrales Produkt
- Papiere aus nachhaltigen und kontrollierten Quellen
- Hergestellt in Europa

VIGILANTE

MY HERO ACADEMIA ILLEGALS

Autor: Hideyuki FURUHASHI
Zeichnungen: Betten COURT
Original Story: Kohei HORIKOSHI

Vol. 1

ICH BIN DA

(VIGILANTE (BÜRGERWEHR))

ORGANISATION ZUR VERBRECHENSBEKÄMPFUNG, DEREN AKTIVITÄTEN JEDER JURISTISCHEN GRUNDLAGE ENTBEHREN. DIE MITGLIEDER DER BÜRGERWEHR, AUS DENEN SICH DIE ORGANISATION ZUSAMMENSETZT, SIND VERFECHTER DES PRINZIPS DER SELBSTVERTEIDIGUNG.

INHALT

VIGILANTE
MY HERO ACADEMIA ILLEGALS

Vol. 1

ICH BIN DA

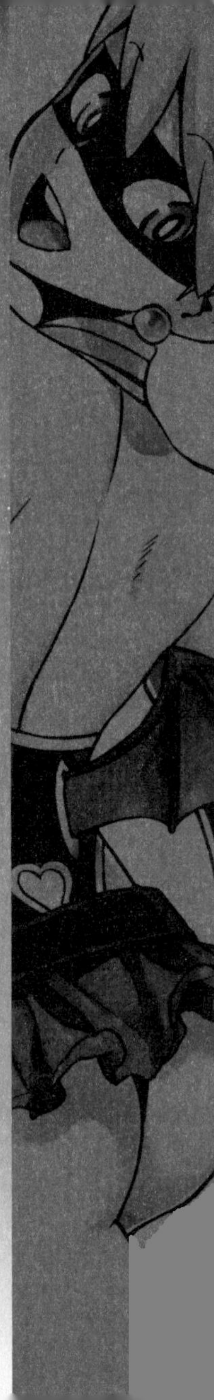

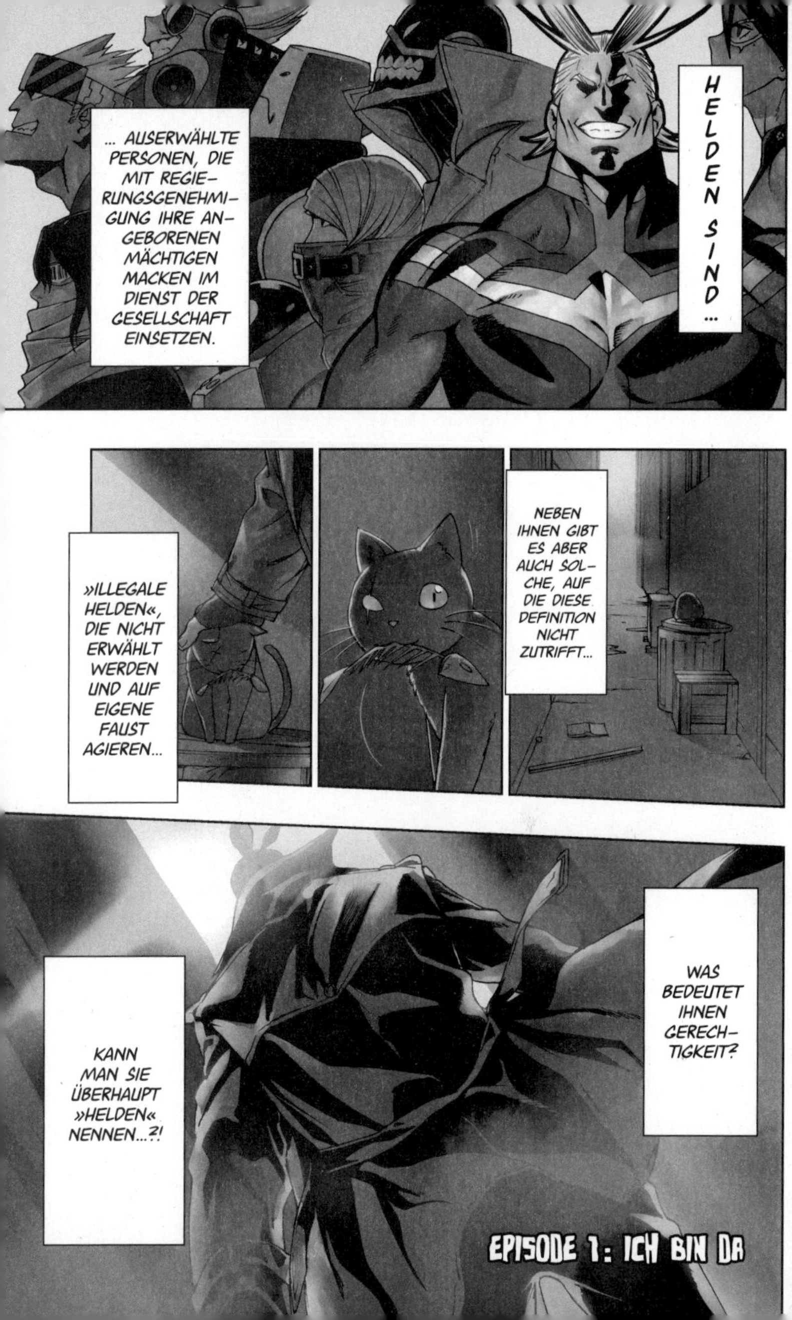
HELDEN SIND ...
... AUSERWÄHLTE PERSONEN, DIE MIT REGIERUNGSGENEHMIGUNG IHRE ANGEBORENEN MÄCHTIGEN MACKEN IM DIENST DER GESELLSCHAFT EINSETZEN.
NEBEN IHNEN GIBT ES ABER AUCH SOLCHE, AUF DIE DIESE DEFINITION NICHT ZUTRIFFT...
»ILLEGALE HELDEN«, DIE NICHT ERWÄHLT WERDEN UND AUF EIGENE FAUST AGIEREN...
WAS BEDEUTET IHNEN GERECHTIGKEIT?
KANN MAN SIE ÜBERHAUPT »HELDEN« NENNEN...?!
EPISODE 1: ICH BIN DA

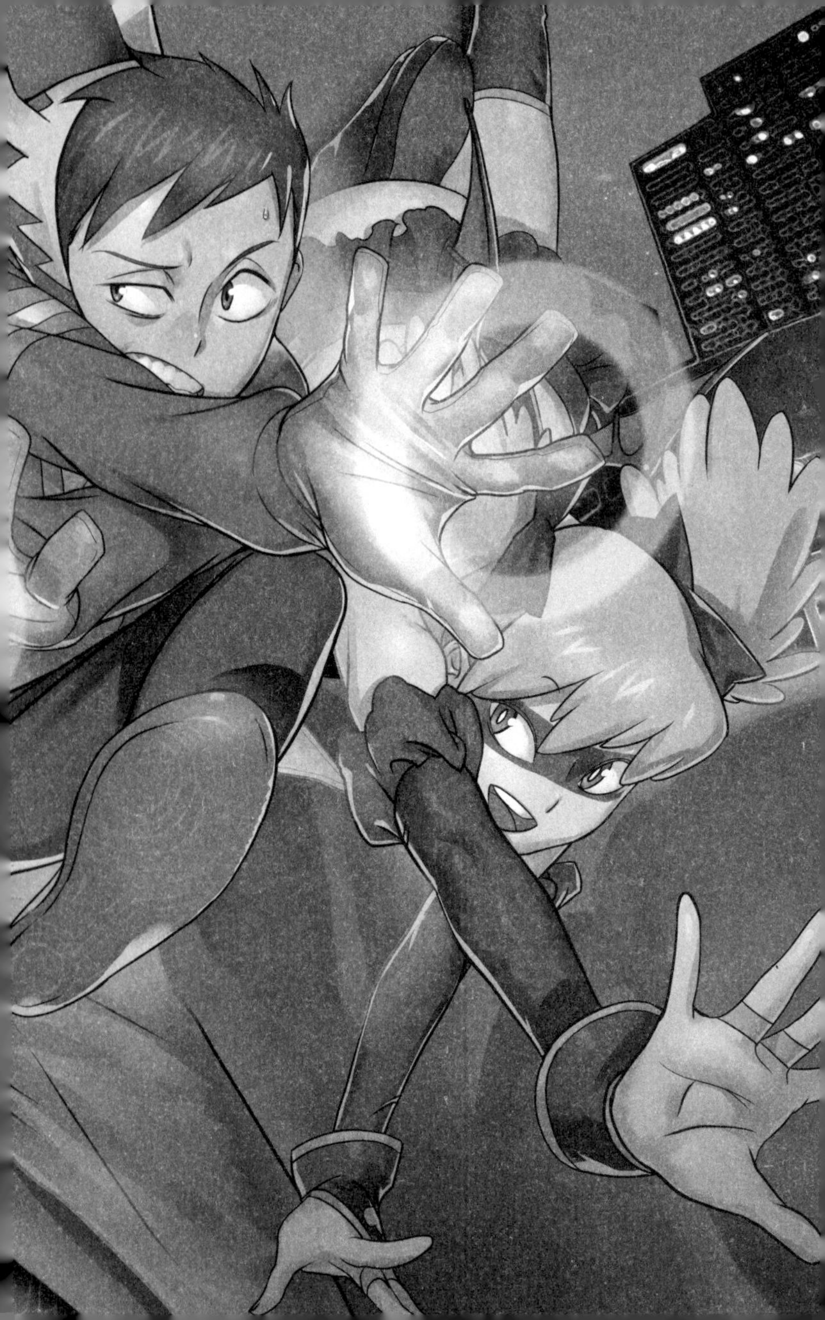

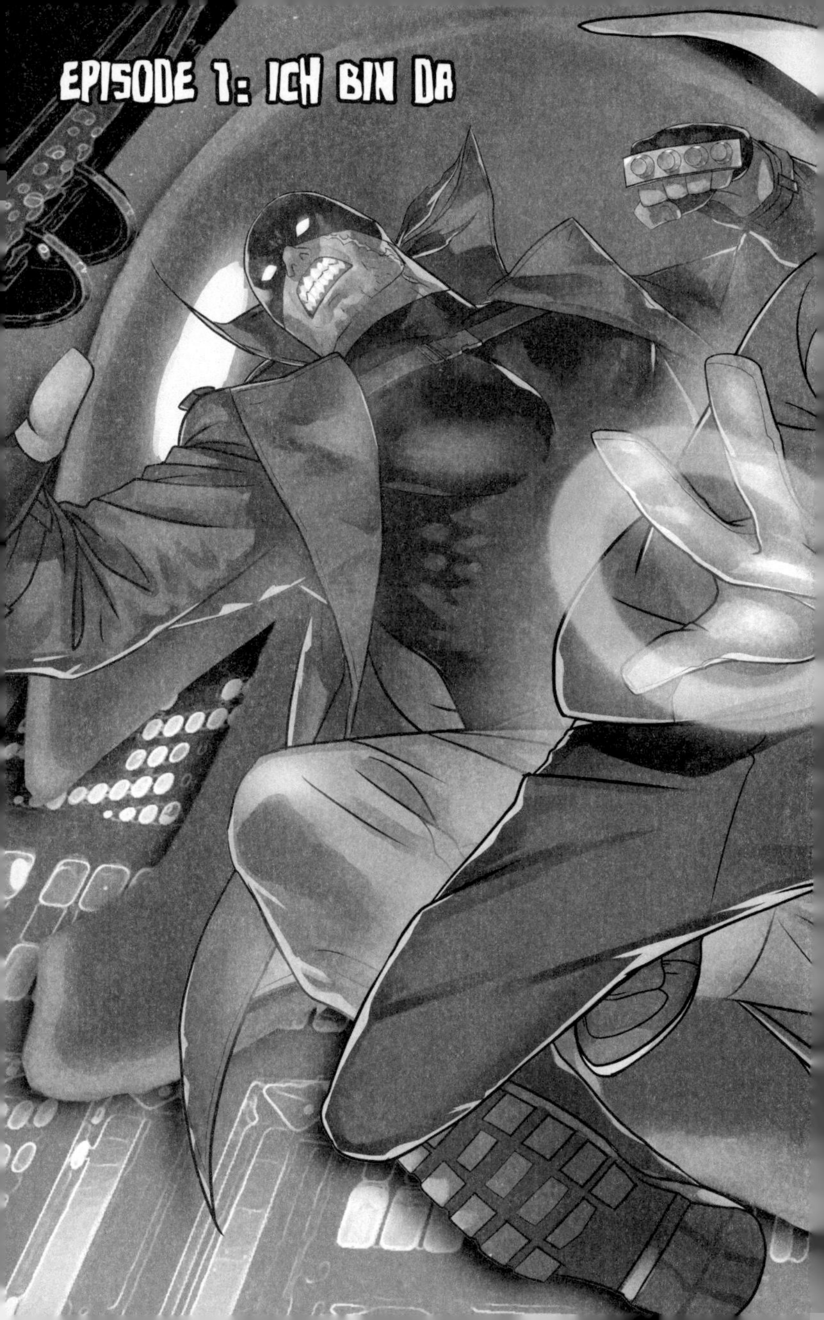
EPISODE 1: ICH BIN DA

VIGILANTE
MY HERO ACADEMIA
ILLEGALS

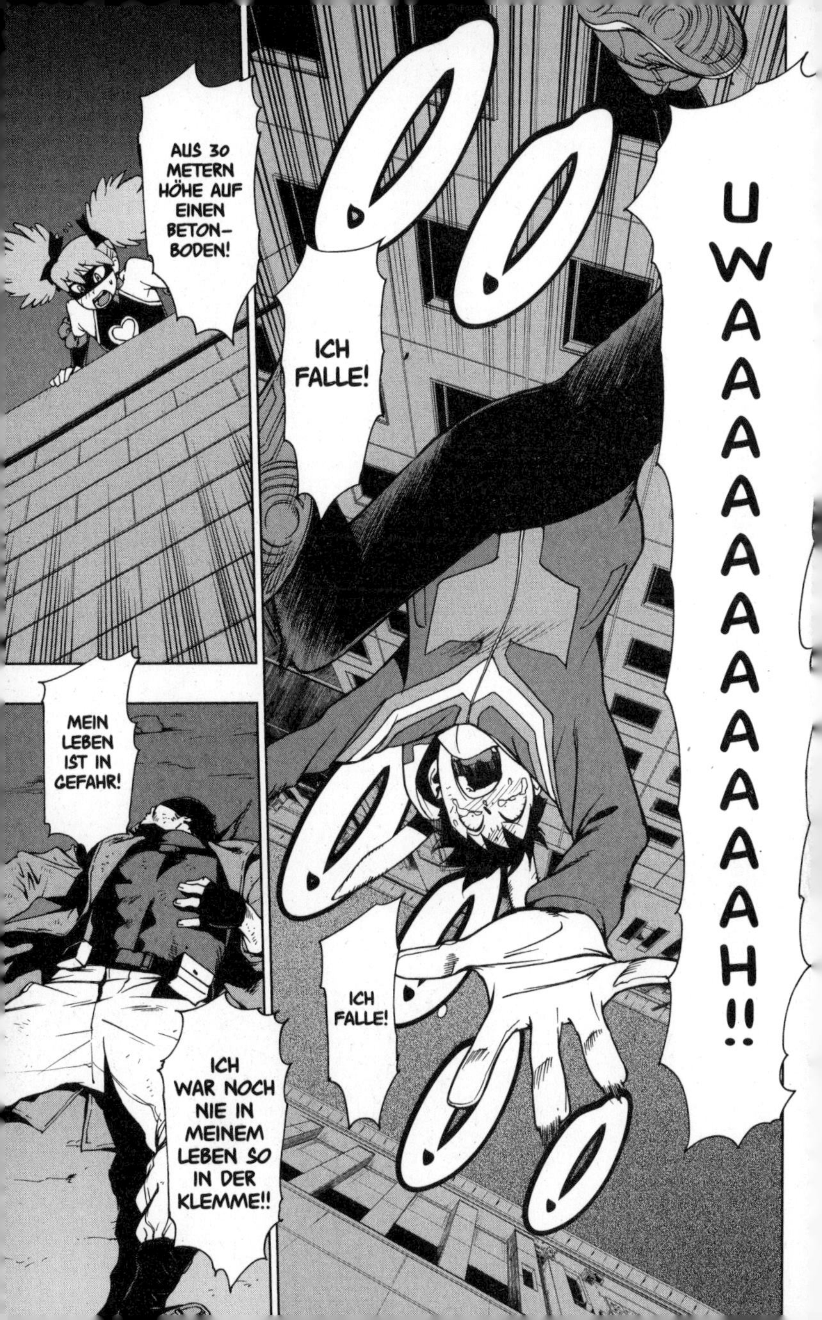
UWAAAAAAAAAAAAAH!!
ICH FALLE!
AUS 30 METERN HÖHE AUF EINEN BETON-BODEN!
ICH FALLE!
MEIN LEBEN IST IN GEFAHR!
ICH WAR NOCH NIE IN MEINEM LEBEN SO IN DER KLEMME!!

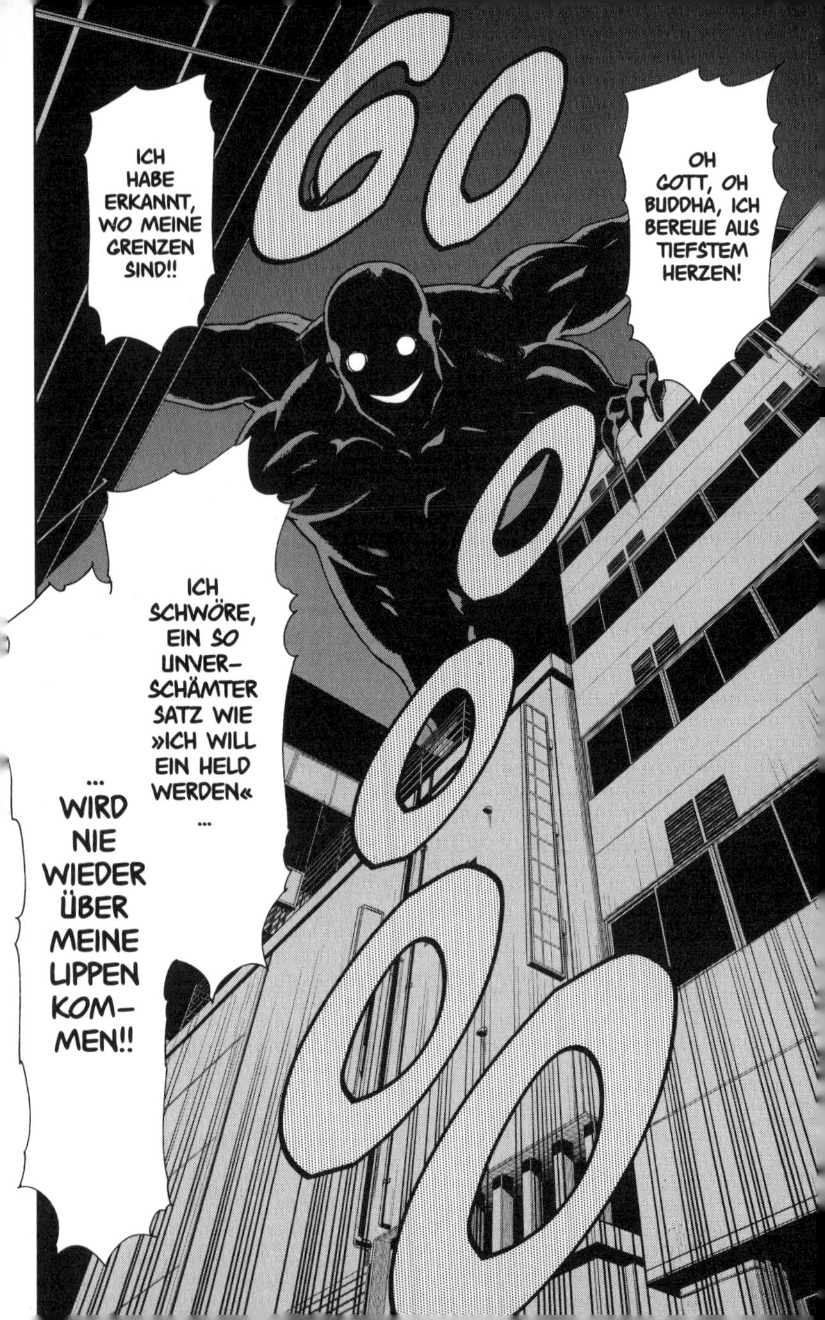
OH GOTT, OH BUDDHA, ICH BEREUE AUS TIEFSTEM HERZEN!
ICH HABE ERKANNT, WO MEINE GRENZEN SIND!!
ICH SCHWÖRE, EIN SO UNVERSCHÄMTER SATZ WIE »ICH WILL EIN HELD WERDEN« ...
... WIRD NIE WIEDER ÜBER MEINE LIPPEN KOMMEN!!

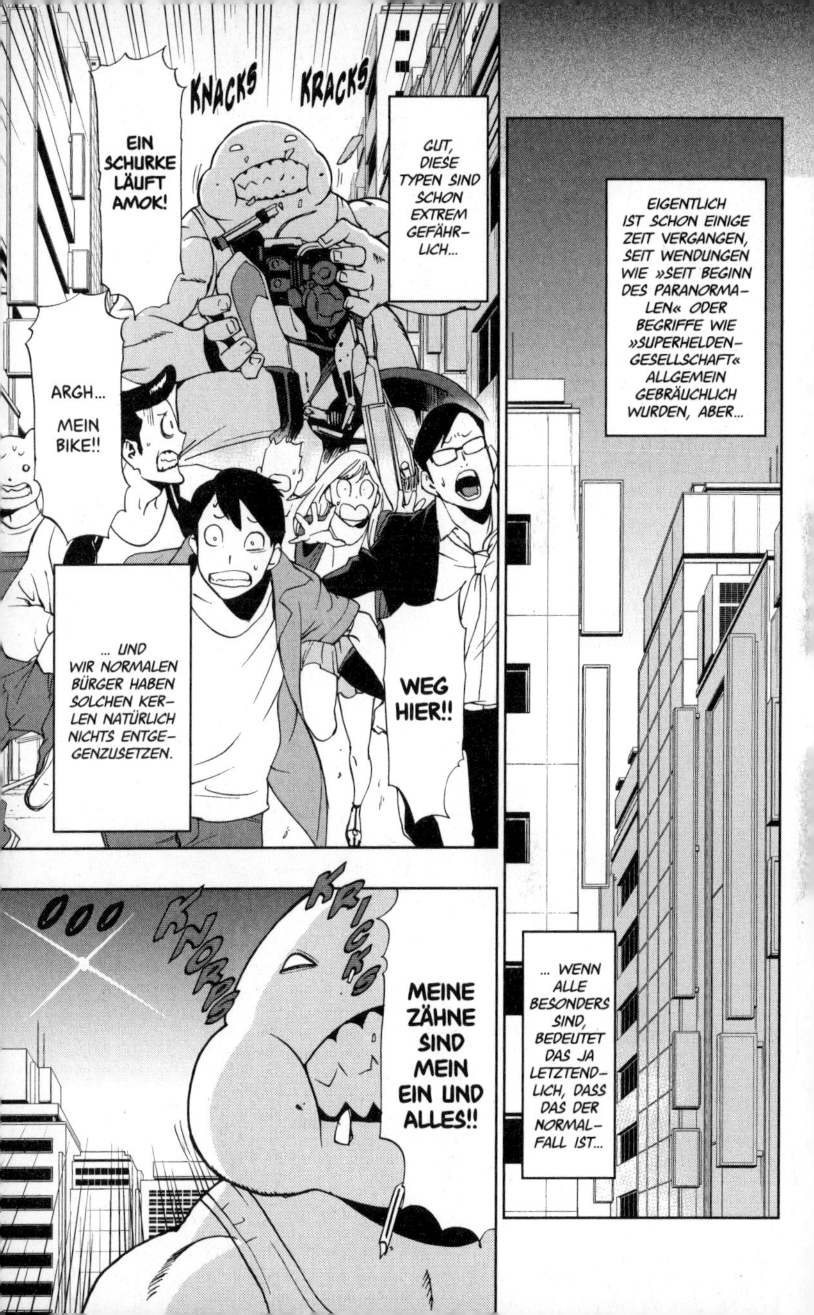
EIGENTLICH IST SCHON EINIGE ZEIT VERGANGEN, SEIT WENDUNGEN WIE »SEIT BEGINN DES PARANORMALEN« ODER BEGRIFFE WIE »SUPERHELDEN-GESELLSCHAFT« ALLGEMEIN GEBRÄUCHLICH WURDEN, ABER...
... WENN ALLE BESONDERS SIND, BEDEUTET DAS JA LETZTENDLICH, DASS DAS DER NORMALFALL IST...
GUT, DIESE TYPEN SIND SCHON EXTREM GEFÄHRLICH...
KRACKS
KNACKS
EIN SCHURKE LÄUFT AMOK!
ARGH... MEIN BIKE!!
WEG HIER!!
... UND WIR NORMALEN BÜRGER HABEN SOLCHEN KERLEN NATÜRLICH NICHTS ENTGEGENZUSETZEN.
MEINE ZÄHNE SIND MEIN EIN UND ALLES!!

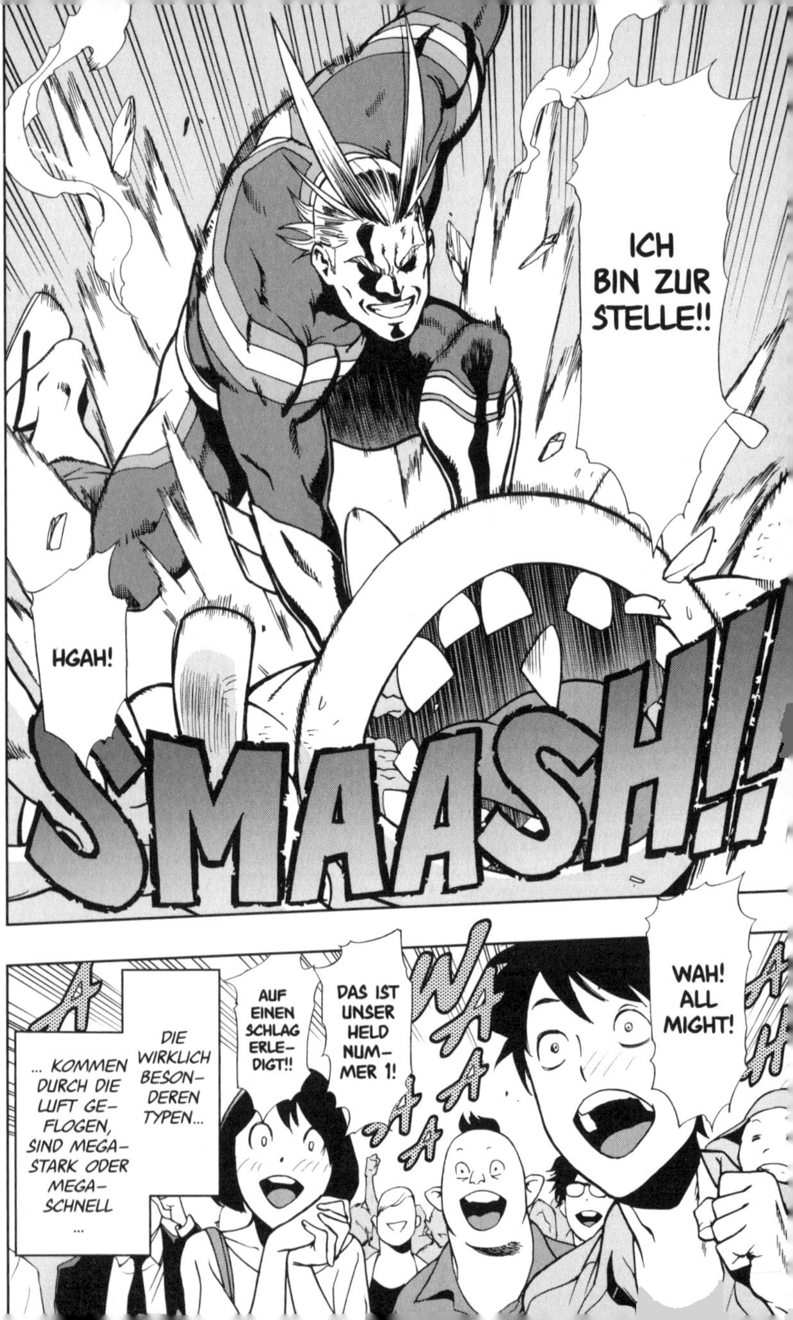

ICH BIN ZUR STELLE!!
HGAH!
SMAASH!!
WAH! ALL MIGHT!
DAS IST UNSER HELD NUMMER 1!
AUF EINEN SCHLAG ERLEDIGT!!
DIE WIRKLICH BESONDEREN TYPEN...
... KOMMEN DURCH DIE LUFT GEFLOGEN, SIND MEGASTARK ODER MEGA-SCHNELL ...

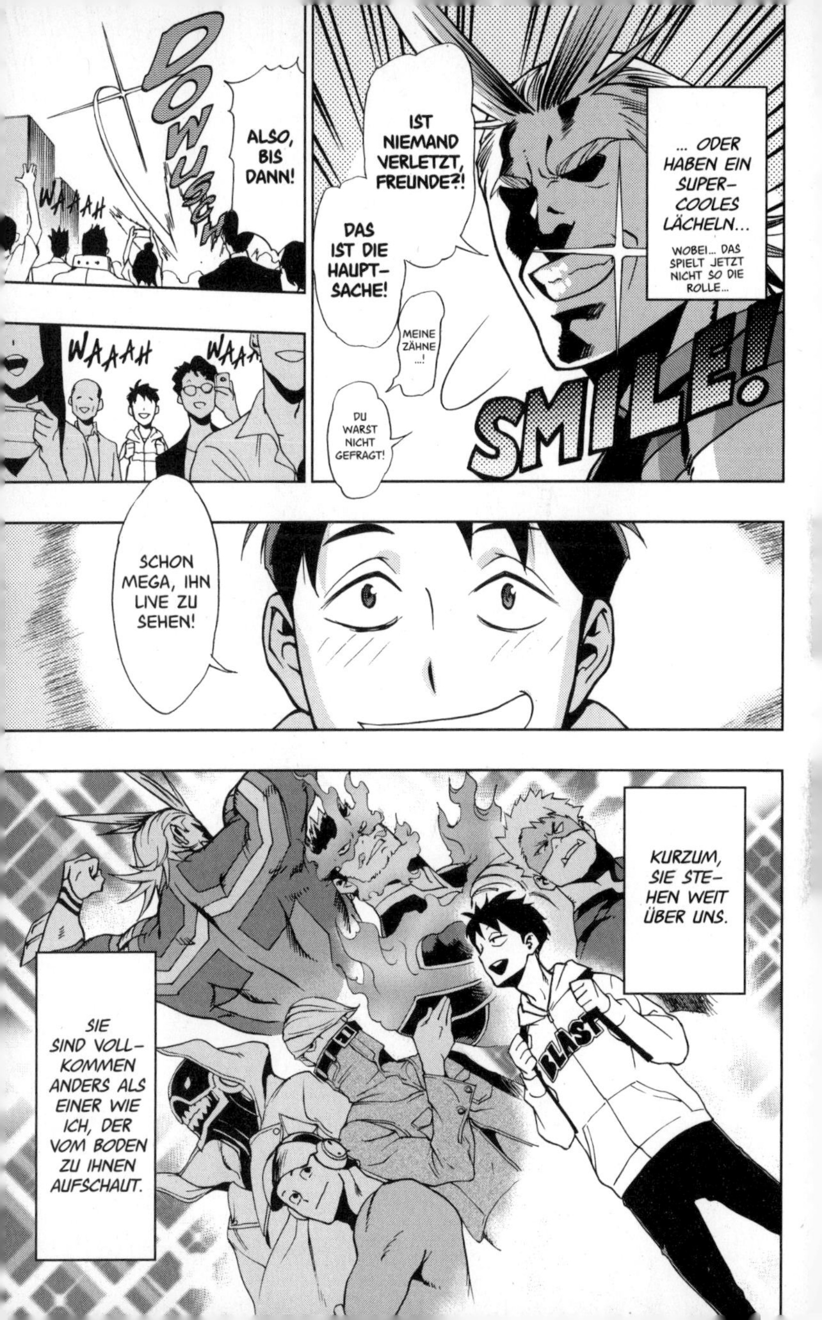
... ODER HABEN EIN SUPER-COOLES LÄCHELN...
WOBEI... DAS SPIELT JETZT NICHT SO DIE ROLLE...
IST NIEMAND VERLETZT, FREUNDE?!
DAS IST DIE HAUPT-SACHE!
MEINE ZÄHNE ...!
DU WARST NICHT GEFRAGT!
SMILE!
ALSO, BIS DANN!
DOWUSCH
WAAAH
WAAAH
WAAAH
SCHON MEGA, IHN LIVE ZU SEHEN!
KURZUM, SIE STE-HEN WEIT ÜBER UNS.
SIE SIND VOLL-KOMMEN ANDERS ALS EINER WIE ICH, DER VOM BODEN ZU IHNEN AUFSCHAUT.
BLAST

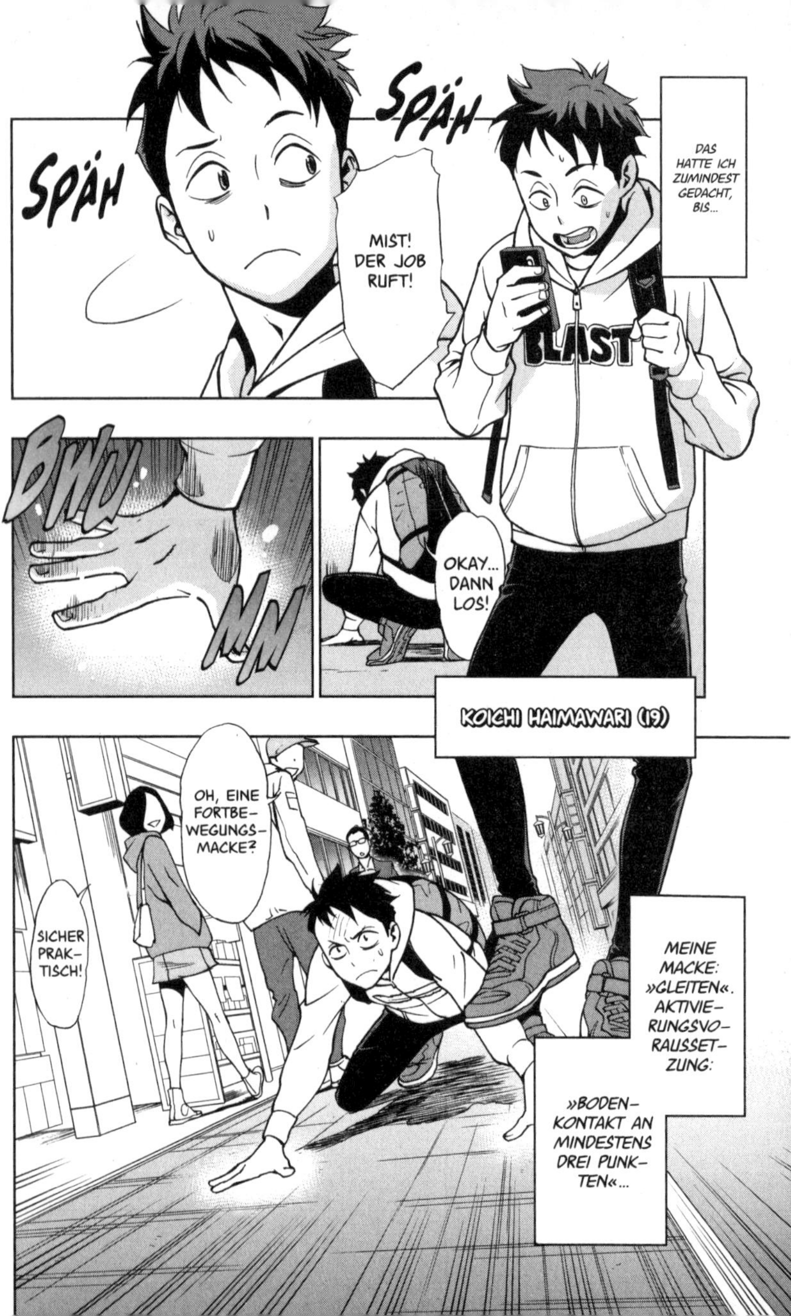
DAS HATTE ICH ZUMINDEST GEDACHT, BIS...
SPÄH
SPÄH
MIST! DER JOB RUFT!
BLAST
OKAY... DANN LOS!
BWUMM
KOICHI HAIMAWARI (19)
MEINE MACKE: »GLEITEN«. AKTIVIERUNGSVORAUSSETZUNG:
»BODENKONTAKT AN MINDESTENS DREI PUNKTEN«...
OH, EINE FORTBEWEGUNGSMACKE?
SICHER PRAKTISCH!

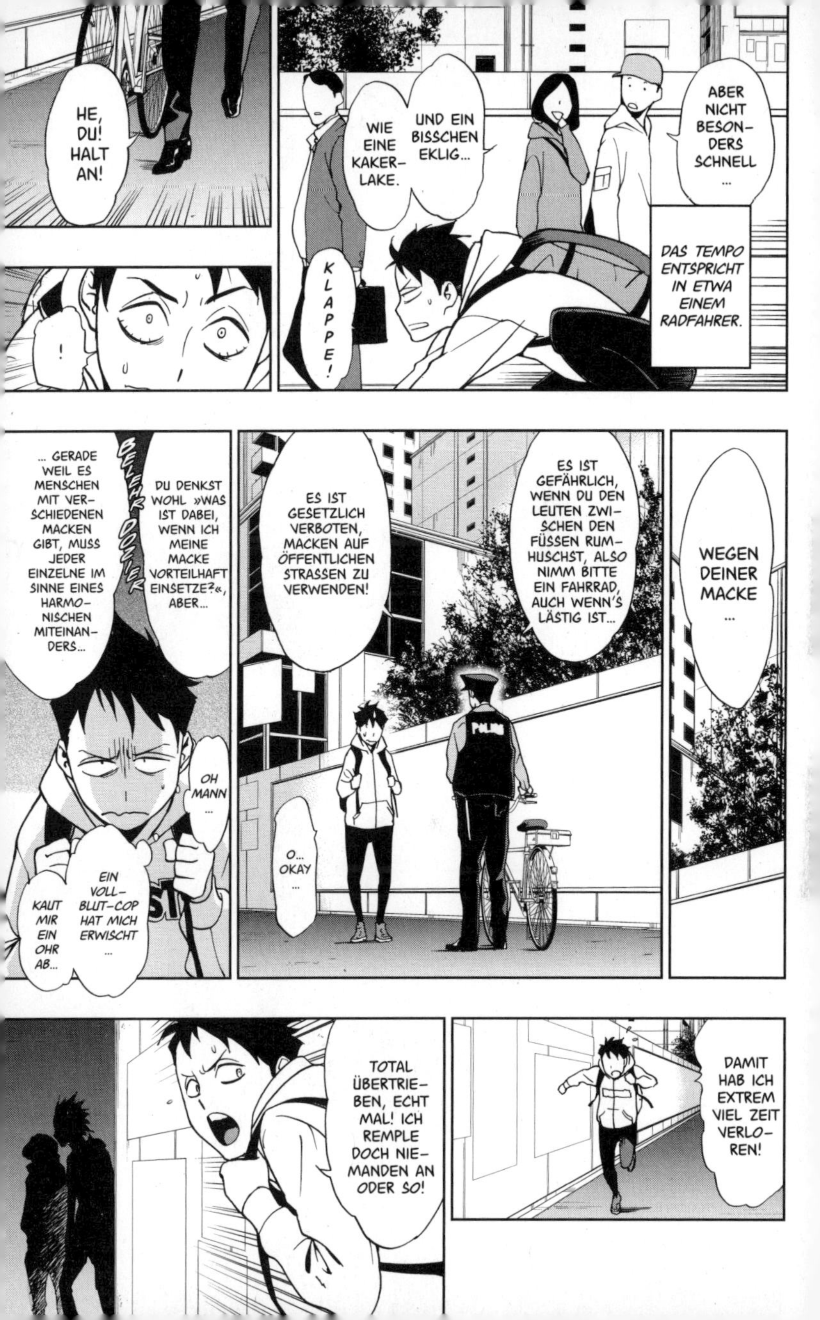
ABER NICHT BESONDERS SCHNELL ...
DAS TEMPO ENTSPRICHT IN ETWA EINEM RADFAHRER.
UND EIN BISSCHEN EKLIG...
WIE EINE KAKERLAKE.
KLAPPE!
HE, DU! HALT AN!
!
WEGEN DEINER MACKE ...
ES IST GEFÄHRLICH, WENN DU DEN LEUTEN ZWISCHEN DEN FÜSSEN RUMHUSCHST, ALSO NIMM BITTE EIN FAHRRAD, AUCH WENN'S LÄSTIG IST...
ES IST GESETZLICH VERBOTEN, MACKEN AUF ÖFFENTLICHEN STRASSEN ZU VERWENDEN!
O... OKAY ...
DU DENKST WOHL »WAS IST DABEI, WENN ICH MEINE MACKE VORTEILHAFT EINSETZE?«, ABER...
... GERADE WEIL ES MENSCHEN MIT VERSCHIEDENEN MACKEN GIBT, MUSS JEDER EINZELNE IM SINNE EINES HARMONISCHEN MITEINANDERS...
BELEHR DOZIER
OH MANN ...
EIN VOLLBLUT-COP HAT MICH ERWISCHT ...
KAUT MIR EIN OHR AB...
DAMIT HAB ICH EXTREM VIEL ZEIT VERLOREN!
TOTAL ÜBERTRIEBEN, ECHT MAL! ICH REMPLE DOCH NIEMANDEN AN ODER SO!

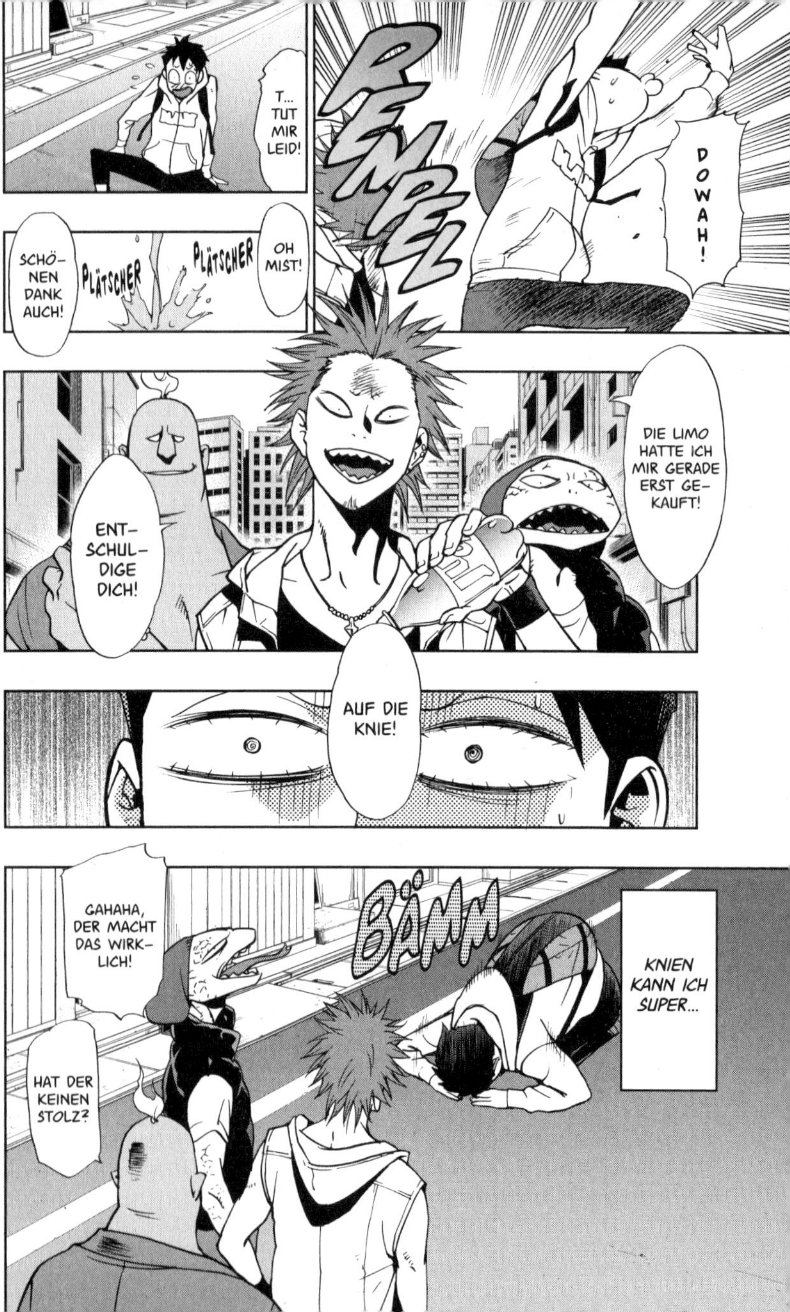
REMPEL
DOWAH!
T... TUT MIR LEID!
OH MIST!
PLÄTSCHER
PLÄTSCHER
SCHÖNEN DANK AUCH!
DIE LIMO HATTE ICH MIR GERADE ERST GEKAUFT!
ENTSCHULDIGE DICH!
AUF DIE KNIE!
BÄMM
KNIEN KANN ICH SUPER...
GAHAHA, DER MACHT DAS WIRKLICH!
HAT DER KEINEN STOLZ?

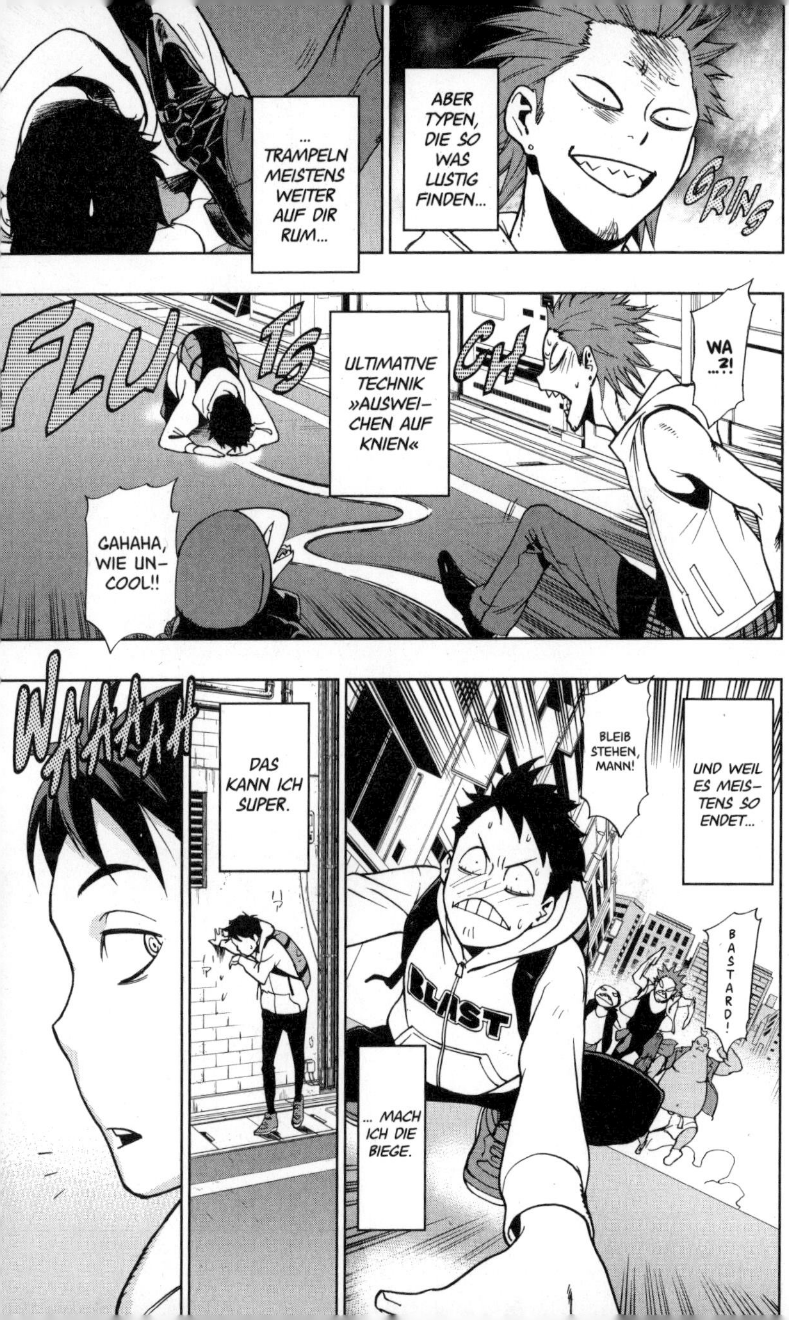
ABER TYPEN, DIE SO WAS LUSTIG FINDEN...
GRINS
... TRAMPELN MEISTENS WEITER AUF DIR RUM...
WA...?!
ULTIMATIVE TECHNIK »AUSWEICHEN AUF KNIEN«
FLUTSCH
GAHAHA, WIE UN-COOL!!
UND WEIL ES MEISTENS SO ENDET...
BLEIB STEHEN, MANN!
BASTARD!
... MACH ICH DIE BIEGE.
DAS KANN ICH SUPER.
WAAAAH

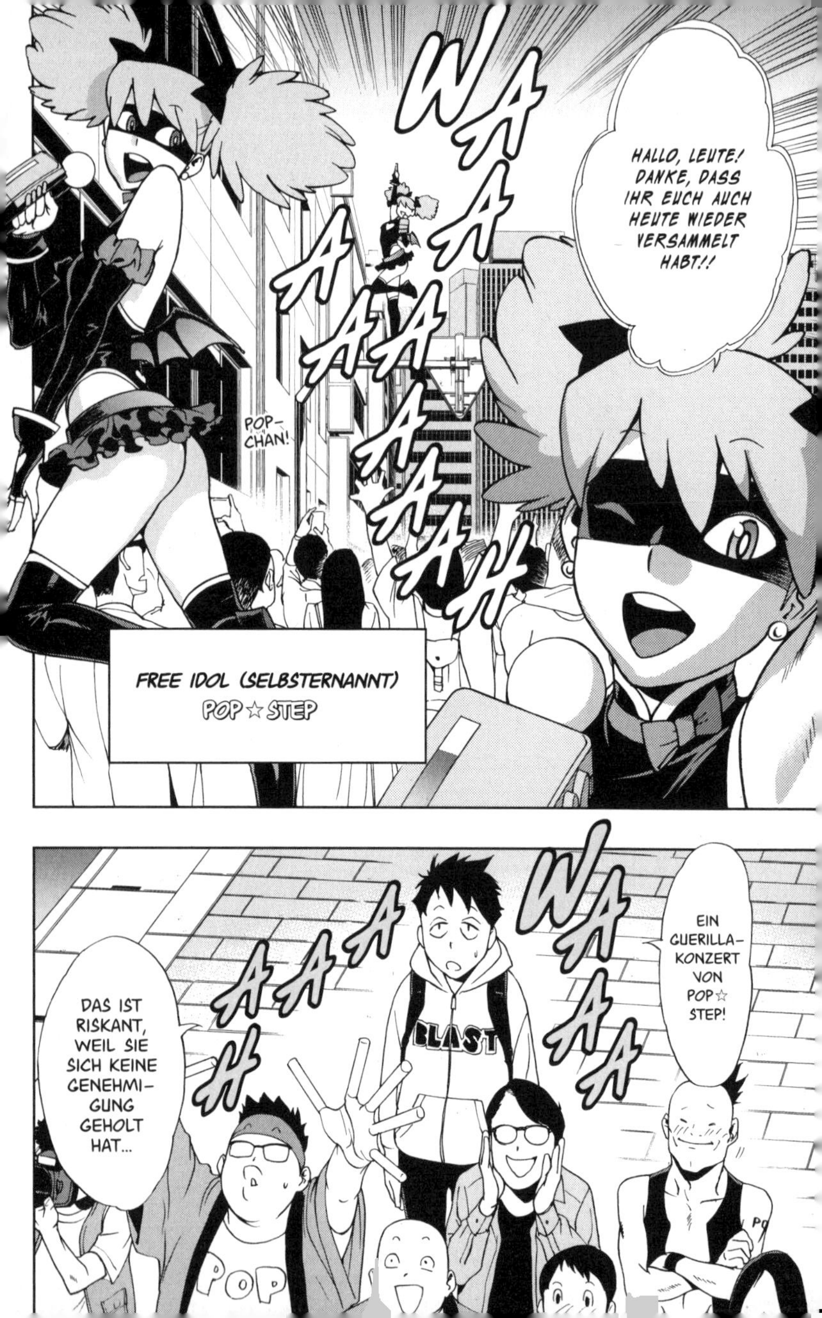
HALLO, LEUTE! DANKE, DASS IHR EUCH AUCH HEUTE WIEDER VERSAMMELT HABT!!
WAAAAAAAAAAH
POP-CHAN!
FREE IDOL (SELBSTERNANNT)
POP☆STEP
EIN GUERILLA-KONZERT VON POP☆STEP!
WAAAA
AAAAH
DAS IST RISKANT, WEIL SIE SICH KEINE GENEHMI-GUNG GEHOLT HAT...
BLAST
POP

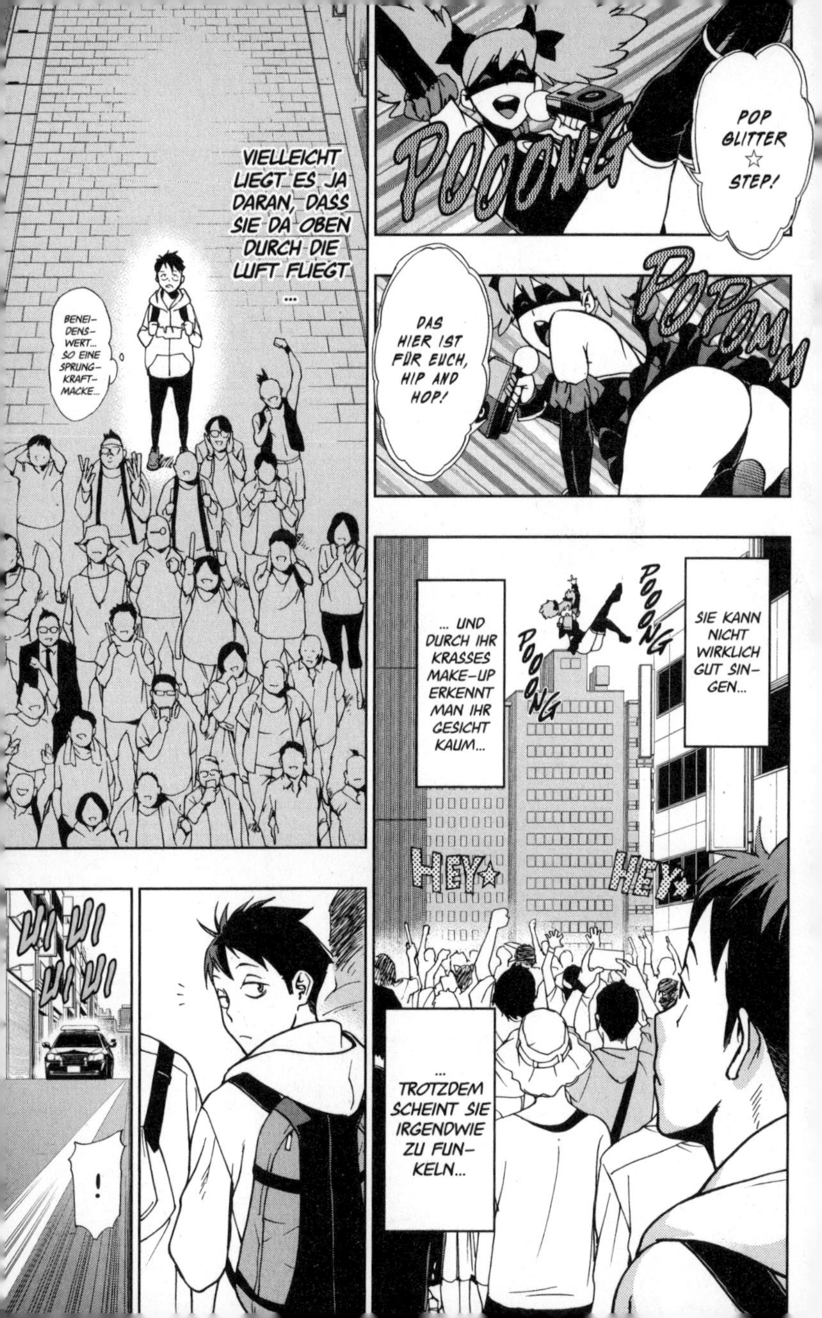
POP GLITTER ☆ STEP!
POOONG
DAS HIER IST FÜR EUCH, HIP AND HOP!
POPOMM
VIELLEICHT LIEGT ES JA DARAN, DASS SIE DA OBEN DURCH DIE LUFT FLIEGT ...
BENEIDENSWERT... SO EINE SPRUNGKRAFTMACKE...
SIE KANN NICHT WIRKLICH GUT SINGEN...
POOONG
POOONG
... UND DURCH IHR KRASSES MAKE-UP ERKENNT MAN IHR GESICHT KAUM...
HEY☆
HEY☆
... TROTZDEM SCHEINT SIE IRGENDWIE ZU FUNKELN...
!
WI WI WI WI

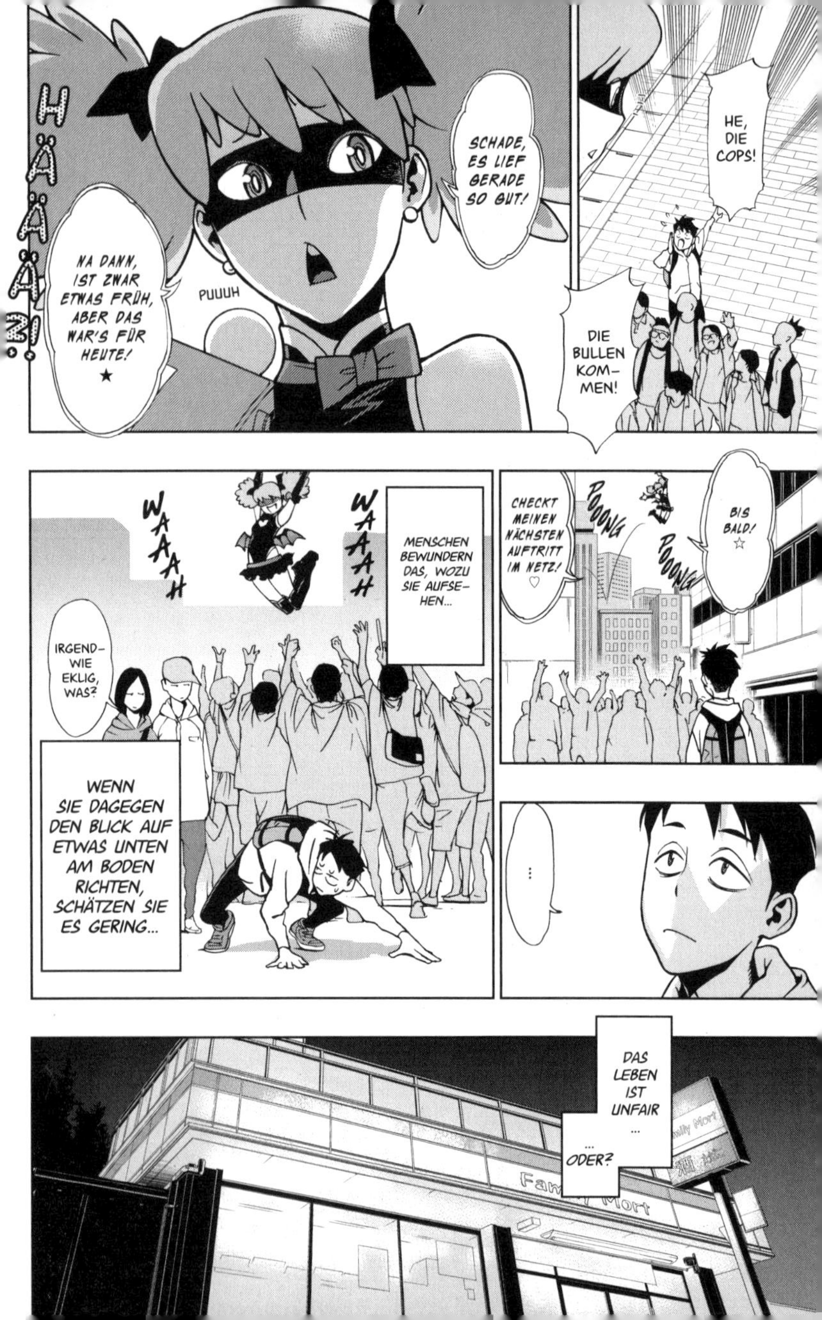
HE, DIE COPS!
DIE BULLEN KOMMEN!
SCHADE, ES LIEF GERADE SO GUT!
PUUUH
NA DANN, IST ZWAR ETWAS FRÜH, ABER DAS WAR'S FÜR HEUTE! ★
HÄÄÄN!?
BIS BALD! ☆
POOONG
POOONG
CHECKT MEINEN NÄCHSTEN AUFTRITT IM NETZ! ♡
WAAAAH
WAAAAH
MENSCHEN BEWUNDERN DAS, WOZU SIE AUFSEHEN...
IRGENDWIE EKLIG, WAS?
WENN SIE DAGEGEN DEN BLICK AUF ETWAS UNTEN AM BODEN RICHTEN, SCHÄTZEN SIE ES GERING...
...
DAS LEBEN IST UNFAIR ...
... ODER?

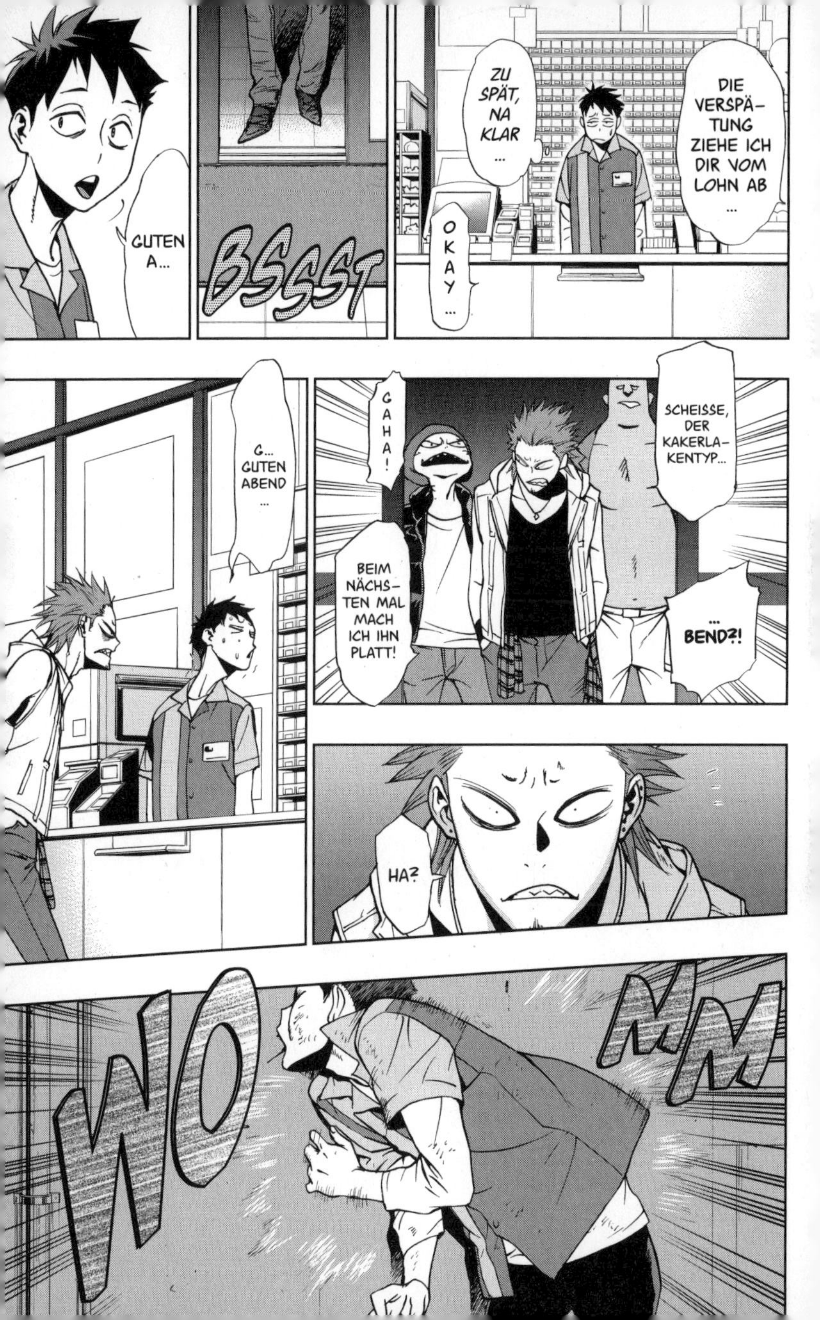
DIE VERSPÄTUNG ZIEHE ICH DIR VOM LOHN AB ...
ZU SPÄT, NA KLAR ...
OKAY ...
BSSST
GUTEN A...
SCHEISSE, DER KAKERLAKENTYP...
GAHA!
BEIM NÄCHSTEN MAL MACH ICH IHN PLATT!
... BEND?!
G... GUTEN ABEND ...
HA?
WOMM

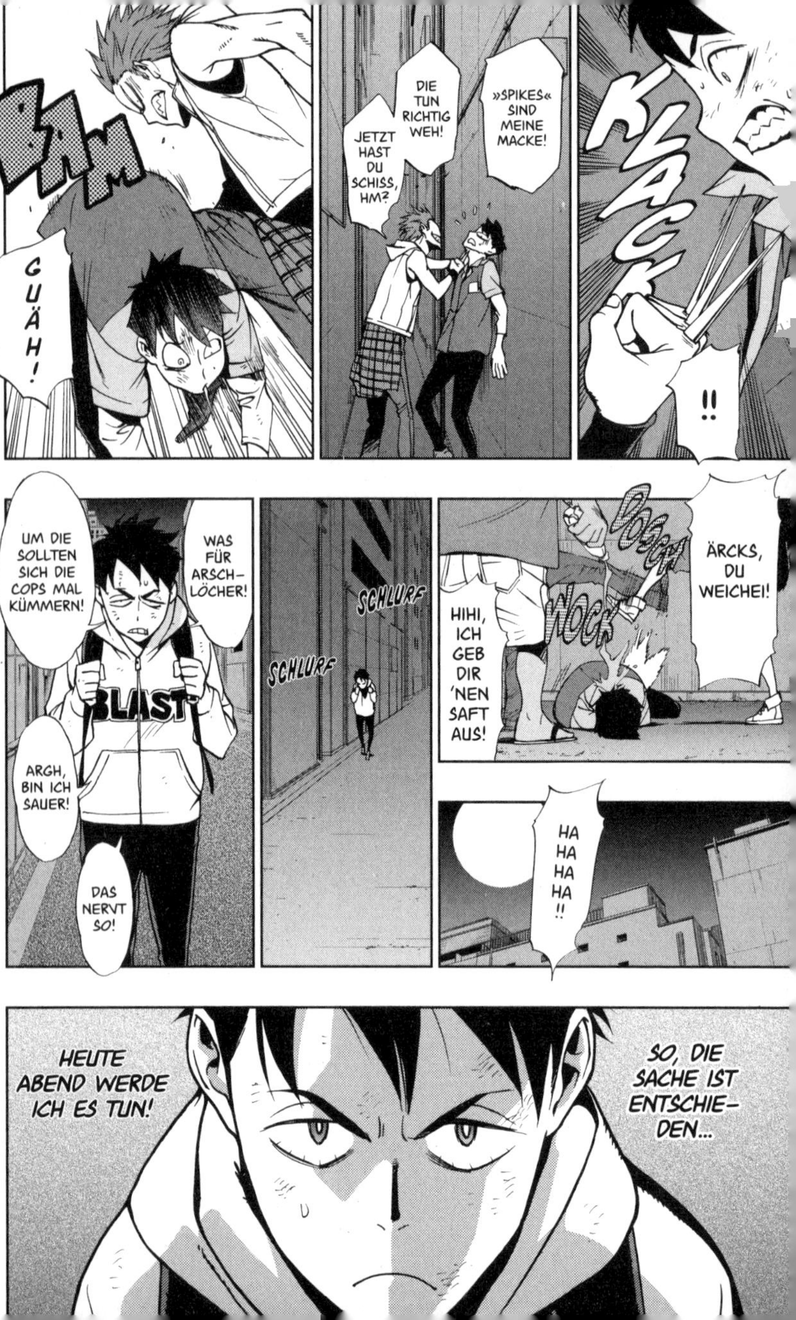
KRACK
!!
»SPIKES« SIND MEINE MACKE!
DIE TUN RICHTIG WEH!
JETZT HAST DU SCHISS, HM?
BAM
GUÄH!
ÄRCKS, DU WEICHEI!
DOSCH
WOCK
HIHI, ICH GEB DIR 'NEN SAFT AUS!
HA HA HA HA!!
SCHLURF
SCHLURF
WAS FÜR ARSCH-LÖCHER!
UM DIE SOLLTEN SICH DIE COPS MAL KÜMMERN!
ARGH, BIN ICH SAUER!
DAS NERVT SO!
BLAST
SO, DIE SACHE IST ENTSCHIE-DEN...
HEUTE ABEND WERDE ICH ES TUN!

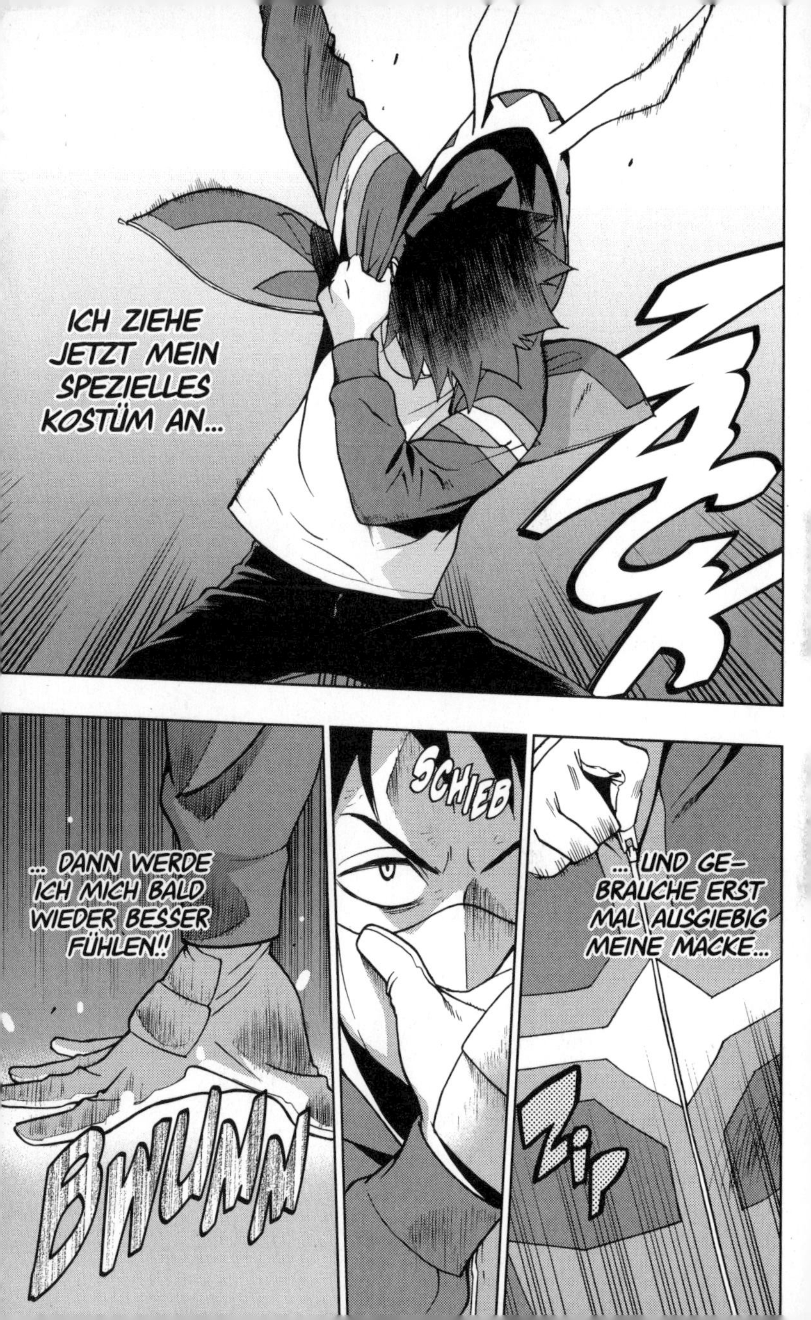
ICH ZIEHE JETZT MEIN SPEZIELLES KOSTÜM AN...
... UND GE-BRAUCHE ERST MAL AUSGIEBIG MEINE MACKE...
ZIP
SCHIEB
... DANN WERDE ICH MICH BALD WIEDER BESSER FÜHLEN!!
BWUMM

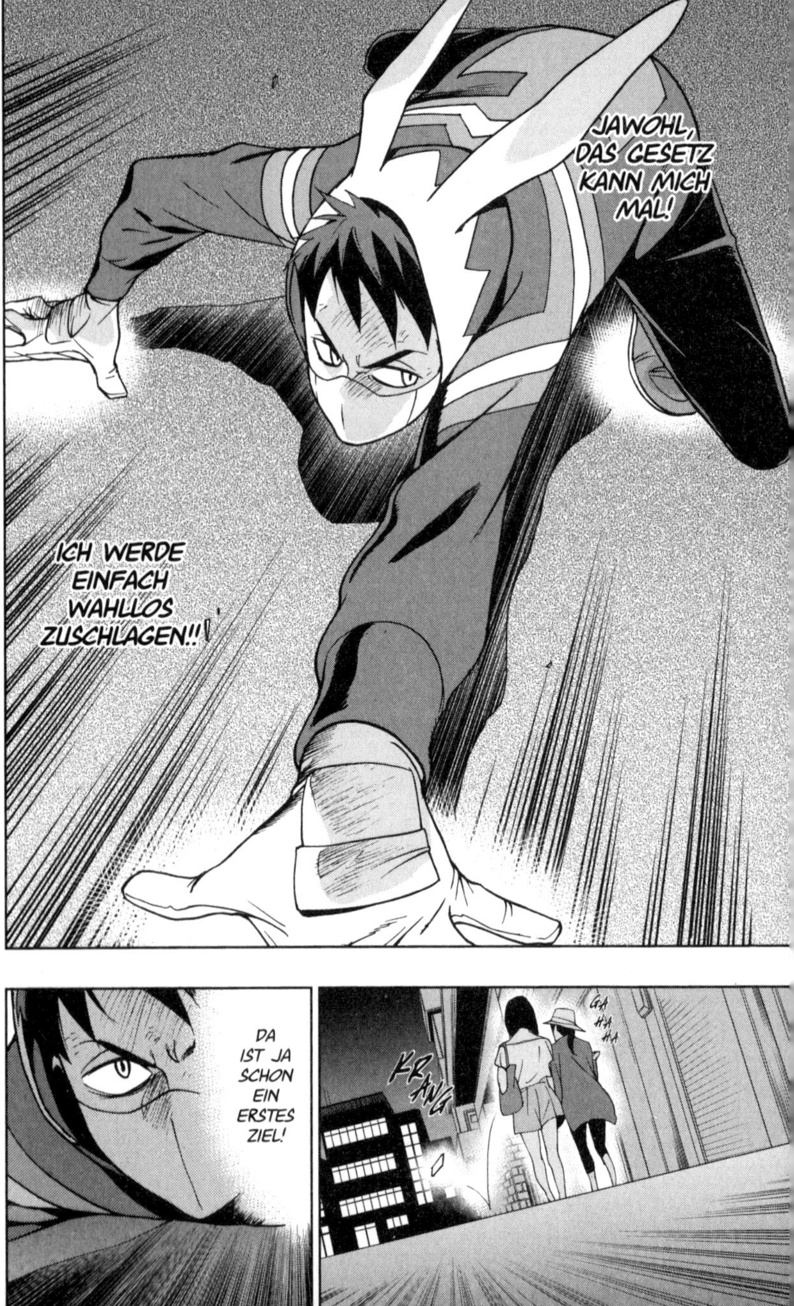
JAWOHL, DAS GESETZ KANN MICH MAL!
ICH WERDE EINFACH WAHLLOS ZUSCHLAGEN!!
GA HA HA
KRANG
DA IST JA SCHON EIN ERSTES ZIEL!

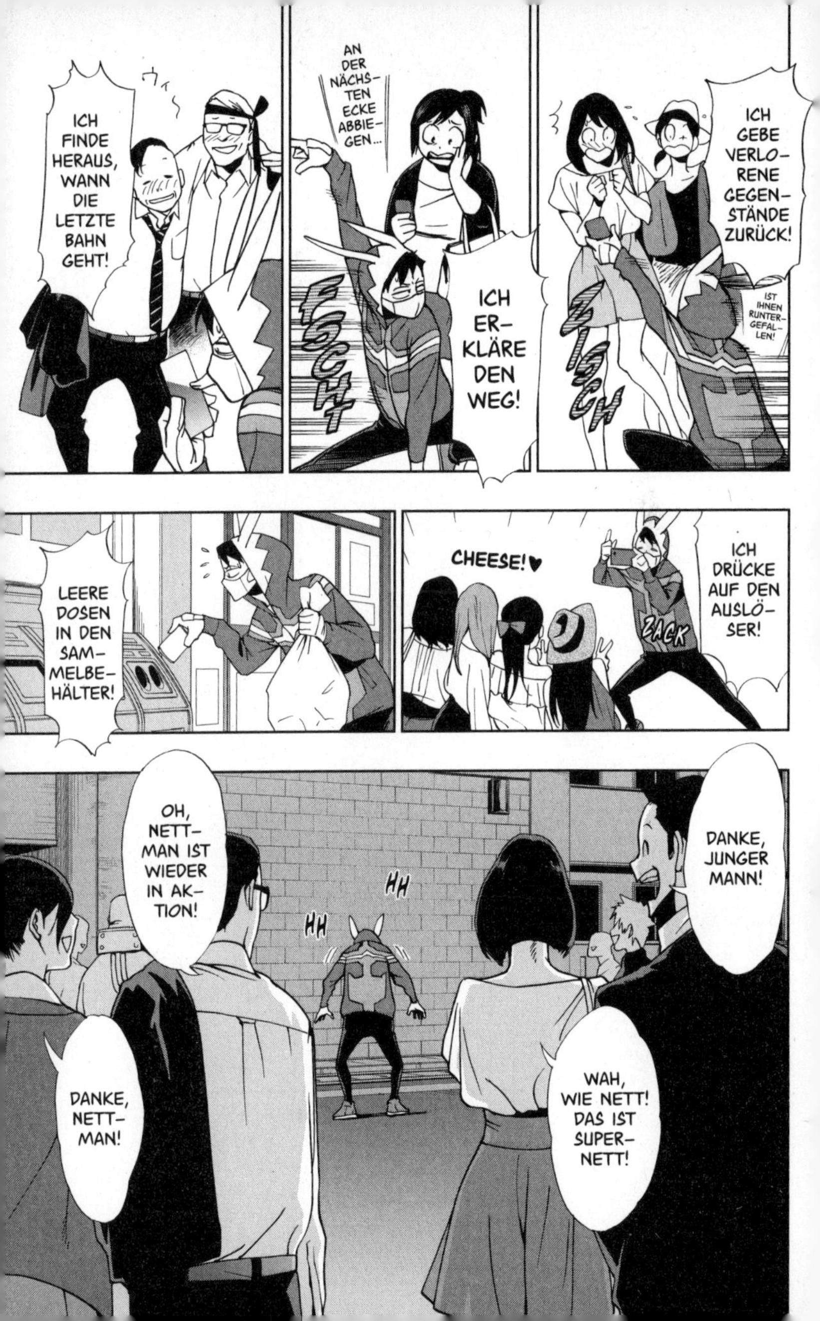
ICH GEBE VERLORENE GEGENSTÄNDE ZURÜCK!
ZISCH
IST IHNEN RUNTERGEFALLEN!
AN DER NÄCHSTEN ECKE ABBIEGEN...
ICH ERKLÄRE DEN WEG!
FSCHT
ICH FINDE HERAUS, WANN DIE LETZTE BAHN GEHT!
ウィ
ICH DRÜCKE AUF DEN AUSLÖSER!
CHEESE! ♥
ZACK
LEERE DOSEN IN DEN SAMMELBEHÄLTER!
DANKE, JUNGER MANN!
OH, NETT-MAN IST WIEDER IN AKTION!
HH
HH
WAH, WIE NETT! DAS IST SUPERNETT!
DANKE, NETT-MAN!

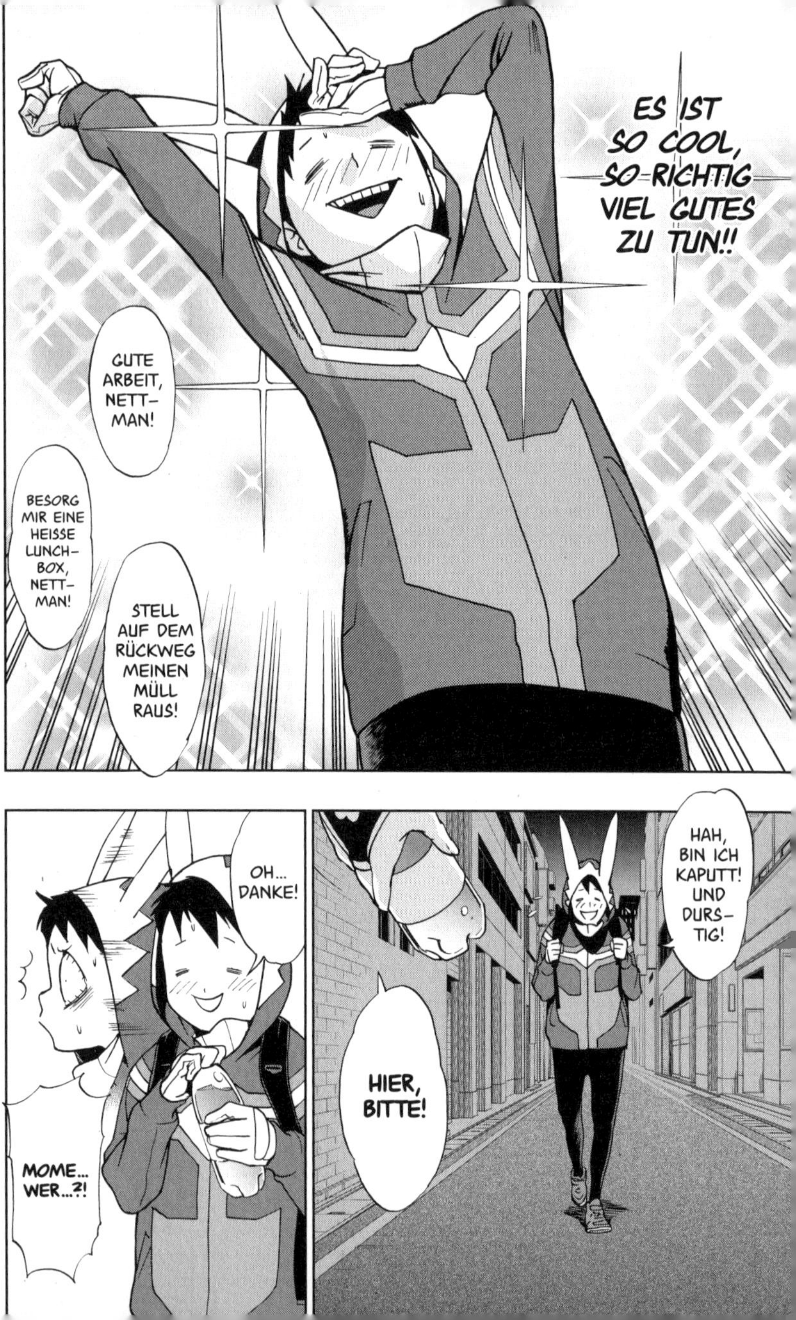
ES IST SO COOL, SO RICHTIG VIEL GUTES ZU TUN!!
GUTE ARBEIT, NETT-MAN!
BESORG MIR EINE HEISSE LUNCHBOX, NETT-MAN!
STELL AUF DEM RÜCKWEG MEINEN MÜLL RAUS!
HAH, BIN ICH KAPUTT! UND DURSTIG!
HIER, BITTE!
OH... DANKE!
MOME... WER...?!

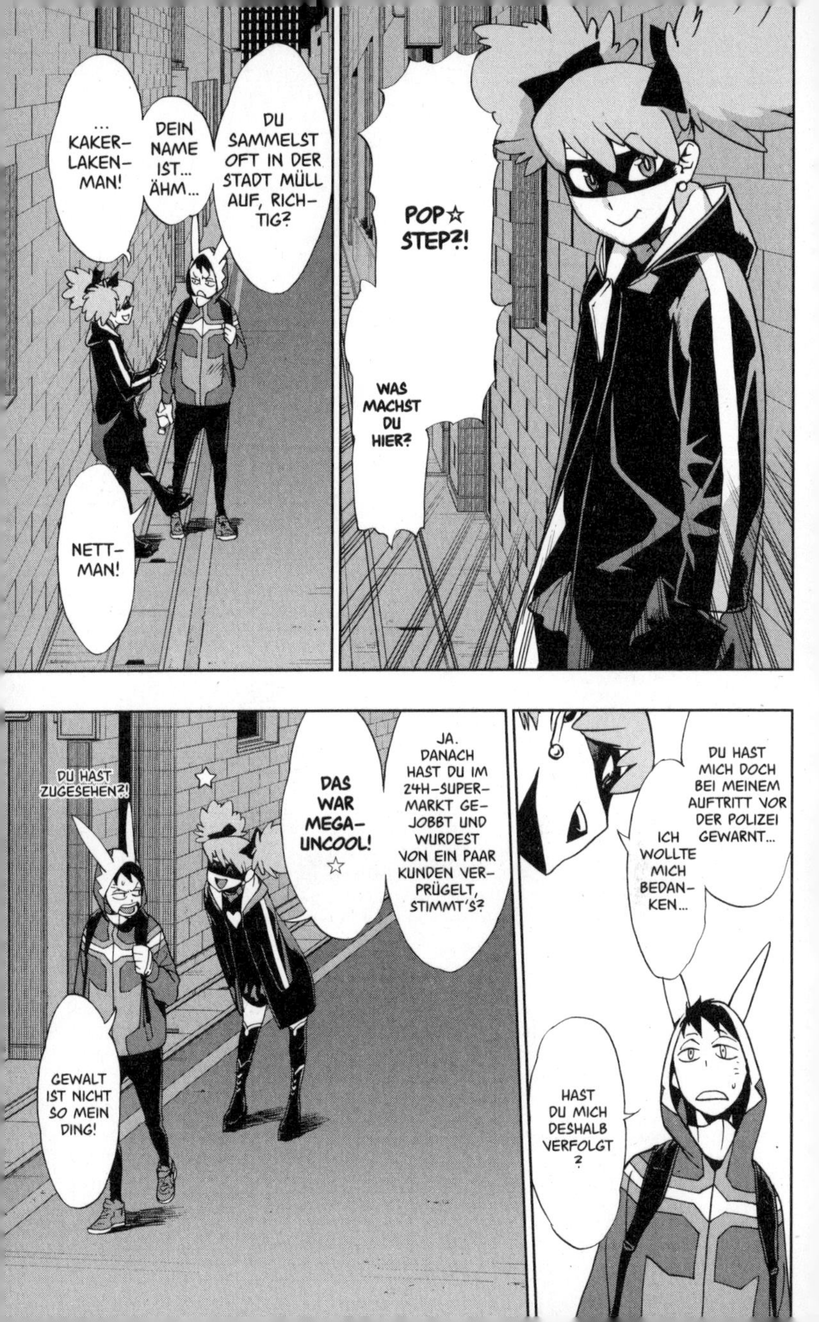
POP☆STEP?!
WAS MACHST DU HIER?
DU SAMMELST OFT IN DER STADT MÜLL AUF, RICHTIG?
DEIN NAME IST... ÄHM...
... KAKERLAKEN-MAN!
NETT-MAN!
DU HAST MICH DOCH BEI MEINEM AUFTRITT VOR DER POLIZEI GEWARNT...
ICH WOLLTE MICH BEDANKEN...
HAST DU MICH DESHALB VERFOLGT?
JA. DANACH HAST DU IM 24H-SUPERMARKT GEJOBBT UND WURDEST VON EIN PAAR KUNDEN VERPRÜGELT, STIMMT'S?
DAS WAR MEGA-UNCOOL! ☆
DU HAST ZUGESEHEN?!
GEWALT IST NICHT SO MEIN DING!

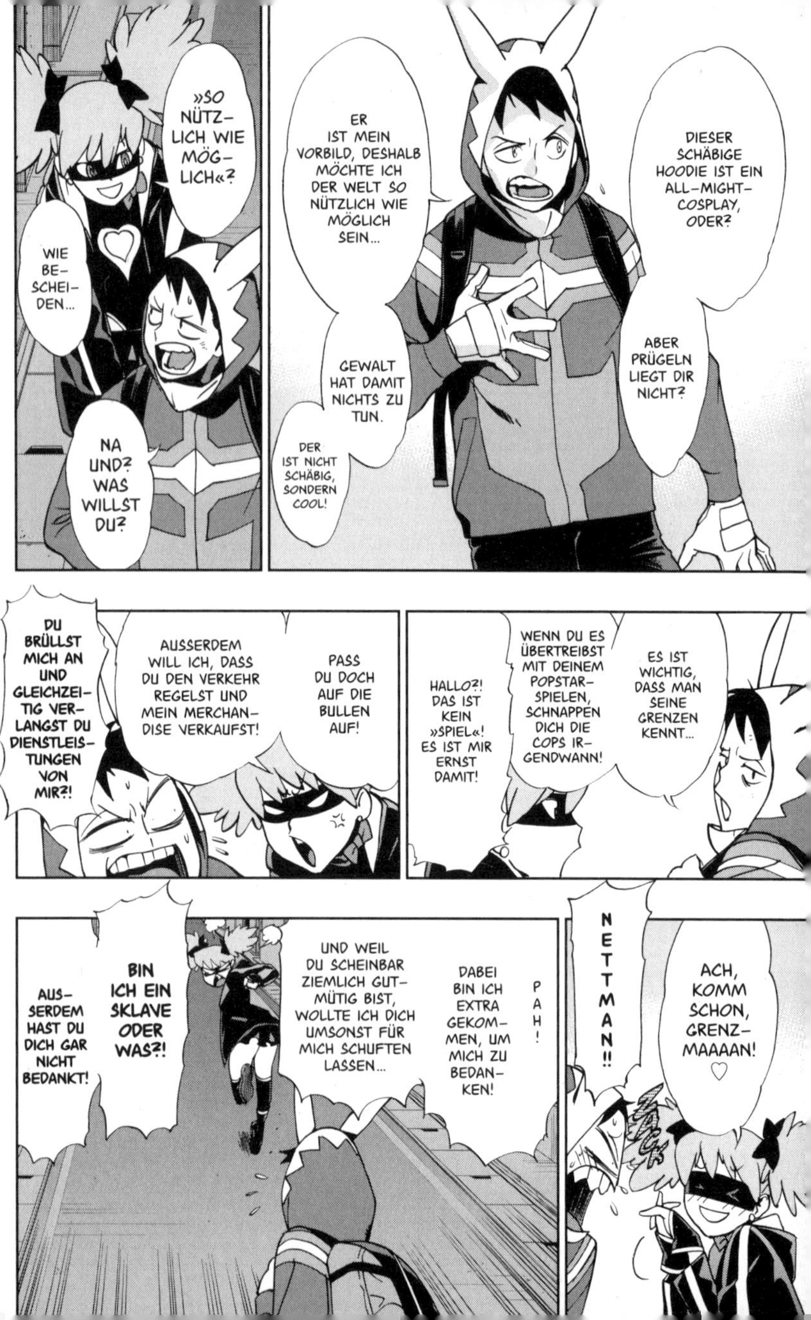
DIESER SCHÄBIGE HOODIE IST EIN ALL-MIGHT-COSPLAY, ODER?
ABER PRÜGELN LIEGT DIR NICHT?
ER IST MEIN VORBILD, DESHALB MÖCHTE ICH DER WELT SO NÜTZLICH WIE MÖGLICH SEIN...
GEWALT HAT DAMIT NICHTS ZU TUN.
DER IST NICHT SCHÄBIG, SONDERN COOL!
»SO NÜTZLICH WIE MÖGLICH«?
WIE BESCHEIDEN...
NA UND? WAS WILLST DU?
ES IST WICHTIG, DASS MAN SEINE GRENZEN KENNT...
WENN DU ES ÜBERTREIBST MIT DEINEM POPSTARSPIELEN, SCHNAPPEN DICH DIE COPS IRGENDWANN!
HALLO?! DAS IST KEIN »SPIEL«! ES IST MIR ERNST DAMIT!
PASS DU DOCH AUF DIE BULLEN AUF!
AUSSERDEM WILL ICH, DASS DU DEN VERKEHR REGELST UND MEIN MERCHANDISE VERKAUFST!
DU BRÜLLST MICH AN UND GLEICHZEITIG VERLANGST DU DIENSTLEISTUNGEN VON MIR?!
ACH, KOMM SCHON, GRENZMAAAAN! ♡
NETTMAN!!
PAH!
DABEI BIN ICH EXTRA GEKOMMEN, UM MICH ZU BEDANKEN!
UND WEIL DU SCHEINBAR ZIEMLICH GUTMÜTIG BIST, WOLLTE ICH DICH UMSONST FÜR MICH SCHUFTEN LASSEN...
BIN ICH EIN SKLAVE ODER WAS?!
AUSSERDEM HAST DU DICH GAR NICHT BEDANKT!

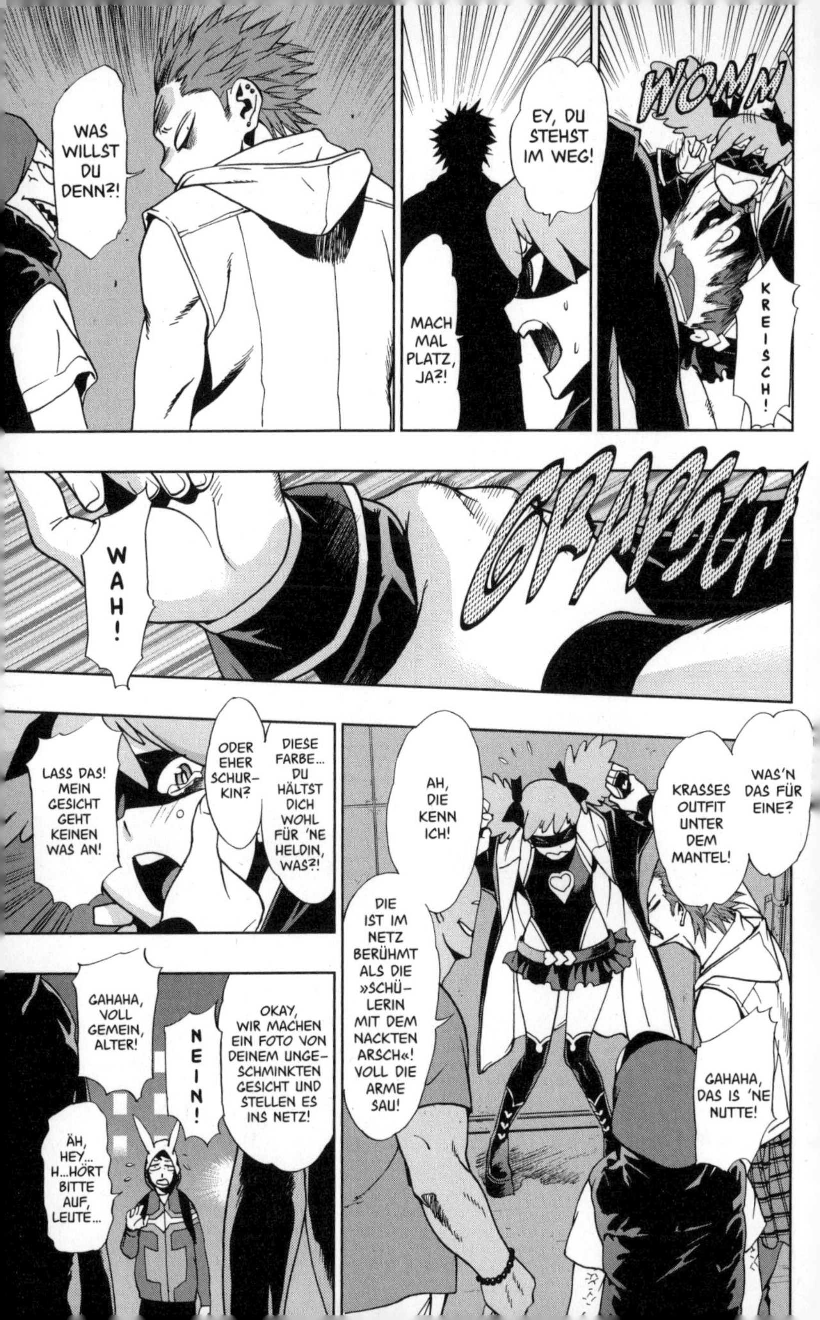

WOMM
KREISCH!
EY, DU STEHST IM WEG!
MACH MAL PLATZ, JA?!
WAS WILLST DU DENN?!
GRAPSCH
WAH!
WAS'N DAS FÜR EINE?
KRASSES OUTFIT UNTER DEM MANTEL!
AH, DIE KENN ICH!
DIE IST IM NETZ BERÜHMT ALS DIE »SCHÜLERIN MIT DEM NACKTEN ARSCH«! VOLL DIE ARME SAU!
GAHAHA, DAS IS 'NE NUTTE!
DIESE FARBE... DU HÄLTST DICH WOHL FÜR 'NE HELDIN, WAS?!
ODER EHER SCHURKIN?
LASS DAS! MEIN GESICHT GEHT KEINEN WAS AN!
OKAY, WIR MACHEN EIN FOTO VON DEINEM UNGESCHMINKTEN GESICHT UND STELLEN ES INS NETZ!
NEIN!
GAHAHA, VOLL GEMEIN, ALTER!
ÄH, HEY... H...HÖRT BITTE AUF, LEUTE...

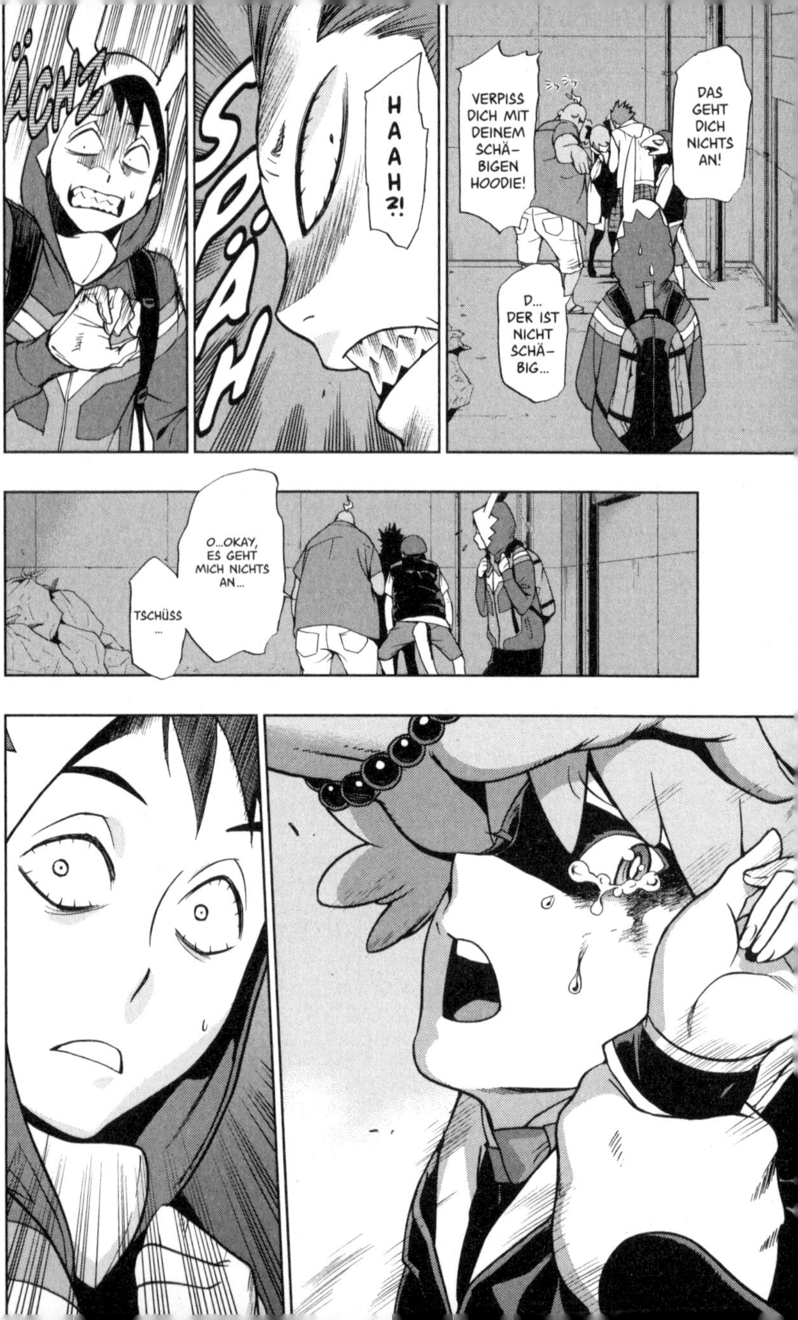
ÄCHZ
HAAAH?!
SCHÖPH
DAS GEHT DICH NICHTS AN!
VERPISS DICH MIT DEINEM SCHÄ-BIGEN HOODIE!
D... DER IST NICHT SCHÄ-BIG...
O...OKAY, ES GEHT MICH NICHTS AN...
TSCHÜSS ...

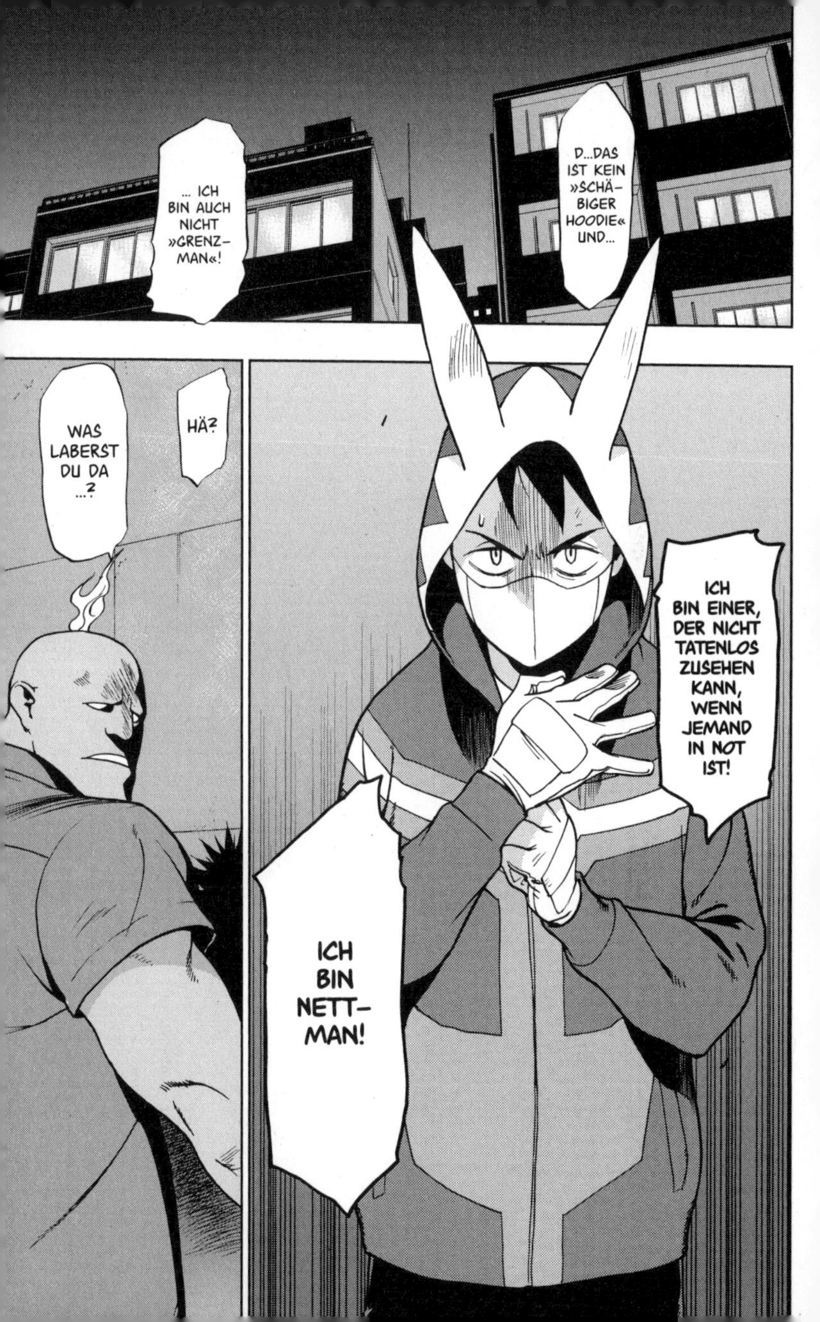
D...DAS IST KEIN »SCHÄBIGER HOODIE« UND...
... ICH BIN AUCH NICHT »GRENZMAN«!
HÄ?
WAS LABERST DU DA ...?
ICH BIN EINER, DER NICHT TATENLOS ZUSEHEN KANN, WENN JEMAND IN NOT IST!
ICH BIN NETTMAN!

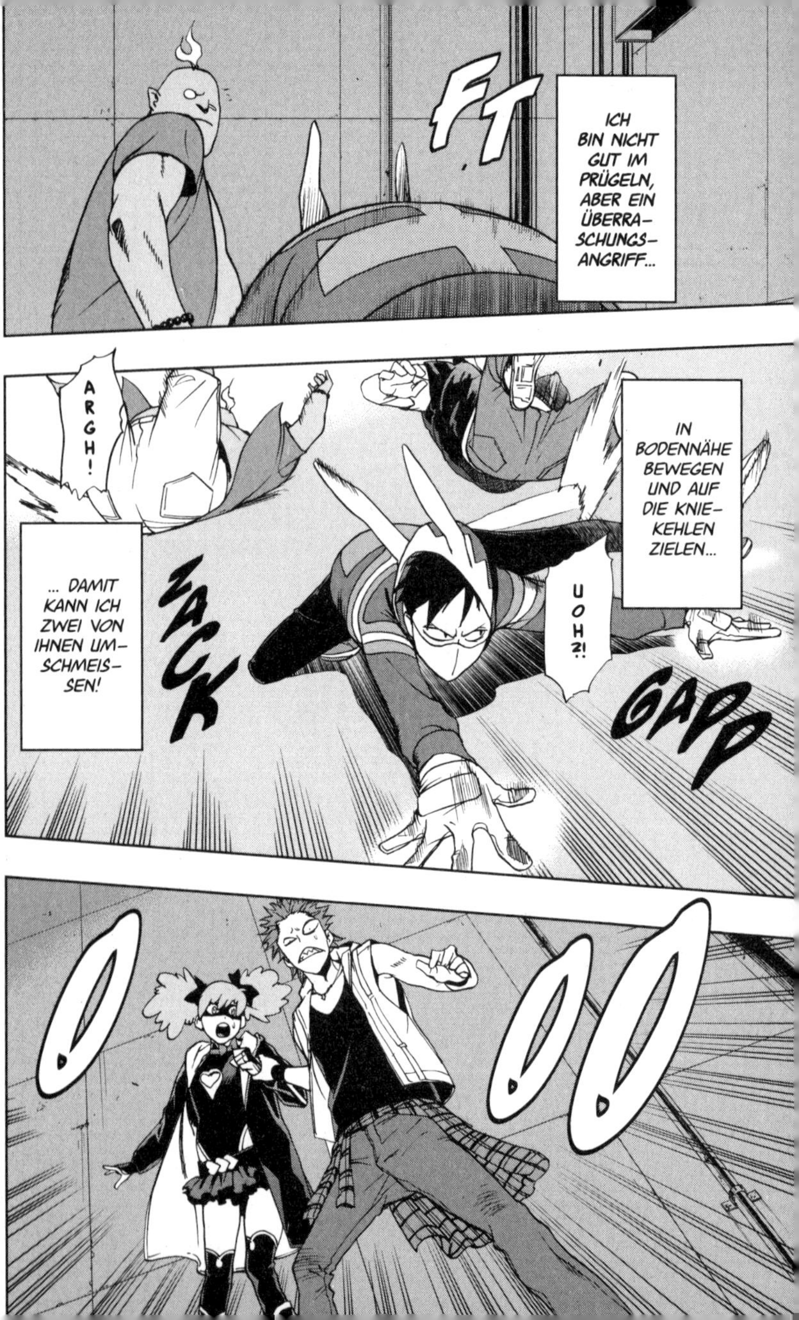
FT
ICH BIN NICHT GUT IM PRÜGELN, ABER EIN ÜBERRA-SCHUNGS-ANGRIFF...
IN BODENNÄHE BEWEGEN UND AUF DIE KNIE-KEHLEN ZIELEN...
ARGH!
UOH?!
GAPP
ZACK
... DAMIT KANN ICH ZWEI VON IHNEN UM-SCHMEIS-SEN!

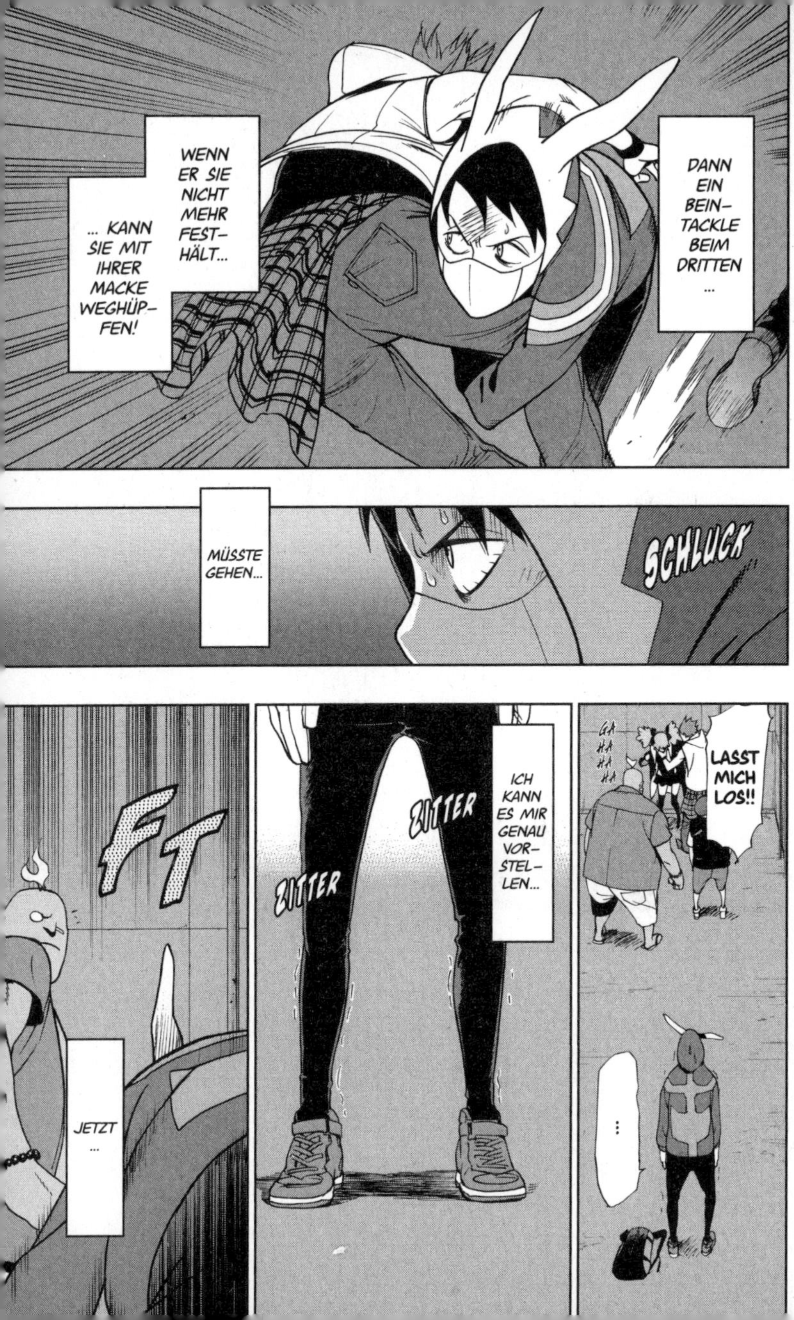
DANN EIN BEIN-TACKLE BEIM DRITTEN ...
WENN ER SIE NICHT MEHR FEST-HÄLT...
... KANN SIE MIT IHRER MACKE WEGHÜPF-FEN!
SCHLUCK
MÜSSTE GEHEN...
LASST MICH LOS!!
GA HA HA HA
...
ICH KANN ES MIR GENAU VOR-STEL-LEN...
ZITTER
ZITTER
FT
JETZT ...

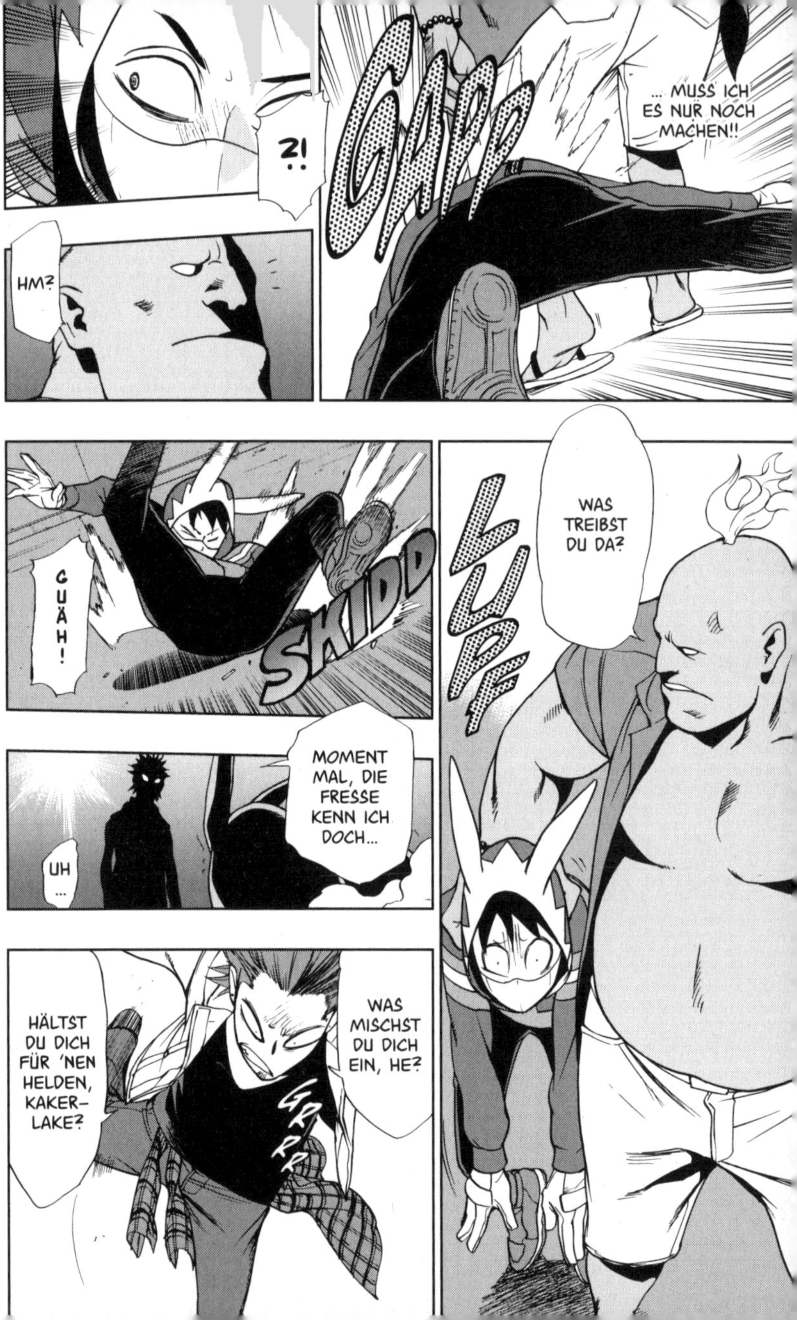
... MUSS ICH ES NUR NOCH MACHEN!!
?!
HM?
WAS TREIBST DU DA?
SKIDD
GUÄH!
MOMENT MAL, DIE FRESSE KENN ICH DOCH...
UH ...
WAS MISCHST DU DICH EIN, HE?
HÄLTST DU DICH FÜR 'NEN HELDEN, KAKER-LAKE?
GRRR

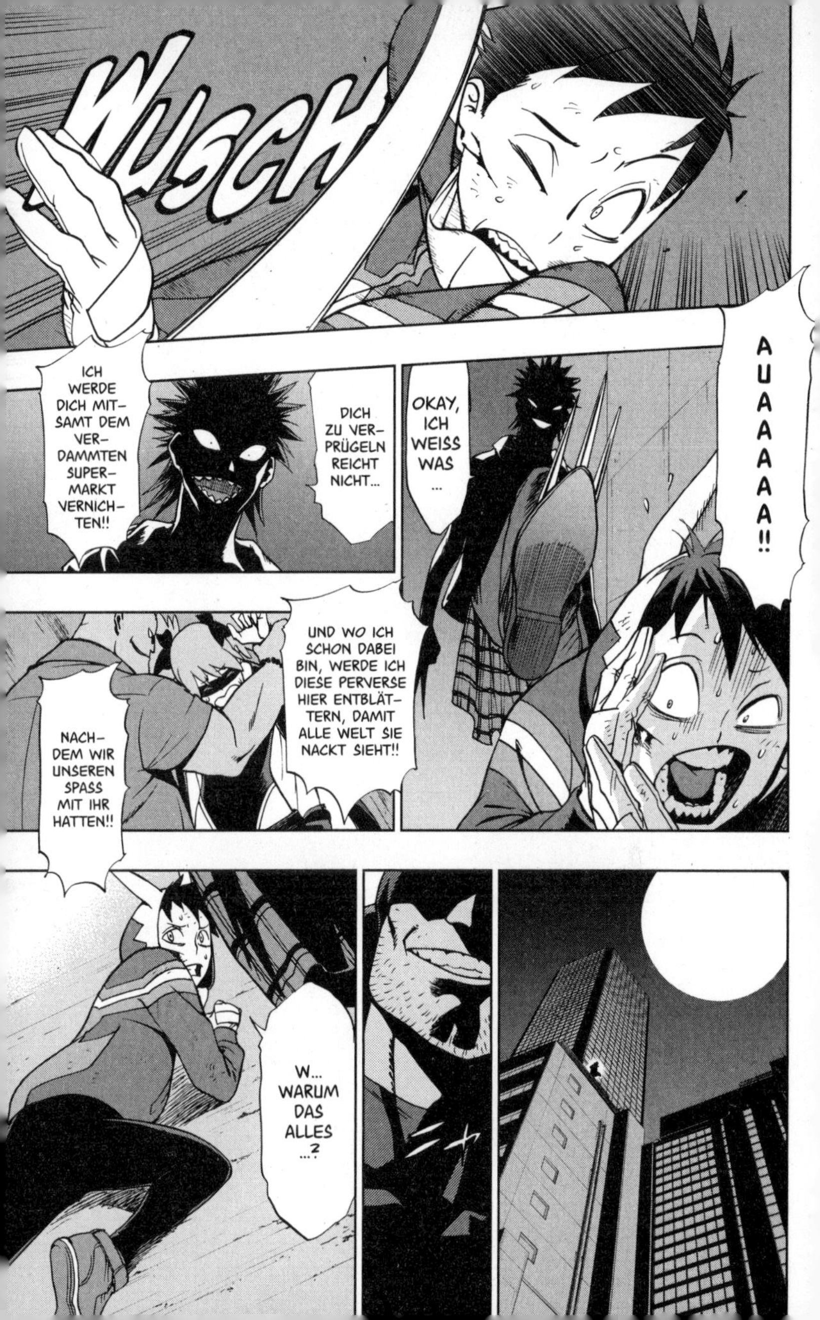

WUSCH
AUAAAAAAAA!!
OKAY, ICH WEISS WAS ...
DICH ZU VERPRÜGELN REICHT NICHT...
ICH WERDE DICH MITSAMT DEM VERDAMMTEN SUPERMARKT VERNICHTEN!!
UND WO ICH SCHON DABEI BIN, WERDE ICH DIESE PERVERSE HIER ENTBLÄTTERN, DAMIT ALLE WELT SIE NACKT SIEHT!!
NACHDEM WIR UNSEREN SPASS MIT IHR HATTEN!!
W... WARUM DAS ALLES ...?

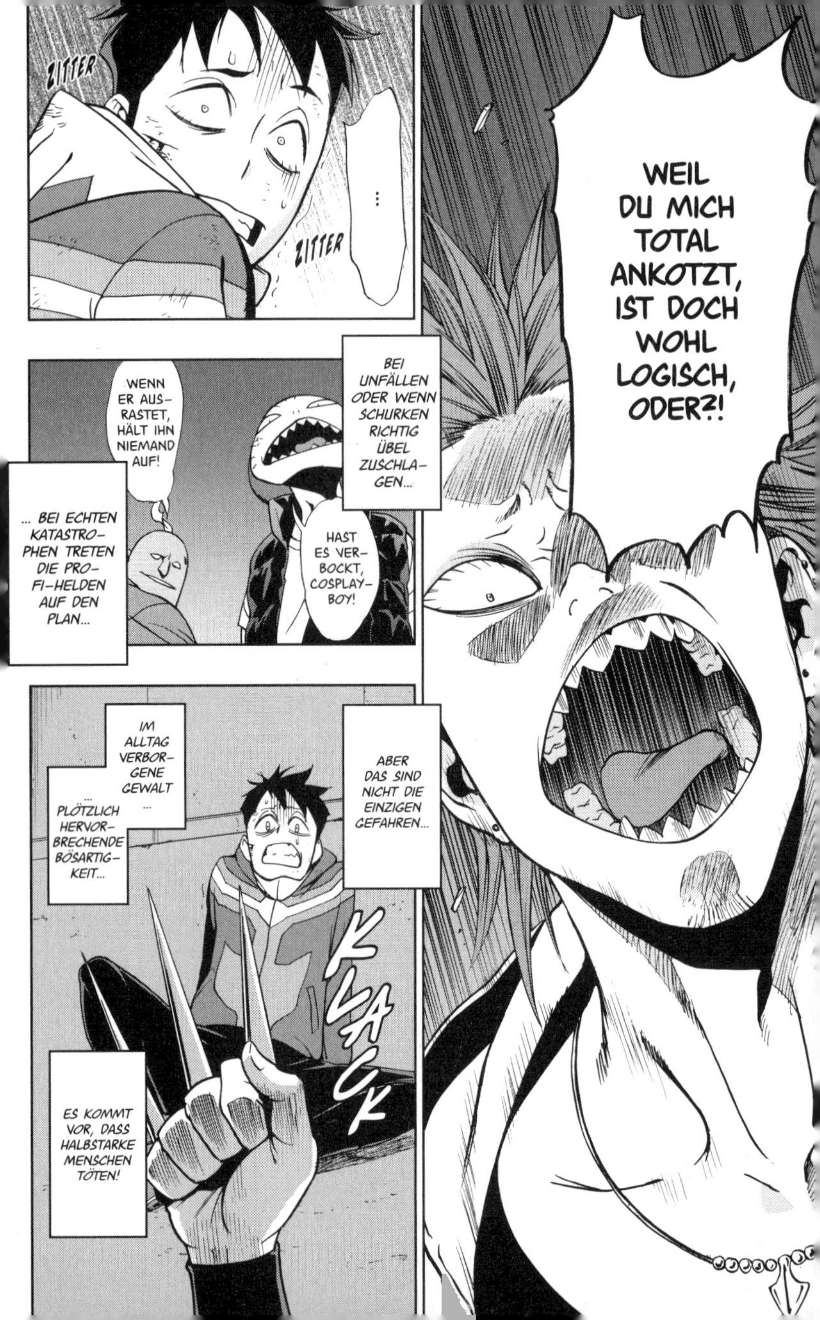
WEIL DU MICH TOTAL ANKOTZT, IST DOCH WOHL LOGISCH, ODER?!
ZITTER
ZITTER
...
BEI UNFÄLLEN ODER WENN SCHURKEN RICHTIG ÜBEL ZUSCHLAGEN ...
... BEI ECHTEN KATASTROPHEN TRETEN DIE PROFI-HELDEN AUF DEN PLAN ...
HAST ES VERBOCKT, COSPLAYBOY!
WENN ER AUSRASTET, HÄLT IHN NIEMAND AUF!
ABER DAS SIND NICHT DIE EINZIGEN GEFAHREN ...
IM ALLTAG VERBORGENE GEWALT ...
... PLÖTZLICH HERVORBRECHENDE BÖSARTIGKEIT ...
KLACK
ES KOMMT VOR, DASS HALBSTARKE MENSCHEN TÖTEN!

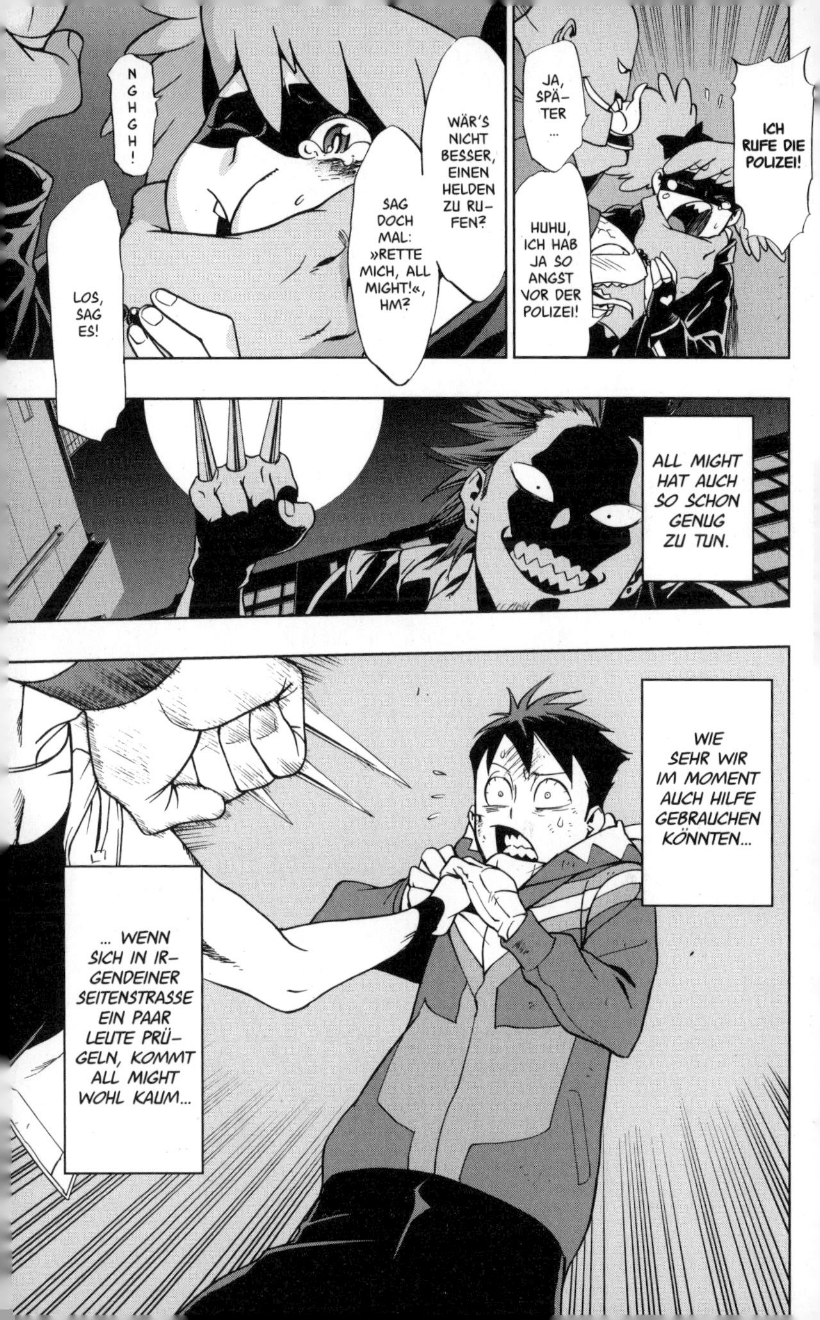
ICH RUFE DIE POLIZEI!
JA, SPÄTER ...
HUHU, ICH HAB JA SO ANGST VOR DER POLIZEI!
WÄR'S NICHT BESSER, EINEN HELDEN ZU RUFEN?
SAG DOCH MAL: »RETTE MICH, ALL MIGHT!«, HM?
NGHGH!
LOS, SAG ES!
ALL MIGHT HAT AUCH SO SCHON GENUG ZU TUN.
WIE SEHR WIR IM MOMENT AUCH HILFE GEBRAUCHEN KÖNNTEN...
... WENN SICH IN IRGENDEINER SEITENSTRASSE EIN PAAR LEUTE PRÜGELN, KOMMT ALL MIGHT WOHL KAUM...

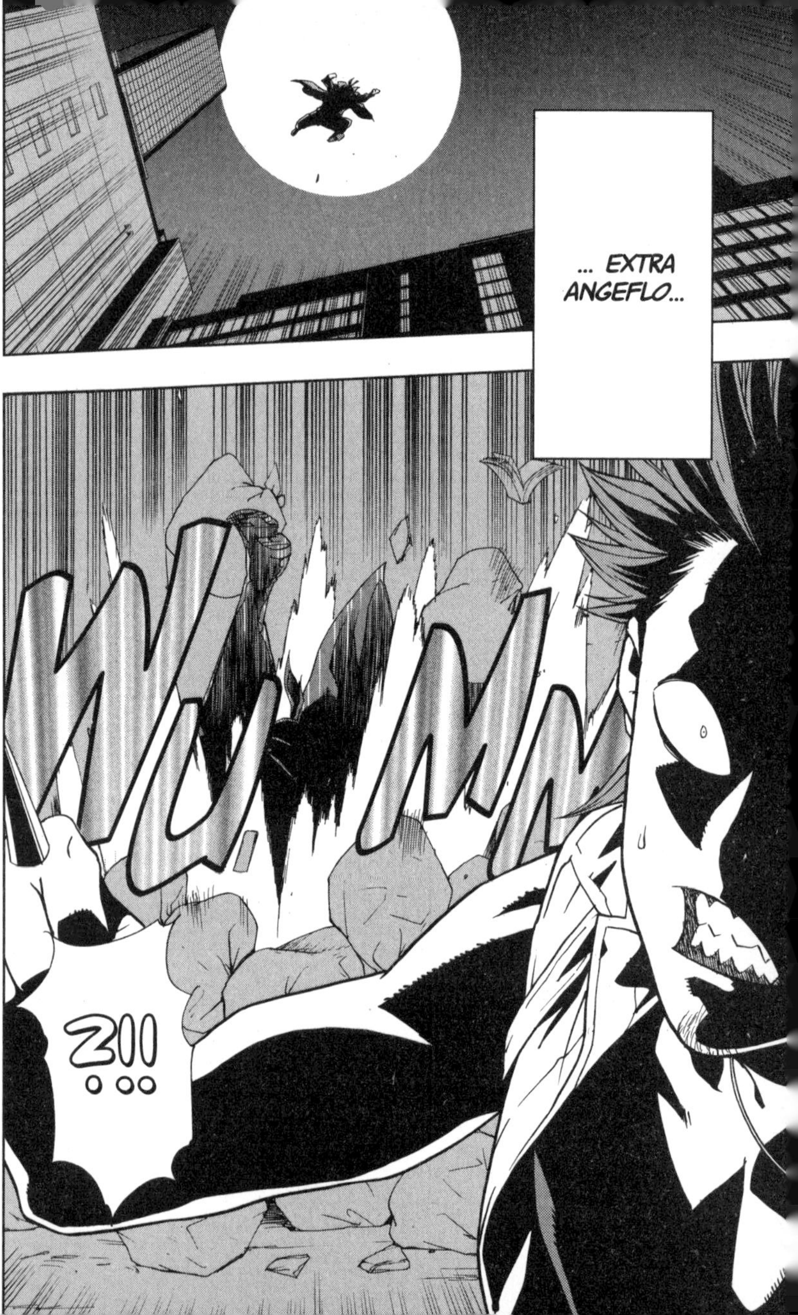
... EXTRA
ANGEFLO...

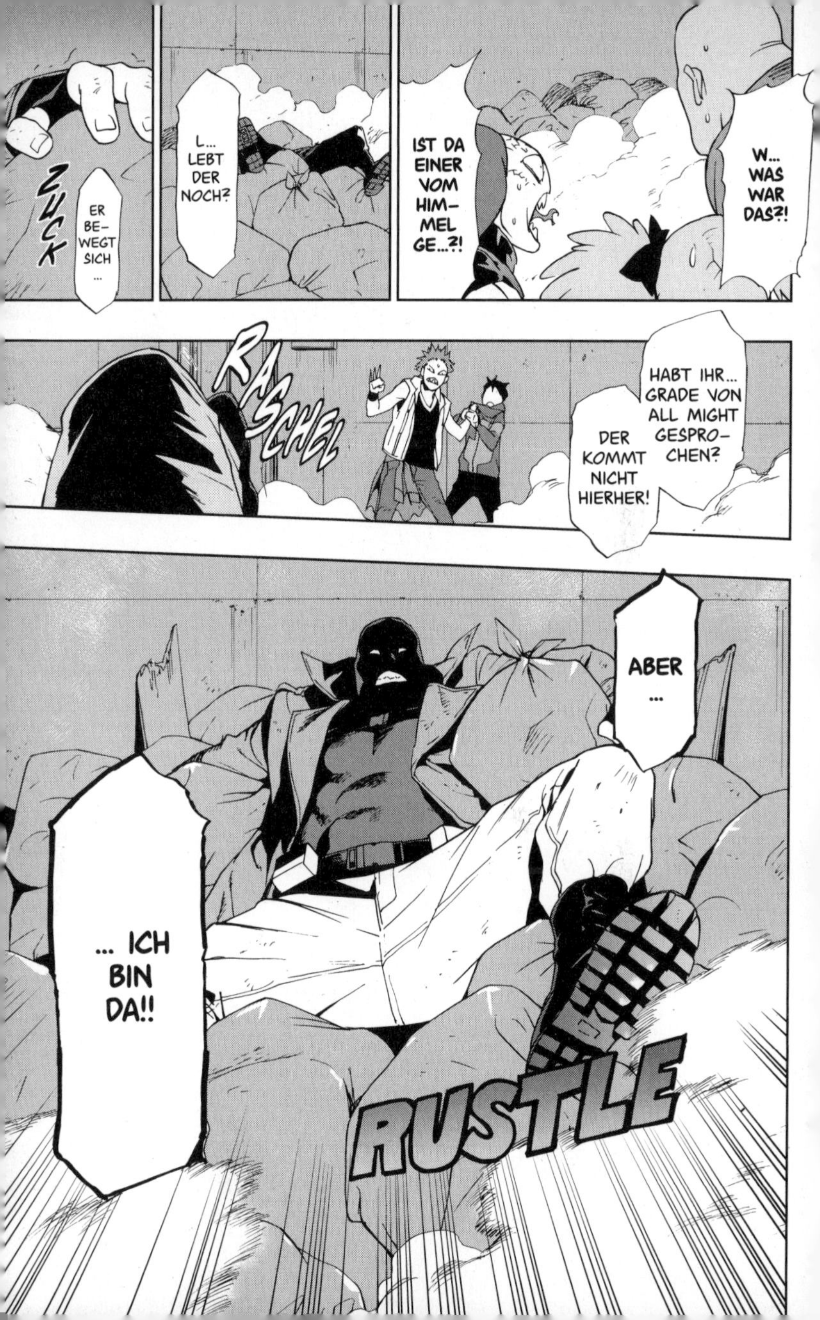
W... WAS WAR DAS?!
IST DA EINER VOM HIMMEL GE...?!
L... LEBT DER NOCH?
ZUCK
ER BEWEGT SICH ...
HABT IHR... GRADE VON ALL MIGHT GESPROCHEN?
DER KOMMT NICHT HIERHER!
RASCHEL
ABER ...
... ICH BIN DA!!
RUSTLE

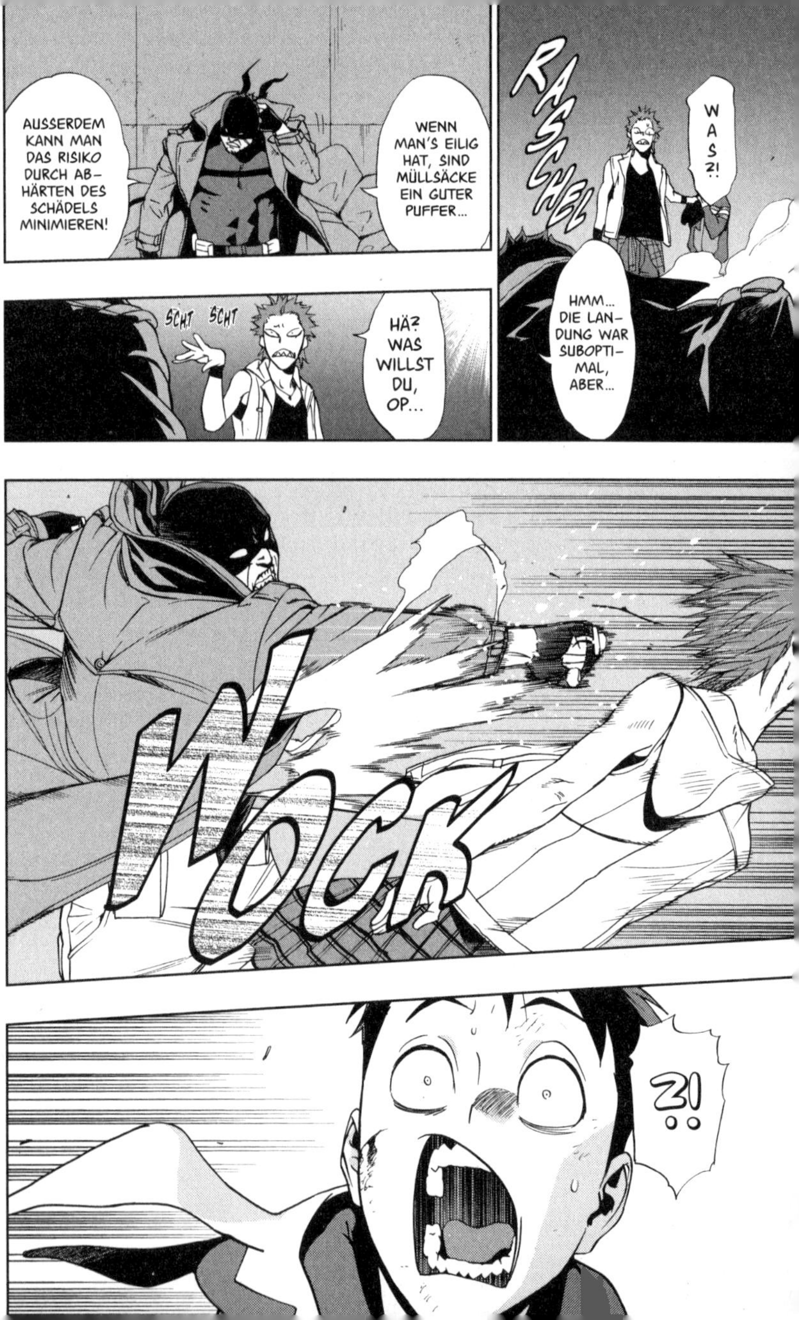

RASCHEL
WAS?!
HMM... DIE LANDUNG WAR SUBOPTIMAL, ABER...
WENN MAN'S EILIG HAT, SIND MÜLLSÄCKE EIN GUTER PUFFER...
AUSSERDEM KANN MAN DAS RISIKO DURCH ABHÄRTEN DES SCHÄDELS MINIMIEREN!
HÄ? WAS WILLST DU, OP...
SCHT SCHT
WOCK
?!

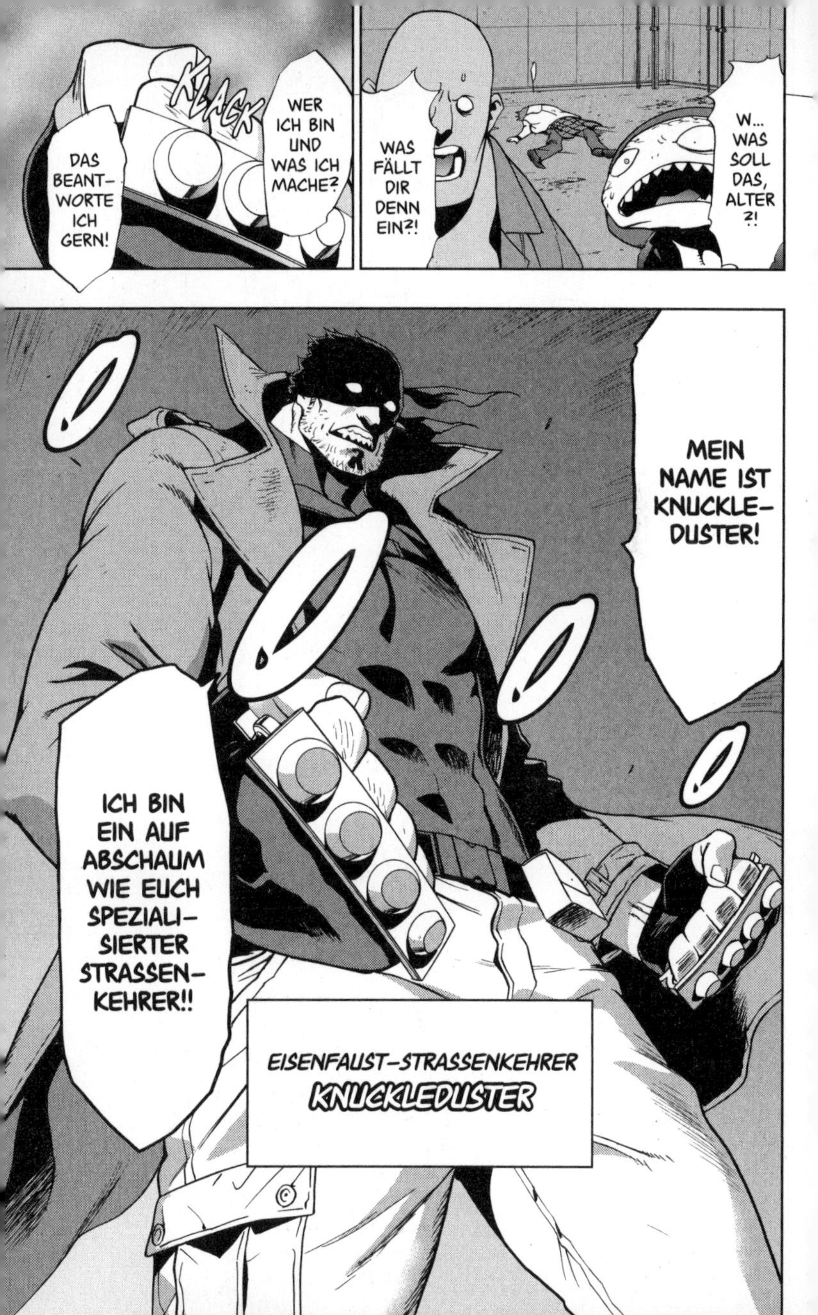
W... WAS SOLL DAS, ALTER?!
WAS FÄLLT DIR DENN EIN?!
WER ICH BIN UND WAS ICH MACHE?
KLACK
DAS BEANTWORTE ICH GERN!
MEIN NAME IST KNUCKLE-DUSTER!
ICH BIN EIN AUF ABSCHAUM WIE EUCH SPEZIALISIERTER STRASSEN-KEHRER!!
EISENFAUST-STRASSENKEHRER
KNUCKLEDUSTER

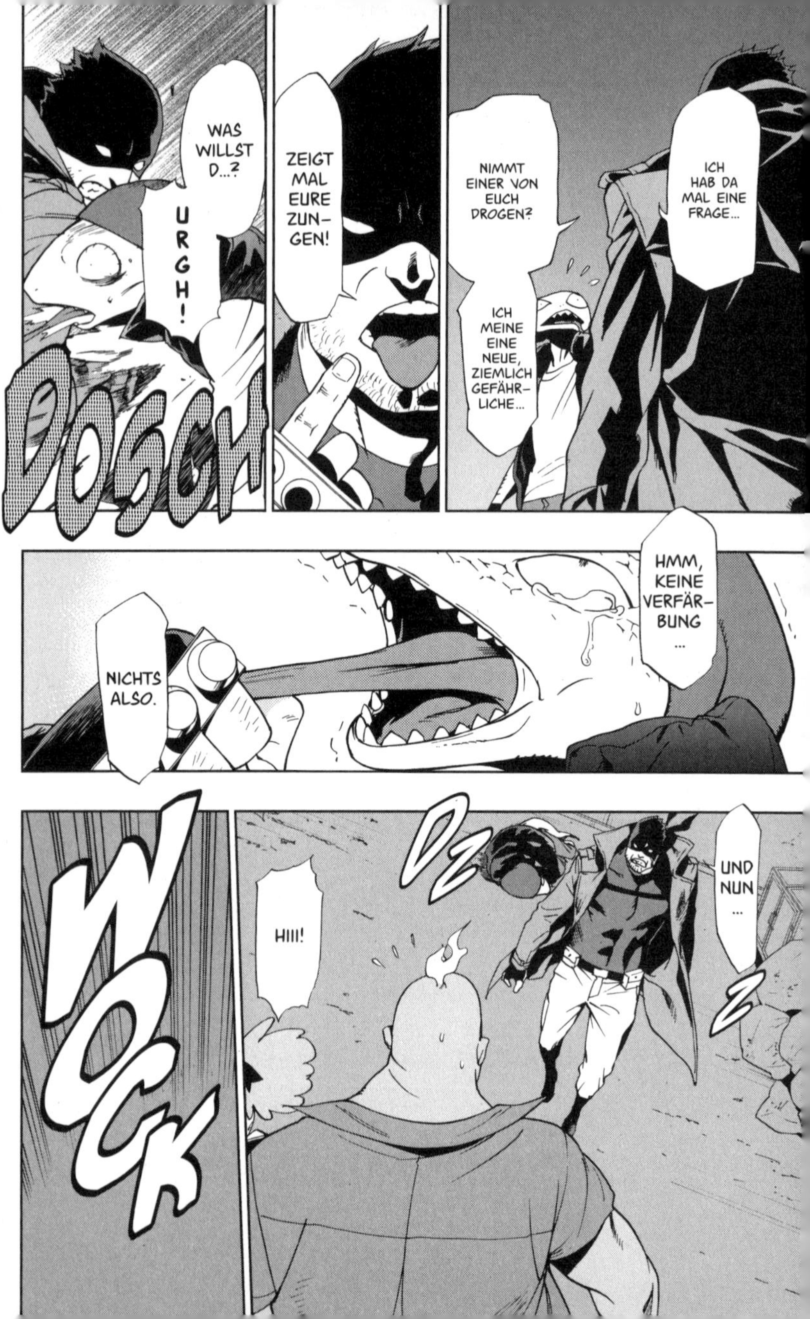
ICH HAB DA MAL EINE FRAGE...
NIMMT EINER VON EUCH DROGEN?
ICH MEINE EINE NEUE, ZIEMLICH GEFÄHRLICHE...
ZEIGT MAL EURE ZUNGEN!
WAS WILLST D...?
URGH!
DOSCH
HMM, KEINE VERFÄRBUNG ...
NICHTS ALSO.
UND NUN ...
DZZ
HIII!
WOCK

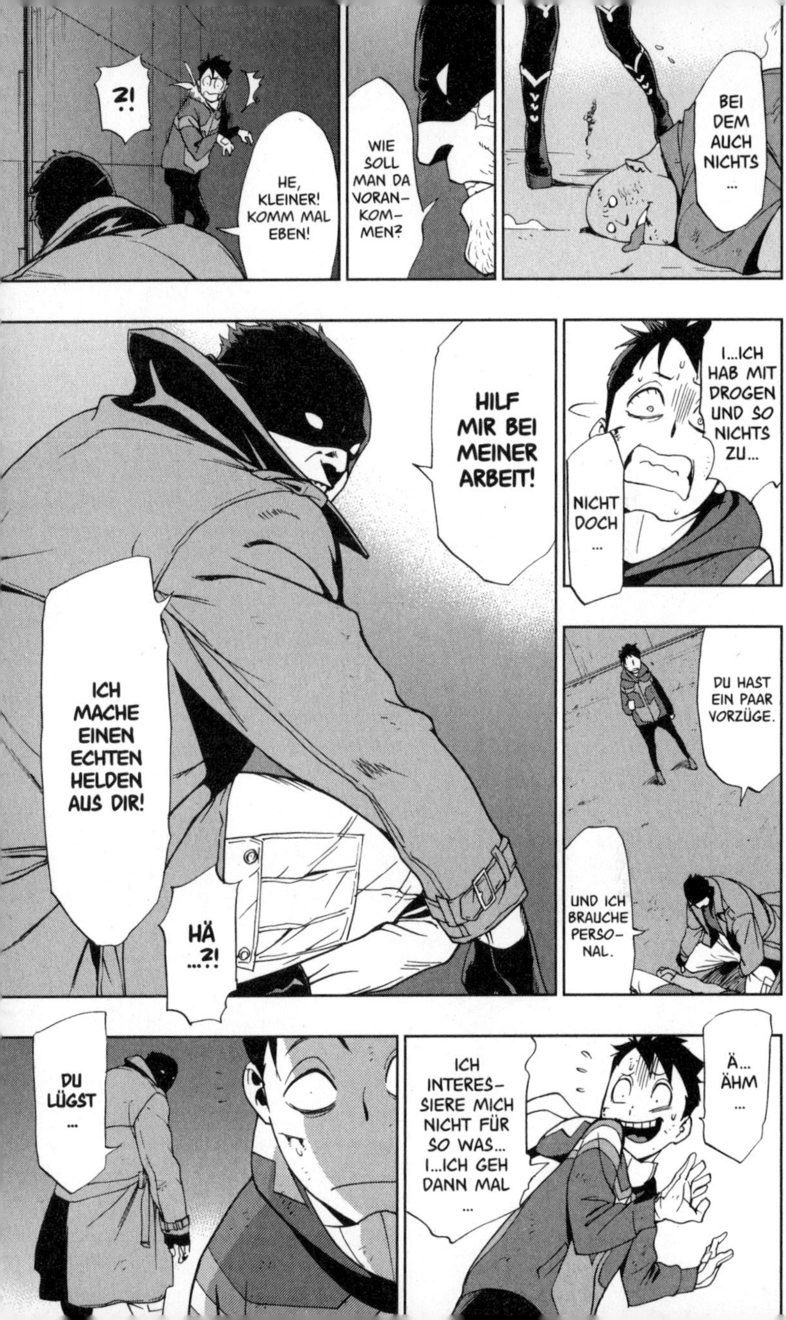
BEI DEM AUCH NICHTS ...
WIE SOLL MAN DA VORAN-KOM-MEN?
HE, KLEINER! KOMM MAL EBEN!
?!
I...ICH HAB MIT DROGEN UND SO NICHTS ZU...
NICHT DOCH ...
HILF MIR BEI MEINER ARBEIT!
DU HAST EIN PAAR VORZÜGE.
UND ICH BRAUCHE PERSO-NAL.
ICH MACHE EINEN ECHTEN HELDEN AUS DIR!
HÄ ...?!
Ä... ÄHM ...
ICH INTERES-SIERE MICH NICHT FÜR SO WAS... I...ICH GEH DANN MAL ...
DU LÜGST ...

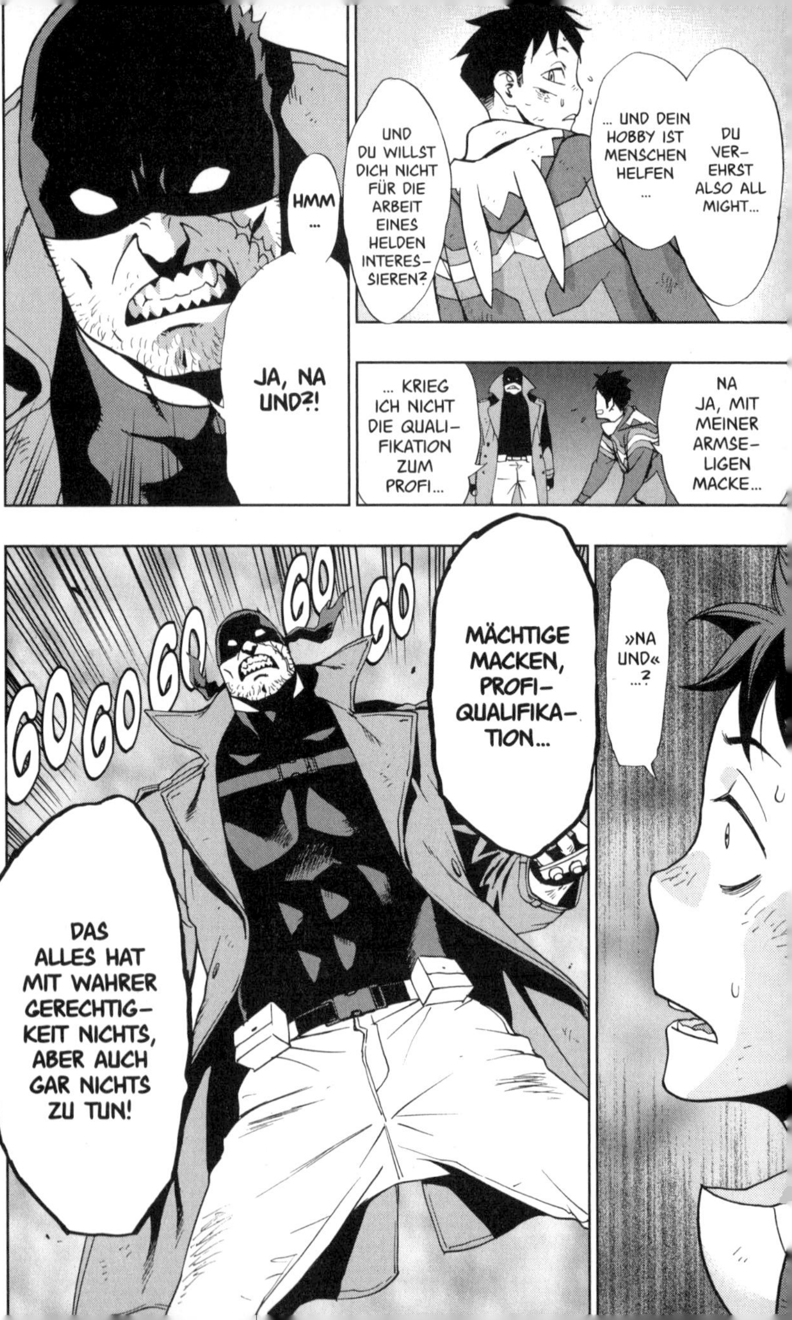
DU VEREHRST ALSO ALL MIGHT...
... UND DEIN HOBBY IST MENSCHEN HELFEN ...
UND DU WILLST DICH NICHT FÜR DIE ARBEIT EINES HELDEN INTERESSIEREN?
NA JA, MIT MEINER ARMSELIGEN MACKE...
... KRIEG ICH NICHT DIE QUALIFIKATION ZUM PROFI...
HMM ...
JA, NA UND?!
»NA UND« ...?
MÄCHTIGE MACKEN, PROFIQUALIFIKATION...
GO GO GO GO GO GO
DAS ALLES HAT MIT WAHRER GERECHTIGKEIT NICHTS, ABER AUCH GAR NICHTS ZU TUN!

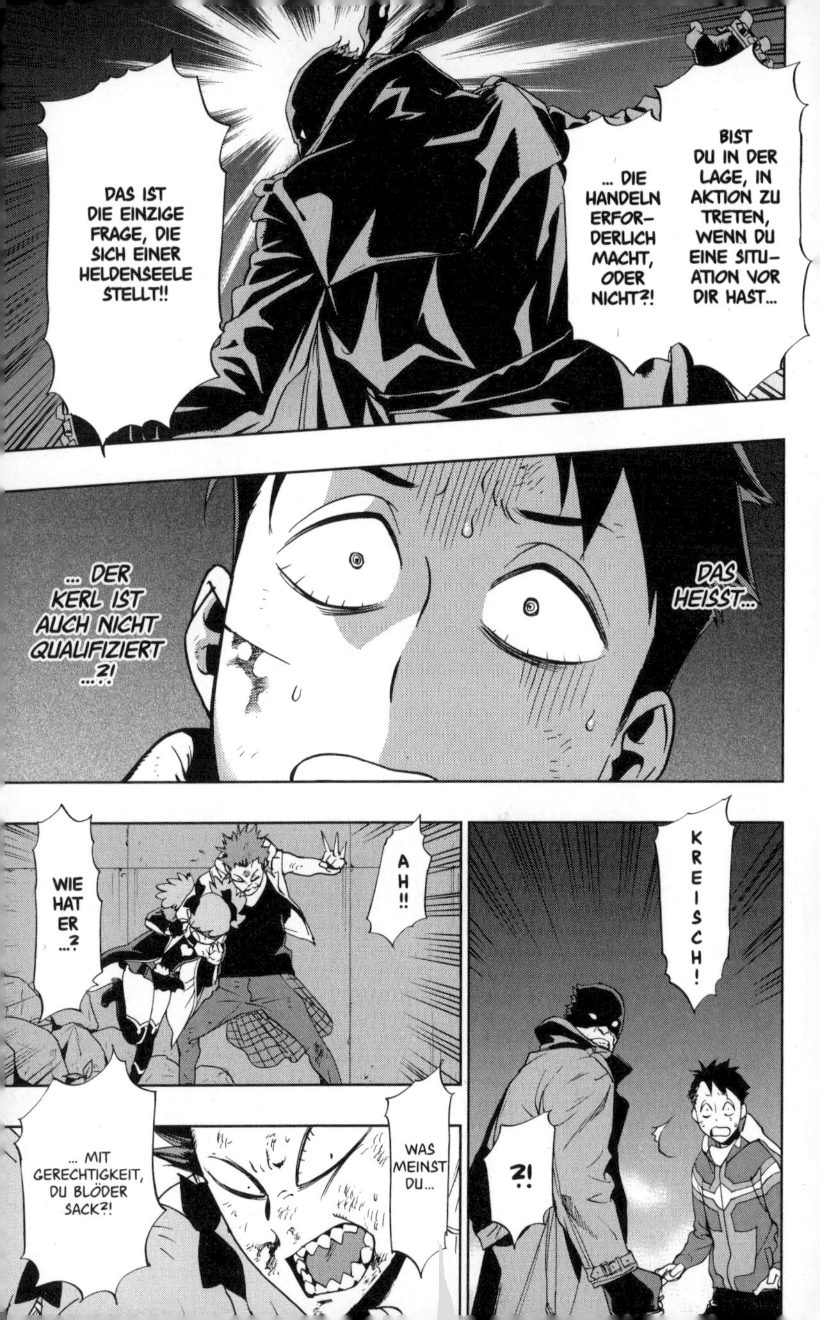
BIST DU IN DER LAGE, IN AKTION ZU TRETEN, WENN DU EINE SITUATION VOR DIR HAST...
... DIE HANDELN ERFORDERLICH MACHT, ODER NICHT?!
DAS IST DIE EINZIGE FRAGE, DIE SICH EINER HELDENSEELE STELLT!!
DAS HEISST...
... DER KERL IST AUCH NICHT QUALIFIZIERT ...?!
KREISCH!
?!
AH!!
WIE HAT ER ...?
WAS MEINST DU...
... MIT GERECHTIGKEIT, DU BLÖDER SACK?!

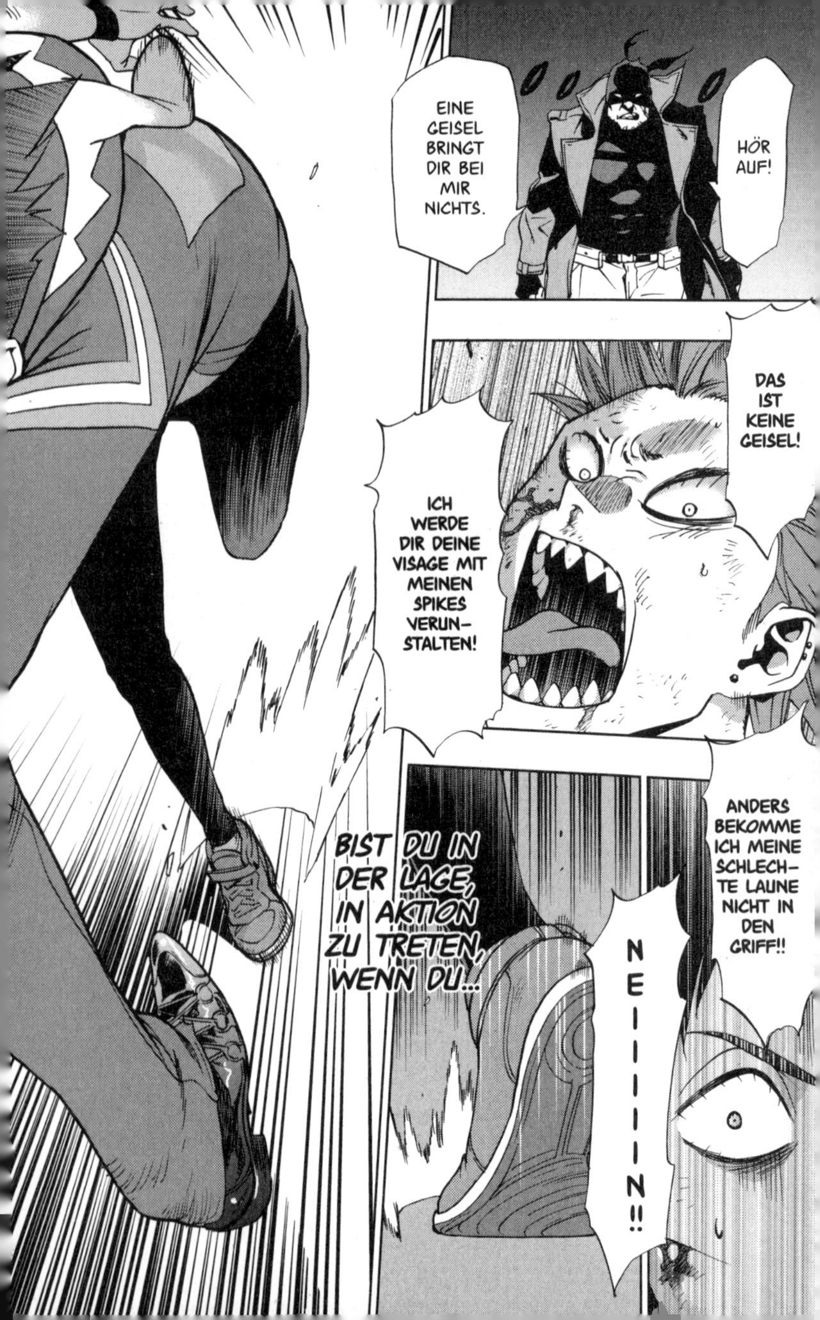
HÖR AUF!
EINE GEISEL BRINGT DIR BEI MIR NICHTS.
DAS IST KEINE GEISEL!
ICH WERDE DIR DEINE VISAGE MIT MEINEN SPIKES VERUN-STALTEN!
ANDERS BEKOMME ICH MEINE SCHLECH-TE LAUNE NICHT IN DEN GRIFF!!
NEIIIIIN!!
BIST DU IN DER LAGE, IN AKTION ZU TRETEN, WENN DU...

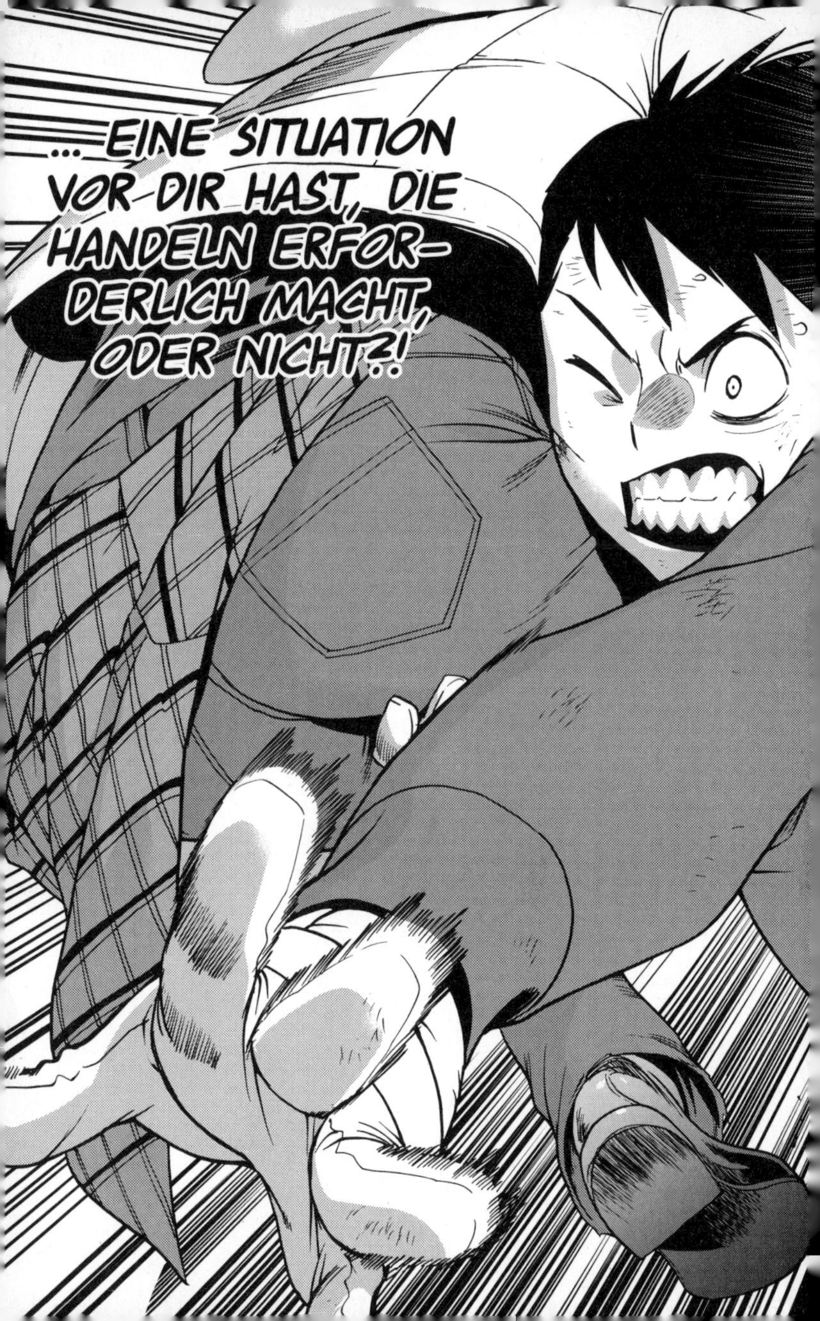
...EINE SITUATION VOR DIR HAST, DIE HANDELN ERFORDERLICH MACHT, ODER NICHT?!

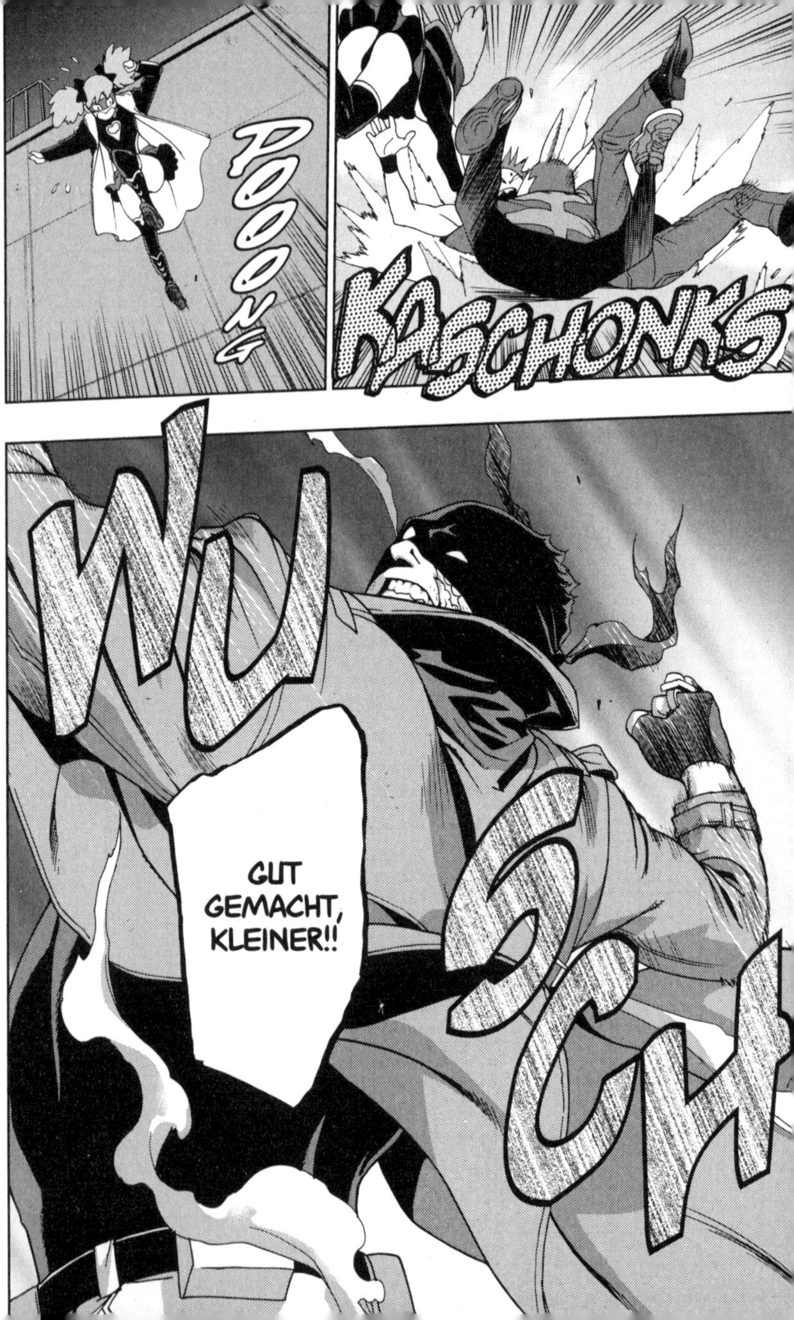
POOOONG
KASCHONKS
WUSCH
GUT GEMACHT, KLEINER!!

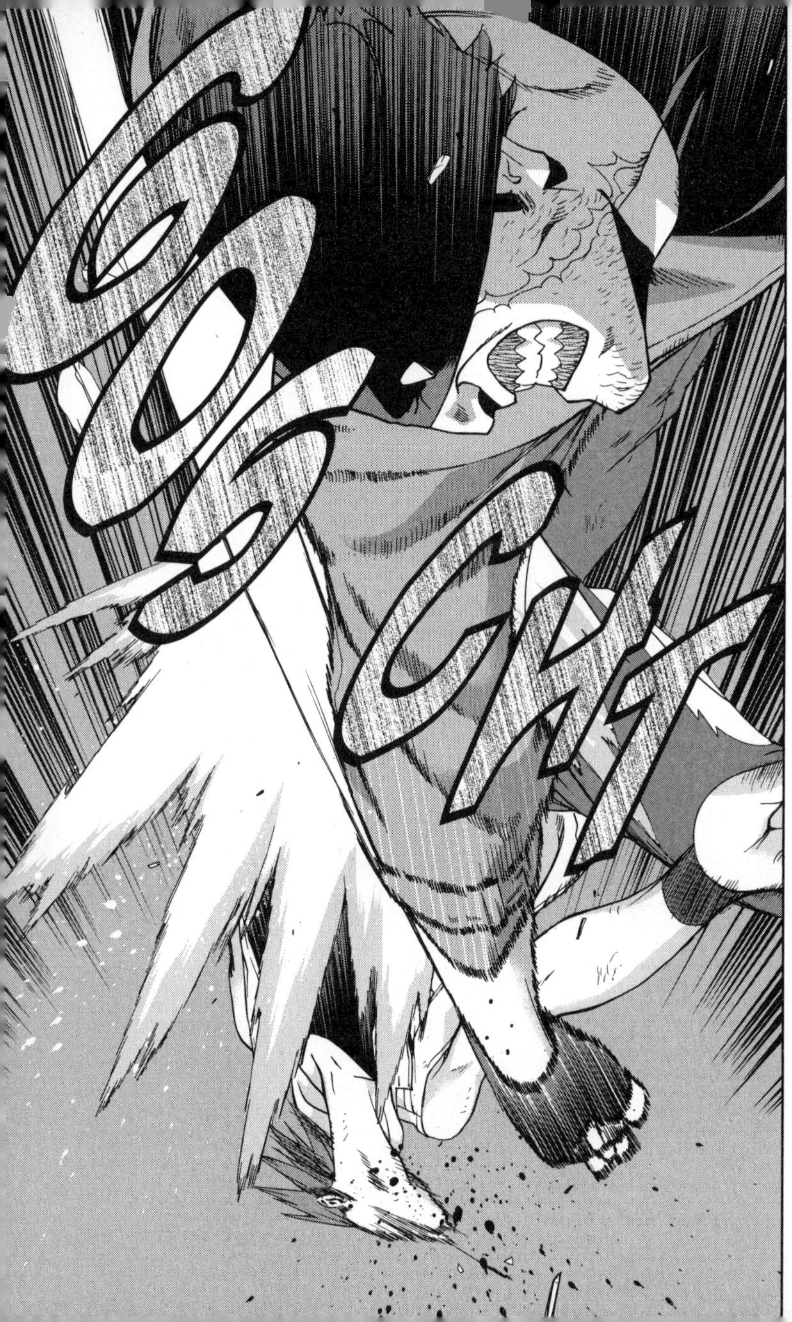

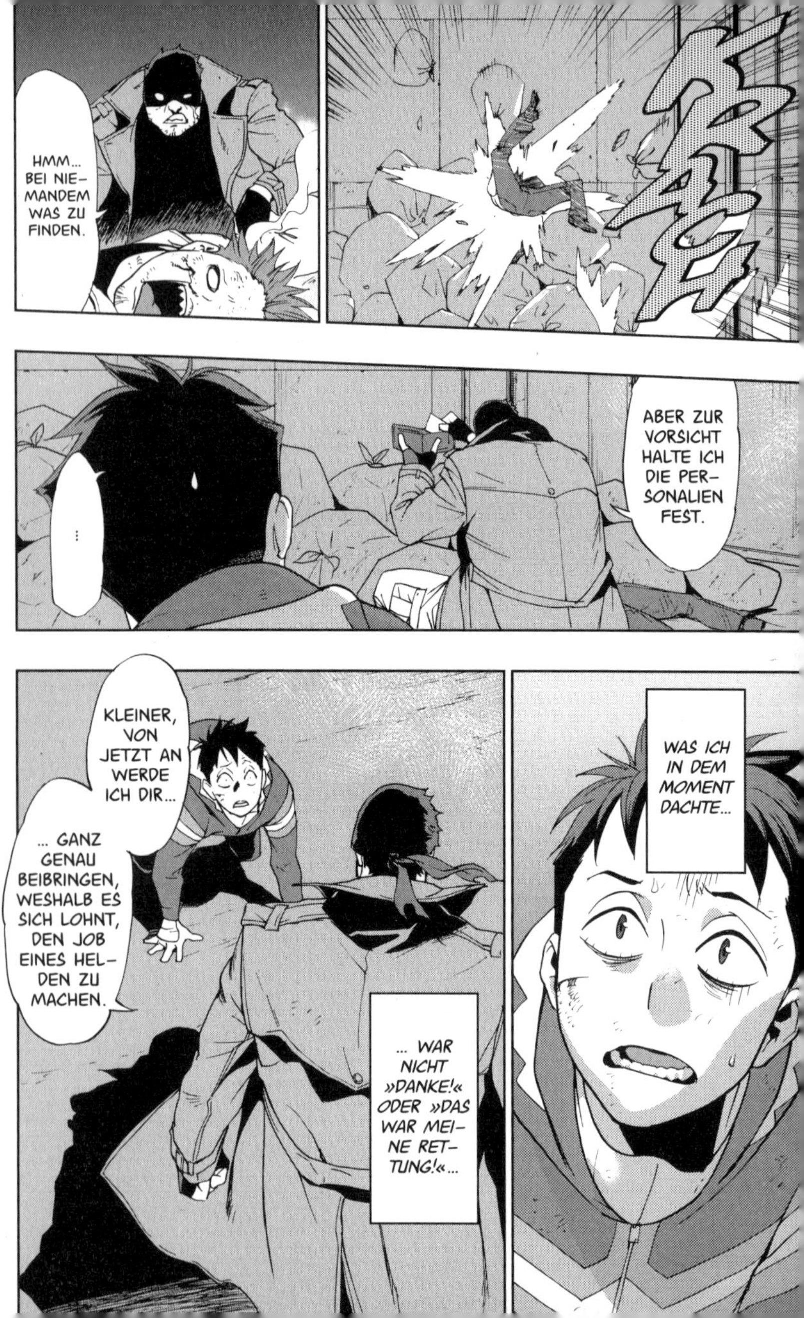
HMM... BEI NIE-MANDEM WAS ZU FINDEN.
ABER ZUR VORSICHT HALTE ICH DIE PER-SONALIEN FEST.
...
WAS ICH IN DEM MOMENT DACHTE...
KLEINER, VON JETZT AN WERDE ICH DIR...
... GANZ GENAU BEIBRINGEN, WESHALB ES SICH LOHNT, DEN JOB EINES HEL-DEN ZU MACHEN.
... WAR NICHT »DANKE!« ODER »DAS WAR MEI-NE RET-TUNG!«...

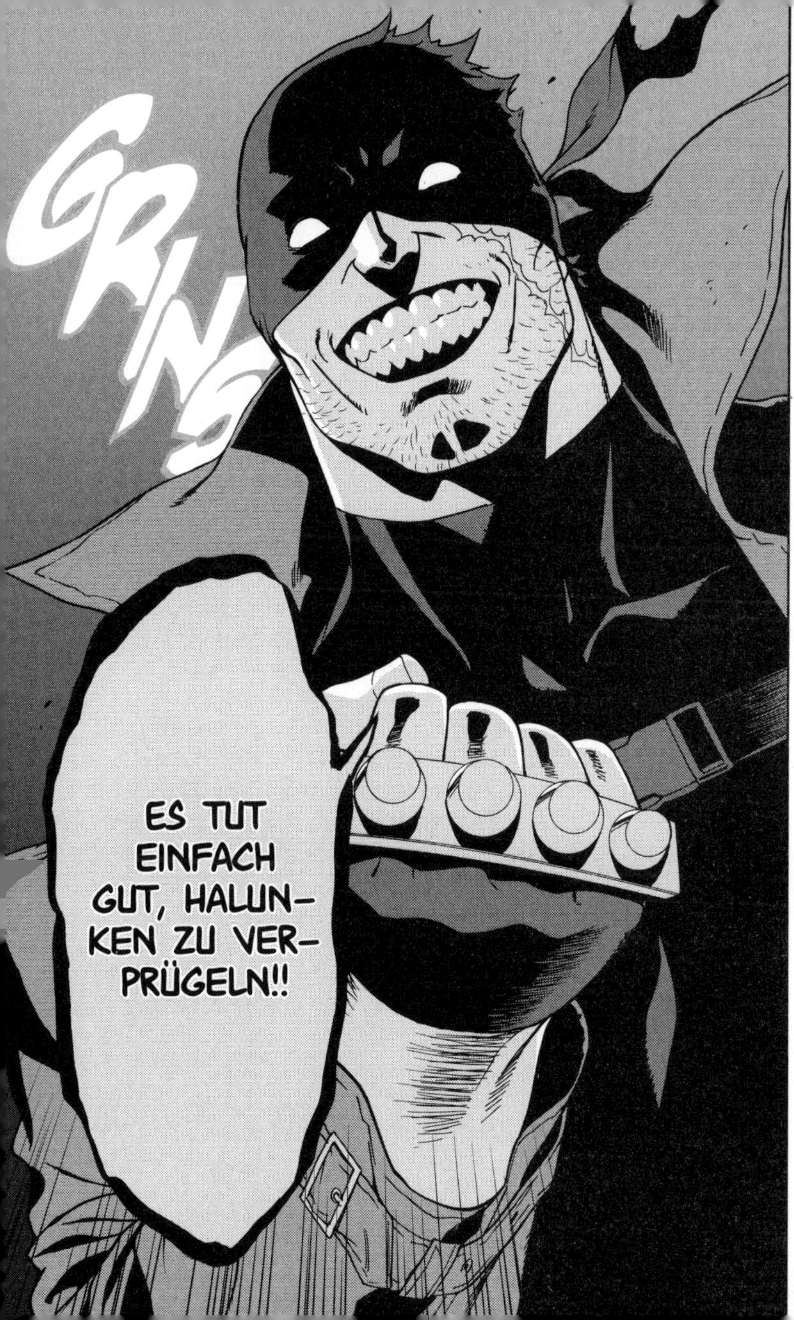
GRINS
ES TUT EINFACH GUT, HALUN-KEN ZU VER-PRÜGELN!!

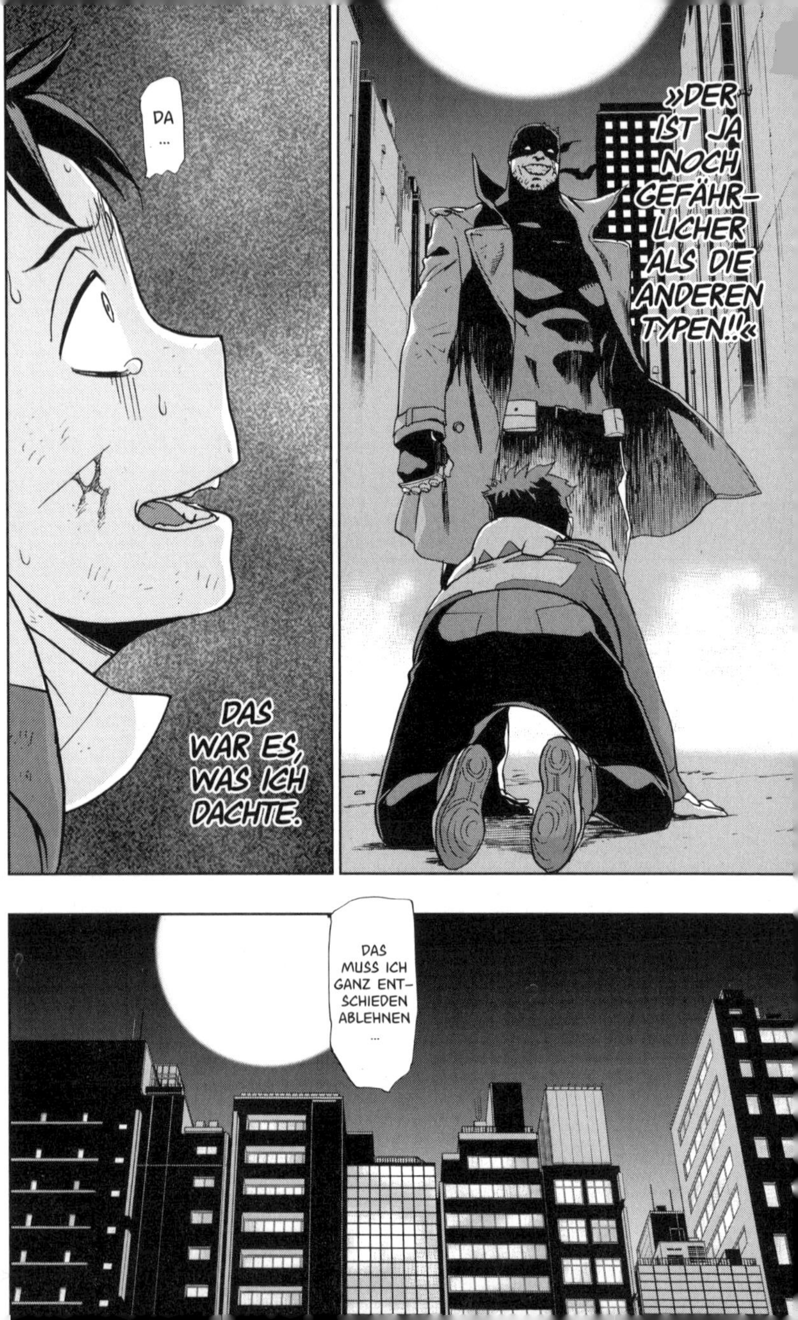
»DER IST JA NOCH GEFÄHR-LICHER ALS DIE ANDEREN TYPEN!!«
DA ...
DAS WAR ES, WAS ICH DACHTE.
DAS MUSS ICH GANZ ENT-SCHIEDEN ABLEHNEN ...

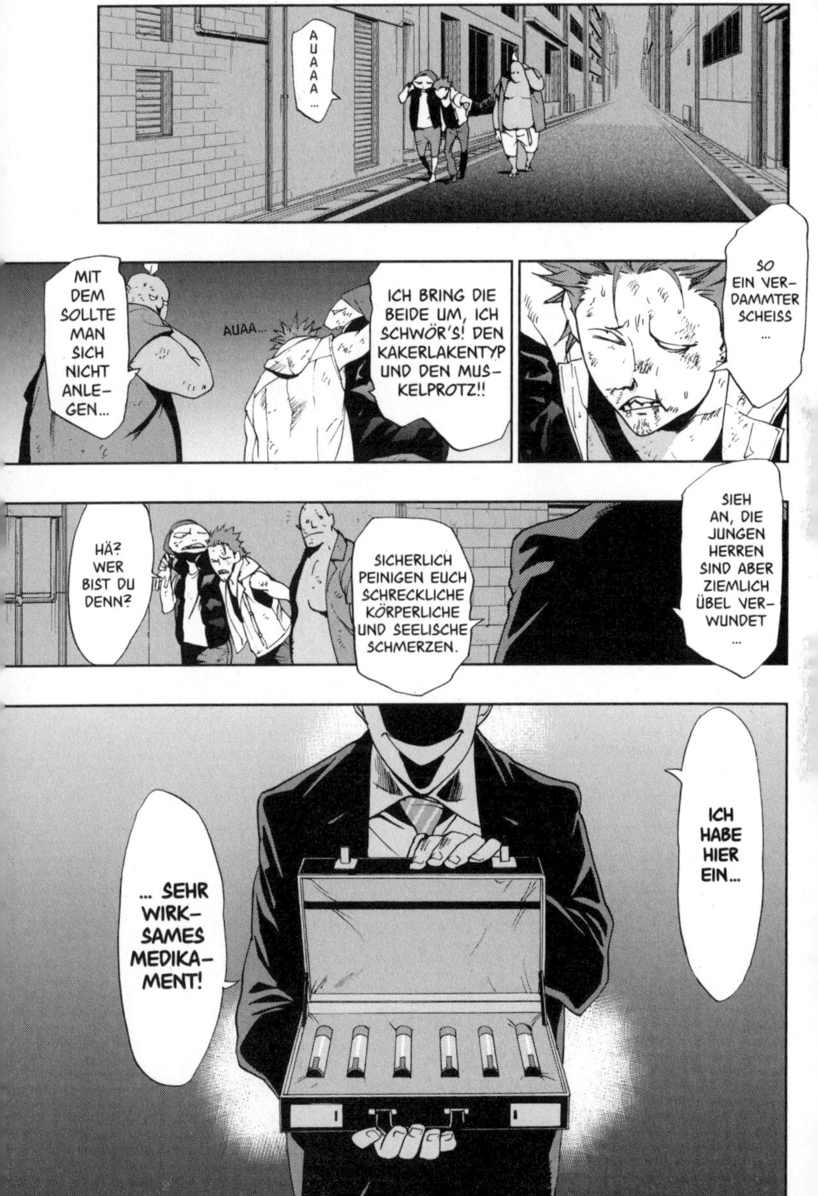
AUAAA ...
SO EIN VERDAMMTER SCHEISS ...
ICH BRING DIE BEIDE UM, ICH SCHWÖR'S! DEN KAKERLAKENTYP UND DEN MUSKELPROTZ!!
AUAA...
MIT DEM SOLLTE MAN SICH NICHT ANLEGEN...
SIEH AN, DIE JUNGEN HERREN SIND ABER ZIEMLICH ÜBEL VERWUNDET ...
SICHERLICH PEINIGEN EUCH SCHRECKLICHE KÖRPERLICHE UND SEELISCHE SCHMERZEN.
HÄ? WER BIST DU DENN?
ICH HABE HIER EIN...
... SEHR WIRKSAMES MEDIKAMENT!

NETTMAN / THE CRAWLER

THE ROUGH DESIGN

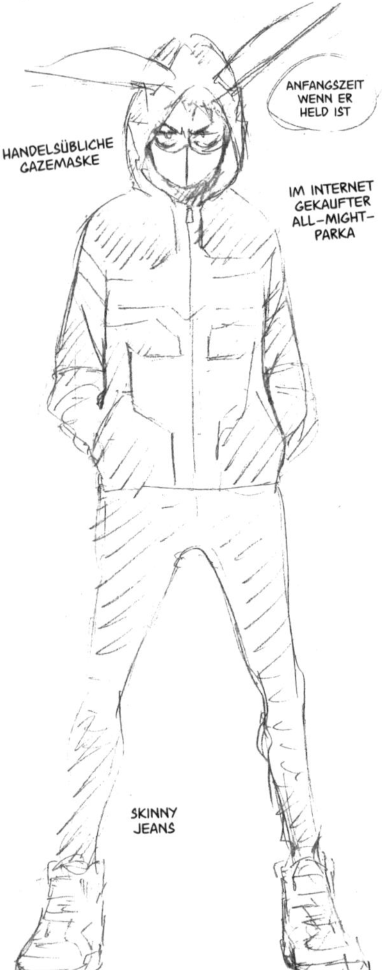

EIGENTLICHER NAME: KOUICHI HAIMAWARI

GEBURTSTAG: 22. FEBRUAR

GRÖSSE: 1,72 M

MAG: CURRYREIS

MACKE: GLEITEN

THE HINTERGRUNDINFOS

Das Konzept ist »Ein Izuku Midoriya, der nicht das Glück hatte, All Might zu begegnen« und »Noch nicht ganz erwachsen ist, aber schon zu groß, um ihn noch einen Jungen zu nennen«.

In der Geschichte ist dieser Charakter in der Lage, mit leicht fragwürdigen Leuten, die sich in einer Grauzone bewegen, allen voran der Meister und Pop, zu kommunizieren. Ich frage mich, ob nicht diese seltsame angeborene Gutherzigkeit oder, wie soll ich es sagen, Toleranz seine persönliche Helden-Qualifikation ist. (Furuhashi)

Anfangs war ich eigentlich überzeugt, dass er ein ganz schön perverser Charakter ist, deshalb hat er diesen bösen Blick (haha). Ich habe bewusst darauf geachtet, dass seine Silhouette sich mit der von Deku im Heldenkostüm deckt. (Betten)

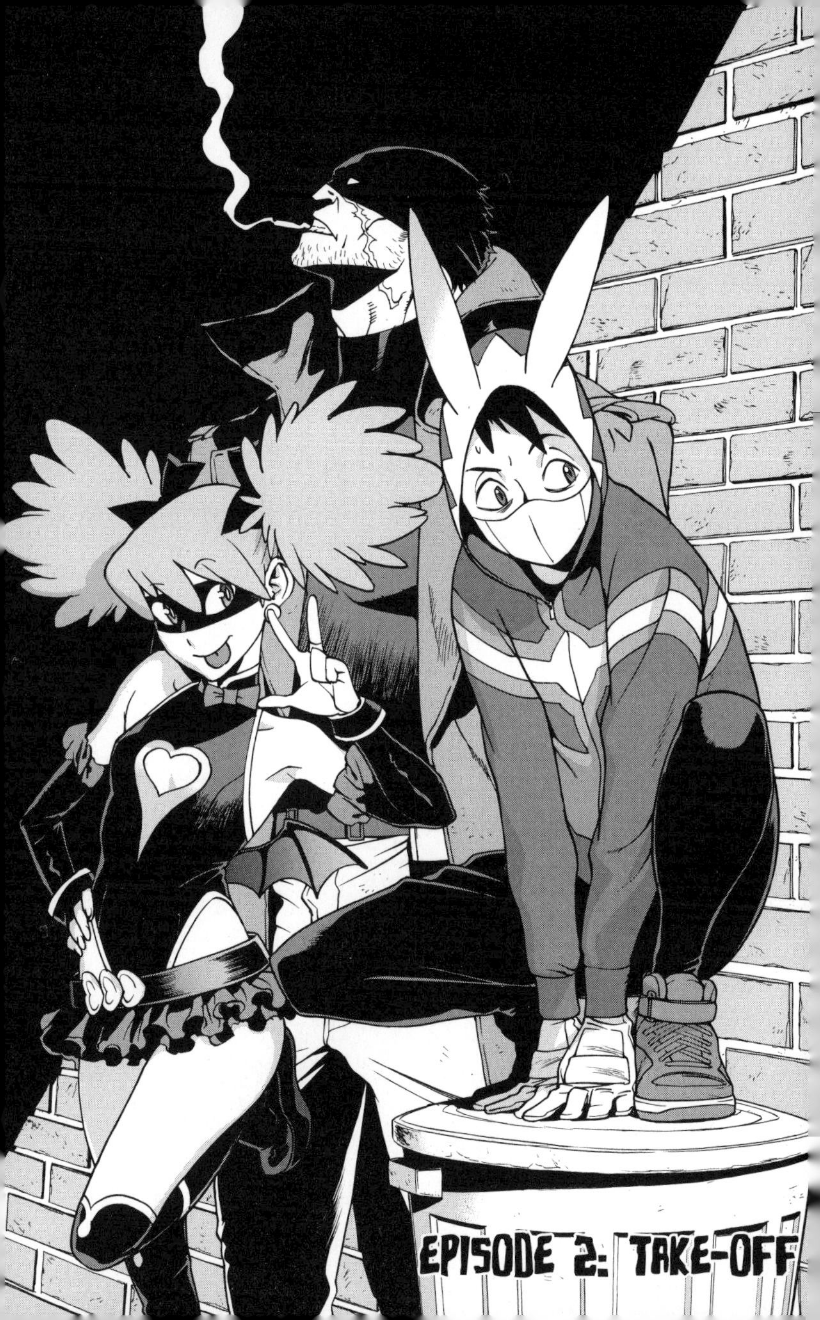
EPISODE 2: TAKE-OFF

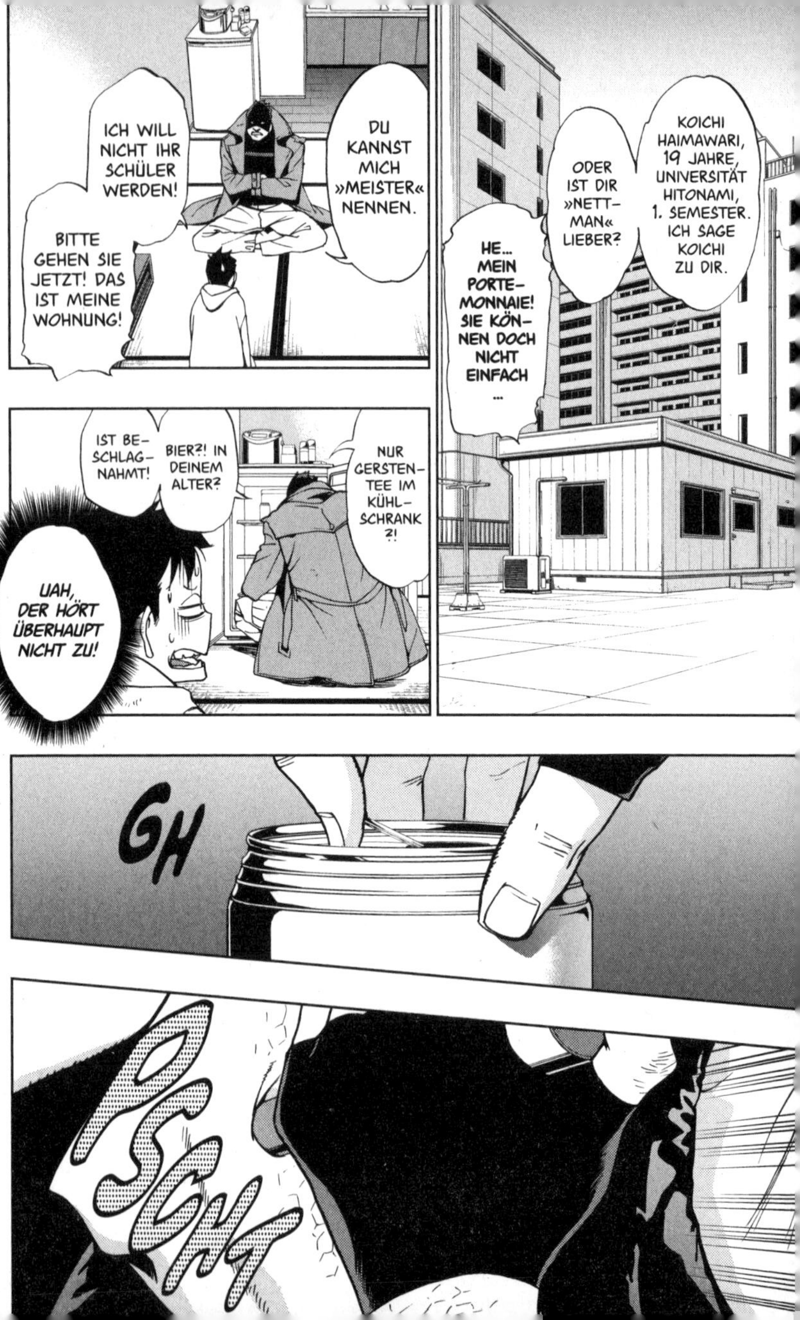
KOICHI HAIMAWARI, 19 JAHRE, UNIVERSITÄT HITONAMI, 1. SEMESTER. ICH SAGE KOICHI ZU DIR.
ODER IST DIR »NETT-MAN« LIEBER?
HE... MEIN PORTE-MONNAIE! SIE KÖNNEN DOCH NICHT EINFACH ...
DU KANNST MICH »MEISTER« NENNEN.
ICH WILL NICHT IHR SCHÜLER WERDEN!
BITTE GEHEN SIE JETZT! DAS IST MEINE WOHNUNG!
NUR GERSTENTEE IM KÜHLSCHRANK?!
BIER?! IN DEINEM ALTER?
IST BESCHLAGNAHMT!
UAH, DER HÖRT ÜBERHAUPT NICHT ZU!
GH
PSCHT

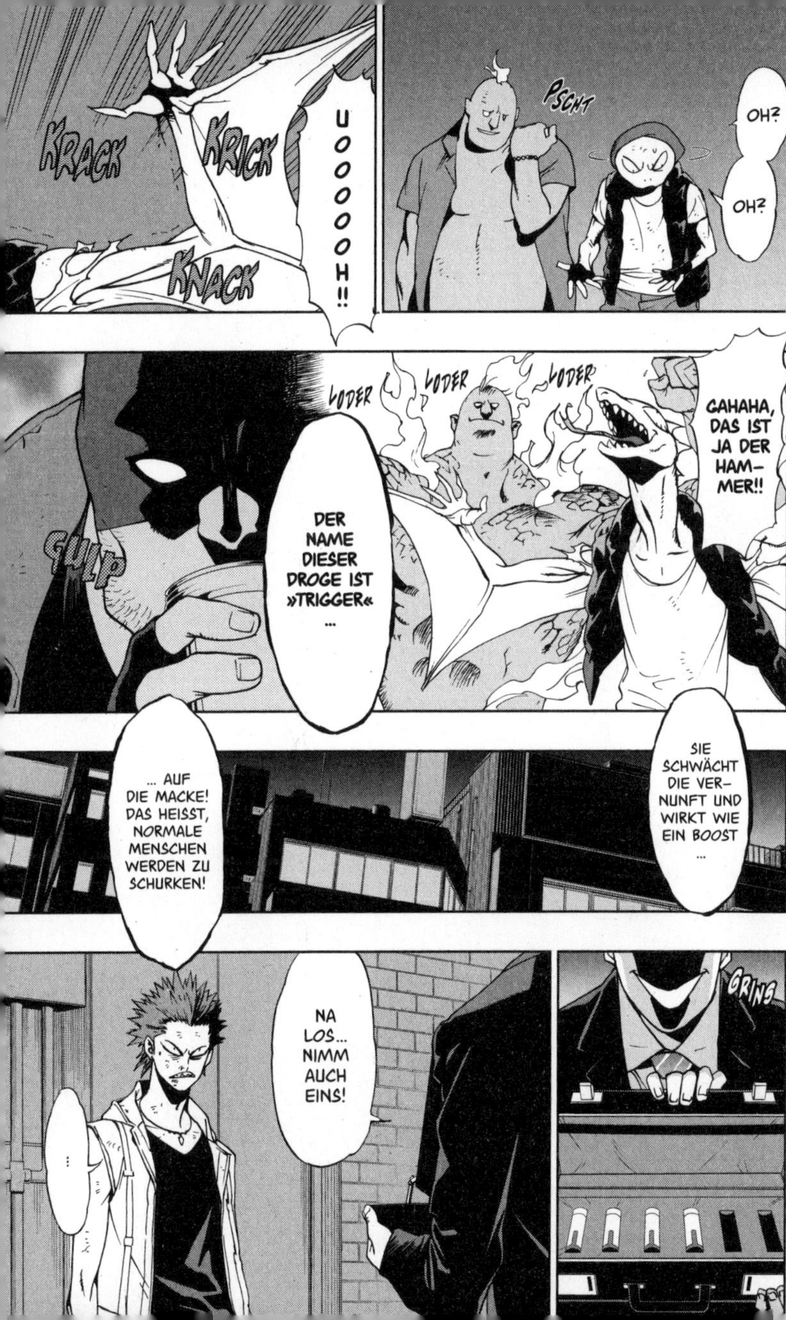
OH?
OH?
PSCHT
UOOOOOOOH!!
KRICK
KRACK
KNACK
GAHAHA, DAS IST JA DER HAMMER!!
LODER
LODER
LODER
DER NAME DIESER DROGE IST »TRIGGER« ...
GULP
SIE SCHWÄCHT DIE VERNUNFT UND WIRKT WIE EIN BOOST ...
... AUF DIE MACKE! DAS HEISST, NORMALE MENSCHEN WERDEN ZU SCHURKEN!
GRINS
NA LOS... NIMM AUCH EINS!
...

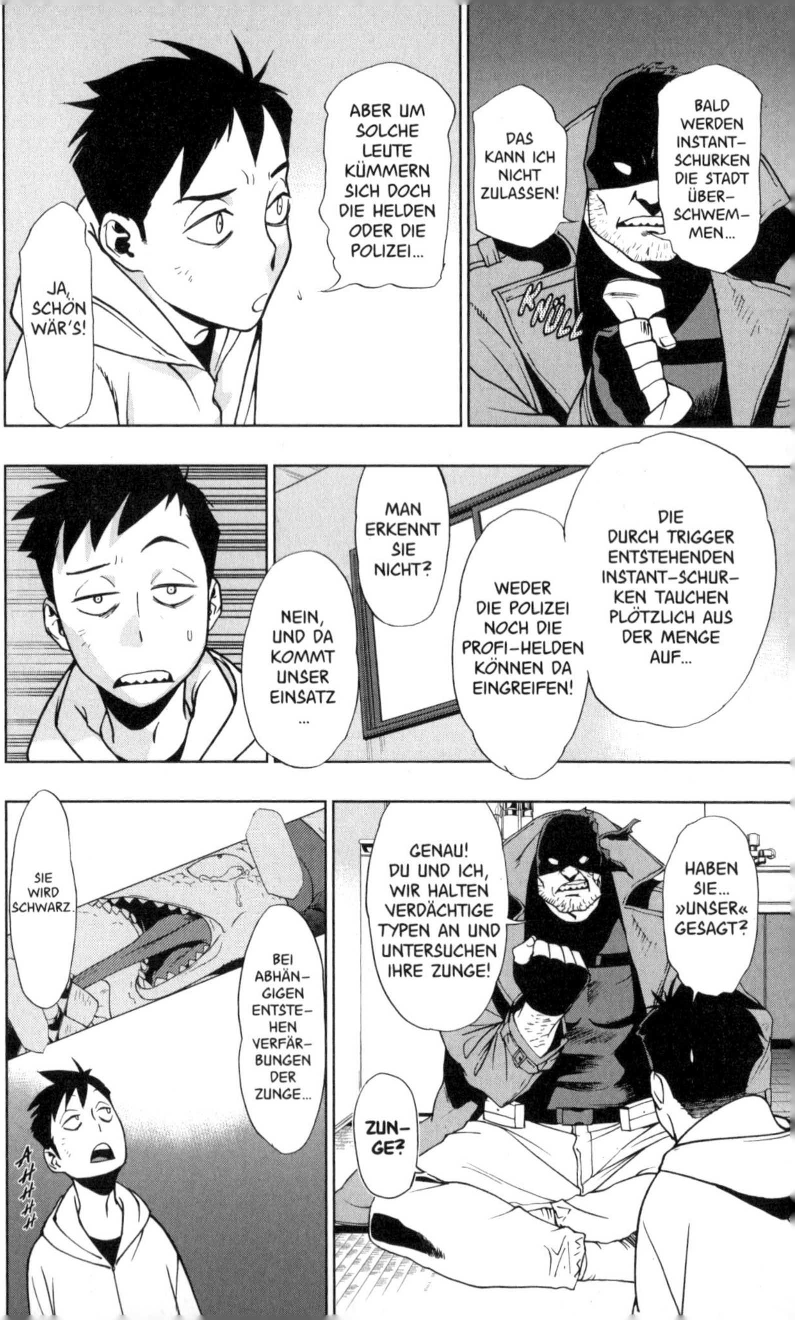

BALD WERDEN INSTANT-SCHURKEN DIE STADT ÜBERSCHWEMMEN...
DAS KANN ICH NICHT ZULASSEN!
KNÜLL
ABER UM SOLCHE LEUTE KÜMMERN SICH DOCH DIE HELDEN ODER DIE POLIZEI...
JA, SCHÖN WÄR'S!
DIE DURCH TRIGGER ENTSTEHENDEN INSTANT-SCHURKEN TAUCHEN PLÖTZLICH AUS DER MENGE AUF...
WEDER DIE POLIZEI NOCH DIE PROFI-HELDEN KÖNNEN DA EINGREIFEN!
MAN ERKENNT SIE NICHT?
NEIN, UND DA KOMMT UNSER EINSATZ ...
HABEN SIE... »UNSER« GESAGT?
GENAU! DU UND ICH, WIR HALTEN VERDÄCHTIGE TYPEN AN UND UNTERSUCHEN IHRE ZUNGE!
ZUNGE?
BEI ABHÄNGIGEN ENTSTEHEN VERFÄRBUNGEN DER ZUNGE...
SIE WIRD SCHWARZ.
AHHHHH

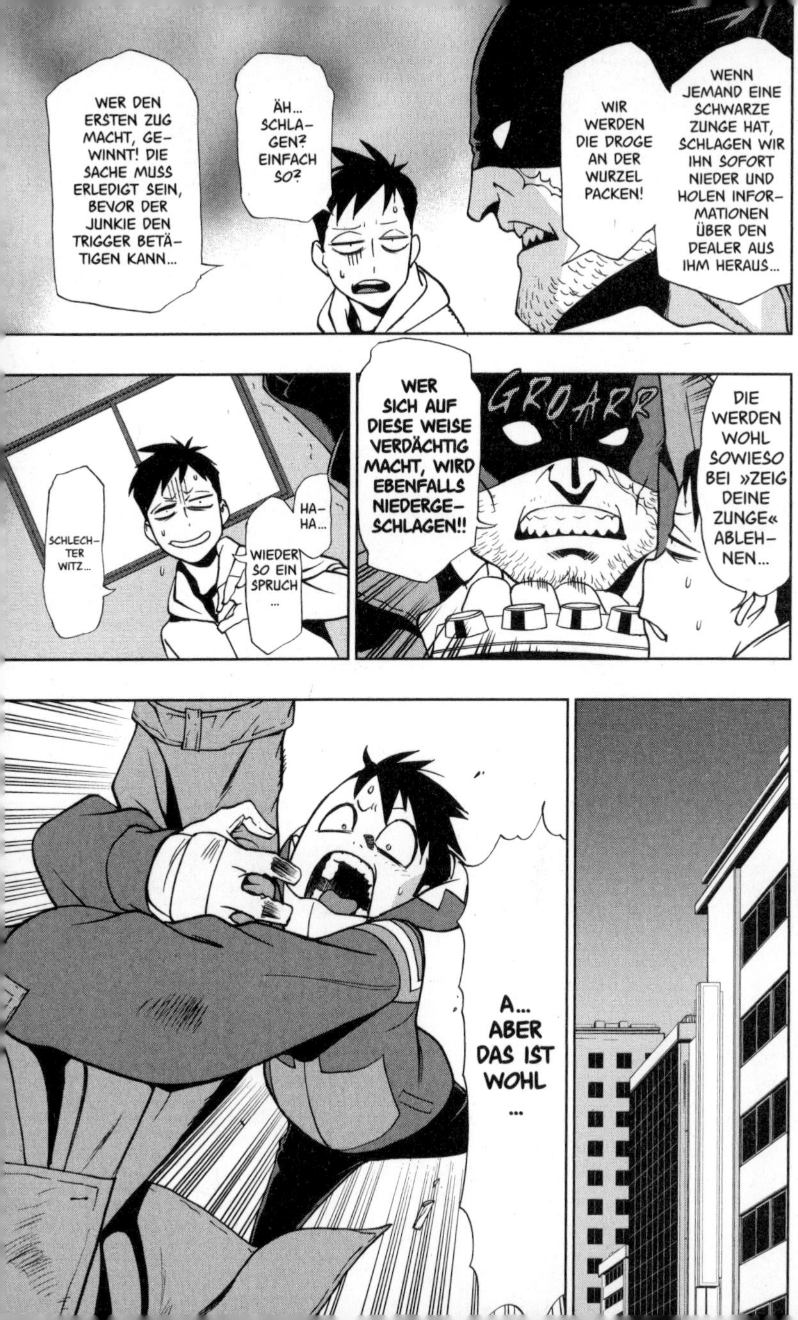
WENN JEMAND EINE SCHWARZE ZUNGE HAT, SCHLAGEN WIR IHN SOFORT NIEDER UND HOLEN INFORMATIONEN ÜBER DEN DEALER AUS IHM HERAUS…
WIR WERDEN DIE DROGE AN DER WURZEL PACKEN!
ÄH… SCHLAGEN? EINFACH SO?
WER DEN ERSTEN ZUG MACHT, GEWINNT! DIE SACHE MUSS ERLEDIGT SEIN, BEVOR DER JUNKIE DEN TRIGGER BETÄTIGEN KANN…
DIE WERDEN WOHL SOWIESO BEI »ZEIG DEINE ZUNGE« ABLEHNEN…
GROARR
WER SICH AUF DIESE WEISE VERDÄCHTIG MACHT, WIRD EBENFALLS NIEDERGESCHLAGEN!!
HA-HA…
WIEDER SO EIN SPRUCH …
SCHLECHTER WITZ…
A… ABER DAS IST WOHL …

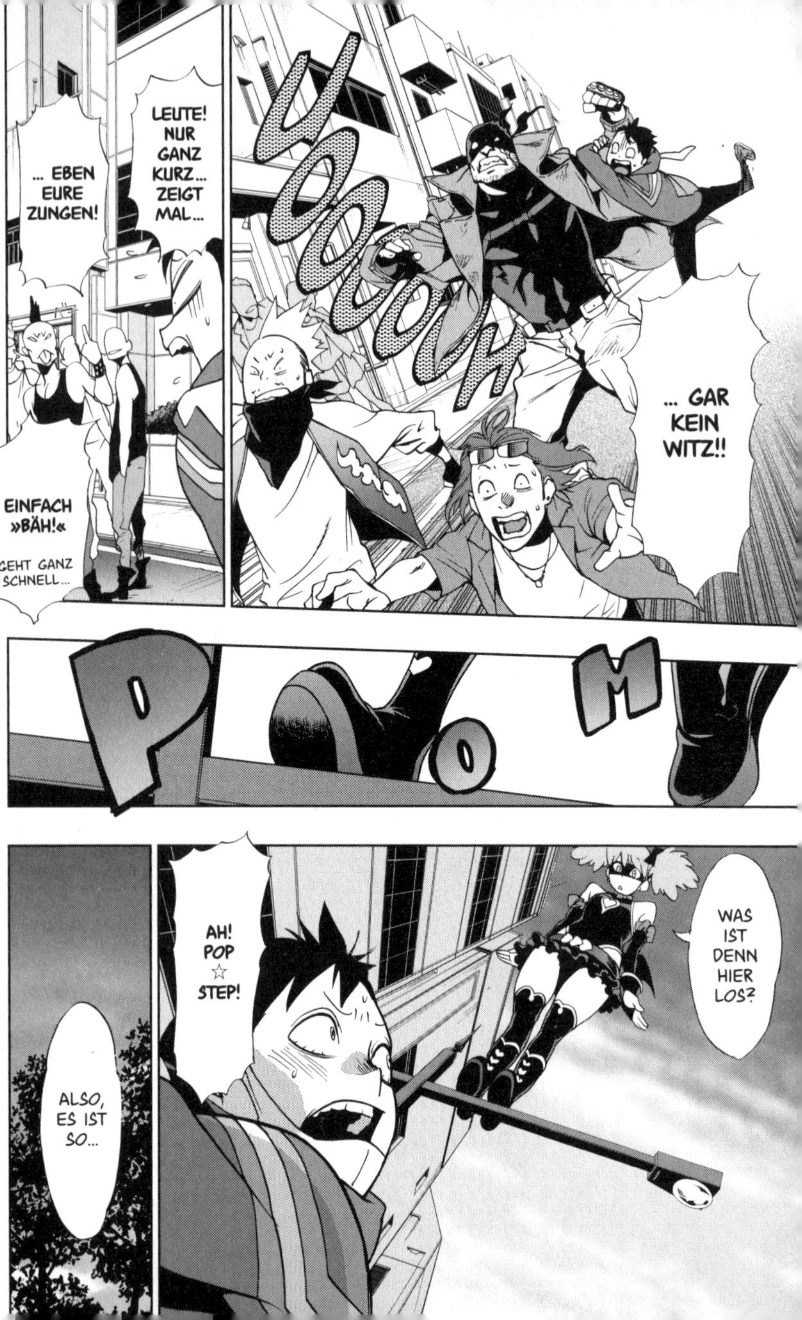

LEUTE! NUR GANZ KURZ... ZEIGT MAL...
... EBEN EURE ZUNGEN!
EINFACH »BÄH!«
GEHT GANZ SCHNELL...
VOOOOOOH
... GAR KEIN WITZ!!
POM
WAS IST DENN HIER LOS?
AH! POP ☆ STEP!
ALSO, ES IST SO...

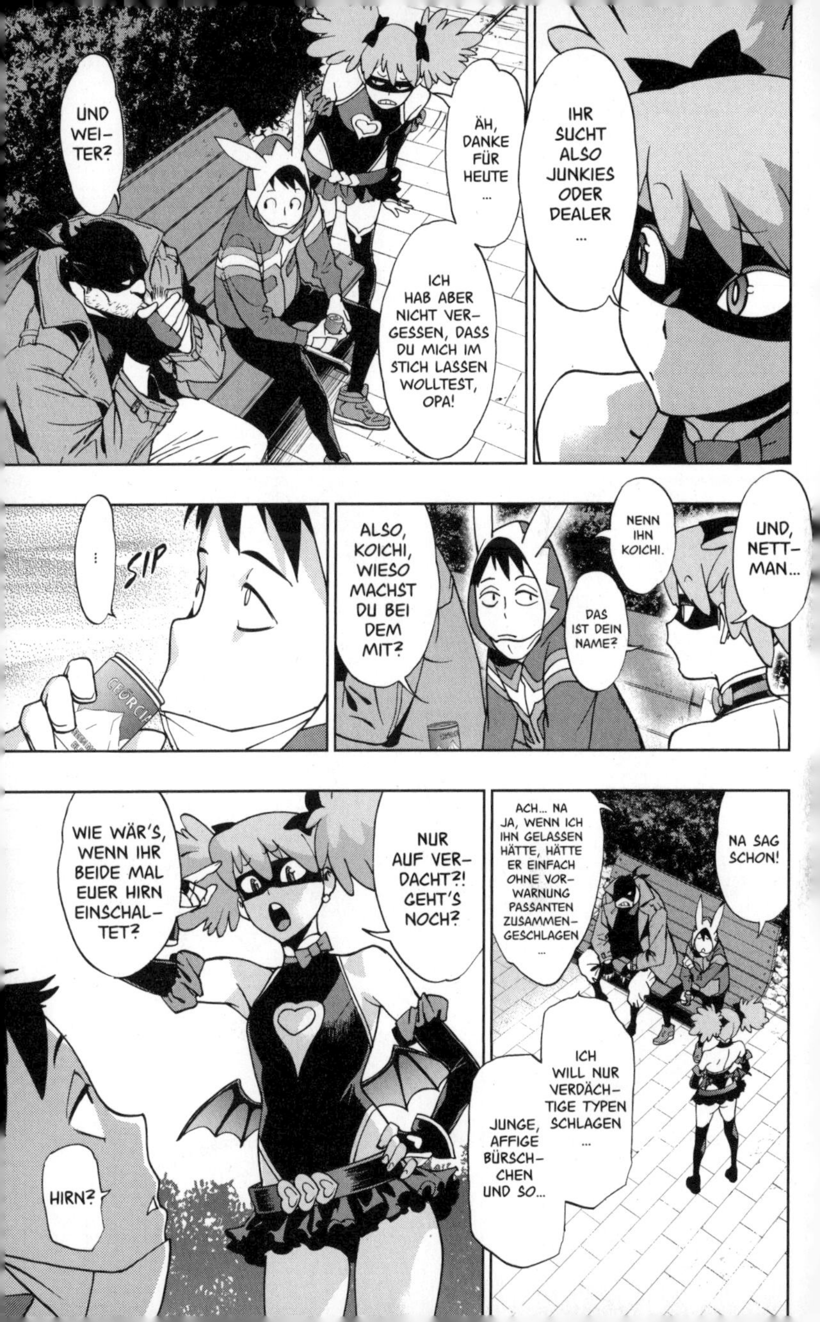
IHR SUCHT ALSO JUNKIES ODER DEALER ...
ÄH, DANKE FÜR HEUTE ...
ICH HAB ABER NICHT VERGESSEN, DASS DU MICH IM STICH LASSEN WOLLTEST, OPA!
UND WEITER?
UND, NETT-MAN...
NENN IHN KOICHI.
DAS IST DEIN NAME?
ALSO, KOICHI, WIESO MACHST DU BEI DEM MIT?
...
SIP
NA SAG SCHON!
ACH... NA JA, WENN ICH IHN GELASSEN HÄTTE, HÄTTE ER EINFACH OHNE VORWARNUNG PASSANTEN ZUSAMMENGESCHLAGEN ...
ICH WILL NUR VERDÄCHTIGE TYPEN SCHLAGEN ...
JUNGE, AFFIGE BÜRSCHCHEN UND SO...
NUR AUF VERDACHT?! GEHT'S NOCH?
WIE WÄR'S, WENN IHR BEIDE MAL EUER HIRN EINSCHALTET?
HIRN?

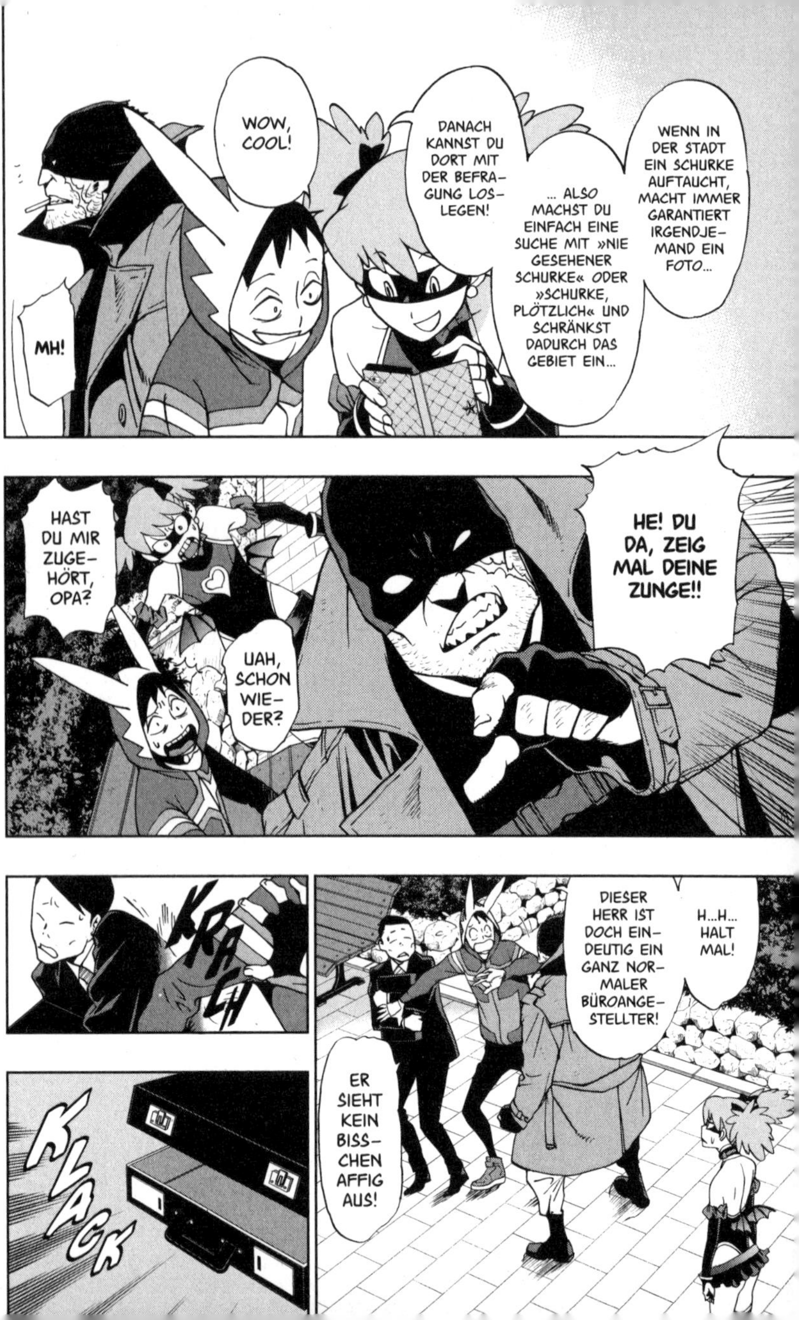
WENN IN DER STADT EIN SCHURKE AUFTAUCHT, MACHT IMMER GARANTIERT IRGENDJEMAND EIN FOTO...
... ALSO MACHST DU EINFACH EINE SUCHE MIT »NIE GESEHENER SCHURKE« ODER »SCHURKE, PLÖTZLICH« UND SCHRÄNKST DADURCH DAS GEBIET EIN...
DANACH KANNST DU DORT MIT DER BEFRAGUNG LOSLEGEN!
WOW, COOL!
MH!
HE! DU DA, ZEIG MAL DEINE ZUNGE!!
HAST DU MIR ZUGEHÖRT, OPA?
UAH, SCHON WIEDER?
H...H... HALT MAL!
DIESER HERR IST DOCH EINDEUTIG EIN GANZ NORMALER BÜROANGESTELLTER!
ER SIEHT KEIN BISSCHEN AFFIG AUS!
KRACH
KLACK

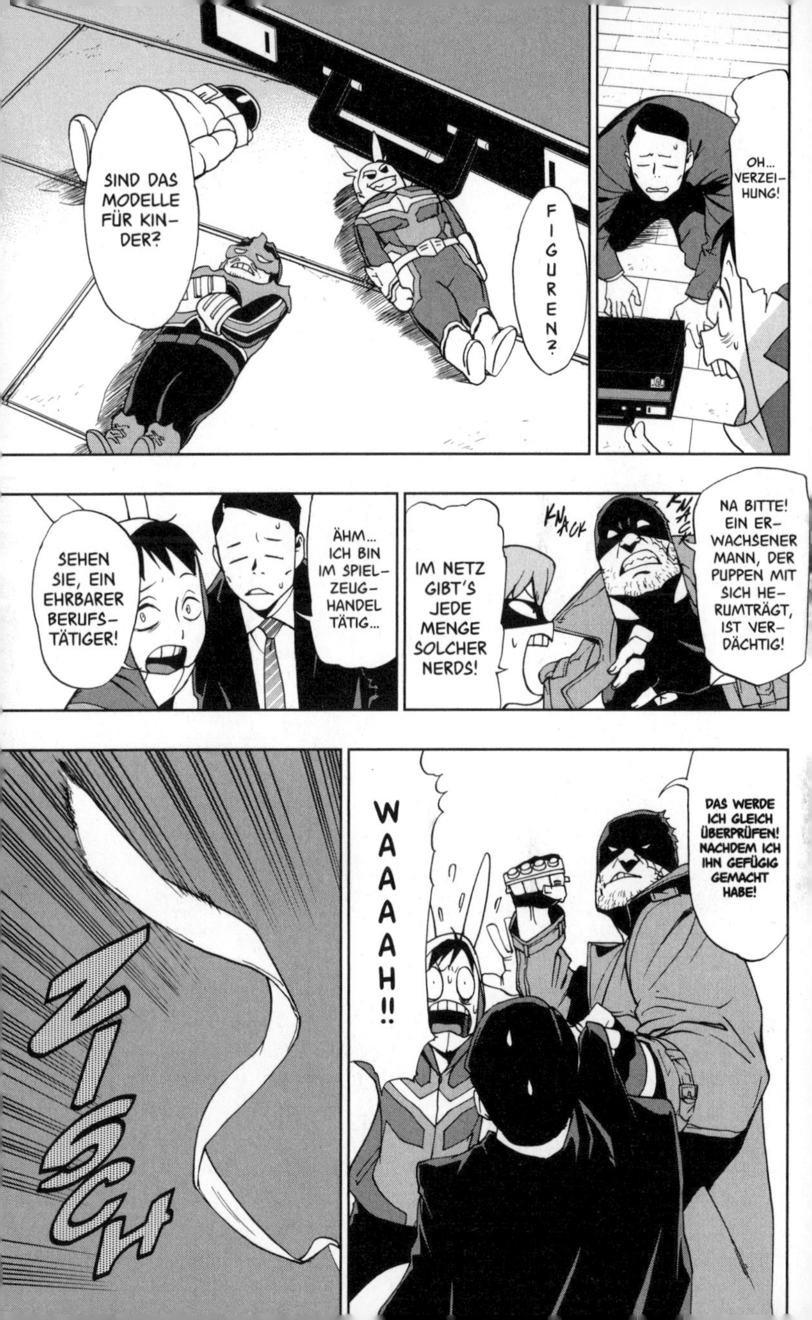
OH... VERZEIHUNG!
FIGUREN?
SIND DAS MODELLE FÜR KINDER?
NA BITTE! EIN ERWACHSENER MANN, DER PUPPEN MIT SICH HERUMTRÄGT, IST VERDÄCHTIG!
KNACK
KNACK
IM NETZ GIBT'S JEDE MENGE SOLCHER NERDS!
ÄHM... ICH BIN IM SPIELZEUGHANDEL TÄTIG...
SEHEN SIE, EIN EHRBARER BERUFSTÄTIGER!
DAS WERDE ICH GLEICH ÜBERPRÜFEN! NACHDEM ICH IHN GEFÜGIG GEMACHT HABE!
WAAAAAH!!
WISCH

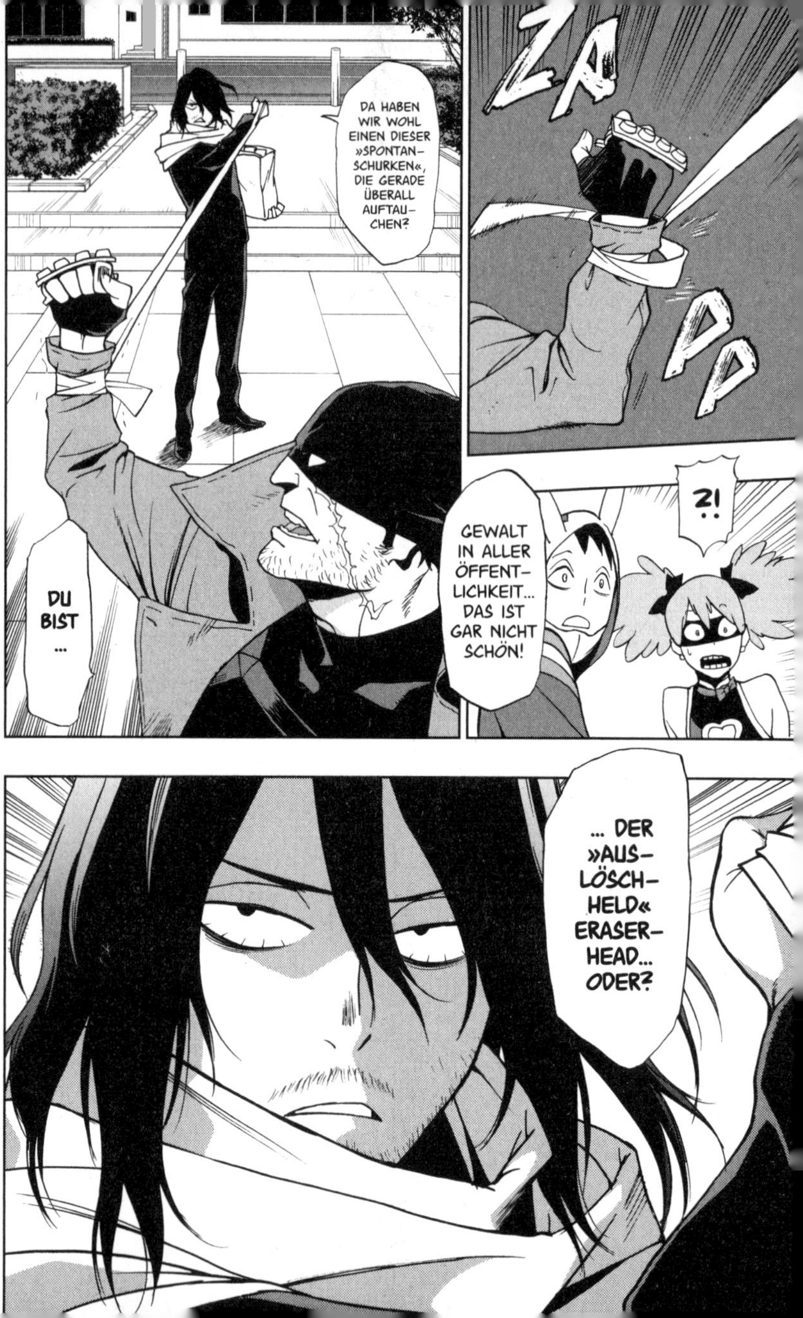
ZA
PP
DA HABEN WIR WOHL EINEN DIESER »SPONTAN-SCHURKEN«, DIE GERADE ÜBERALL AUFTAU-CHEN?
DU BIST ...
Z!
GEWALT IN ALLER ÖFFENT-LICHKEIT... DAS IST GAR NICHT SCHÖN!
... DER »AUS-LÖSCH-HELD« ERASER-HEAD... ODER?

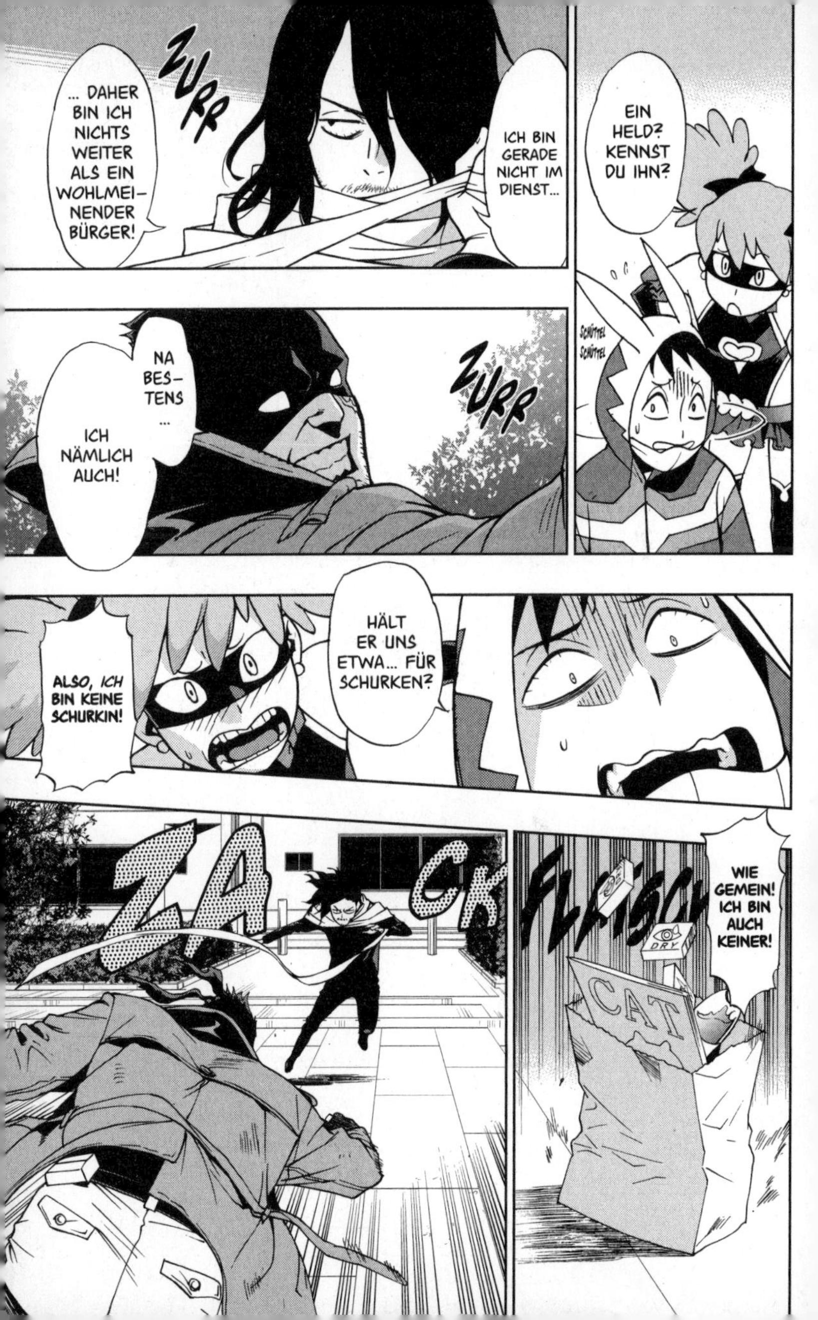
ICH BIN GERADE NICHT IM DIENST …
… DAHER BIN ICH NICHTS WEITER ALS EIN WOHLMEINENDER BÜRGER!
ZURR
EIN HELD? KENNST DU IHN?
SCHÜTTEL SCHÜTTEL
NA BESTENS …
ICH NÄMLICH AUCH!
ZURR
HÄLT ER UNS ETWA … FÜR SCHURKEN?
ALSO, ICH BIN KEINE SCHURKIN!
WIE GEMEIN! ICH BIN AUCH KEINER!
DRY
CAT
ZACK

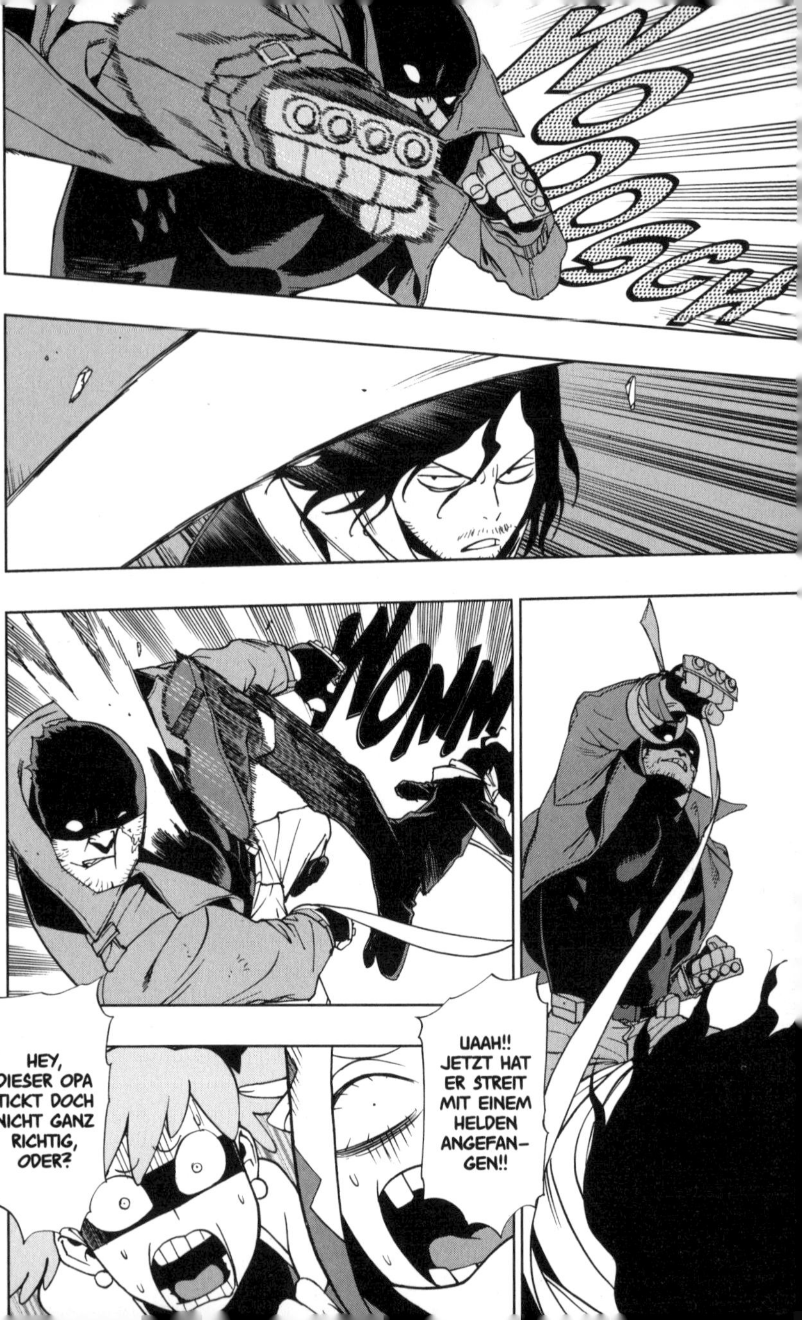
WOOOOGCH
WOMM
UAAH!! JETZT HAT ER STREIT MIT EINEM HELDEN ANGEFAN-GEN!!
HEY, DIESER OPA TICKT DOCH NICHT GANZ RICHTIG, ODER?

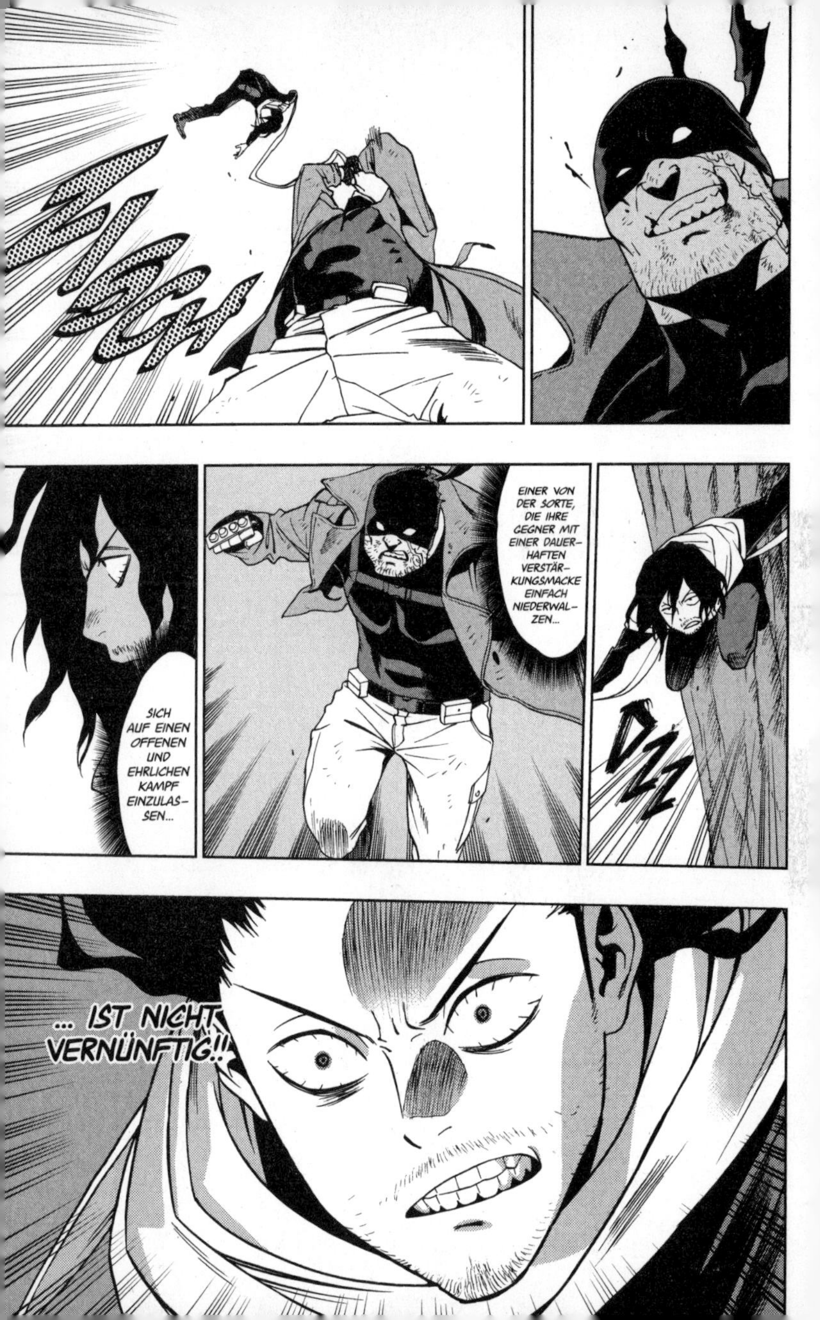
WUSCH
EINER VON DER SORTE, DIE IHRE GEGNER MIT EINER DAUER-HAFTEN VERSTÄR-KUNGSMACKE EINFACH NIEDERWAL-ZEN...
DZZ
SICH AUF EINEN OFFENEN UND EHRLICHEN KAMPF EINZULAS-SEN...
... IST NICHT VERNÜNFTIG!!

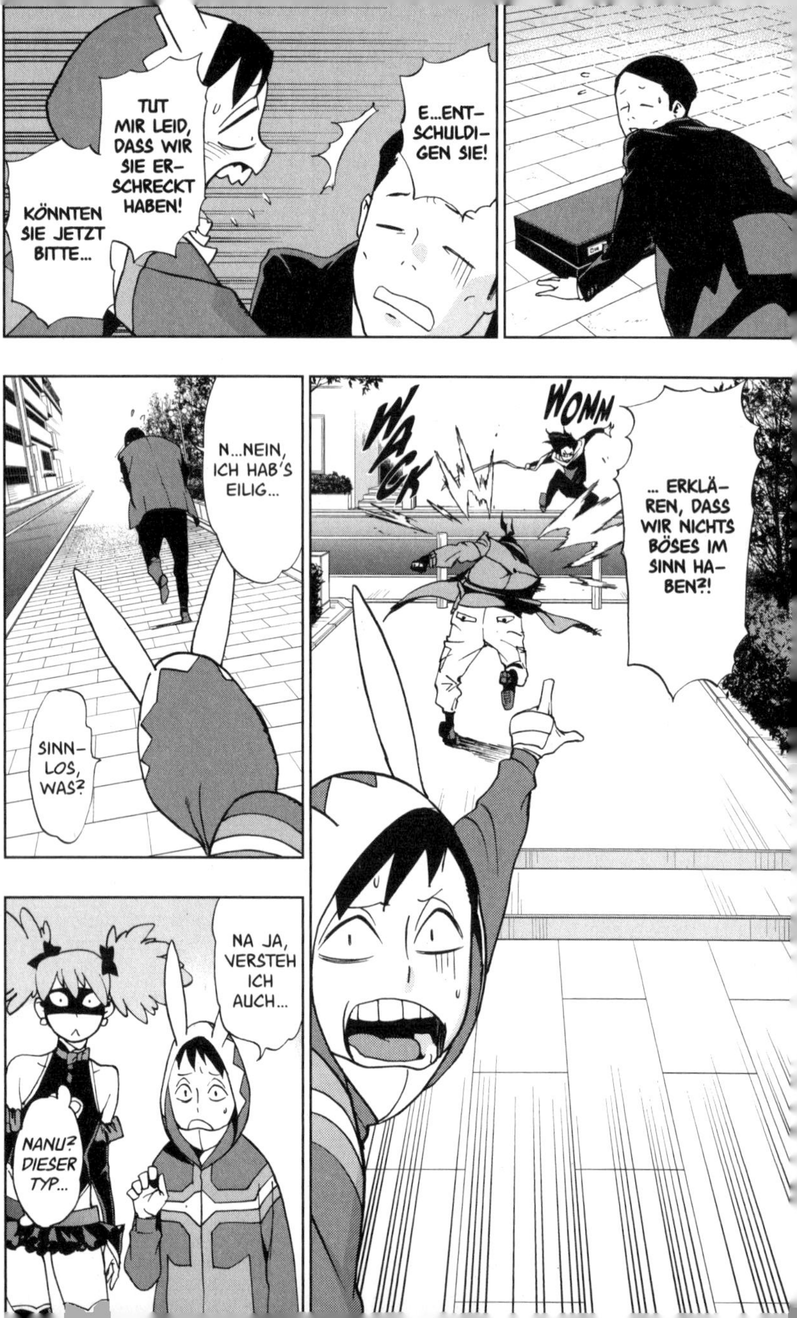
E...ENTSCHULDIGEN SIE!
TUT MIR LEID, DASS WIR SIE ERSCHRECKT HABEN!
KÖNNTEN SIE JETZT BITTE...
WOMM
WACK
... ERKLÄREN, DASS WIR NICHTS BÖSES IM SINN HABEN?!
N...NEIN, ICH HAB'S EILIG...
SINNLOS, WAS?
NA JA, VERSTEH ICH AUCH...
NANU? DIESER TYP...

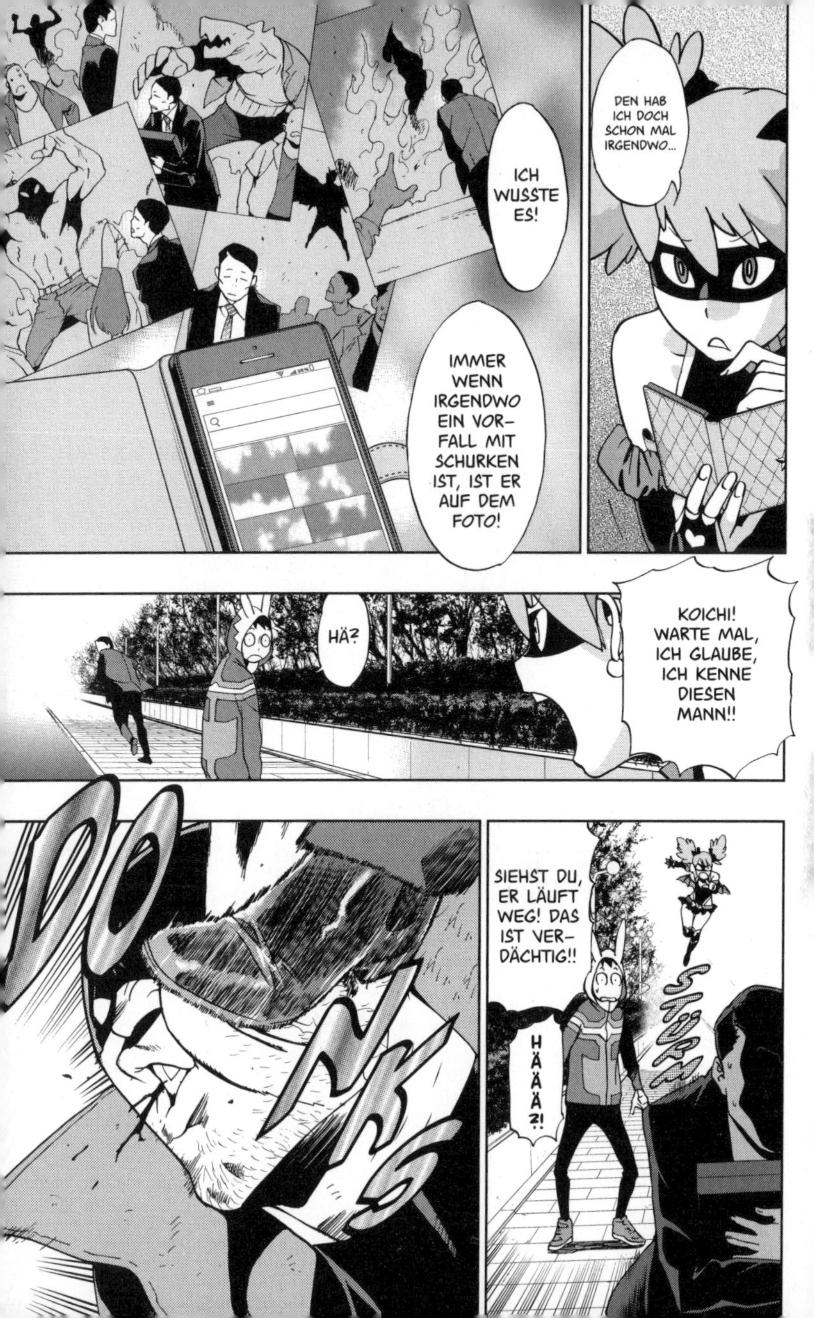
DEN HAB ICH DOCH SCHON MAL IRGENDWO...
ICH WUSSTE ES!
IMMER WENN IRGENDWO EIN VORFALL MIT SCHURKEN IST, IST ER AUF DEM FOTO!
KOICHI! WARTE MAL, ICH GLAUBE, ICH KENNE DIESEN MANN!!
HÄ?
SIEHST DU, ER LÄUFT WEG! DAS IST VERDÄCHTIG!!
STÜRM
HÄÄÄ?!

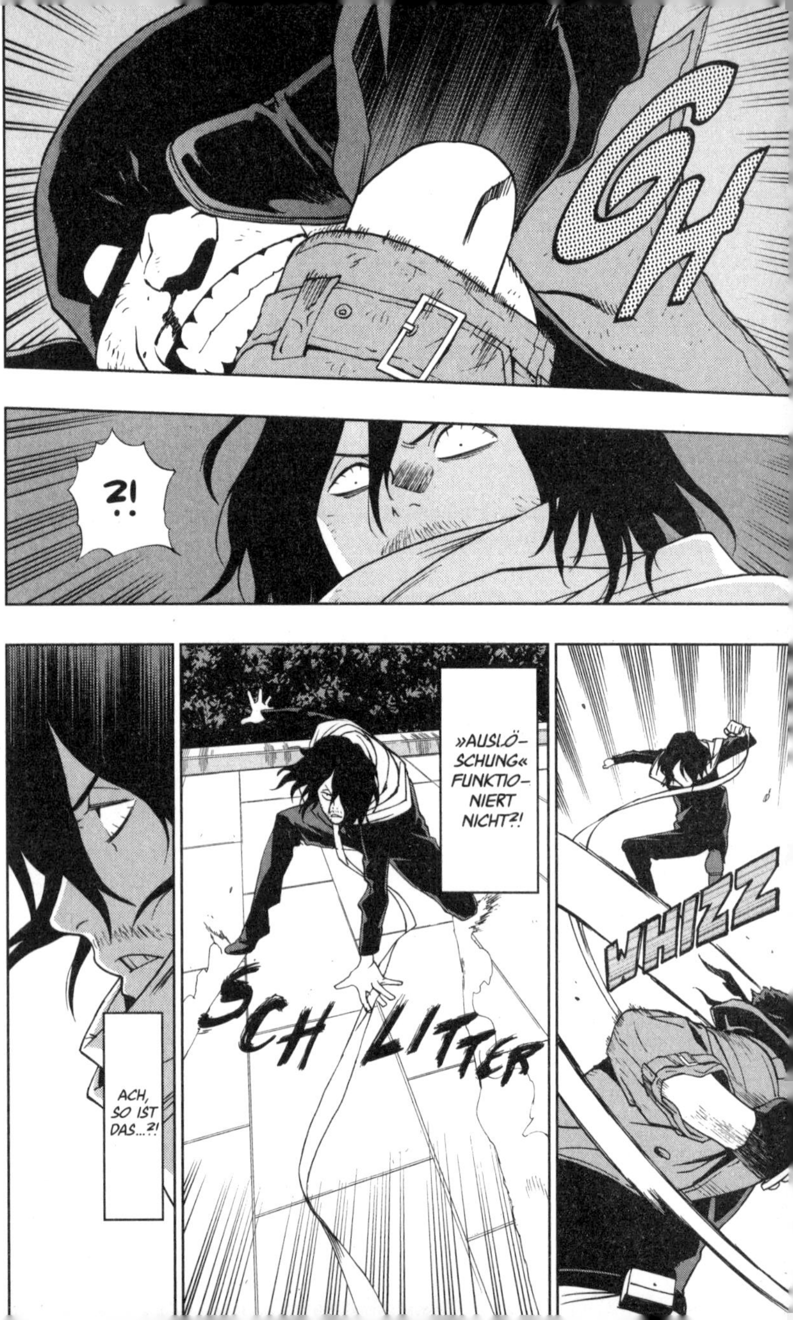
GH
?!
WHIZZ
»AUSLÖ-SCHUNG« FUNKTIO-NIERT NICHT?!
SCHLITTER
ACH, SO IST DAS...?!

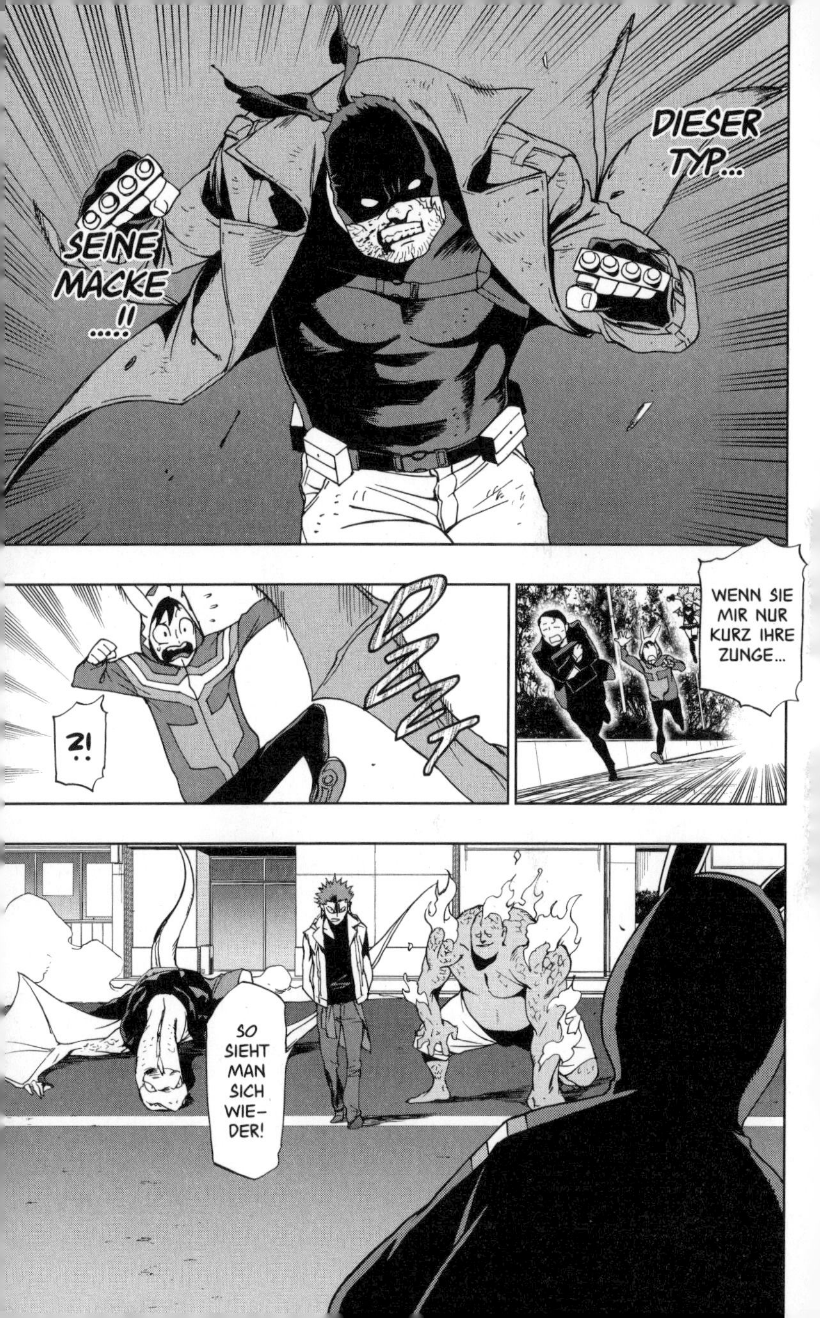
DIESER TYP...
SEINE MACKE ......!!
WENN SIE MIR NUR KURZ IHRE ZUNGE...
Z!..
SO SIEHT MAN SICH WIE-DER!

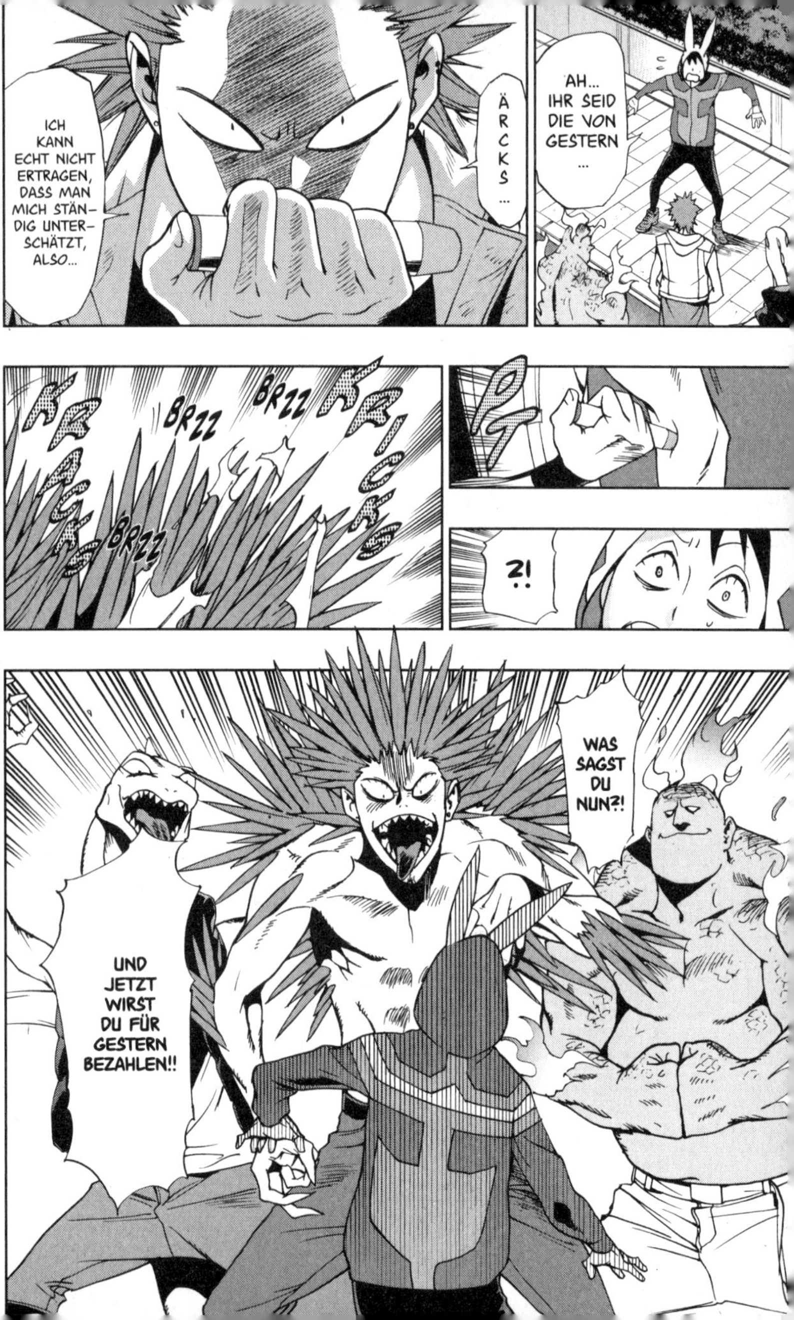
AH... IHR SEID DIE VON GESTERN ...
ÄRCKS ...
ICH KANN ECHT NICHT ERTRAGEN, DASS MAN MICH STÄNDIG UNTERSCHÄTZT, ALSO...
PG
KRICKS
BRZZ
BRZZ
KRACKS
BRZZ
?!
WAS SAGST DU NUN?!
UND JETZT WIRST DU FÜR GESTERN BEZAHLEN!!

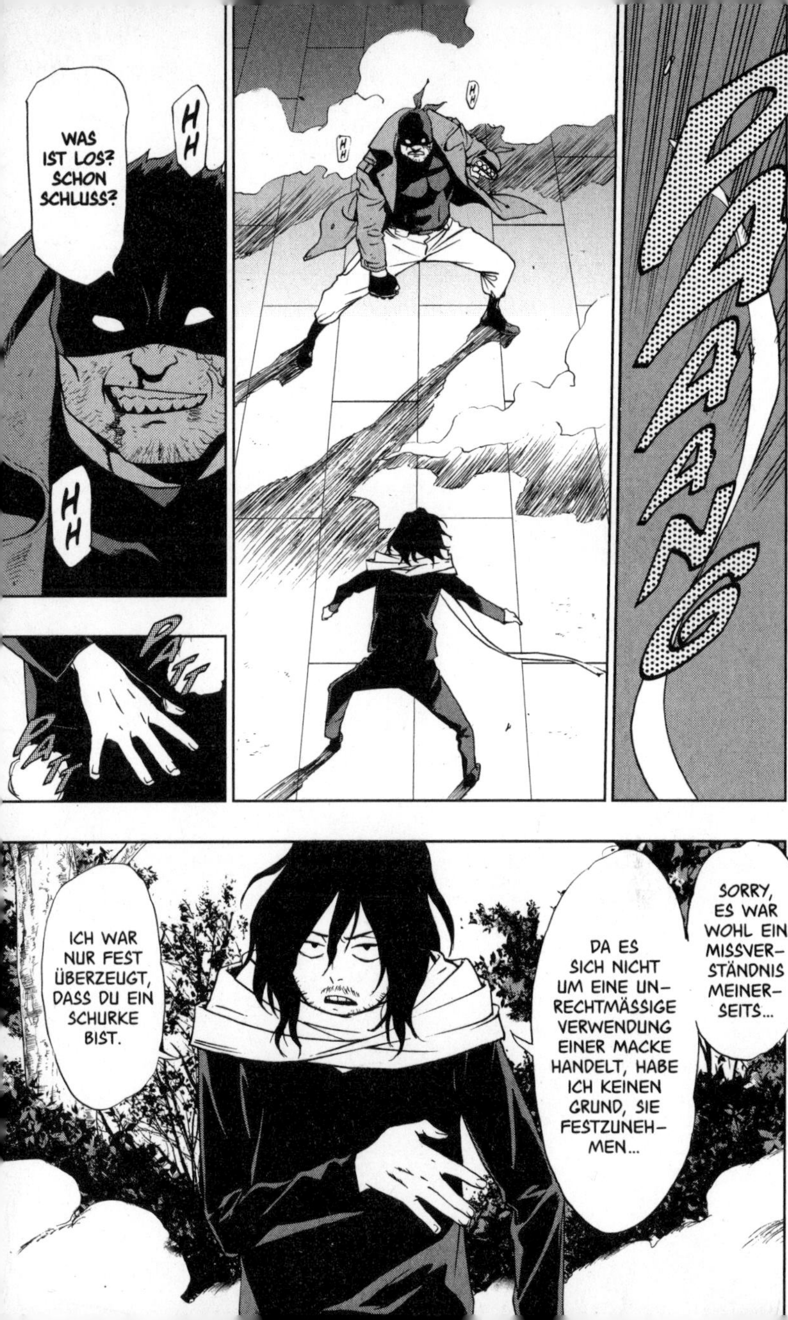
HH
HH
HH
WAS IST LOS? SCHON SCHLUSS?
HH
PATT
PATT
SORRY, ES WAR WOHL EIN MISSVERSTÄNDNIS MEINERSEITS...
DA ES SICH NICHT UM EINE UNRECHTMÄSSIGE VERWENDUNG EINER MACKE HANDELT, HABE ICH KEINEN GRUND, SIE FESTZUNEHMEN...
ICH WAR NUR FEST ÜBERZEUGT, DASS DU EIN SCHURKE BIST.

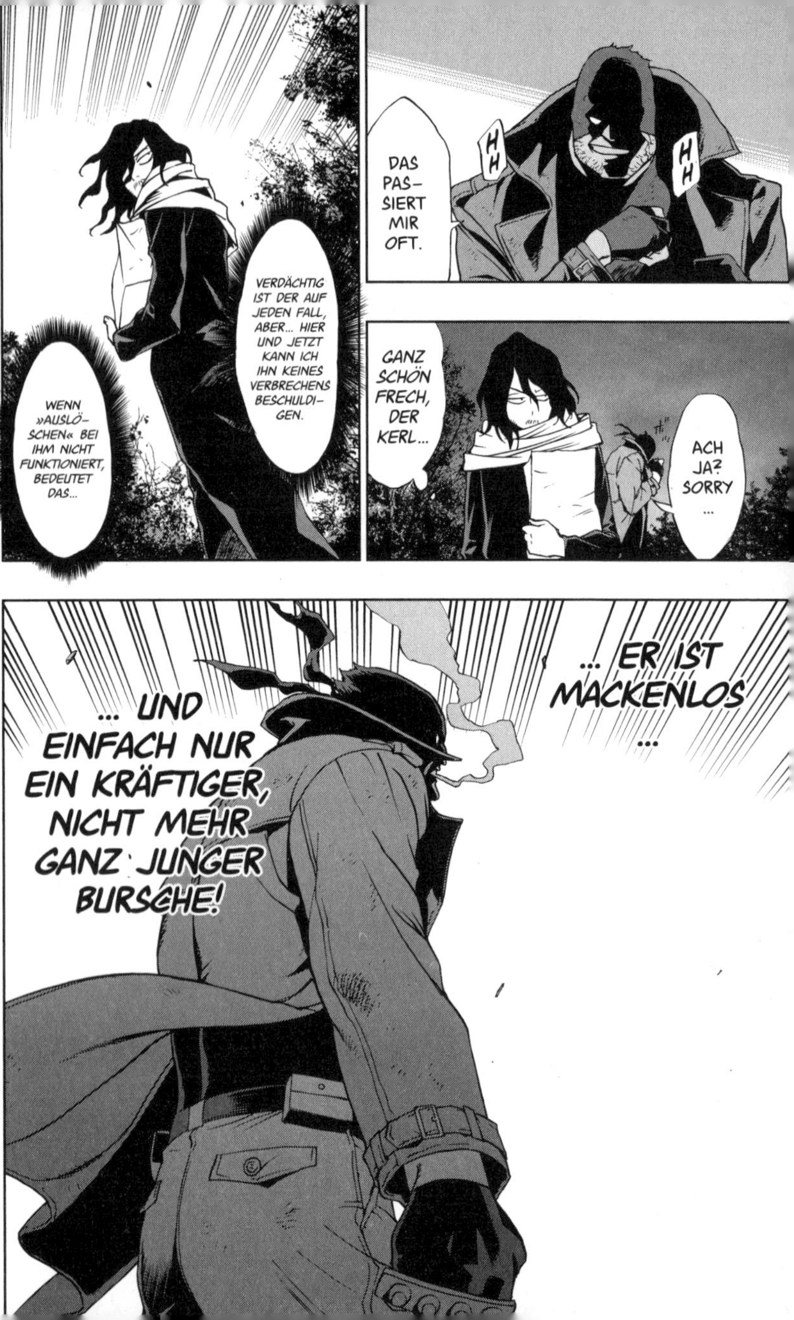
HH
HH
DAS PASSIERT MIR OFT.
VERDÄCHTIG IST DER AUF JEDEN FALL, ABER... HIER UND JETZT KANN ICH IHN KEINES VERBRECHENS BESCHULDIGEN.
WENN »AUSLÖSCHEN« BEI IHM NICHT FUNKTIONIERT, BEDEUTET DAS...
ACH JA? SORRY ...
GANZ SCHÖN FRECH, DER KERL...
... ER IST MACKENLOS ...
... UND EINFACH NUR EIN KRÄFTIGER, NICHT MEHR GANZ JUNGER BURSCHE!

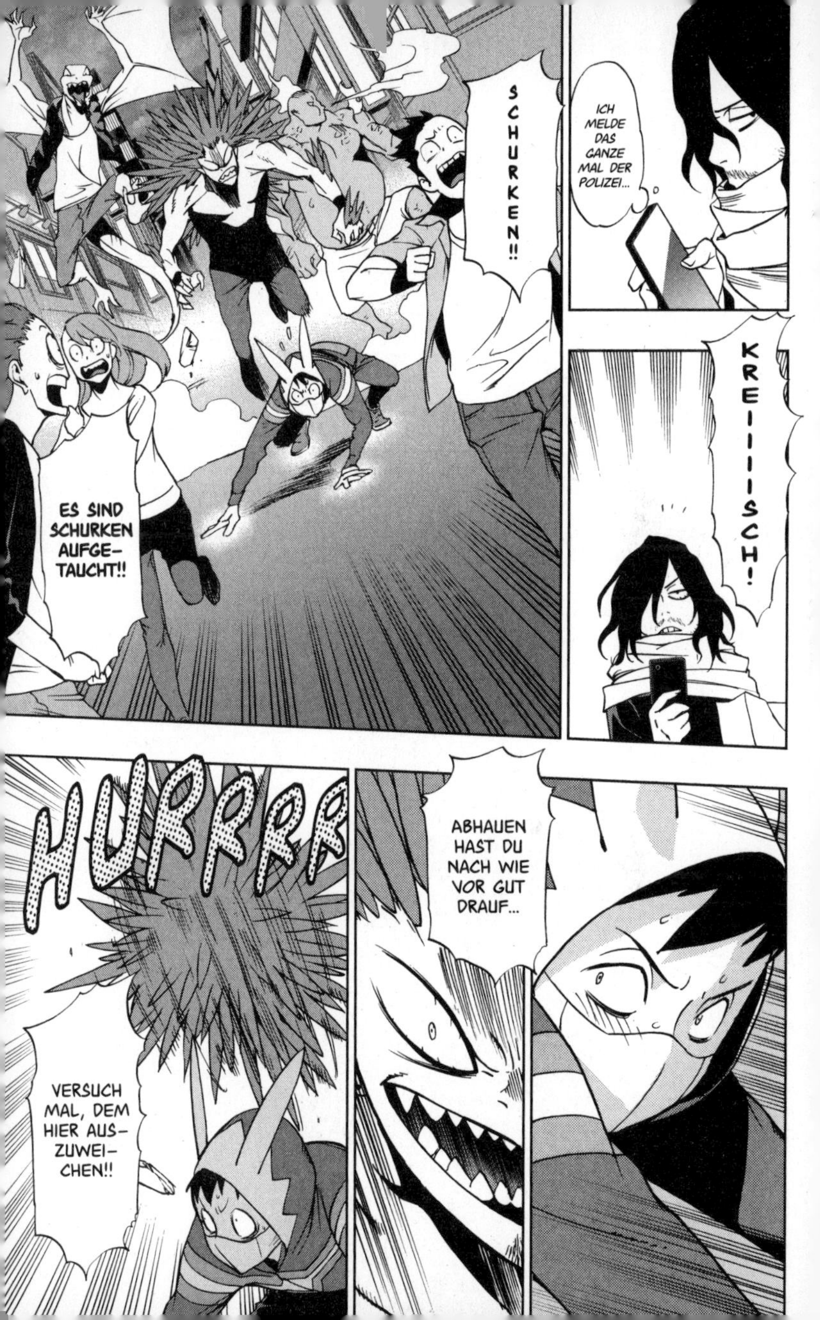
ICH MELDE DAS GANZE MAL DER POLIZEI...
SCHURKEN!!
ES SIND SCHURKEN AUFGE- TAUCHT!!
KREIIIISCH!
HURRRR
ABHAUEN HAST DU NACH WIE VOR GUT DRAUF...
VERSUCH MAL, DEM HIER AUS- ZUWEI- CHEN!!

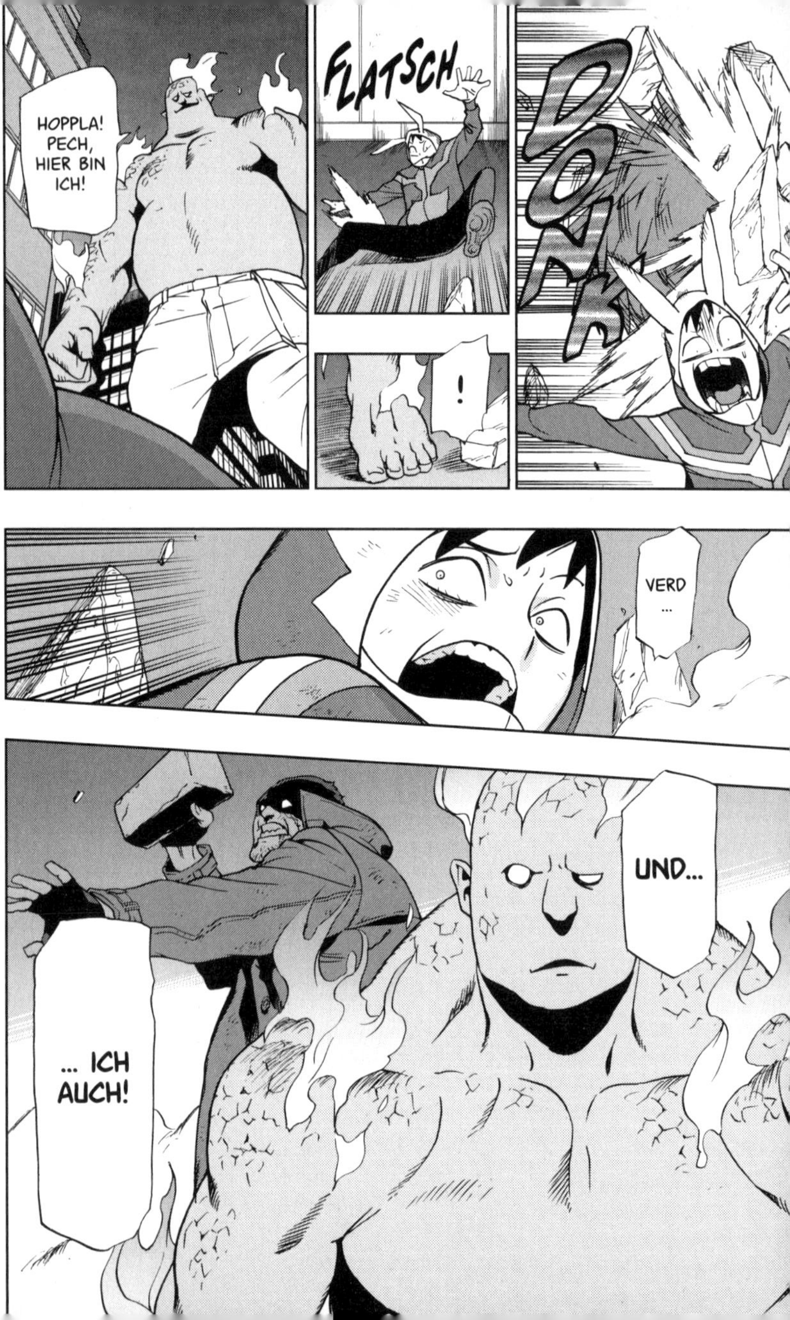
HOPPLA! PECH, HIER BIN ICH!
FLATSCH
DONK
!
VERD ...
UND...
... ICH AUCH!

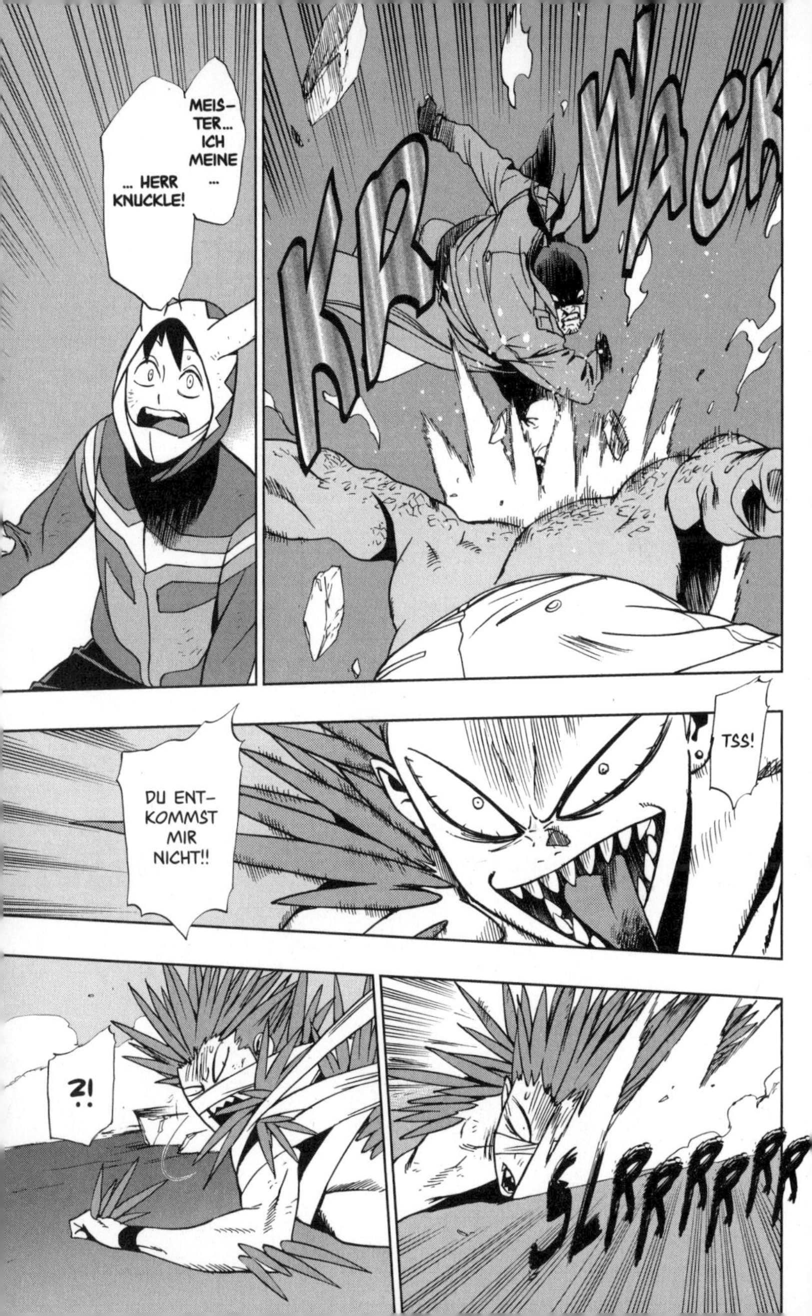
KRWACK
MEIS-TER... ICH MEINE ... ... HERR KNUCKLE!
TSS!
DU ENT-KOMMST MIR NICHT!!
SLRRRRRR
?!

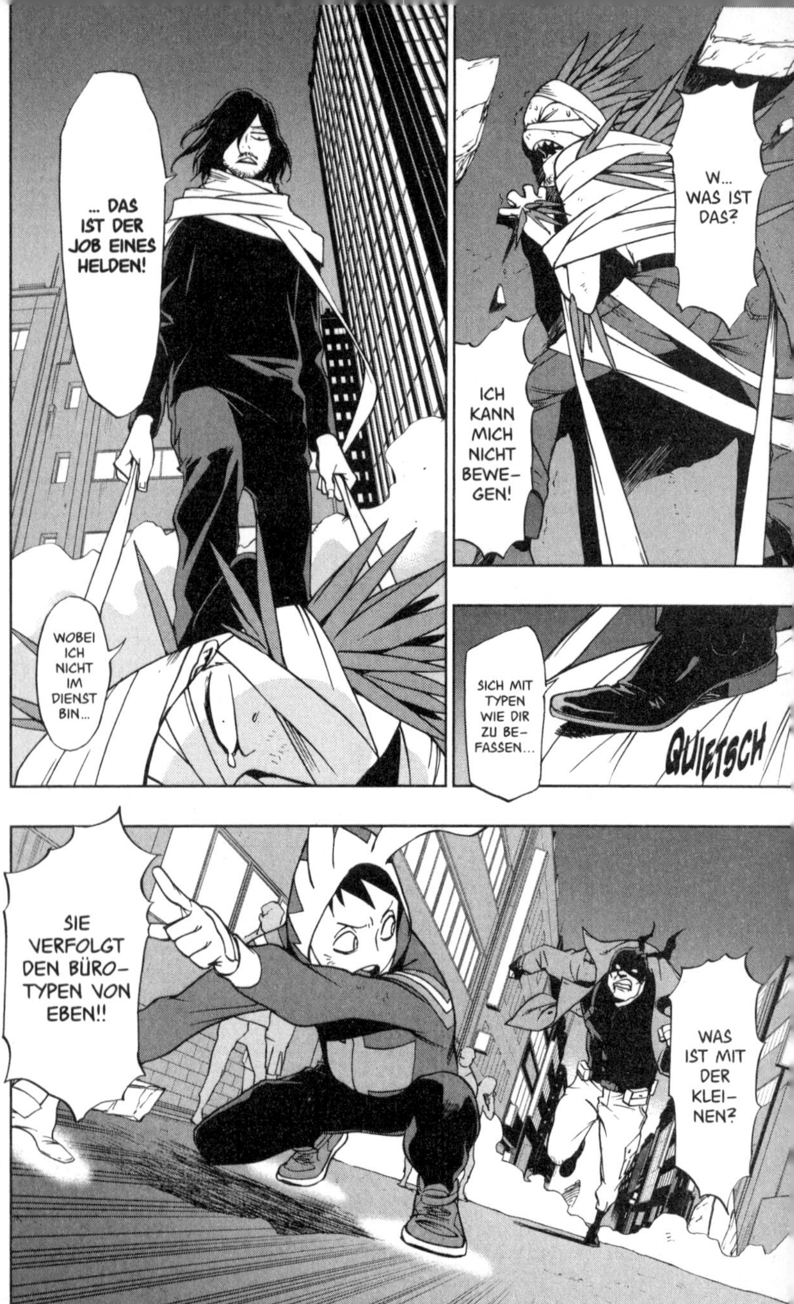
W... WAS IST DAS?
ICH KANN MICH NICHT BEWEGEN!
SICH MIT TYPEN WIE DIR ZU BEFASSEN...
QUIETSCH
... DAS IST DER JOB EINES HELDEN!
WOBEI ICH NICHT IM DIENST BIN...
WAS IST MIT DER KLEINEN?
SIE VERFOLGT DEN BÜROTYPEN VON EBEN!!

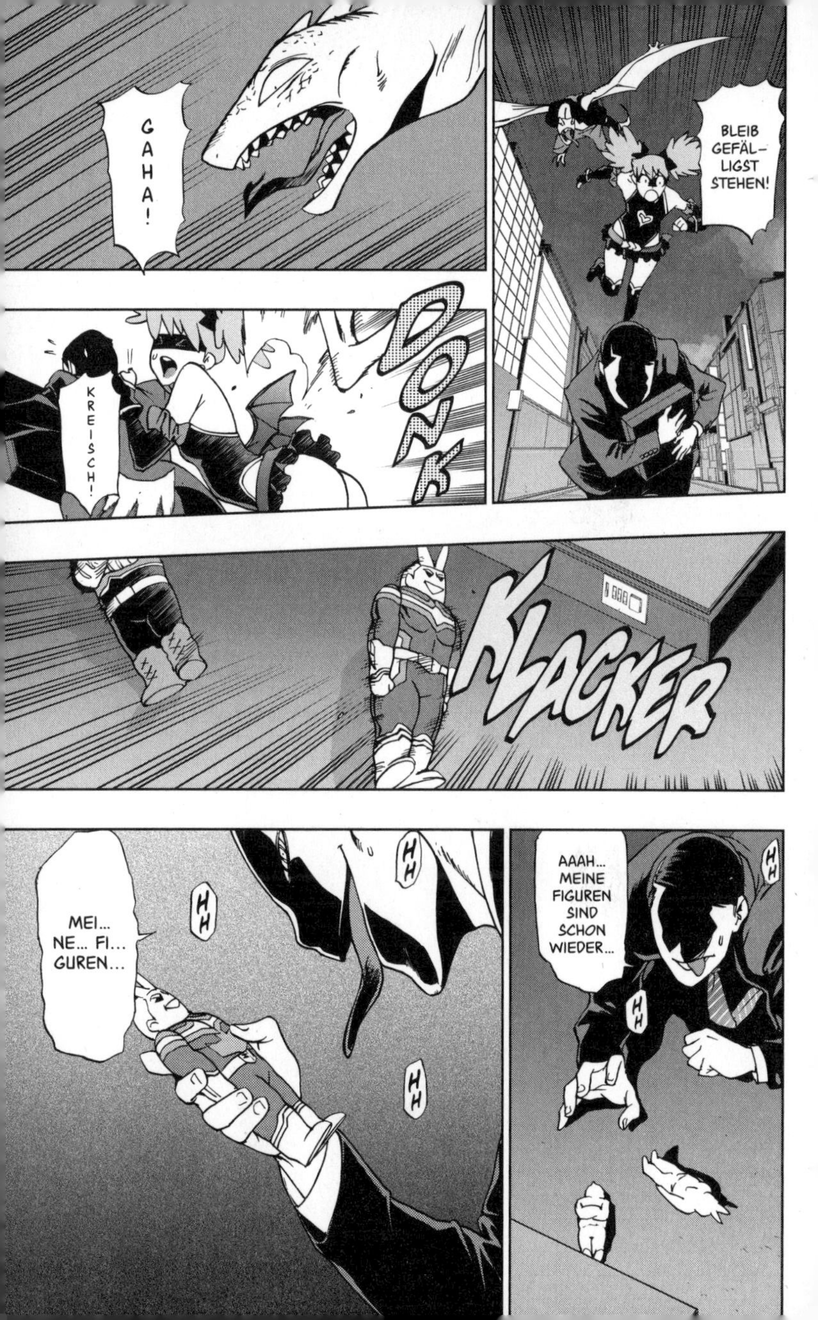
BLEIB GEFÄL-LIGST STEHEN!
GAHA!
DONK
KREISCH!
KLACKER
AAAH... MEINE FIGUREN SIND SCHON WIEDER...
HH
HH
MEI... NE... FI... GUREN...
HH
HH
HH

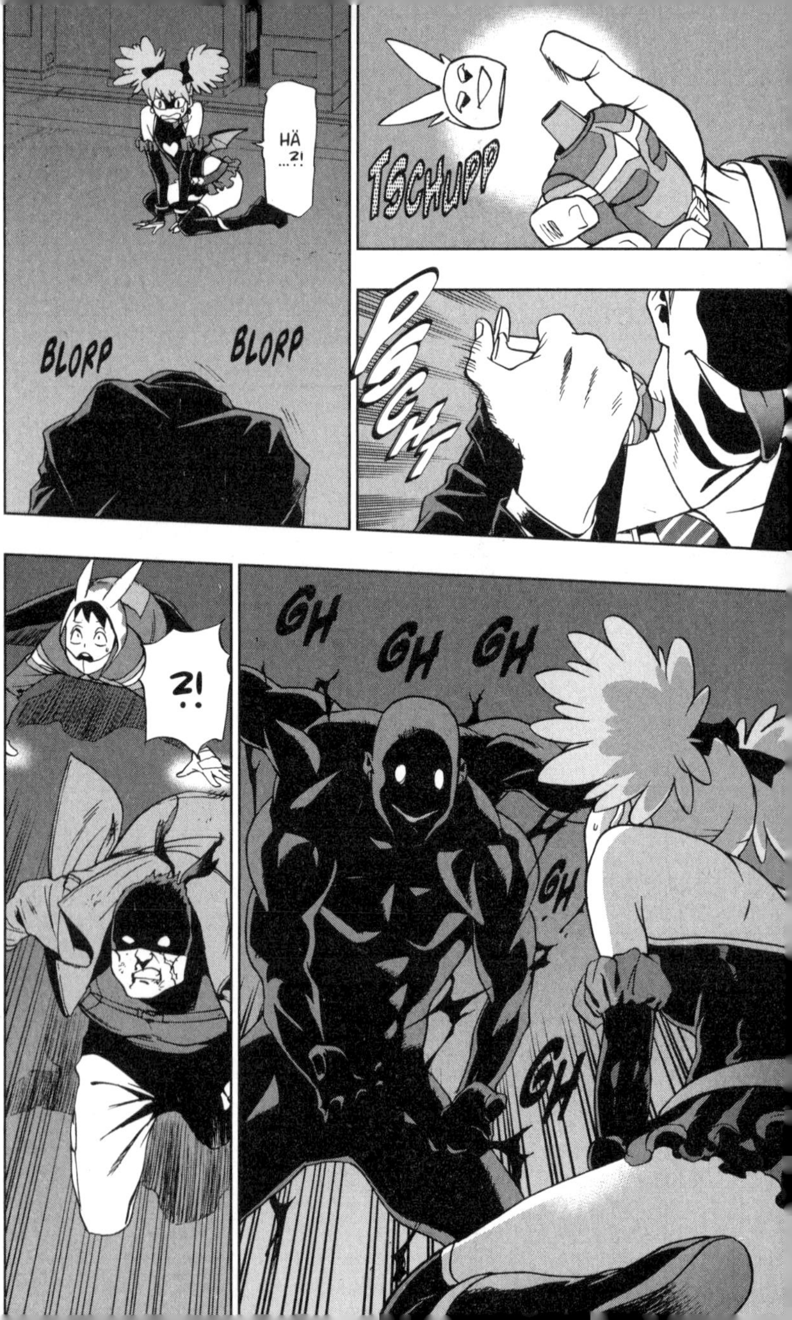
TSCHUPP
HÄ ...?!
PSCHHT
BLORP
BLORP
?!
GH
GH
GH
GH
GH

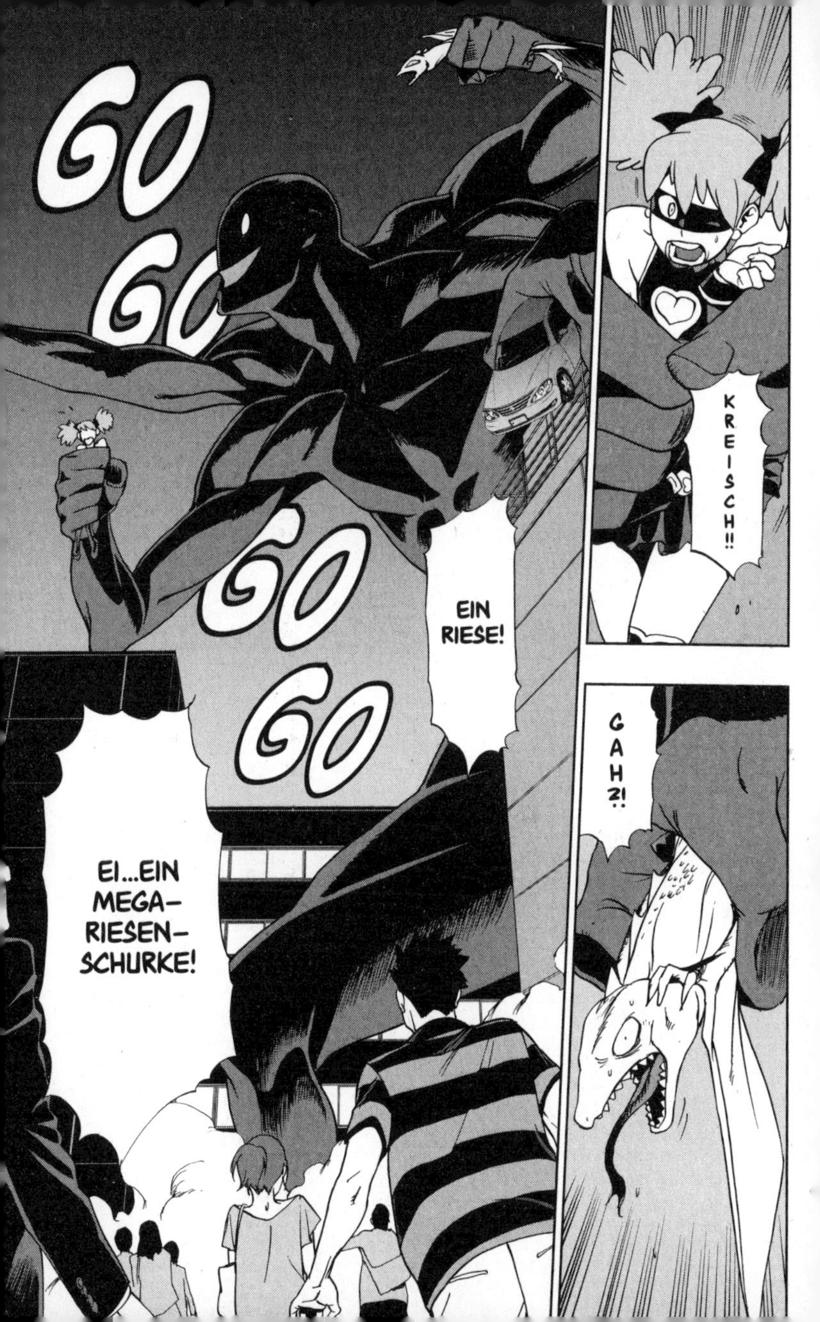
KREISCH!!
GAH?!
GO GO
GO GO
EIN RIESE!
EI...EIN MEGA-RIESEN-SCHURKE!

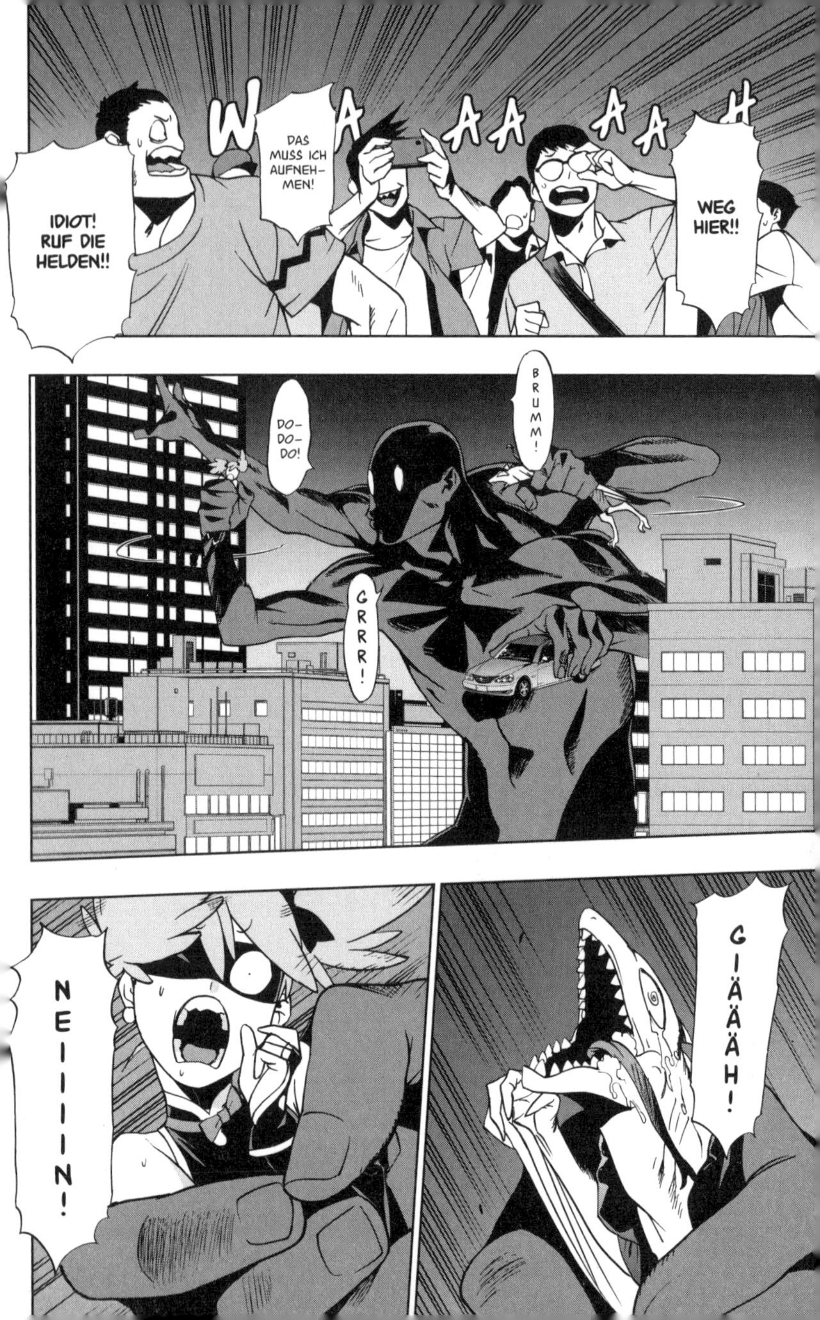

WAAAAAAH
WEG HIER!!
DAS MUSS ICH AUFNEHMEN!
IDIOT! RUF DIE HELDEN!!
BRUMM!
DO-DO-DO!
GRRR!
GIÄÄÄH!
NEIIIIIN!

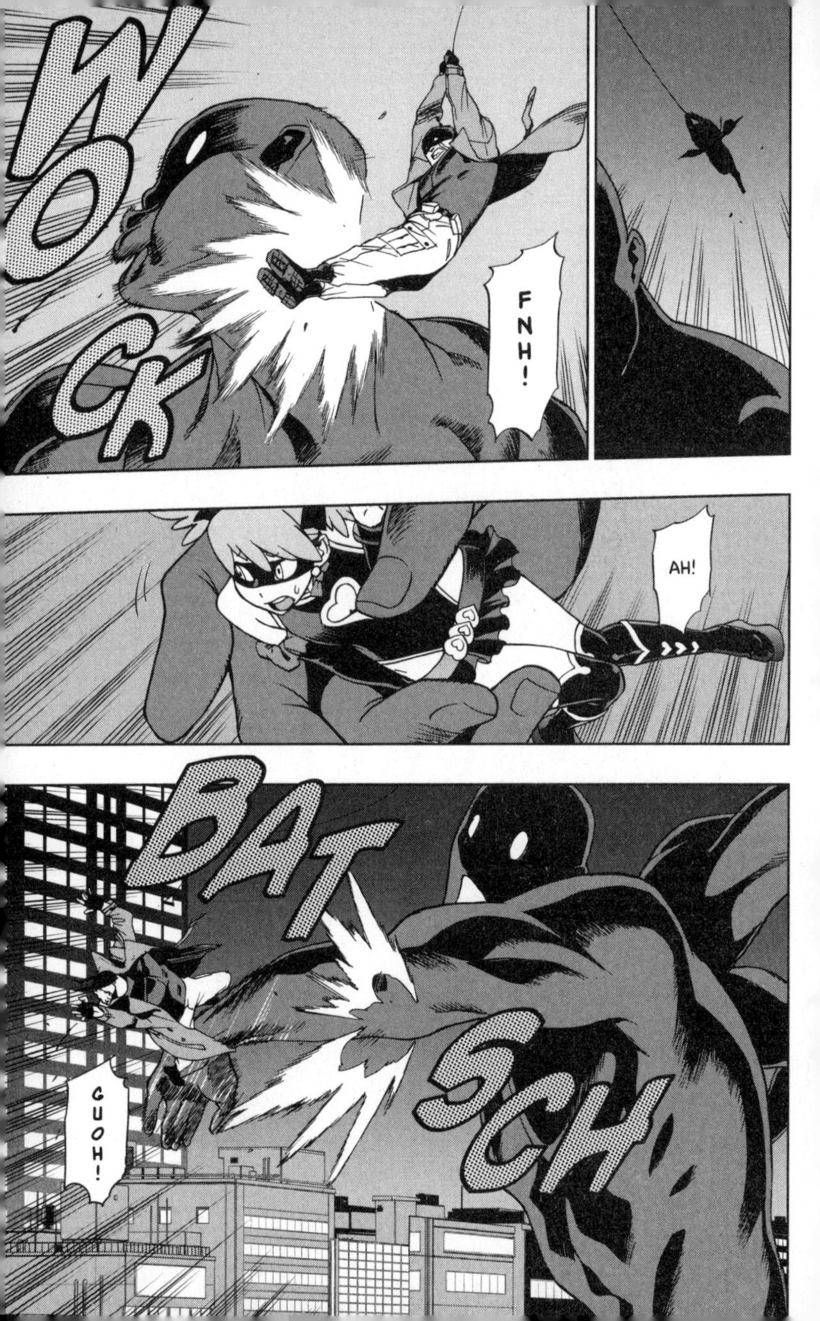
WOCK
FNH!
AH!
BATSCH
GUOH!

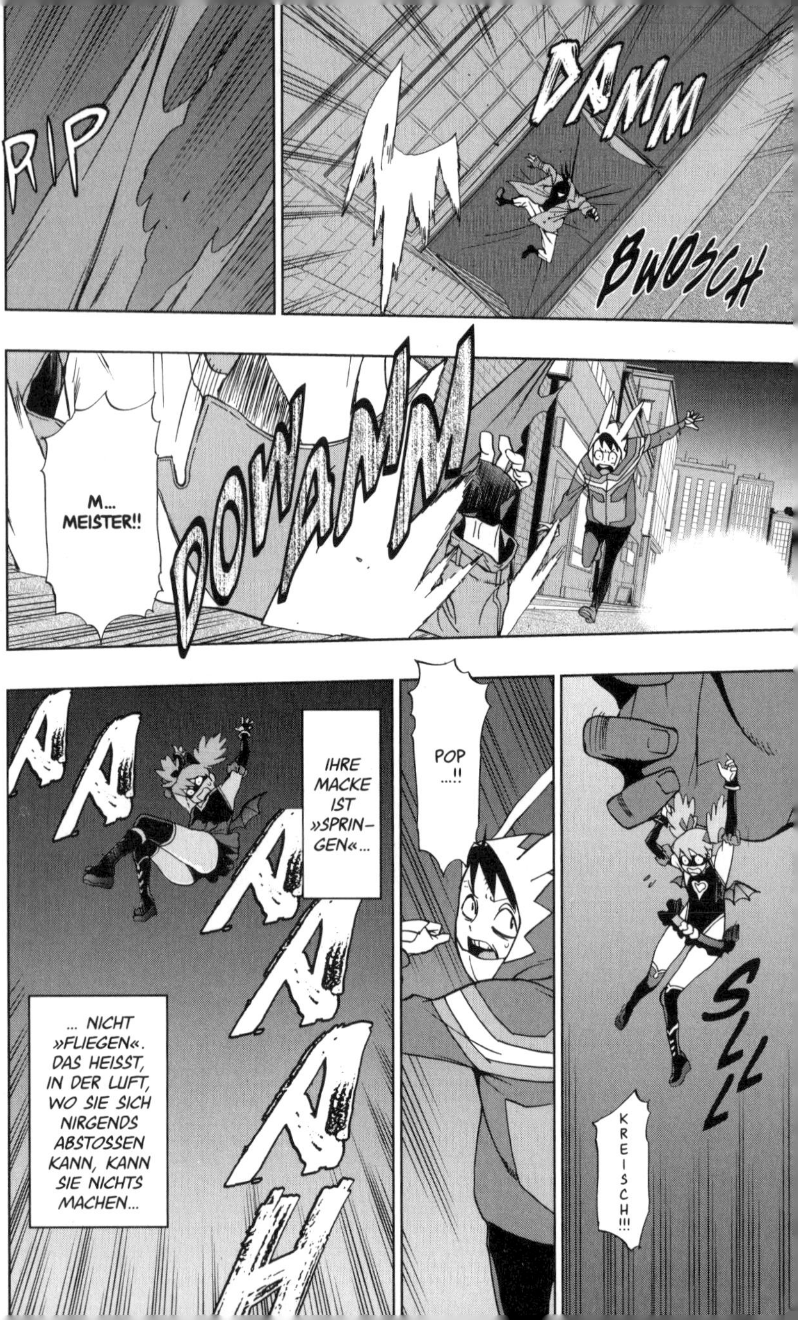
RIP
DAMM
BWOSCH
DOWAMM
M... MEISTER!!
AAAAAAH
IHRE MACKE IST »SPRIN-GEN«...
... NICHT »FLIEGEN«. DAS HEISST, IN DER LUFT, WO SIE SICH NIRGENDS ABSTOSSEN KANN, KANN SIE NICHTS MACHEN...
POP ...!!
SZZZ
KREISCH!!!

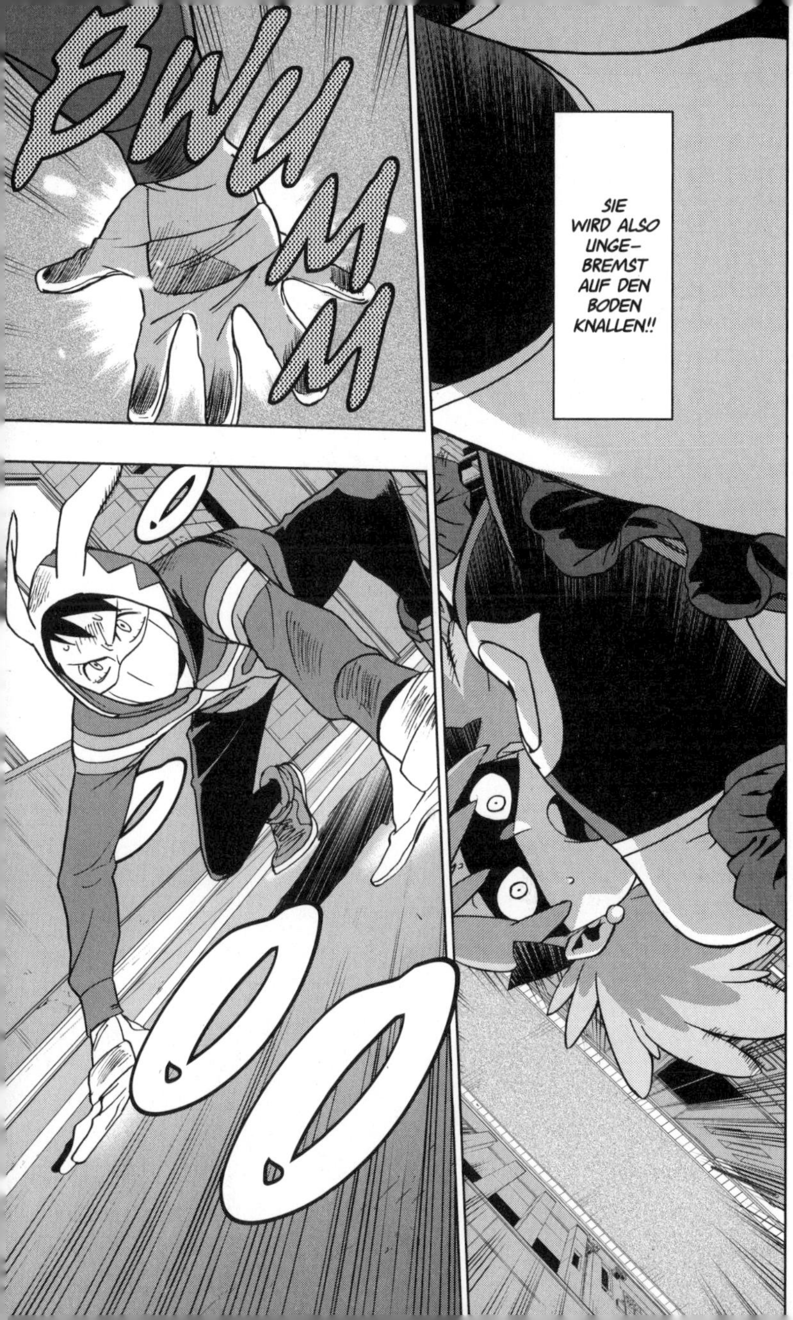
SIE WIRD ALSO UNGE-BREMST AUF DEN BODEN KNALLEN!!
BWUMM

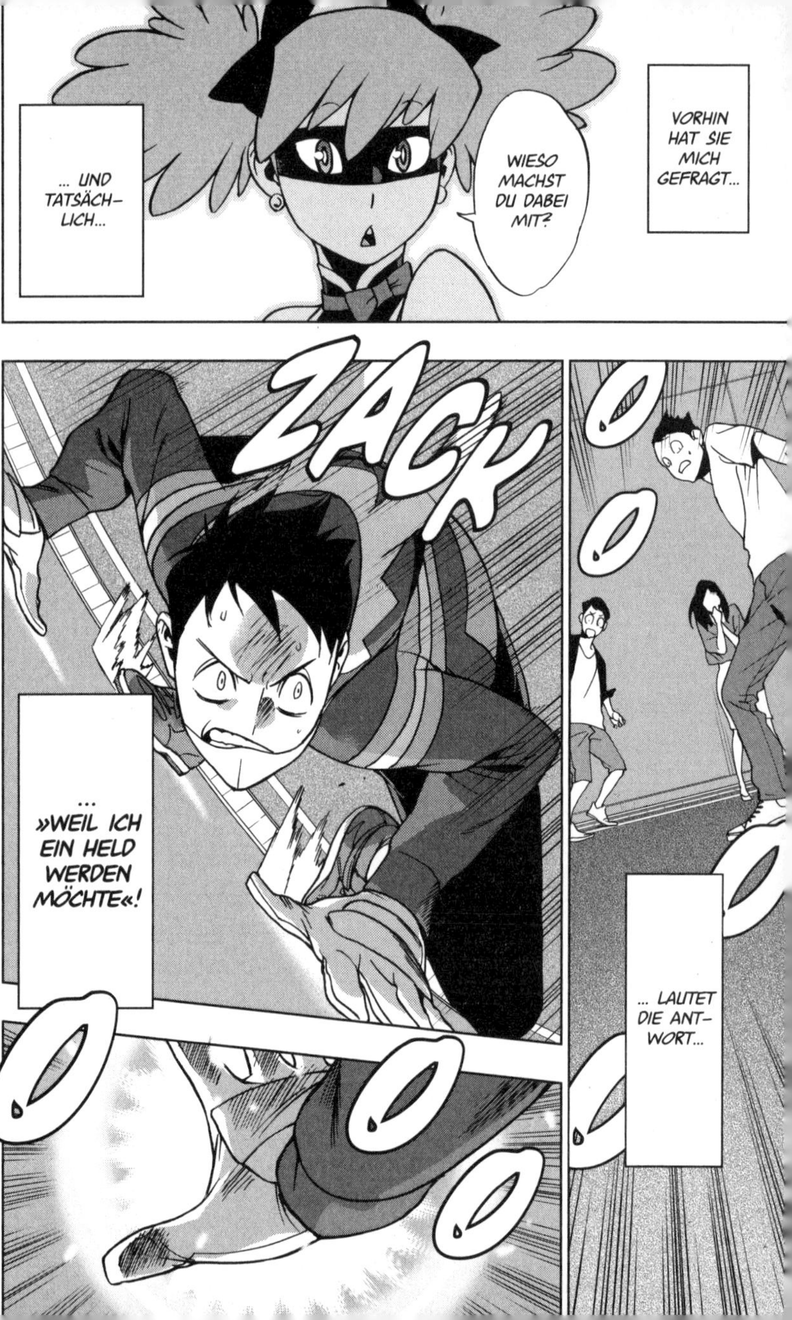
VORHIN HAT SIE MICH GEFRAGT...
WIESO MACHST DU DABEI MIT?
... UND TATSÄCH-LICH...
... LAUTET DIE ANT-WORT...
ZACK
... »WEIL ICH EIN HELD WERDEN MÖCHTE«!

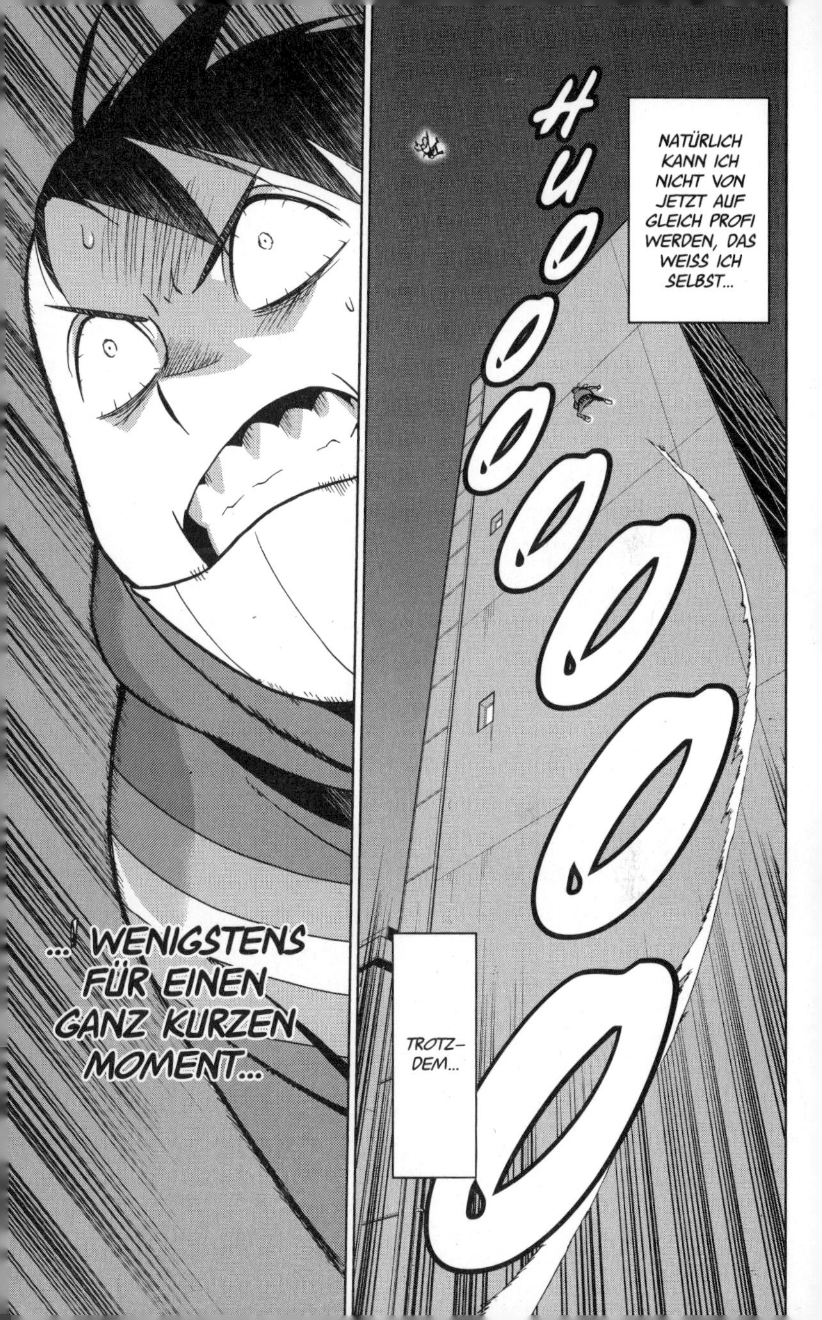
NATÜRLICH KANN ICH NICHT VON JETZT AUF GLEICH PROFI WERDEN, DAS WEISS ICH SELBST...
HUOOOOOOOO
TROTZ-DEM...
...! WENIGSTENS FÜR EINEN GANZ KURZEN MOMENT...

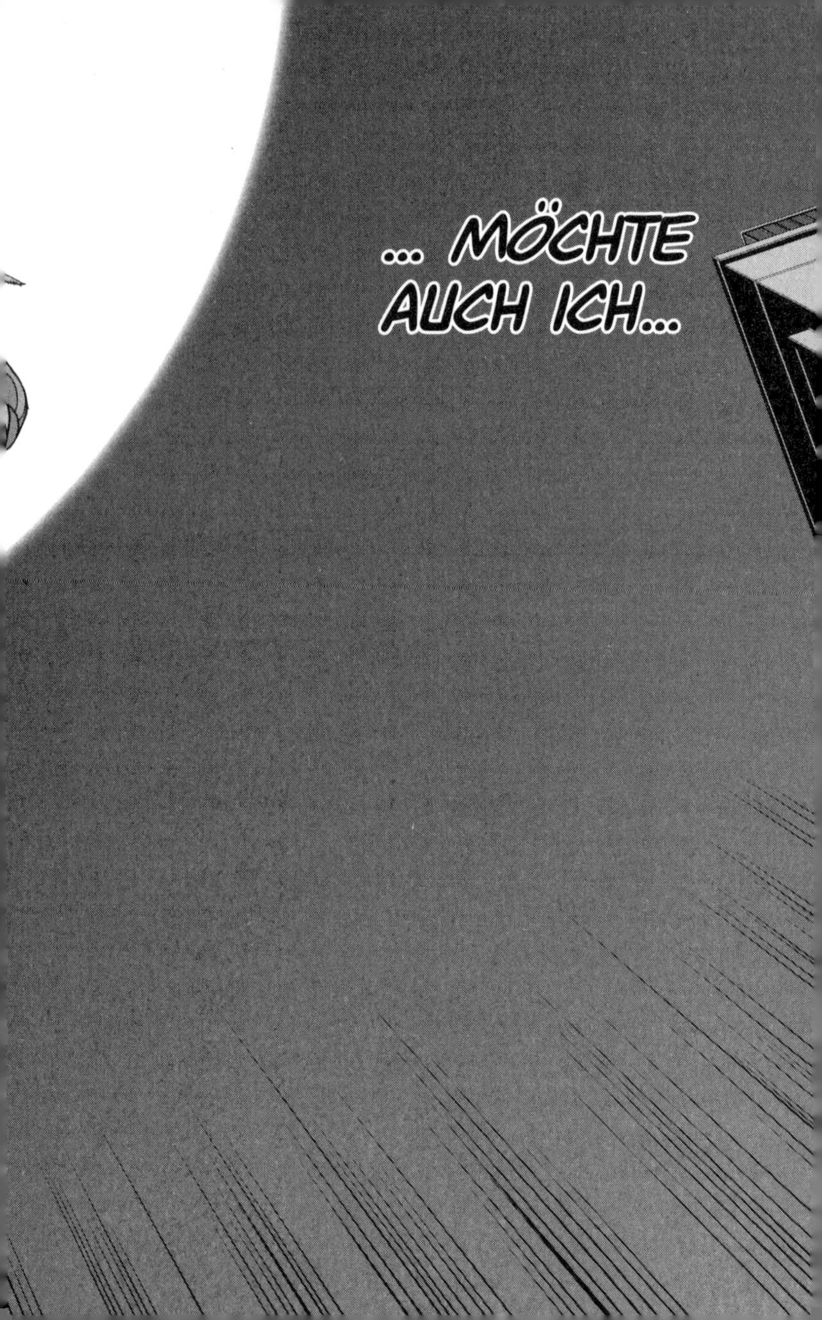
... MÖCHTE AUCH ICH...

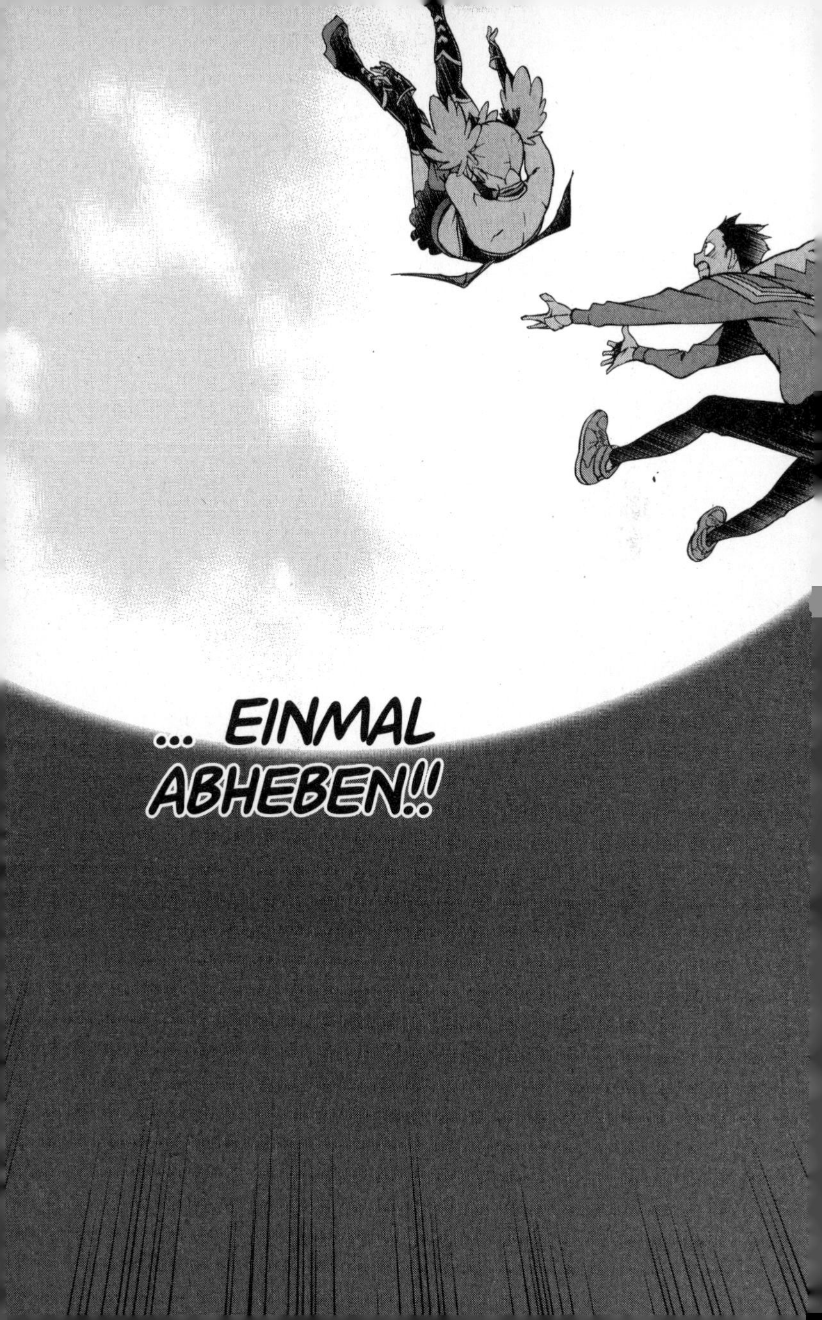
... EINMAL
ABHEBEN!!

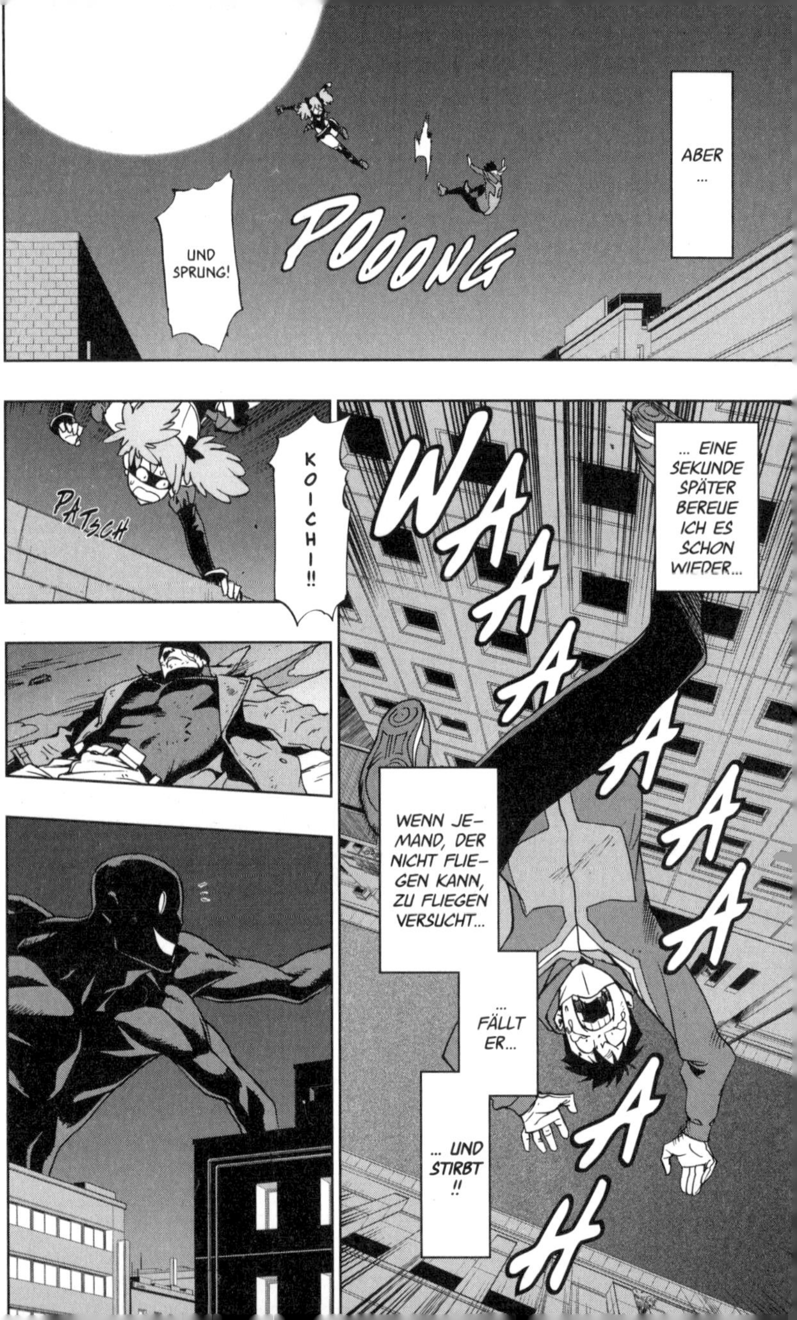
ABER ...
UND SPRUNG!
POOOONG
... EINE SEKUNDE SPÄTER BEREUE ICH ES SCHON WIEDER...
KOICHI!!
PATSCH
WAAAAAAAAAAH
WENN JEMAND, DER NICHT FLIEGEN KANN, ZU FLIEGEN VERSUCHT...
... FÄLLT ER...
... UND STIRBT!!

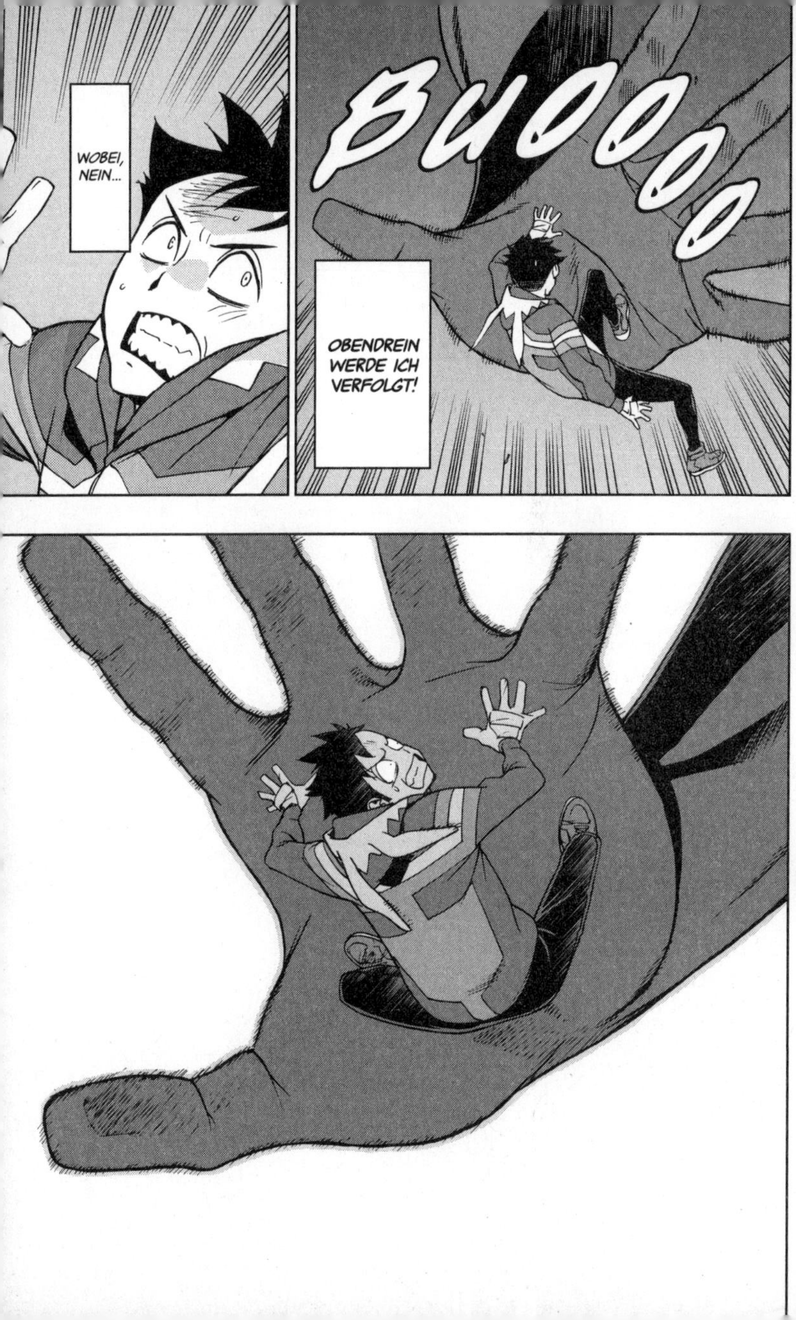
BUOOOO
OBENDREIN WERDE ICH VERFOLGT!
WOBEI, NEIN…

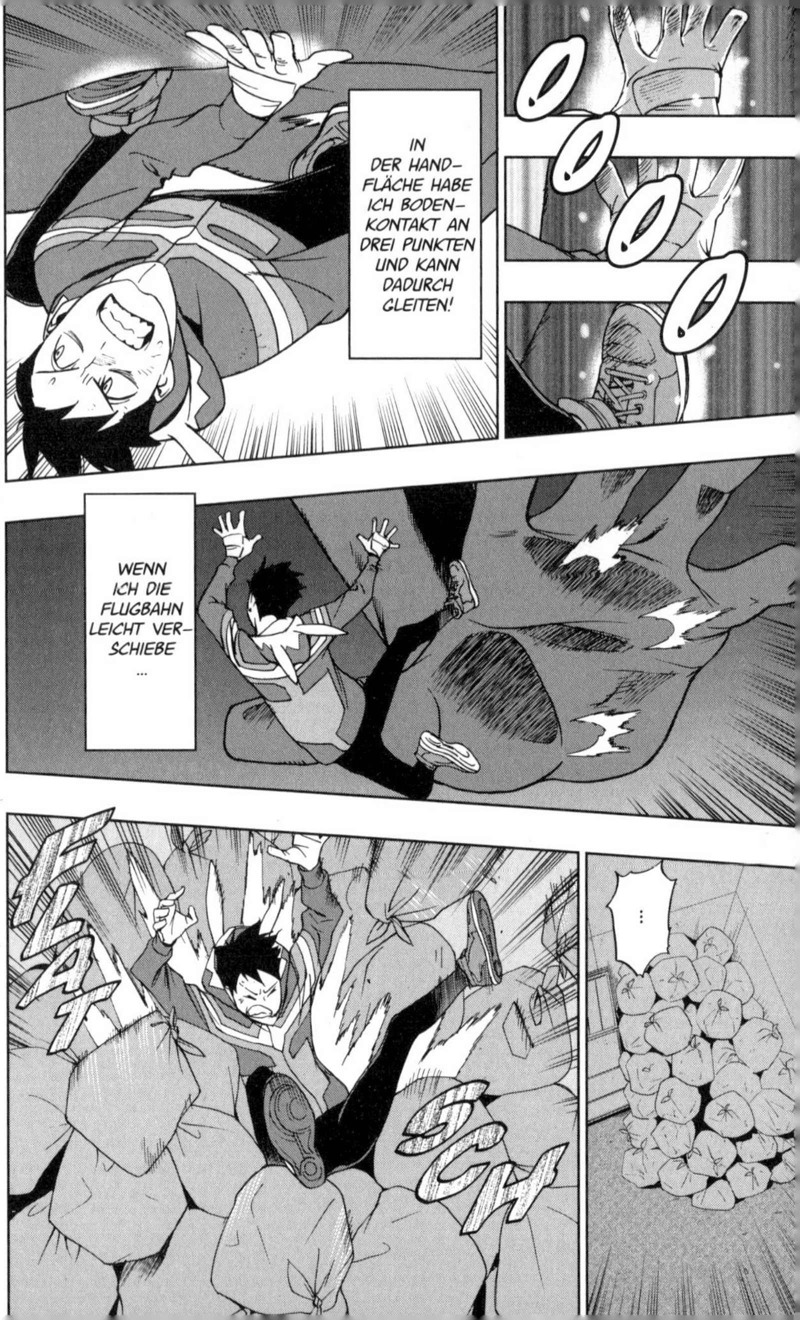
IN DER HANDFLÄCHE HABE ICH BODENKONTAKT AN DREI PUNKTEN UND KANN DADURCH GLEITEN!
WENN ICH DIE FLUGBAHN LEICHT VERSCHIEBE ...
...

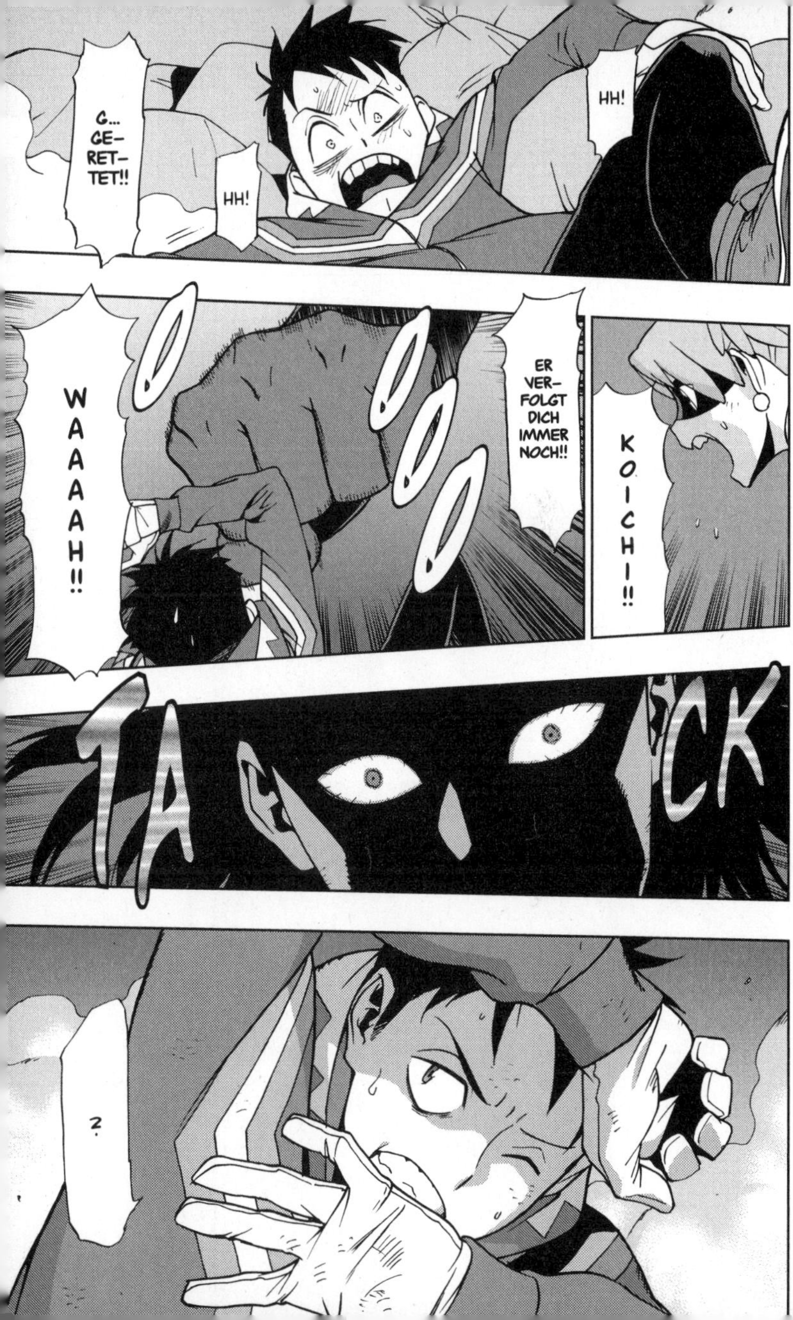
HH!
HH!
G... GE-RET-TET!!
KOICHI!!
ER VER-FOLGT DICH IMMER NOCH!!
WAAAAAH!!
TACK
?

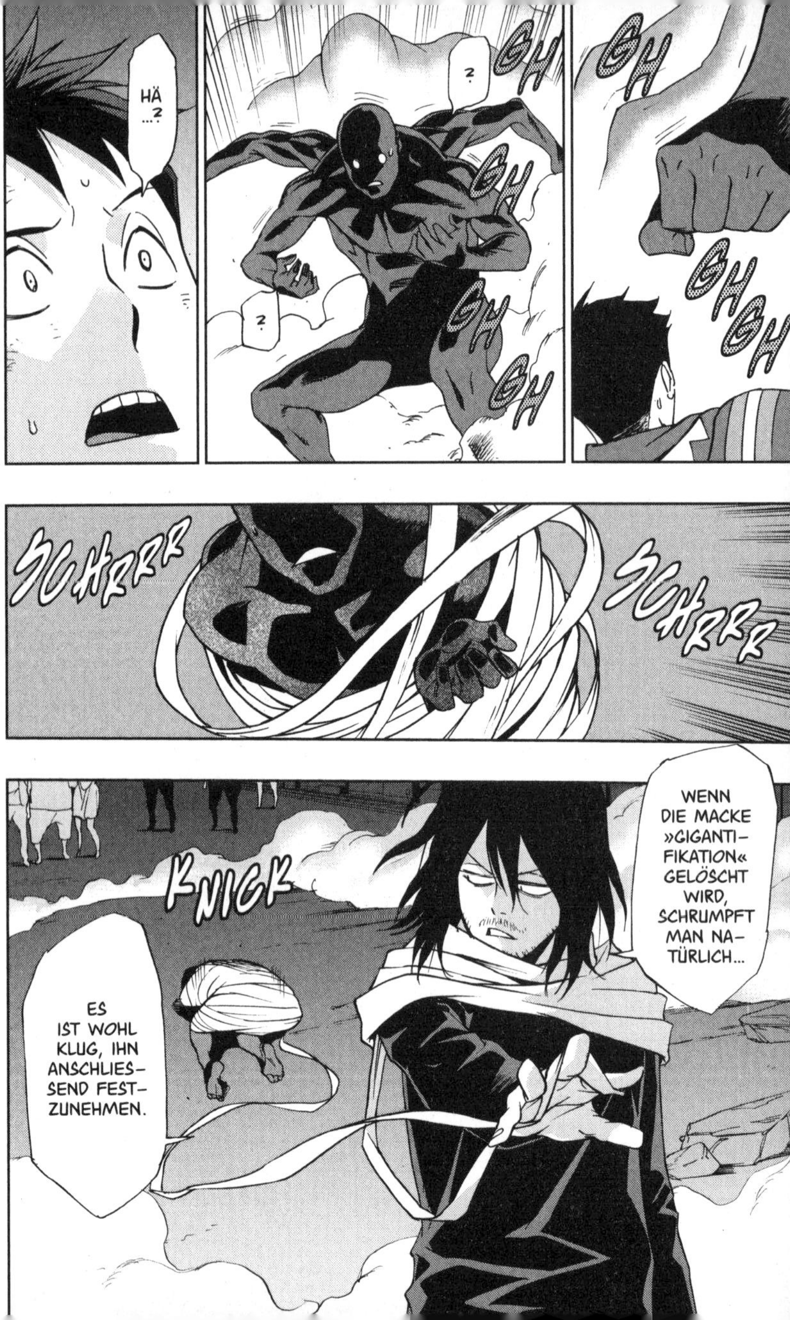
GH GH
GHGHGH
?
GH GH GH GH
?
HÄ …?
SCHRRR
SCHRRR
WENN DIE MACKE »GIGANTI-FIKATION« GELÖSCHT WIRD, SCHRUMPFT MAN NA-TÜRLICH…
KNICK
ES IST WOHL KLUG, IHN ANSCHLIES-SEND FEST-ZUNEHMEN.

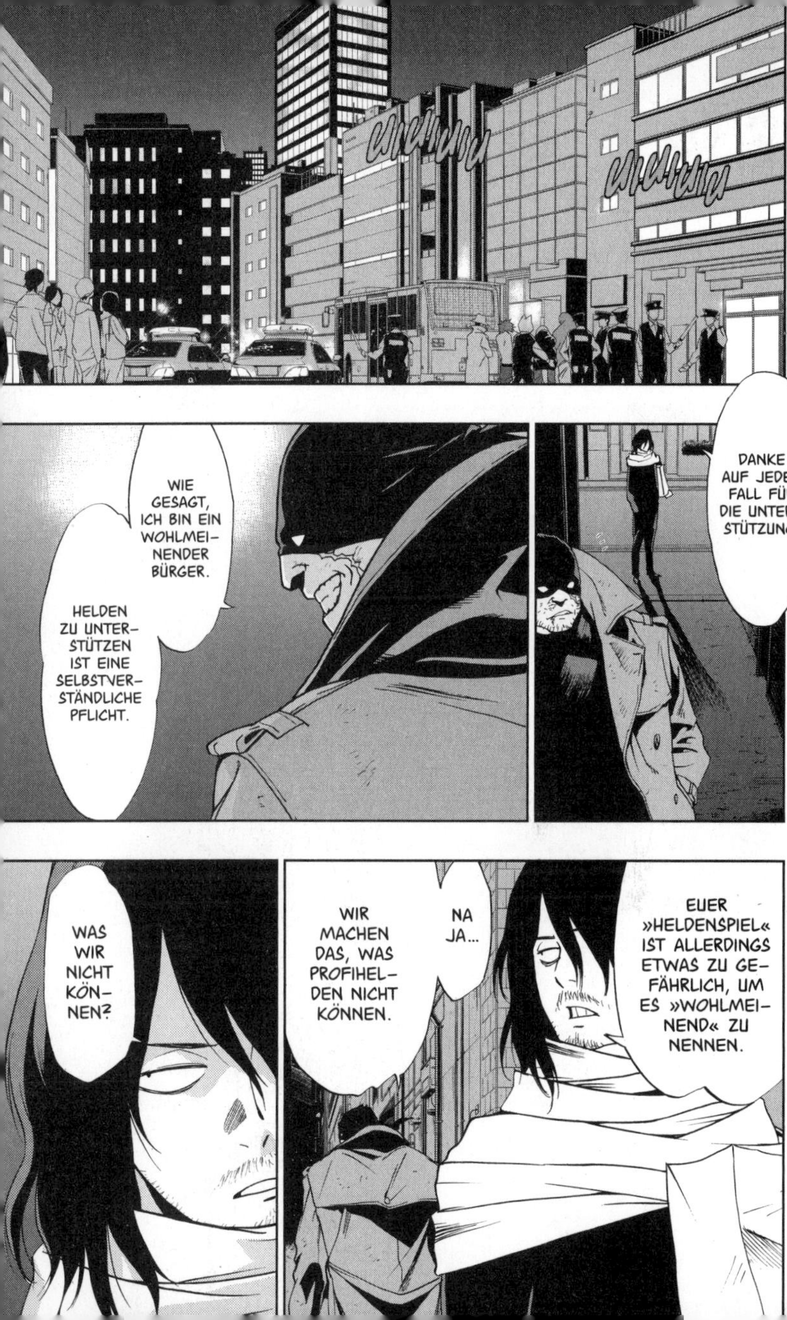
DANKE AUF JEDEN FALL FÜR DIE UNTERSTÜTZUNG.
WIE GESAGT, ICH BIN EIN WOHLMEINENDER BÜRGER.
HELDEN ZU UNTERSTÜTZEN IST EINE SELBSTVERSTÄNDLICHE PFLICHT.
EUER »HELDENSPIEL« IST ALLERDINGS ETWAS ZU GEFÄHRLICH, UM ES »WOHLMEINEND« ZU NENNEN.
NA JA…
WIR MACHEN DAS, WAS PROFIHELDEN NICHT KÖNNEN.
WAS WIR NICHT KÖNNEN?

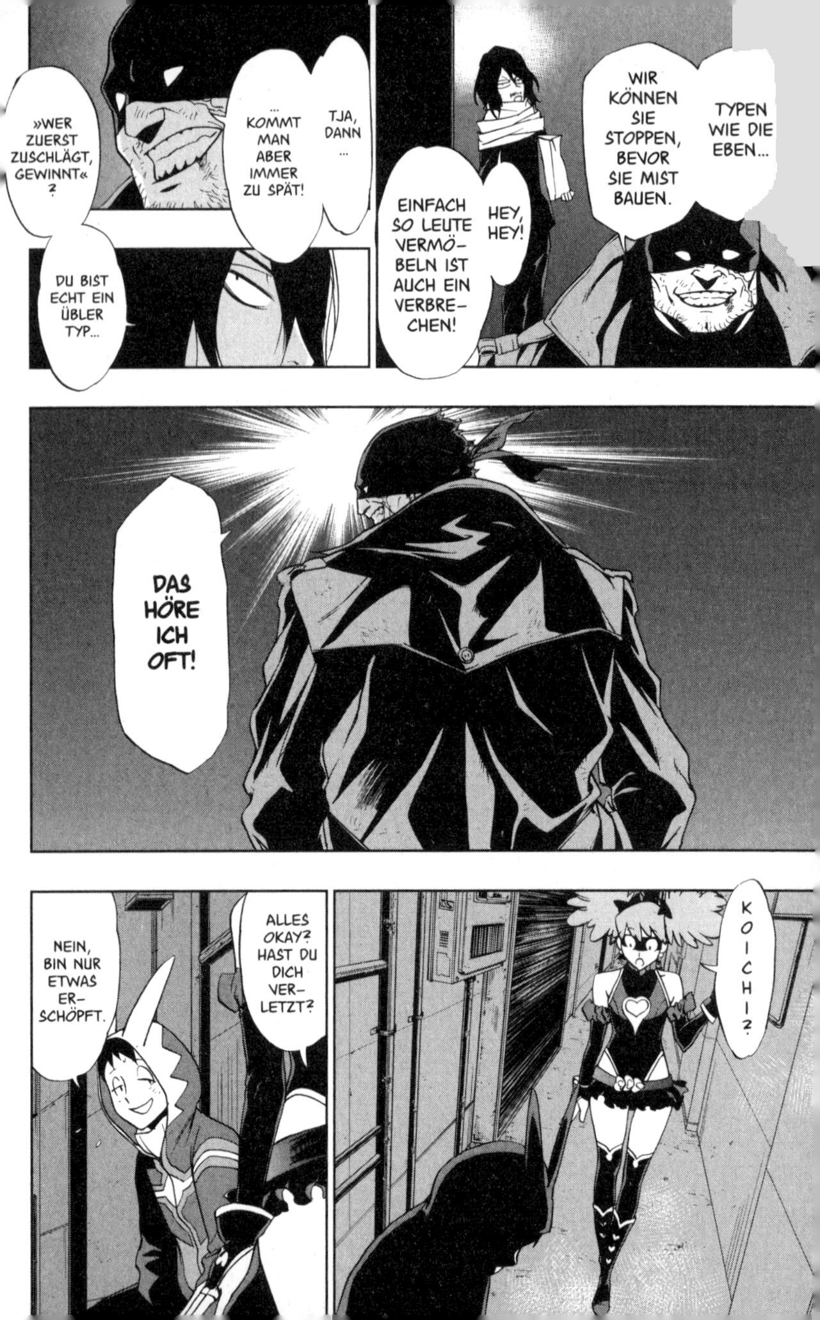
TYPEN WIE DIE EBEN...
WIR KÖNNEN SIE STOPPEN, BEVOR SIE MIST BAUEN.
HEY, HEY!
EINFACH SO LEUTE VERMÖBELN IST AUCH EIN VERBRECHEN!
TJA, DANN ...
... KOMMT MAN ABER IMMER ZU SPÄT!
»WER ZUERST ZUSCHLÄGT, GEWINNT«?
DU BIST ECHT EIN ÜBLER TYP...
DAS HÖRE ICH OFT!
KOICHI?
ALLES OKAY? HAST DU DICH VERLETZT?
NEIN, BIN NUR ETWAS ERSCHÖPFT.

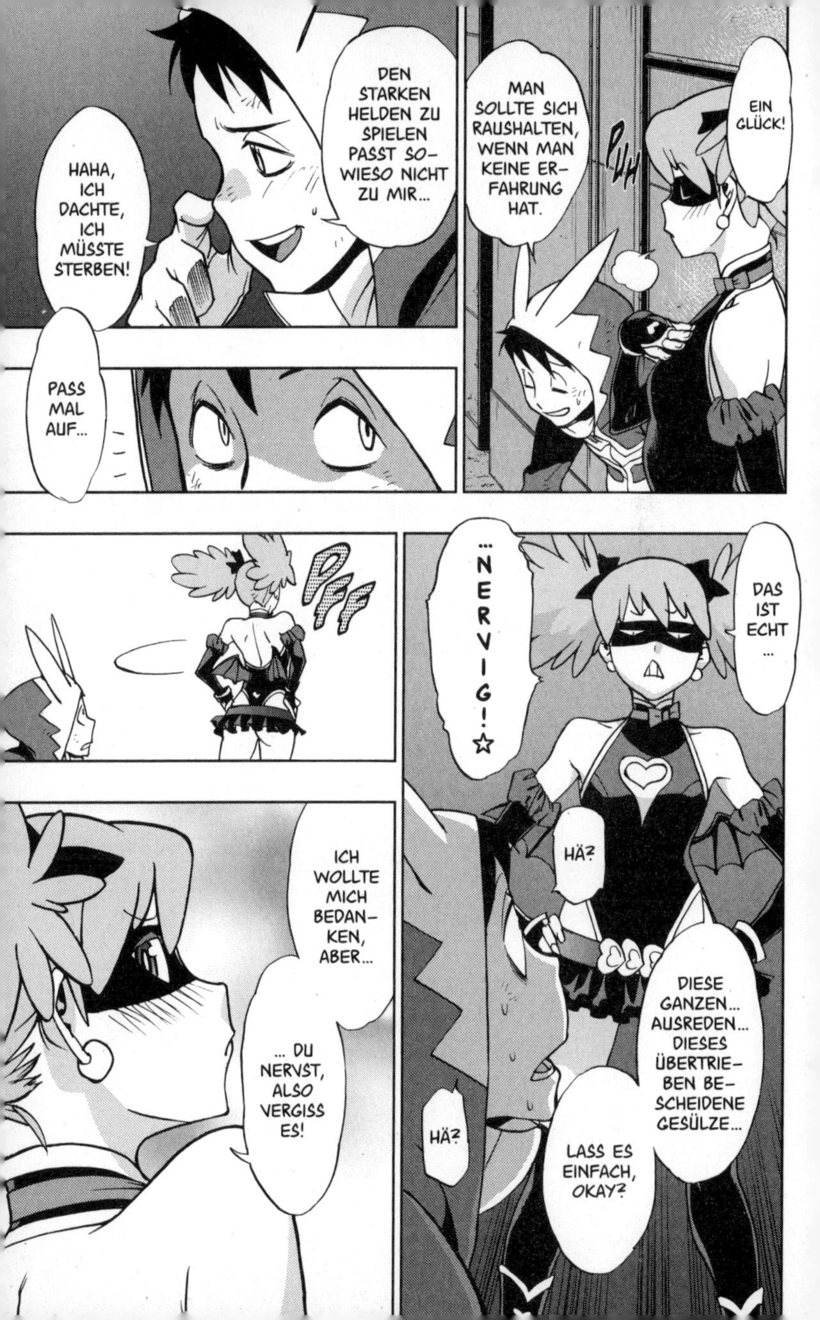
EIN GLÜCK!
PUH
MAN SOLLTE SICH RAUSHALTEN, WENN MAN KEINE ERFAHRUNG HAT.
DEN STARKEN HELDEN ZU SPIELEN PASST SOWIESO NICHT ZU MIR...
HAHA, ICH DACHTE, ICH MÜSSTE STERBEN!
PASS MAL AUF...
DAS IST ECHT ...
...NERVIG!☆
PFF
HÄ?
DIESE GANZEN... AUSREDEN... DIESES ÜBERTRIEBEN BESCHEIDENE GESÜLZE...
LASS ES EINFACH, OKAY?
HÄ?
ICH WOLLTE MICH BEDANKEN, ABER...
... DU NERVST, ALSO VERGISS ES!

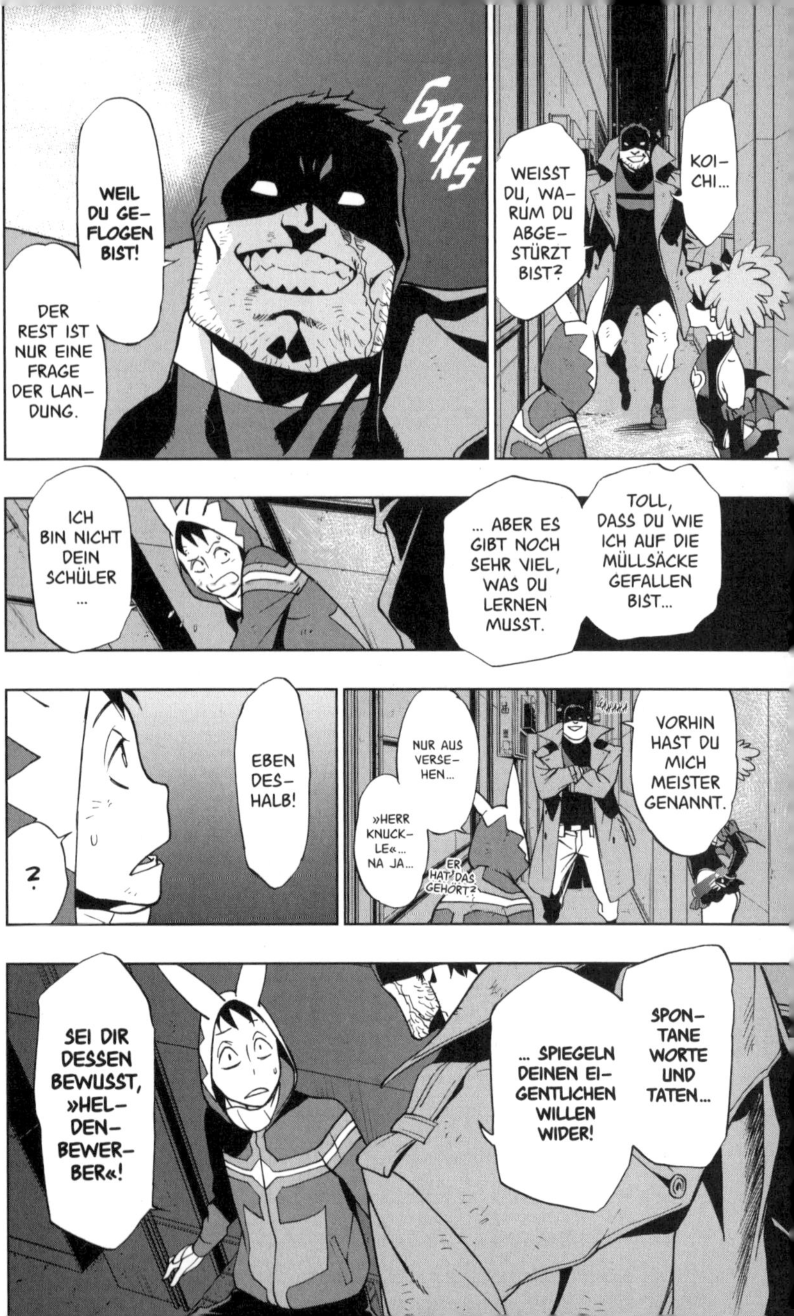
KOICHI...
WEISST DU, WARUM DU ABGESTÜRZT BIST?
GRINS
WEIL DU GEFLOGEN BIST!
DER REST IST NUR EINE FRAGE DER LANDUNG.
TOLL, DASS DU WIE ICH AUF DIE MÜLLSÄCKE GEFALLEN BIST...
... ABER ES GIBT NOCH SEHR VIEL, WAS DU LERNEN MUSST.
ICH BIN NICHT DEIN SCHÜLER ...
VORHIN HAST DU MICH MEISTER GENANNT.
NUR AUS VERSEHEN...
»HERR KNUCKLE«... NA JA...
ER HAT DAS GEHÖRT?
EBEN DESHALB!
?
SPONTANE WORTE UND TATEN...
... SPIEGELN DEINEN EIGENTLICHEN WILLEN WIDER!
SEI DIR DESSEN BEWUSST, »HELDENBEWERBER«!

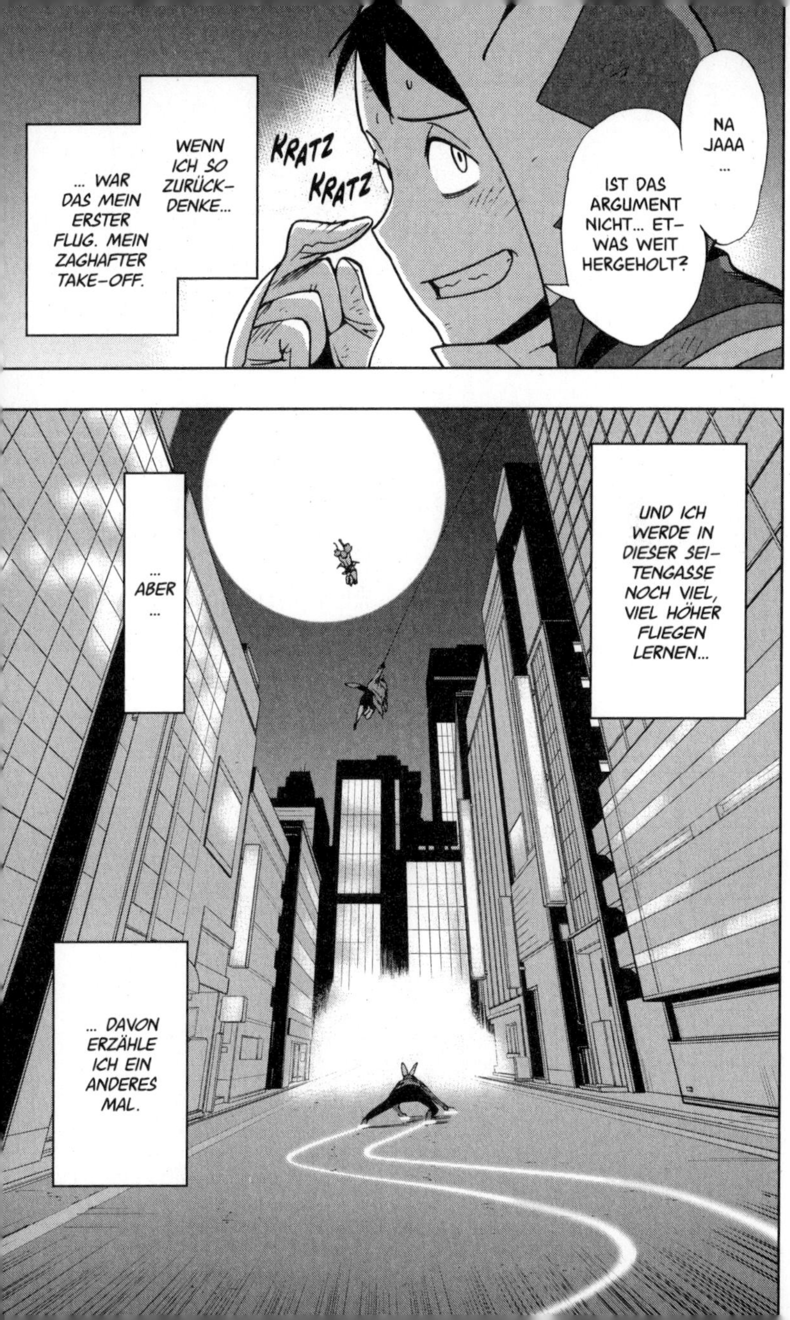
NA JAAA ...
IST DAS ARGUMENT NICHT... ET-WAS WEIT HERGEHOLT?
KRATZ KRATZ
WENN ICH SO ZURÜCK-DENKE...
... WAR DAS MEIN ERSTER FLUG. MEIN ZAGHAFTER TAKE-OFF.
UND ICH WERDE IN DIESER SEI-TENGASSE NOCH VIEL, VIEL HÖHER FLIEGEN LERNEN...
... ABER ...
... DAVON ERZÄHLE ICH EIN ANDERES MAL.

KNUCKLEDUSTER

THE ROUGH DESIGN

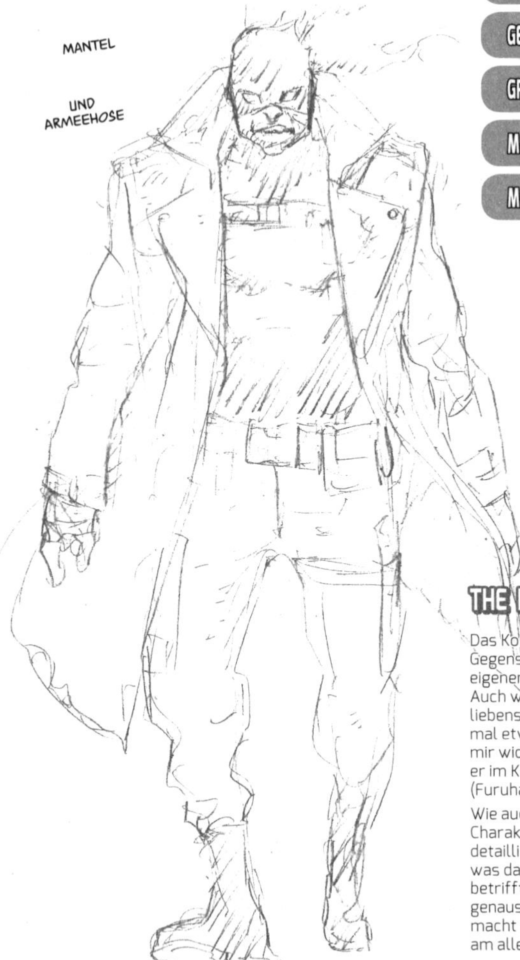

EIGENTLICHER NAME: UNBEKANNT

GEBURTSTAG: UNBEKANNT

GRÖSSE: 1,85 M

MAG: ZIGARETTEN, BIER

MACKE: KEINE

THE HINTERGRUNDINFOS

Das Konzept ist »ein Batman-artiger Gegenspieler zu All Might mit einem eigenen Begriff von Gerechtigkeit«. Auch wenn er durchaus ein erstaunlich liebenswürdiger Mensch ist, wenn man mal etwas Zeit mit ihm verbringt, ist es mir wichtig, dass man nie vergisst, dass er im Kern ein seltsamer Mensch ist. (Furuhashi)

Wie auch sonst bei jedem einzelnen Charakter habe ich von Furuhashi-san detaillierte Anweisungen bekommen, was das äußere Erscheinungsbild betrifft, deshalb habe ich ihn einfach genauso gezeichnet (haha). Tatsächlich macht er mir im Moment beim Zeichnen am allermeisten Spaß. (Betten)

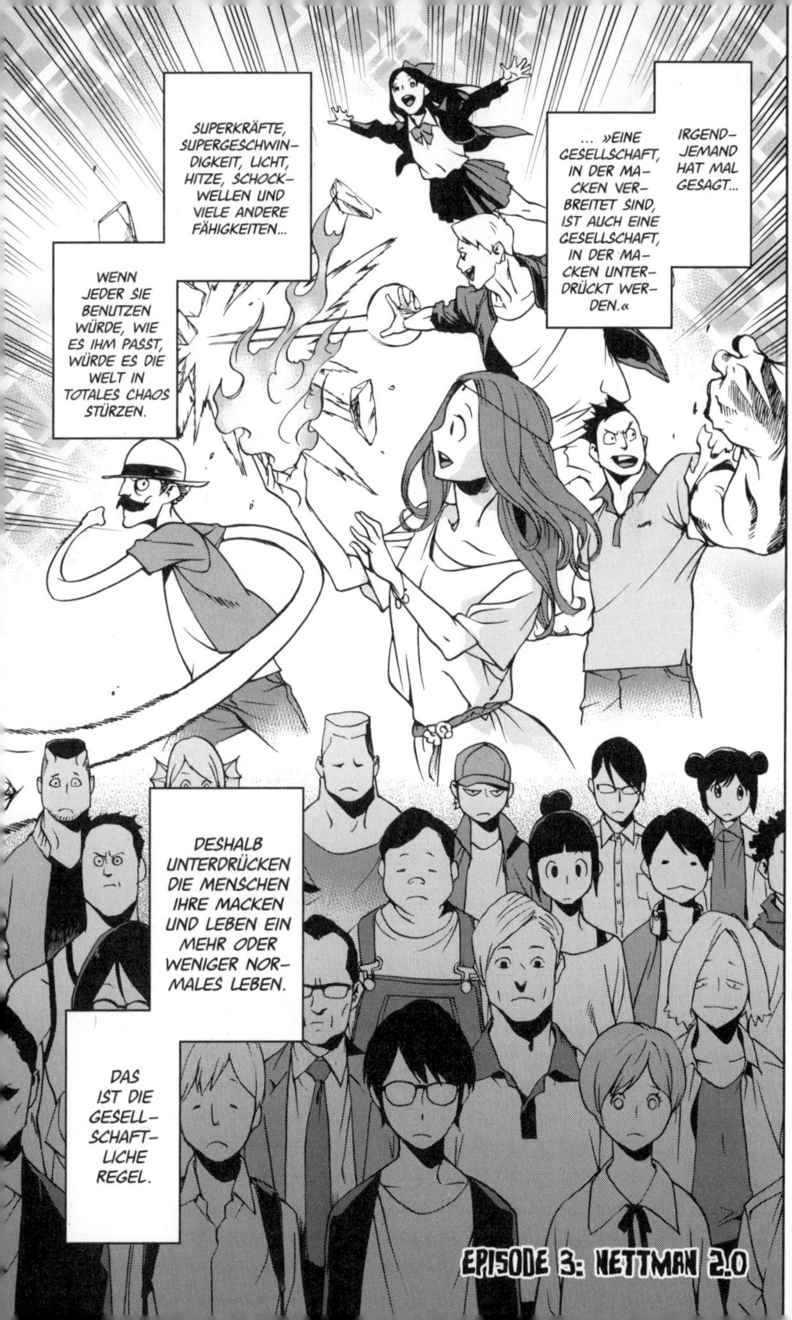
IRGEND-JEMAND HAT MAL GESAGT...
... »EINE GESELLSCHAFT, IN DER MACKEN VERBREITET SIND, IST AUCH EINE GESELLSCHAFT, IN DER MACKEN UNTERDRÜCKT WERDEN.«
SUPERKRÄFTE, SUPERGESCHWINDIGKEIT, LICHT, HITZE, SCHOCKWELLEN UND VIELE ANDERE FÄHIGKEITEN...
WENN JEDER SIE BENUTZEN WÜRDE, WIE ES IHM PASST, WÜRDE ES DIE WELT IN TOTALES CHAOS STÜRZEN.
DESHALB UNTERDRÜCKEN DIE MENSCHEN IHRE MACKEN UND LEBEN EIN MEHR ODER WENIGER NORMALES LEBEN.
DAS IST DIE GESELLSCHAFTLICHE REGEL.
EPISODE 3: NETTMAN 2.0

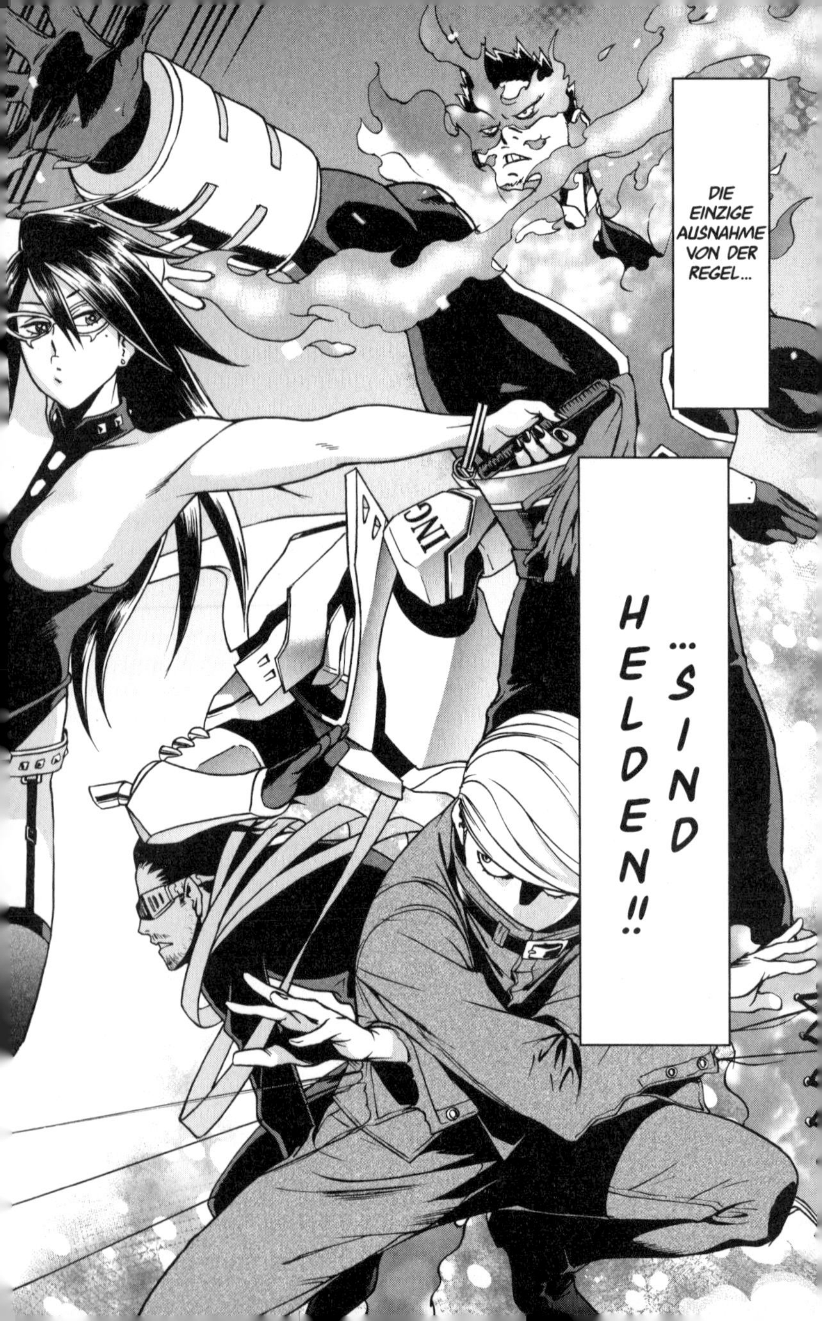
DIE EINZIGE AUSNAHME VON DER REGEL...
...SIND HELDEN!!

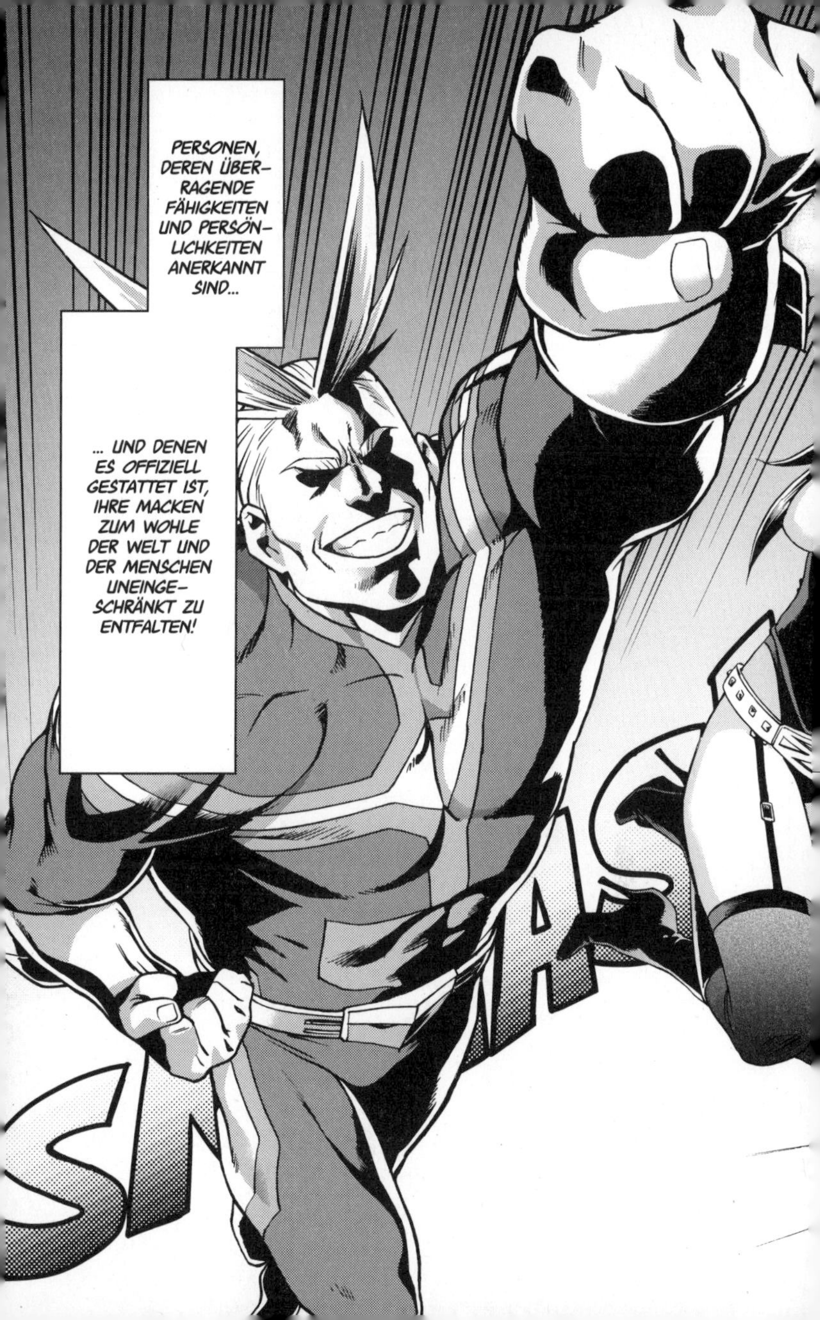
PERSONEN, DEREN ÜBERRAGENDE FÄHIGKEITEN UND PERSÖNLICHKEITEN ANERKANNT SIND…
… UND DENEN ES OFFIZIELL GESTATTET IST, IHRE MACKEN ZUM WOHLE DER WELT UND DER MENSCHEN UNEINGESCHRÄNKT ZU ENTFALTEN!

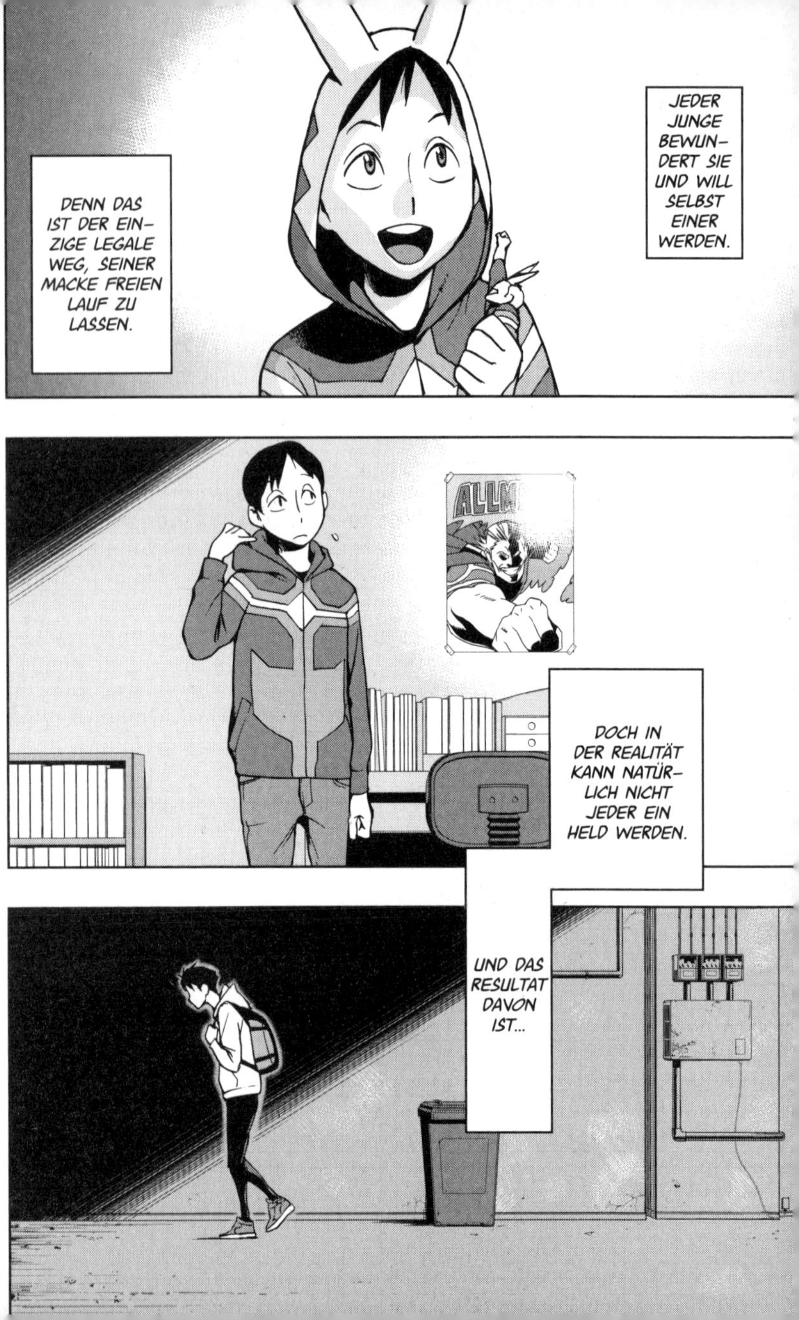
JEDER JUNGE BEWUN-DERT SIE UND WILL SELBST EINER WERDEN.
DENN DAS IST DER EIN-ZIGE LEGALE WEG, SEINER MACKE FREIEN LAUF ZU LASSEN.
DOCH IN DER REALITÄT KANN NATÜR-LICH NICHT JEDER EIN HELD WERDEN.
UND DAS RESULTAT DAVON IST...

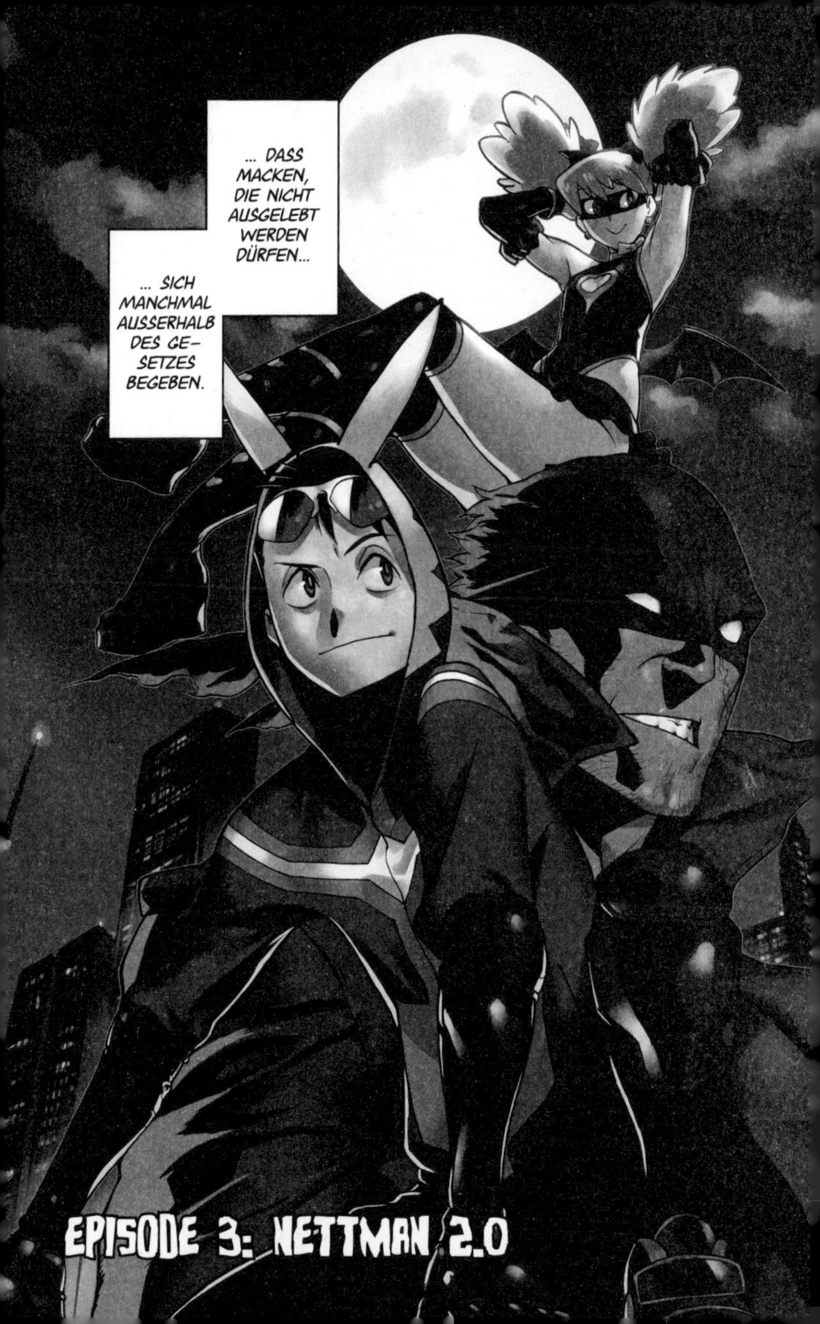
... DASS MACKEN, DIE NICHT AUSGELEBT WERDEN DÜRFEN...
... SICH MANCHMAL AUSSERHALB DES GE-SETZES BEGEBEN.
EPISODE 3: NETTMAN 2.0

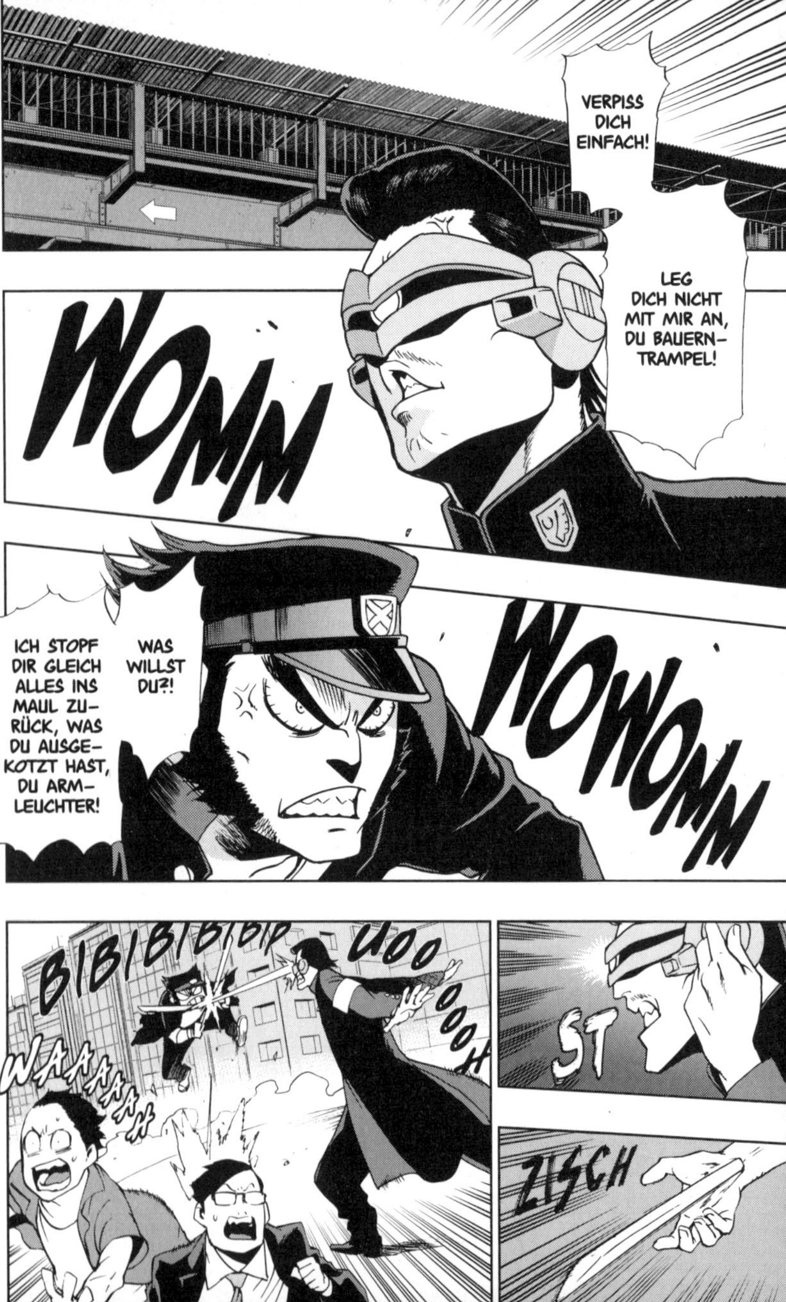
VERPISS DICH EINFACH!
LEG DICH NICHT MIT MIR AN, DU BAUERN-TRAMPEL!
WOMM
WAS WILLST DU?!
ICH STOPF DIR GLEICH ALLES INS MAUL ZURÜCK, WAS DU AUSGEKOTZT HAST, DU ARMLEUCHTER!
WOWOMM
ST
ZISCH
BIBIBIBIBIP
UOOOOOOOH
WAAAAAAH

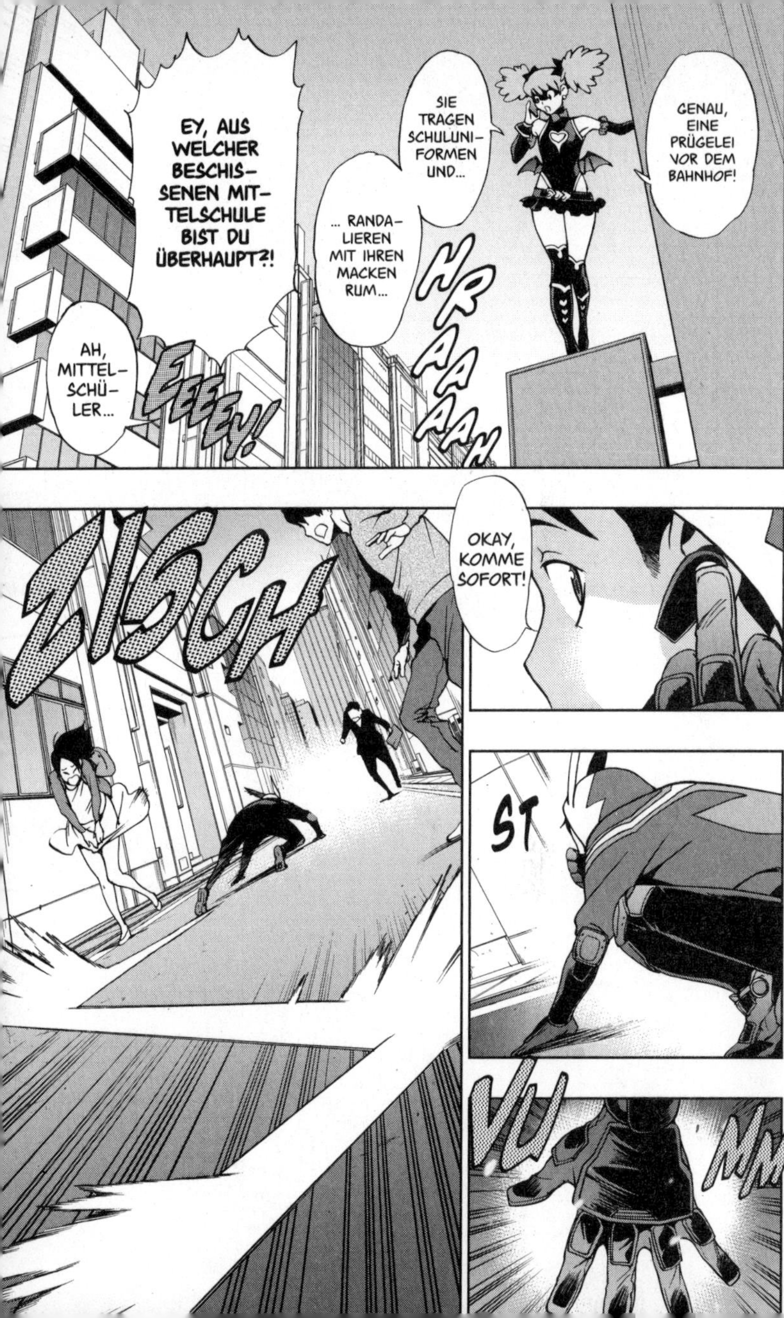
GENAU, EINE PRÜGELEI VOR DEM BAHNHOF!
SIE TRAGEN SCHULUNIFORMEN UND...
... RANDALIEREN MIT IHREN MACKEN RUM...
HRAAAAAH
EY, AUS WELCHER BESCHISSENEN MITTELSCHULE BIST DU ÜBERHAUPT?!
EEEEY!
AH, MITTELSCHÜLER...
OKAY, KOMME SOFORT!
ZISCH
ST
VU MM

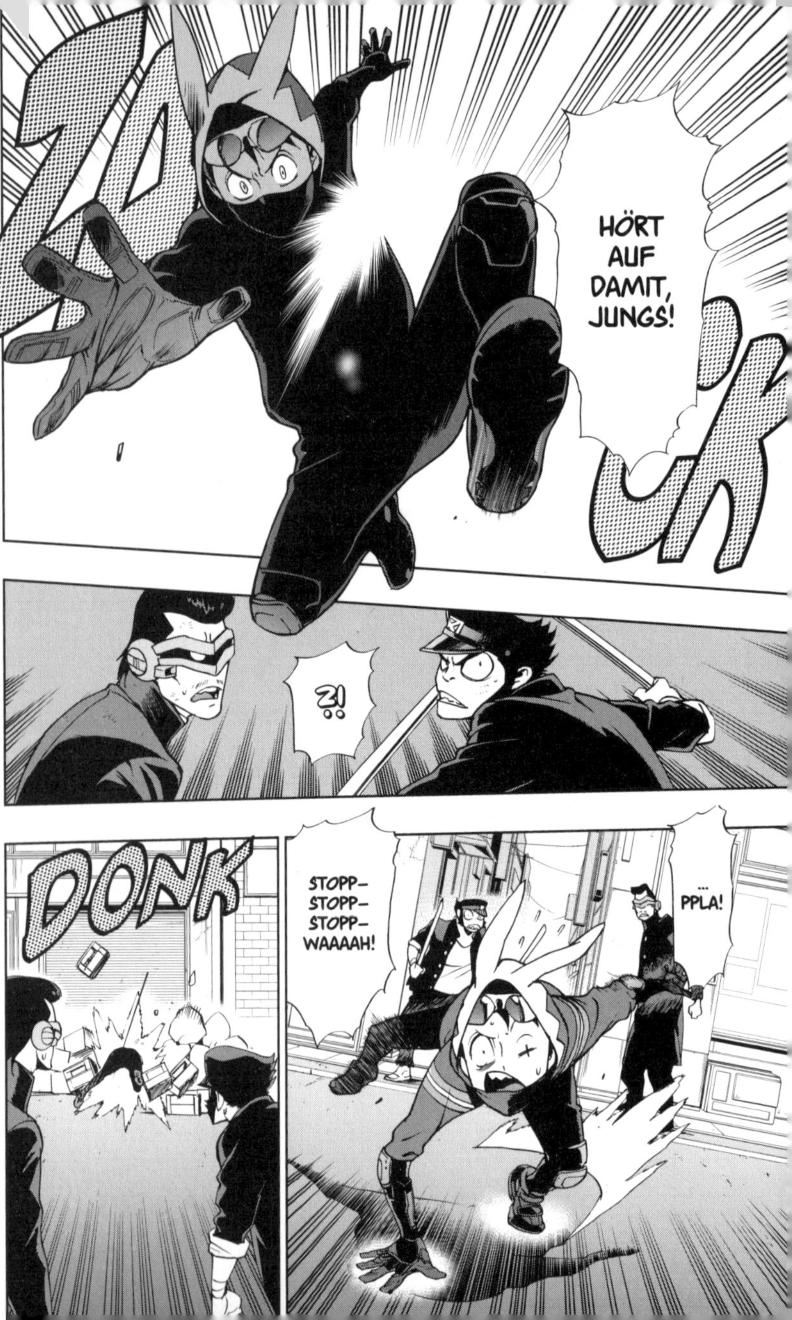
ZA
HÖRT AUF DAMIT, JUNGS!
CK
?!
... PPLA!
STOPP-STOPP-STOPP-WAAAAH!
DONK

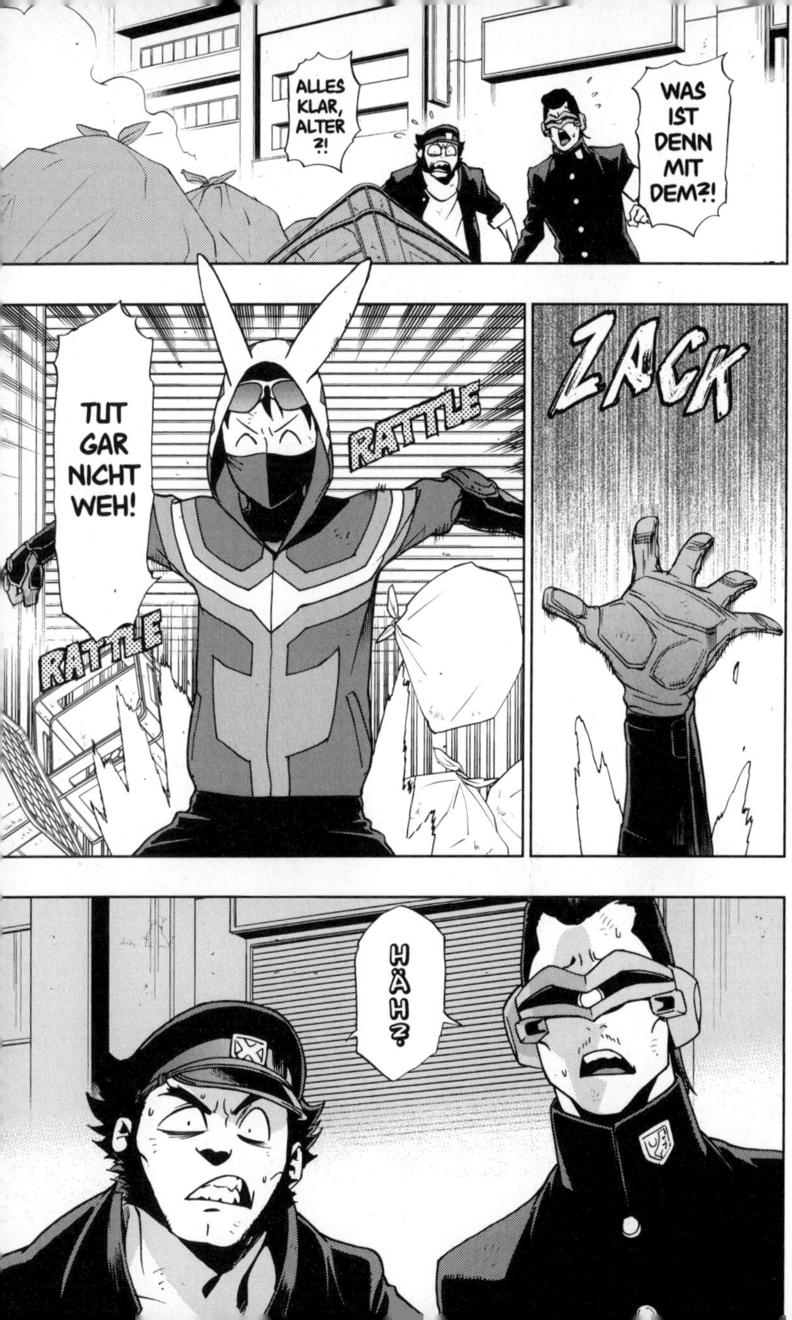
WAS IST DENN MIT DEM?!
ALLES KLAR, ALTER?!
TUT GAR NICHT WEH!
RATTLE
RATTLE
ZACK
HÄH?

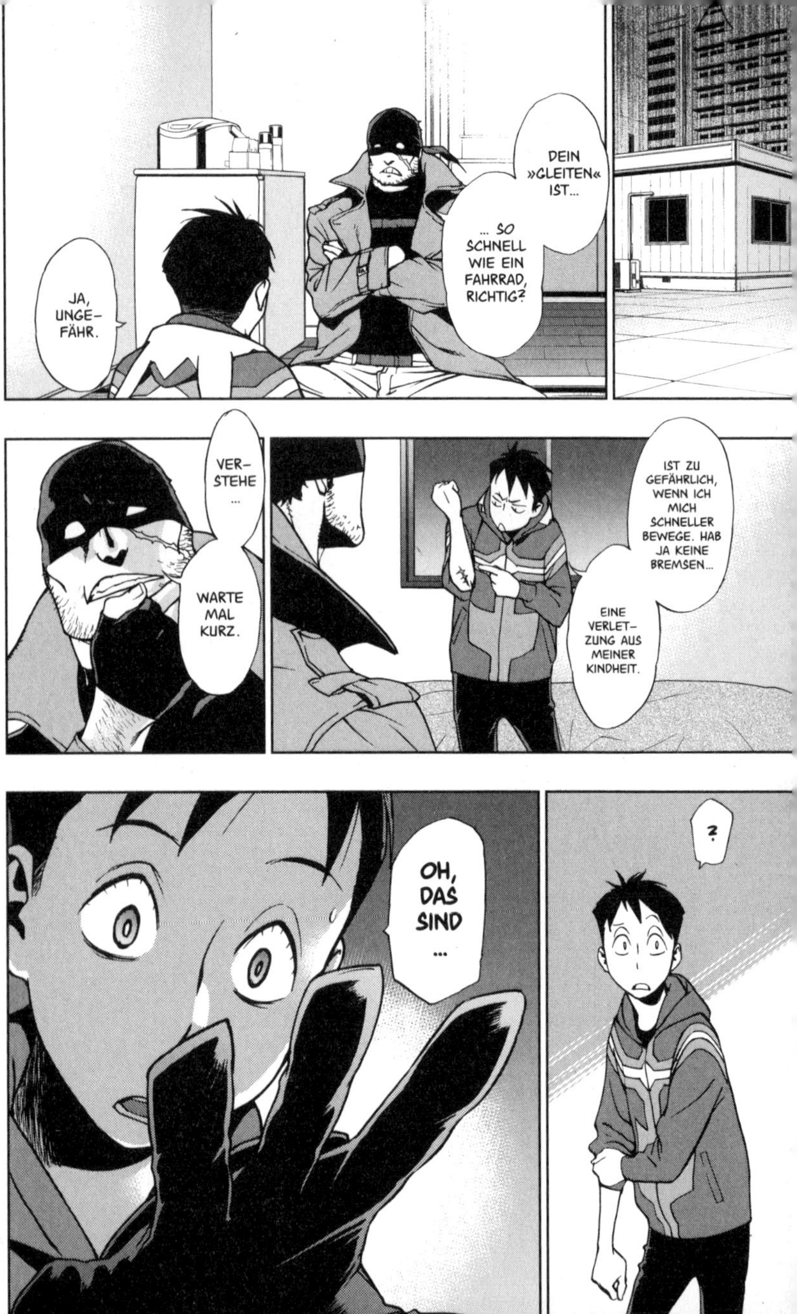

DEIN »GLEITEN« IST…
… SO SCHNELL WIE EIN FAHRRAD, RICHTIG?
JA, UNGEFÄHR.
IST ZU GEFÄHRLICH, WENN ICH MICH SCHNELLER BEWEGE. HAB JA KEINE BREMSEN…
EINE VERLETZUNG AUS MEINER KINDHEIT.
VERSTEHE …
WARTE MAL KURZ.
?
OH, DAS SIND …

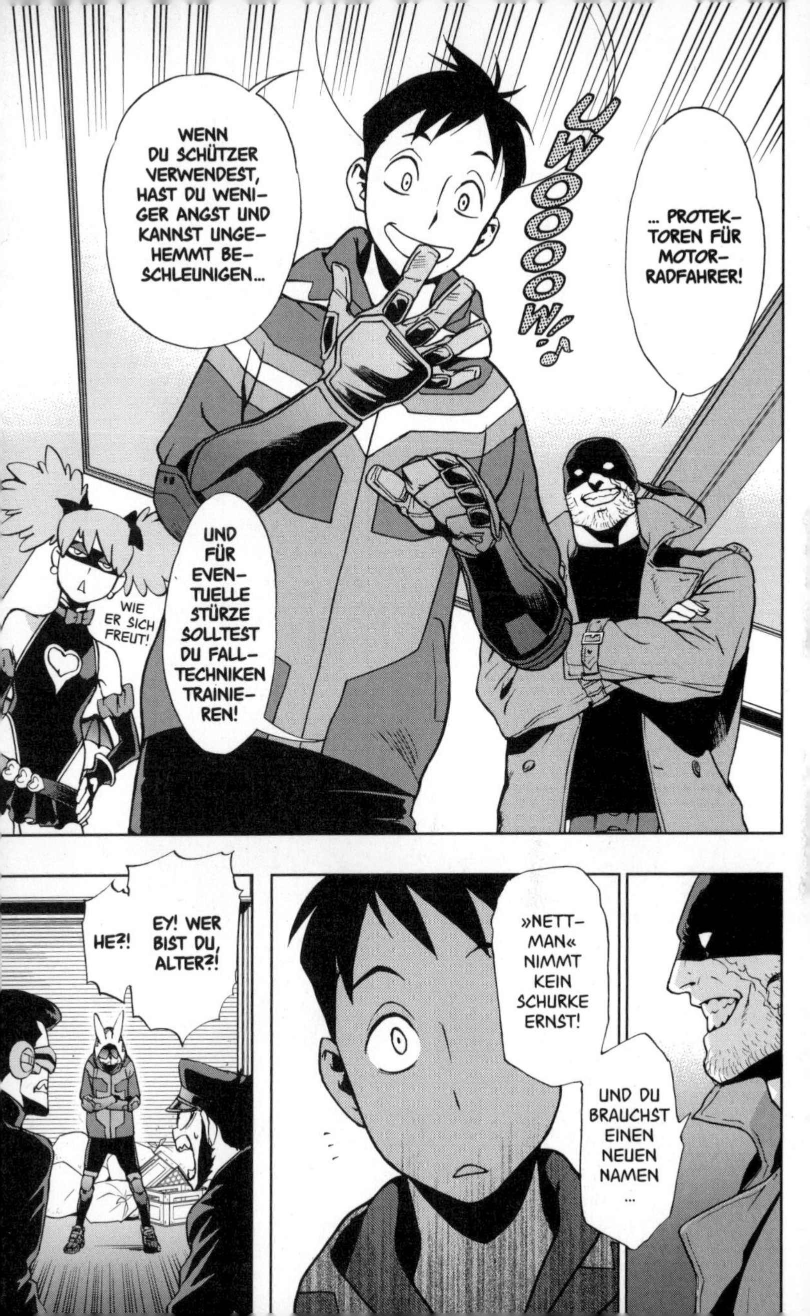
UWOOOOOW!♪
... PROTEKTOREN FÜR MOTORRADFAHRER!
WENN DU SCHÜTZER VERWENDEST, HAST DU WENIGER ANGST UND KANNST UNGEHEMMT BESCHLEUNIGEN...
UND FÜR EVENTUELLE STÜRZE SOLLTEST DU FALLTECHNIKEN TRAINIEREN!
WIE ER SICH FREUT!
»NETT-MAN« NIMMT KEIN SCHURKE ERNST!
UND DU BRAUCHST EINEN NEUEN NAMEN ...
EY! WER BIST DU, ALTER?!
HE?!

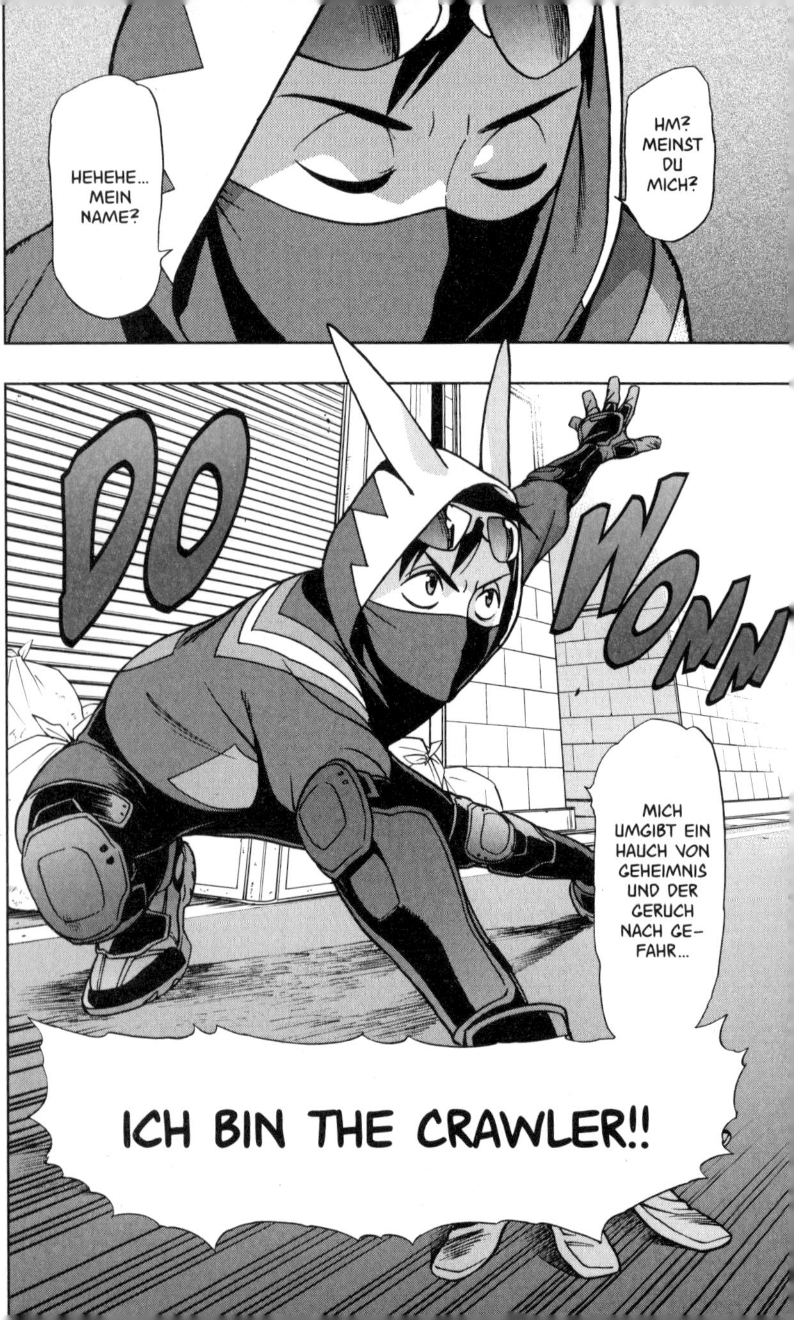
HM? MEINST DU MICH?
HEHEHE... MEIN NAME?
DOOWOMM
MICH UMGIBT EIN HAUCH VON GEHEIMNIS UND DER GERUCH NACH GE-FAHR...
ICH BIN THE CRAWLER!!

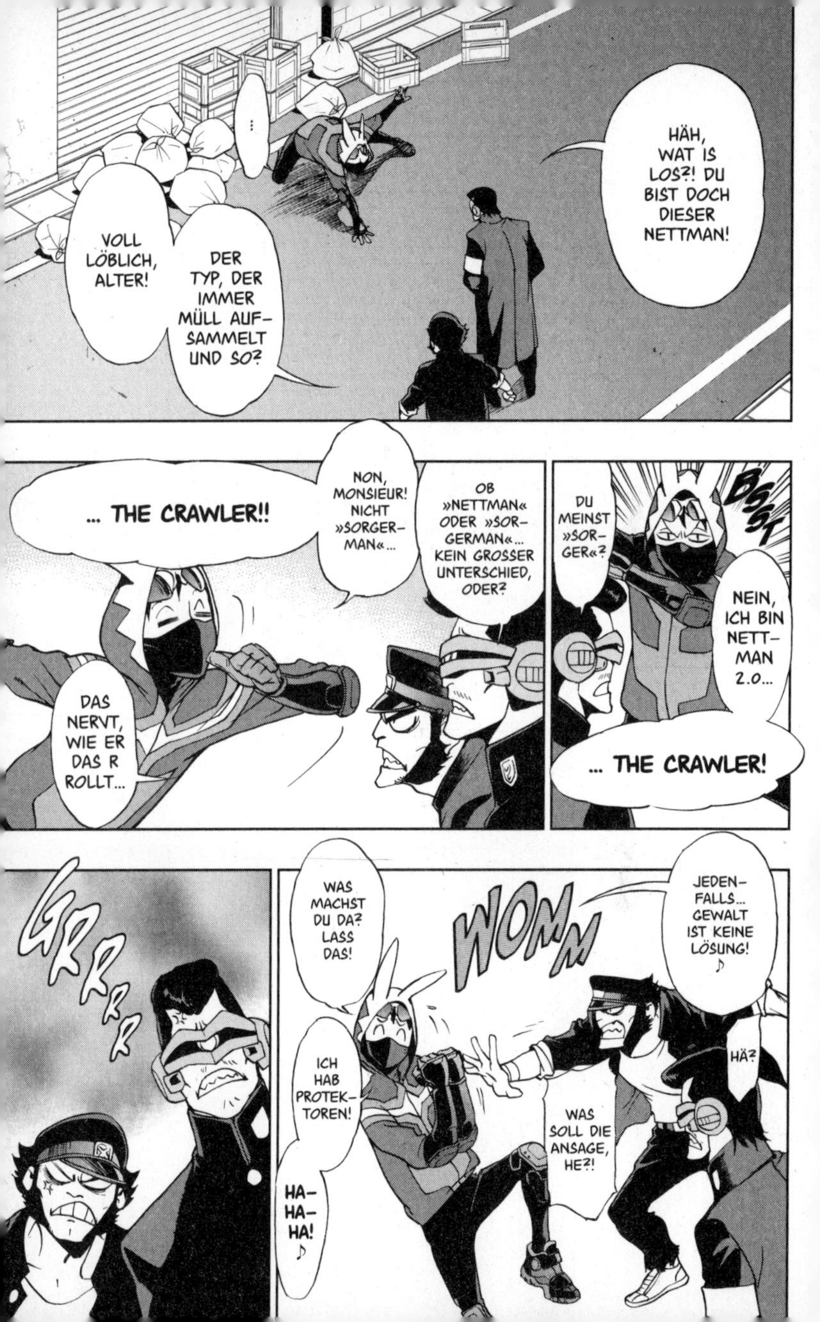

HÄH, WAT IS LOS?! DU BIST DOCH DIESER NETTMAN!
DER TYP, DER IMMER MÜLL AUFSAMMELT UND SO?
VOLL LÖBLICH, ALTER!
...
DU MEINST »SORGER«?
BSST
NEIN, ICH BIN NETTMAN 2.0...
... THE CRAWLER!
OB »NETTMAN« ODER »SORGERMAN«... KEIN GROSSER UNTERSCHIED, ODER?
NON, MONSIEUR! NICHT »SORGERMAN«...
... THE CRAWLER!!
DAS NERVT, WIE ER DAS R ROLLT...
JEDENFALLS... GEWALT IST KEINE LÖSUNG! ♪
WOMM
WAS MACHST DU DA? LASS DAS!
HÄ?
WAS SOLL DIE ANSAGE, HE?!
ICH HAB PROTEKTOREN!
HA-HA-HA! ♪
GRRRR

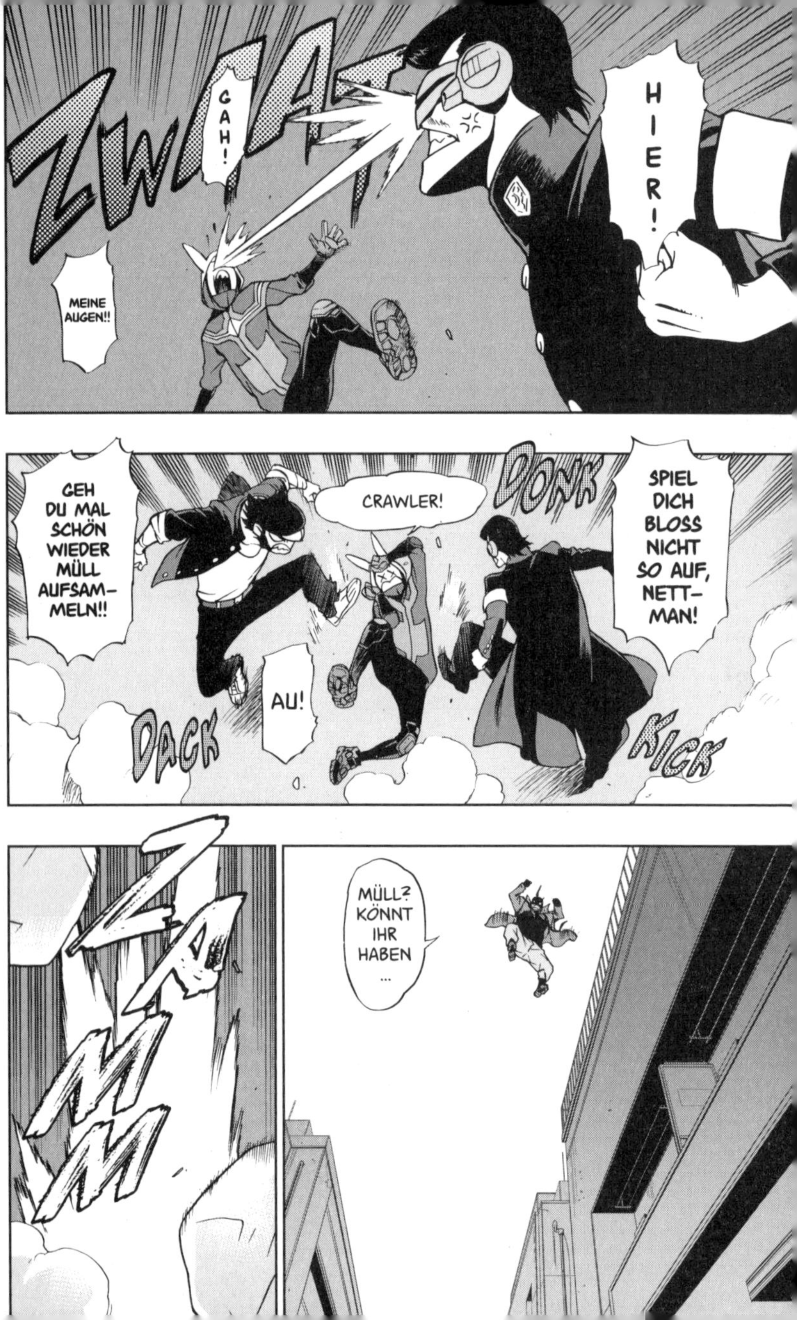
HIER!
ZWAAT
GAH!
MEINE AUGEN!!
SPIEL DICH BLOSS NICHT SO AUF, NETT-MAN!
DONK
CRAWLER!
GEH DU MAL SCHÖN WIEDER MÜLL AUFSAM-MELN!!
AU!
DACK
KICK
MÜLL? KÖNNT IHR HABEN ...

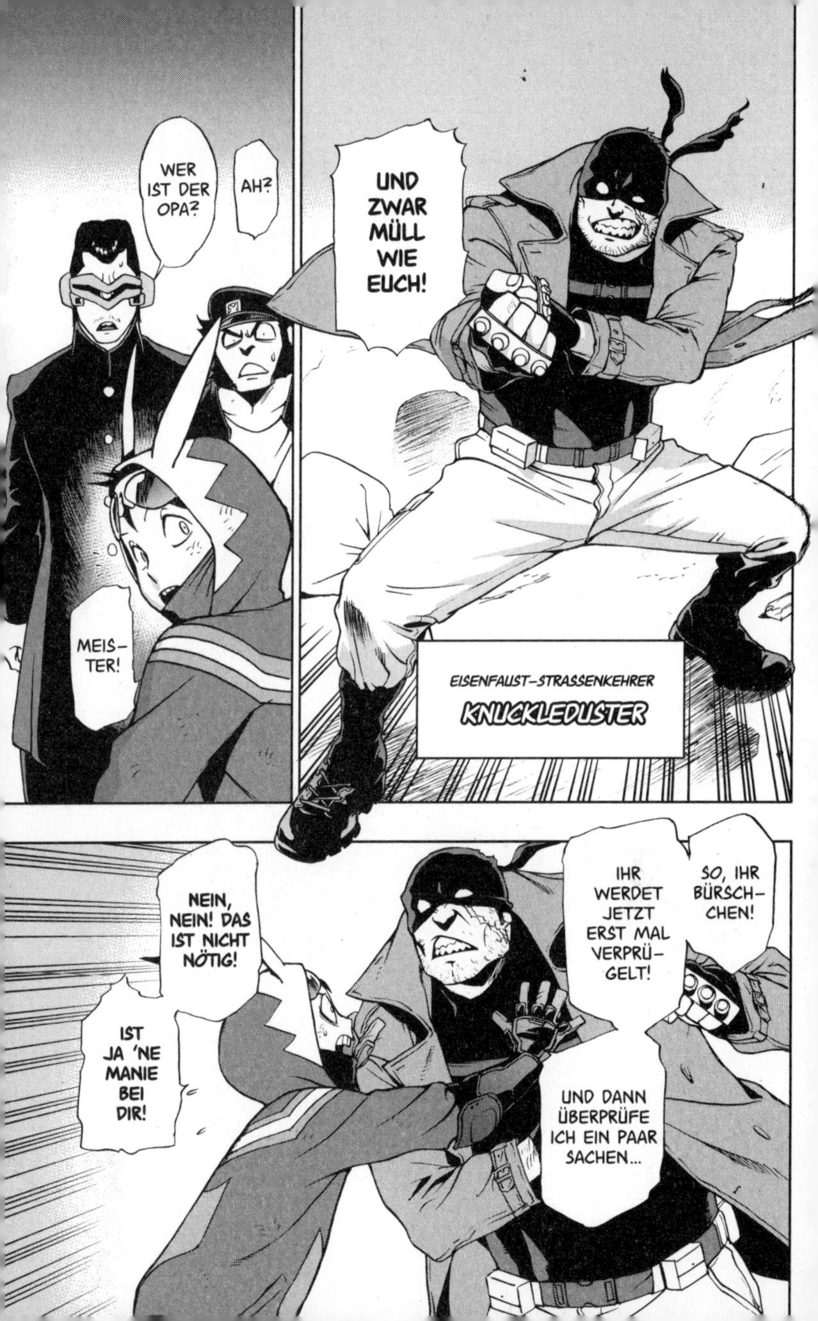
UND ZWAR MÜLL WIE EUCH!
EISENFAUST-STRASSENKEHRER
KNUCKLEDUSTER
AH?
WER IST DER OPA?
MEIS-TER!
SO, IHR BÜRSCH-CHEN!
IHR WERDET JETZT ERST MAL VERPRÜ-GELT!
UND DANN ÜBERPRÜFE ICH EIN PAAR SACHEN...
NEIN, NEIN! DAS IST NICHT NÖTIG!
IST JA 'NE MANIE BEI DIR!

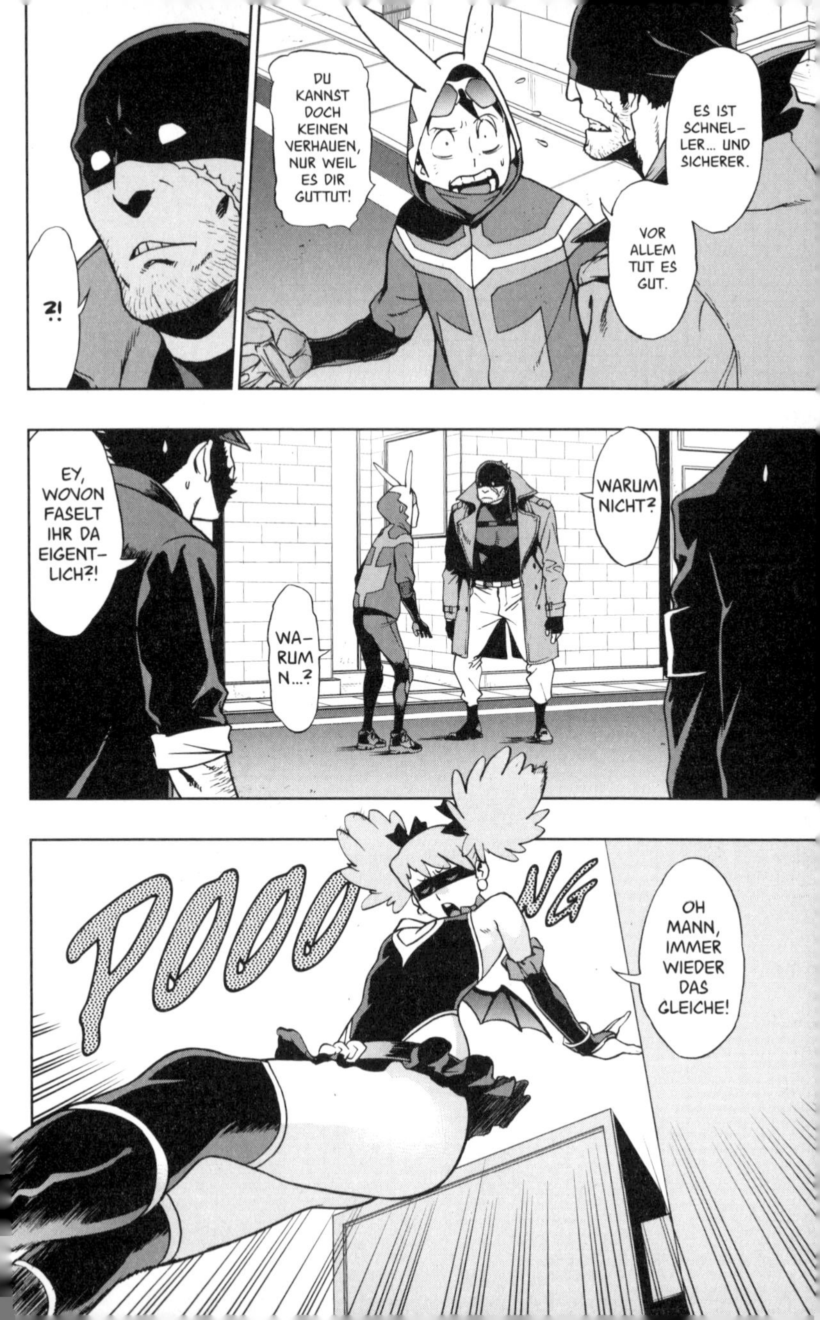
ES IST SCHNEL-LER... UND SICHERER.
VOR ALLEM TUT ES GUT.
DU KANNST DOCH KEINEN VERHAUEN, NUR WEIL ES DIR GUTTUT!
?!
WARUM NICHT?
EY, WOVON FASELT IHR DA EIGENT-LICH?!
WA-RUM N...?
OH MANN, IMMER WIEDER DAS GLEICHE!
POOOONG

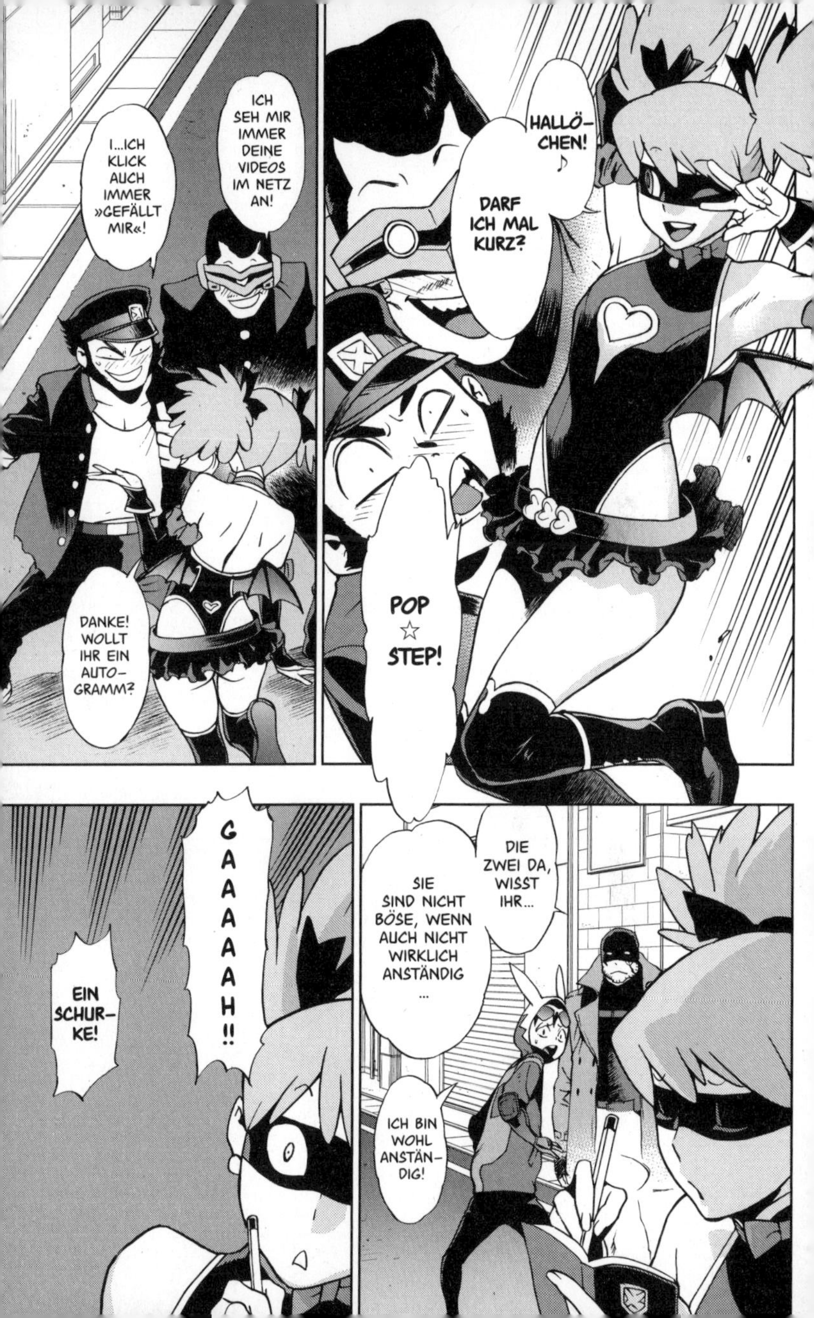
HALLÖCHEN! ♪
DARF ICH MAL KURZ?
POP ☆ STEP!
ICH SEH MIR IMMER DEINE VIDEOS IM NETZ AN!
I...ICH KLICK AUCH IMMER »GEFÄLLT MIR«!
DANKE! WOLLT IHR EIN AUTOGRAMM?
DIE ZWEI DA, WISST IHR...
SIE SIND NICHT BÖSE, WENN AUCH NICHT WIRKLICH ANSTÄNDIG ...
ICH BIN WOHL ANSTÄNDIG!
GAAAAAAAH!!
EIN SCHURKE!

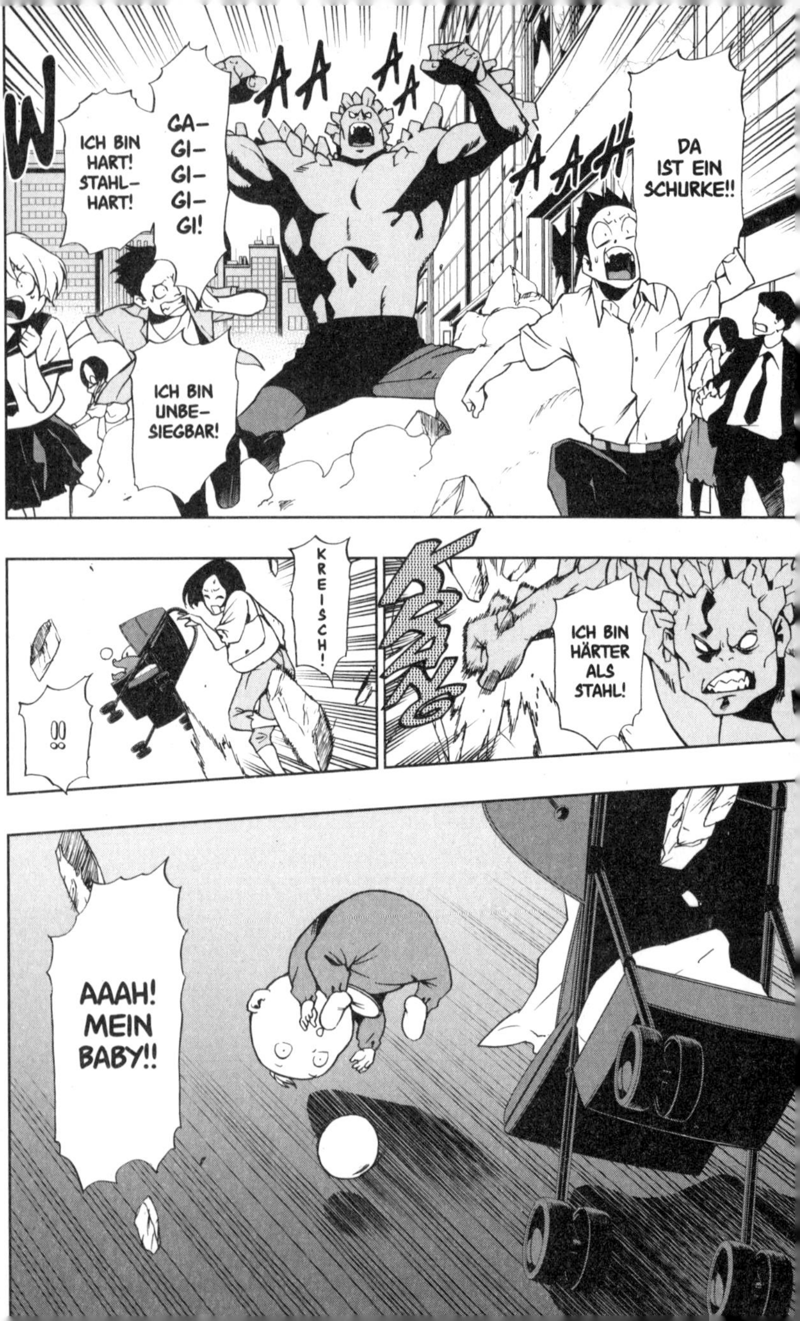
DA IST EIN SCHURKE!!
AAAAH
GA-GI-GI-GI-GI!
ICH BIN HART! STAHLHART!
W
ICH BIN UNBESIEGBAR!
ICH BIN HÄRTER ALS STAHL!
KREISCH!
!!
AAAH! MEIN BABY!!

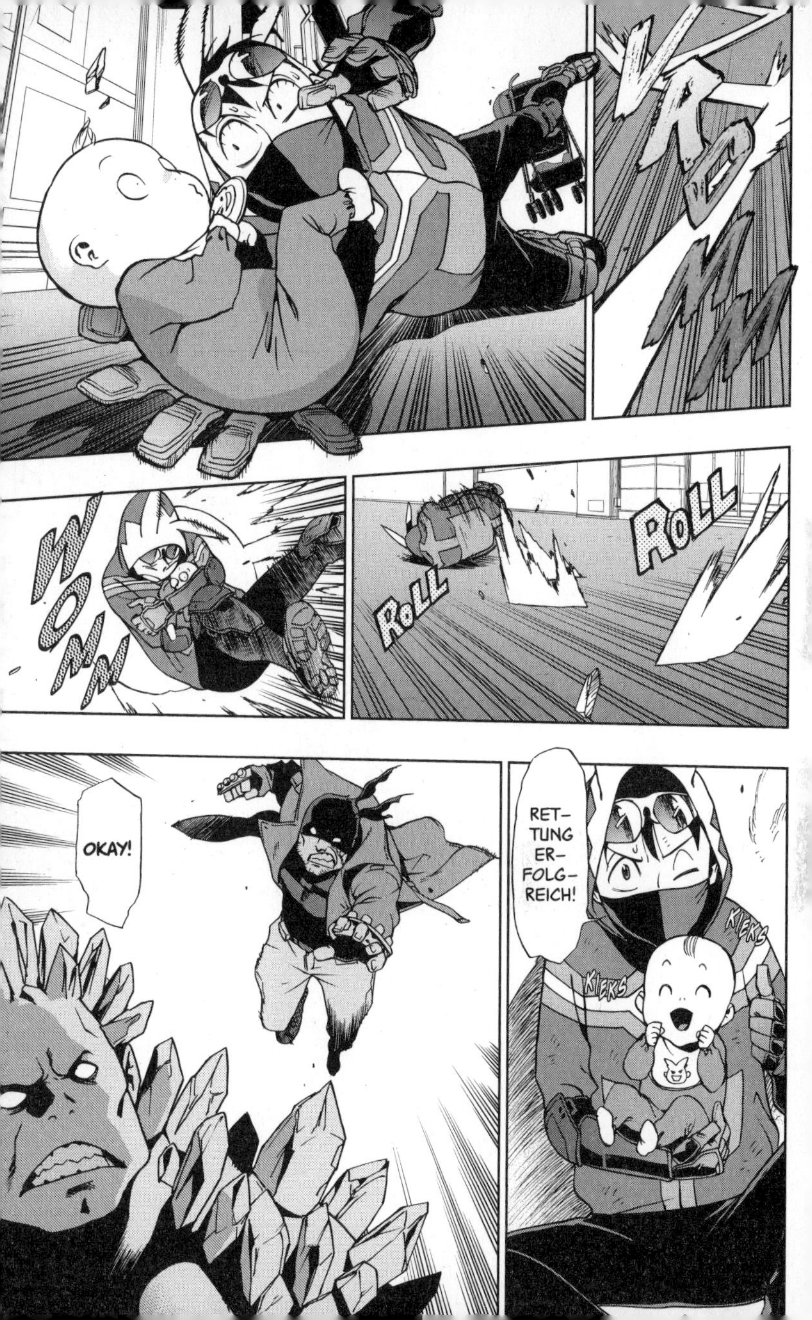
VROMM
ROLL
ROLL
WOMM
RET-TUNG ER-FOLG-REICH!
KIEKS
KIEKS
OKAY!

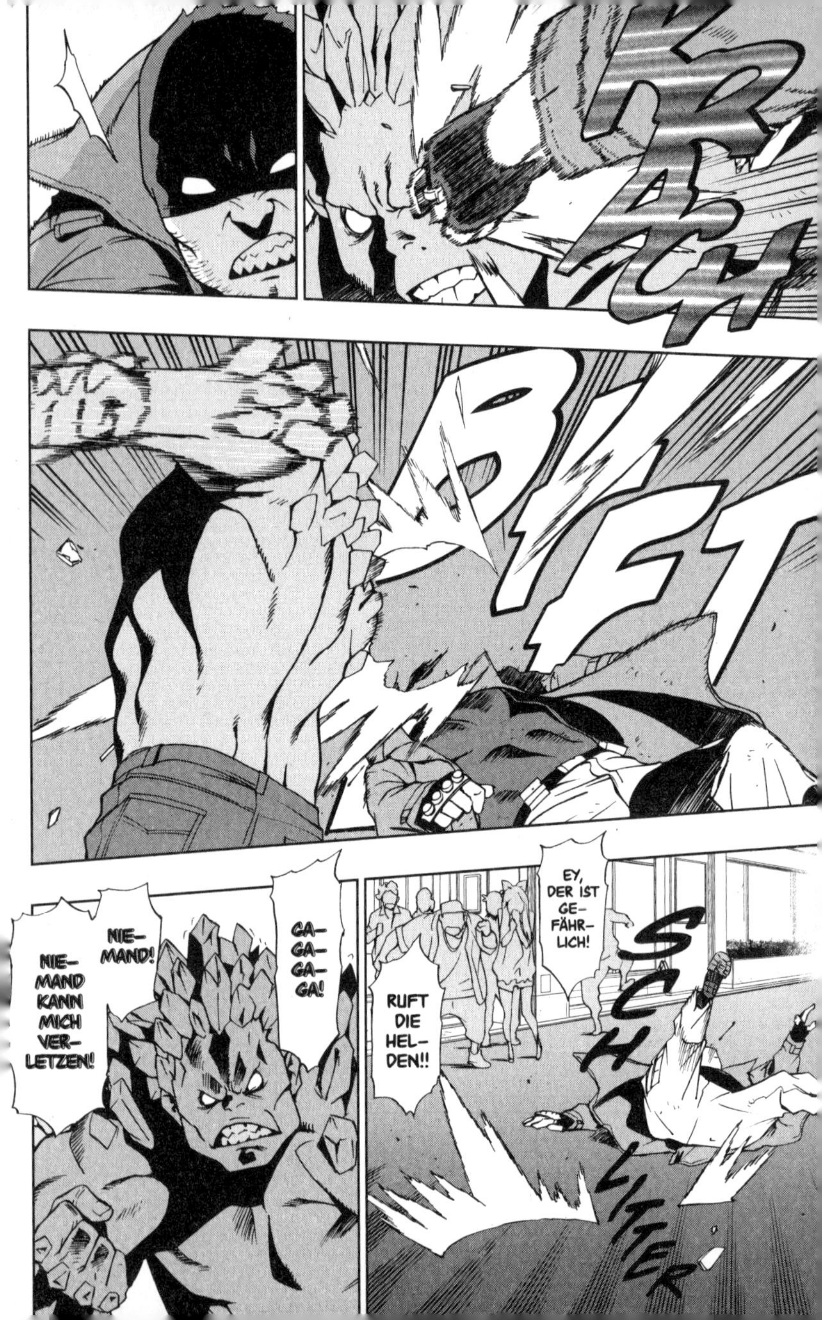
KRACH
EY, DER IST GEFÄHRLICH!
RUFT DIE HELDEN!!
SCHLITTER
GAGAGAGA!
NIEMAND!
NIEMAND KANN MICH VERLETZEN!

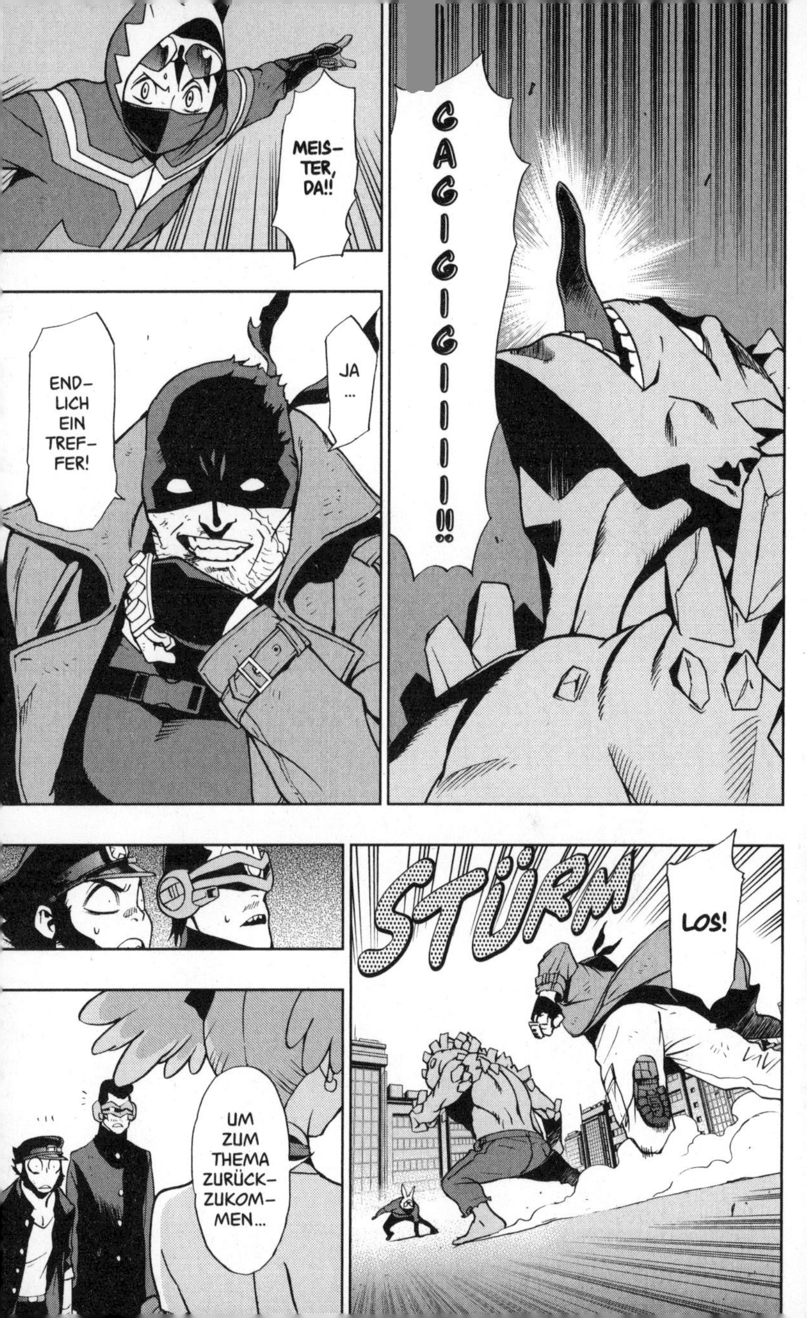

GAGIGIGIGIIII!!
MEISTER, DA!!
JA ...
ENDLICH EIN TREFFER!
LOS!
STÜRM
UM ZUM THEMA ZURÜCKZUKOMMEN...

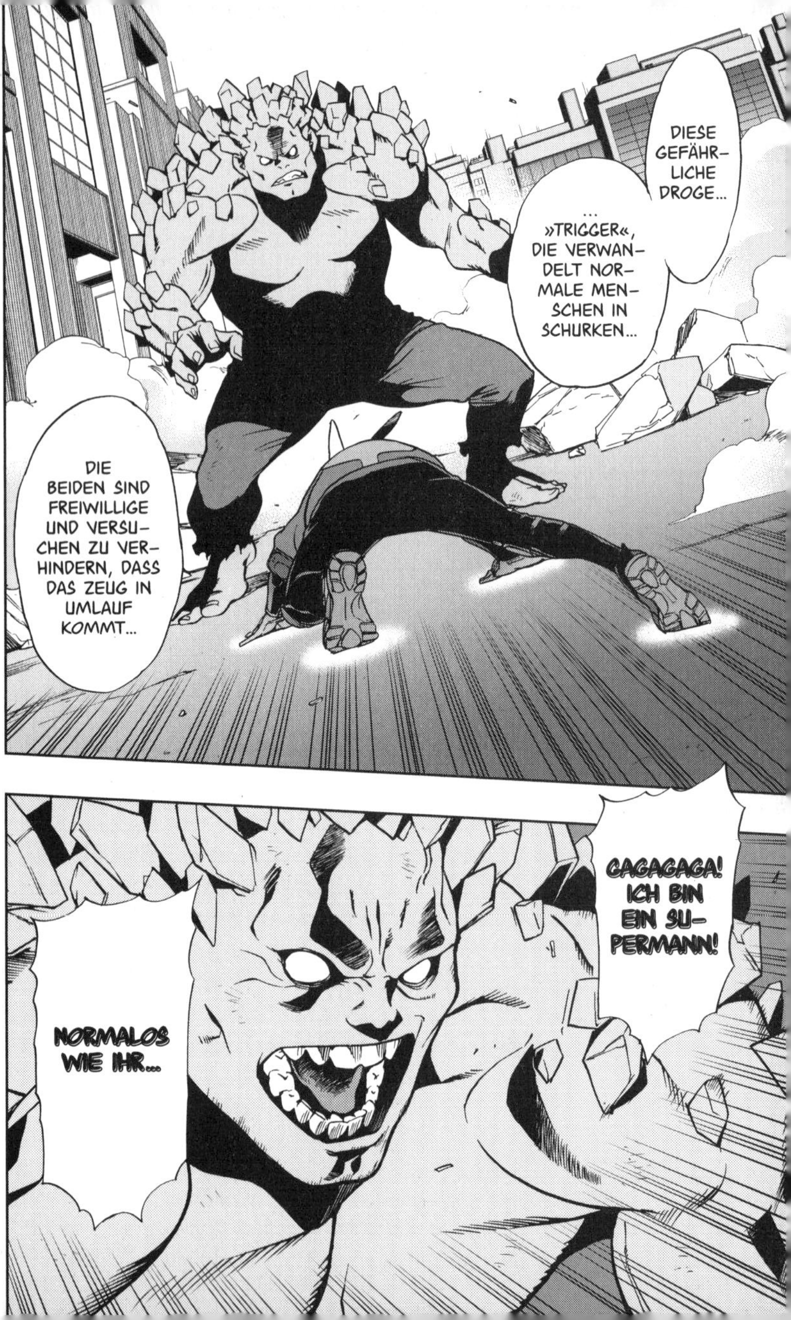
DIESE GEFÄHRLICHE DROGE...
...»TRIGGER«, DIE VERWANDELT NORMALE MENSCHEN IN SCHURKEN...
DIE BEIDEN SIND FREIWILLIGE UND VERSUCHEN ZU VERHINDERN, DASS DAS ZEUG IN UMLAUF KOMMT...
GAGAGAGA! ICH BIN EIN SUPERMANN!
NORMALOS WIE IHR...

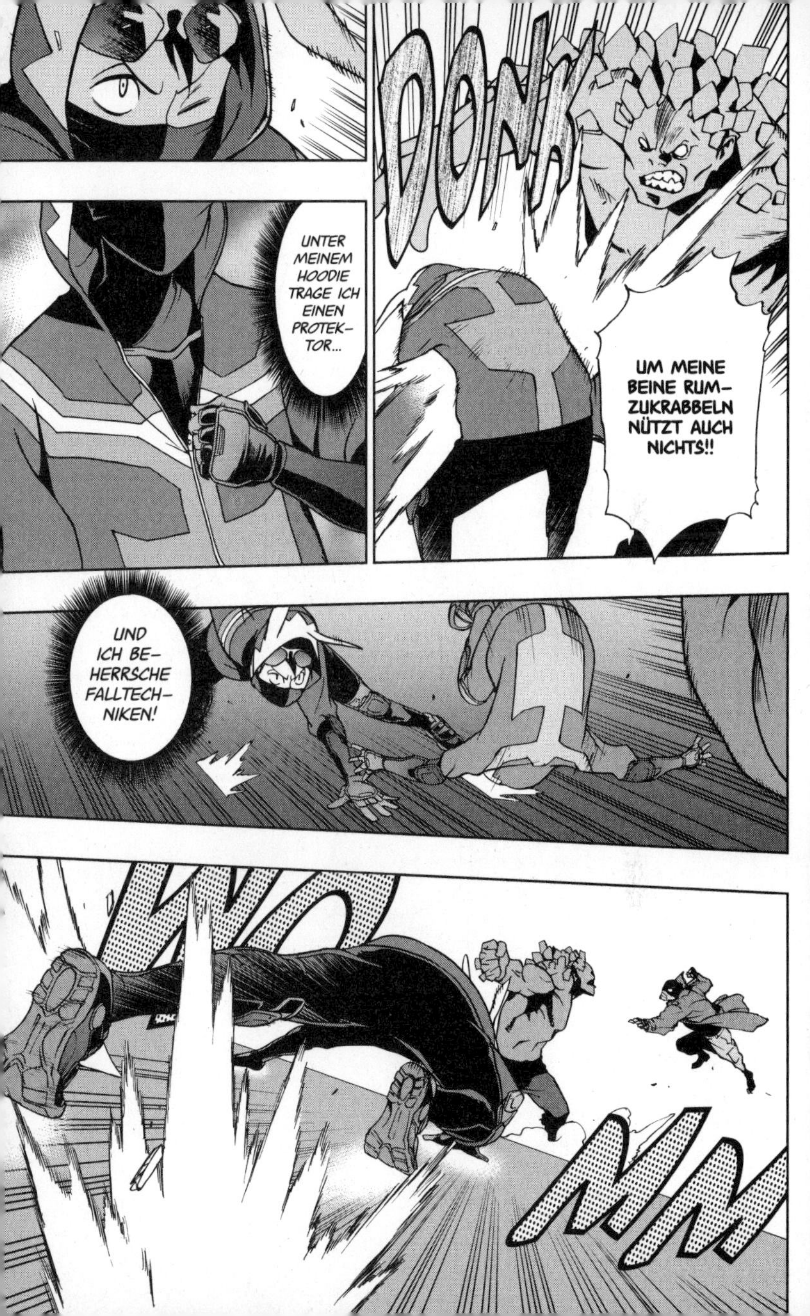
DONK
UM MEINE BEINE RUM-ZUKRABBELN NÜTZT AUCH NICHTS!!
UNTER MEINEM HOODIE TRAGE ICH EINEN PROTEK-TOR...
UND ICH BE-HERRSCHE FALLTECH-NIKEN!

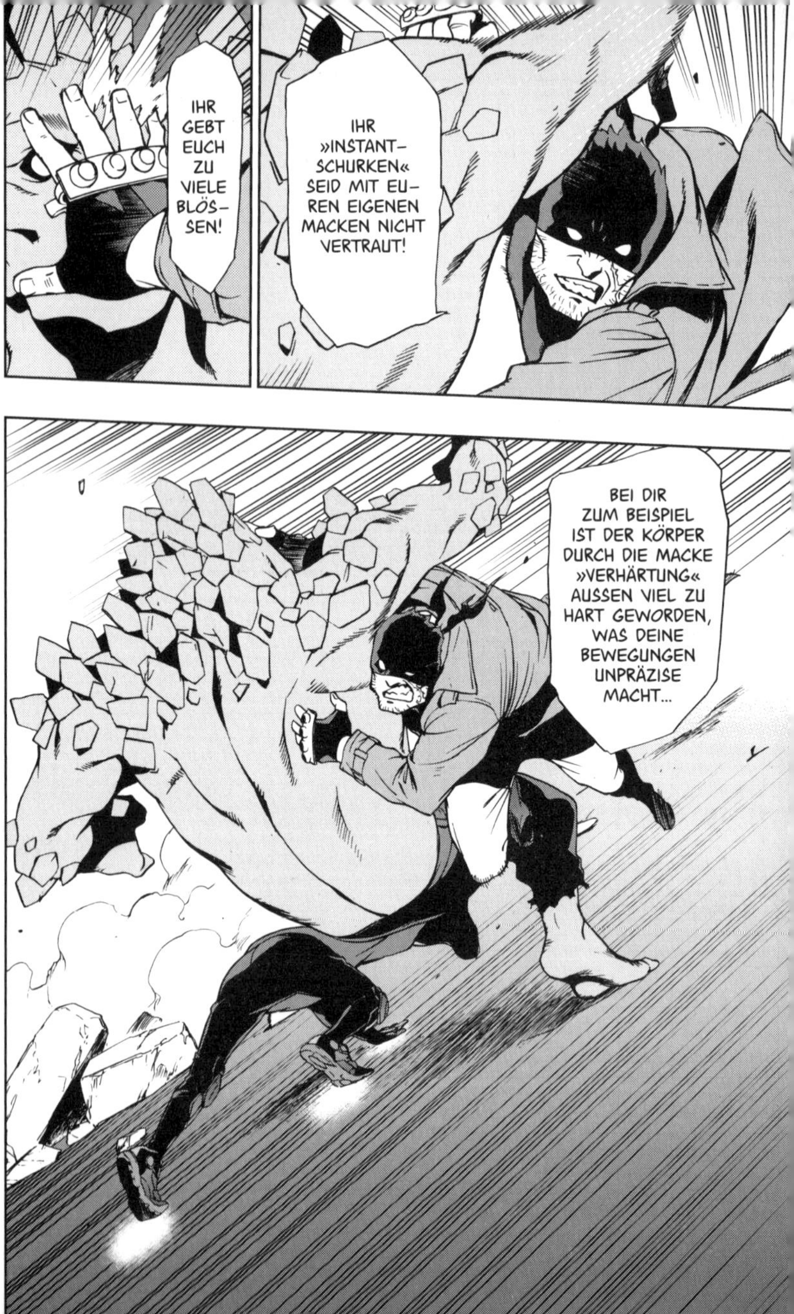
IHR »INSTANT-SCHURKEN« SEID MIT EU-REN EIGENEN MACKEN NICHT VERTRAUT!
IHR GEBT EUCH ZU VIELE BLÖS-SEN!
BEI DIR ZUM BEISPIEL IST DER KÖRPER DURCH DIE MACKE »VERHÄRTUNG« AUSSEN VIEL ZU HART GEWORDEN, WAS DEINE BEWEGUNGEN UNPRÄZISE MACHT...

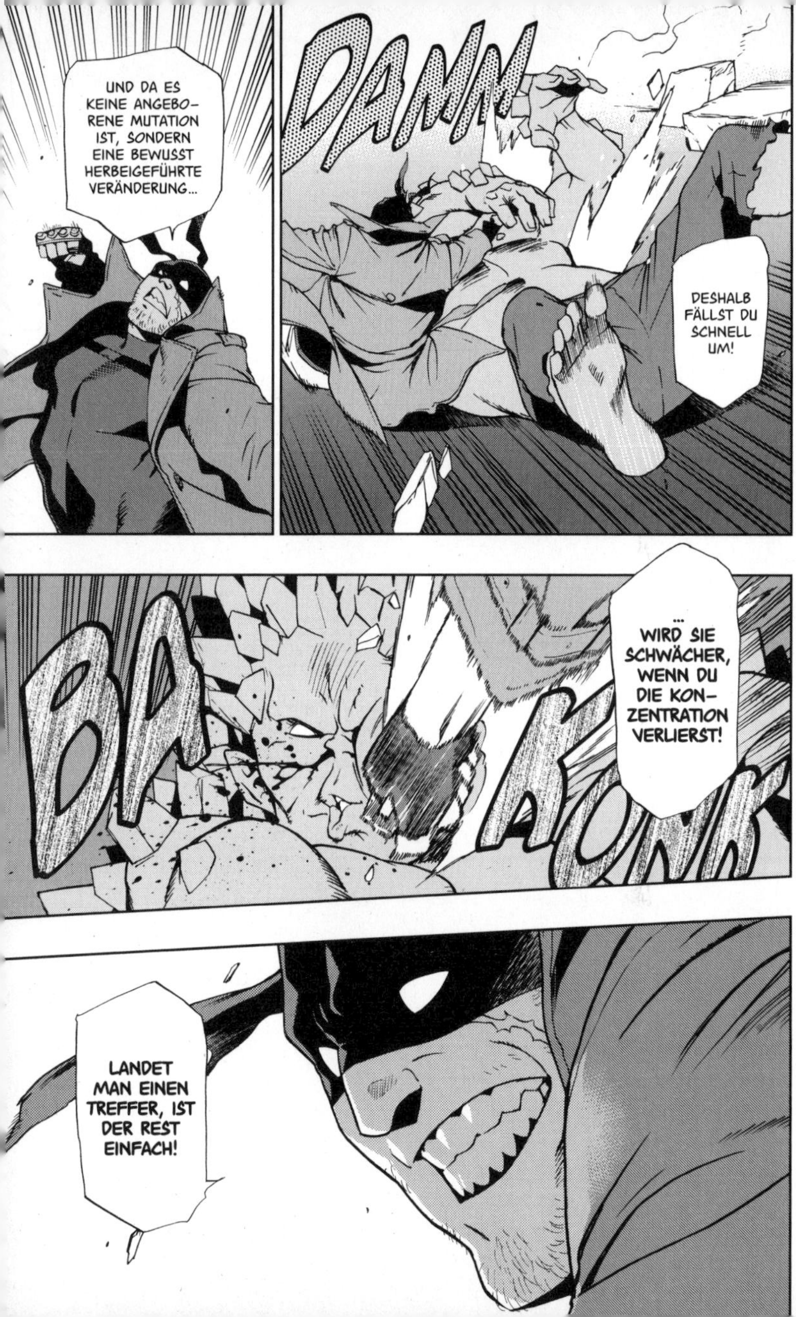
UND DA ES KEINE ANGEBO-RENE MUTATION IST, SONDERN EINE BEWUSST HERBEIGEFÜHRTE VERÄNDERUNG...
DAMM
DESHALB FÄLLST DU SCHNELL UM!
... WIRD SIE SCHWÄCHER, WENN DU DIE KON-ZENTRATION VERLIERST!
LANDET MAN EINEN TREFFER, IST DER REST EINFACH!

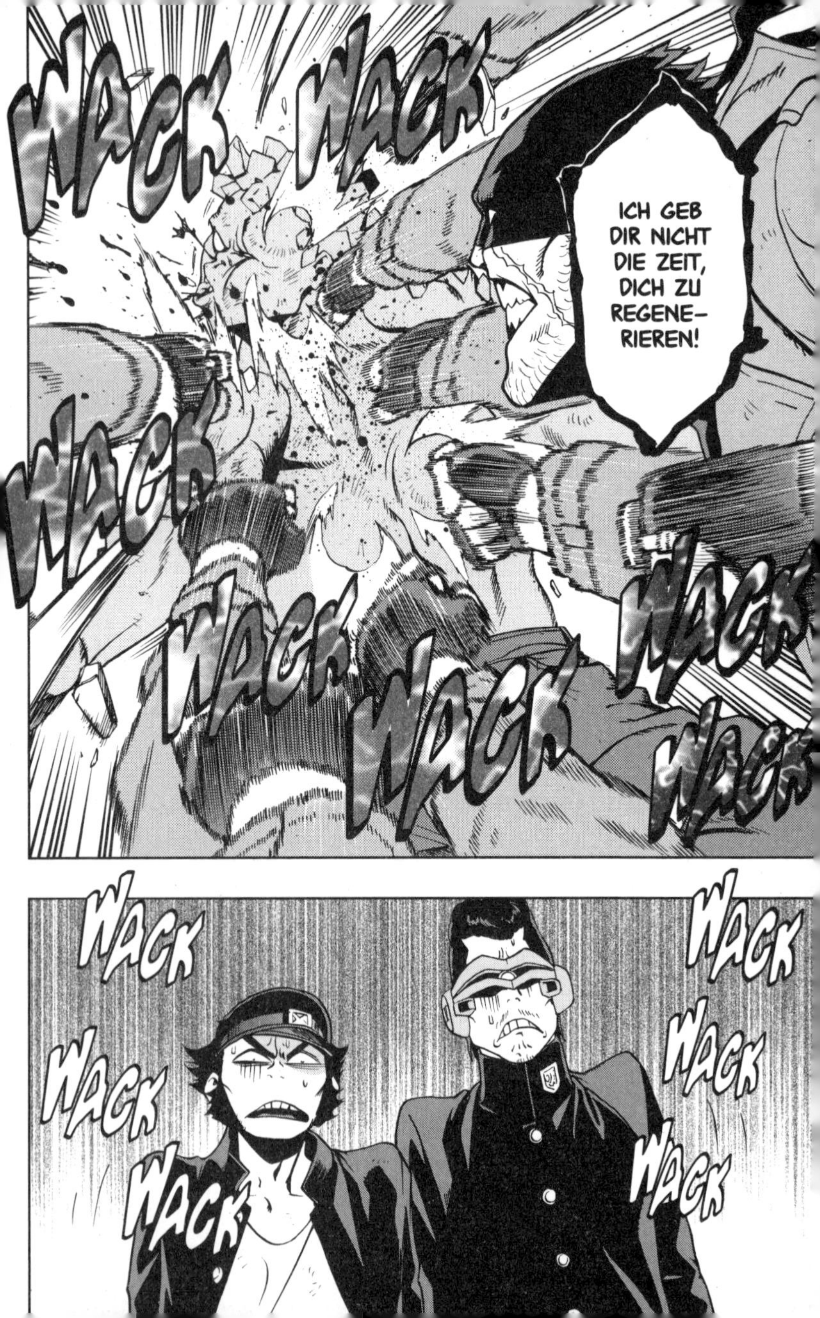
WACK WACK
ICH GEB DIR NICHT DIE ZEIT, DICH ZU REGENERIEREN!
WACK
WACK
WACK
WACK
WACK
WACK
WACK
WACK
WACK
WACK
WACK

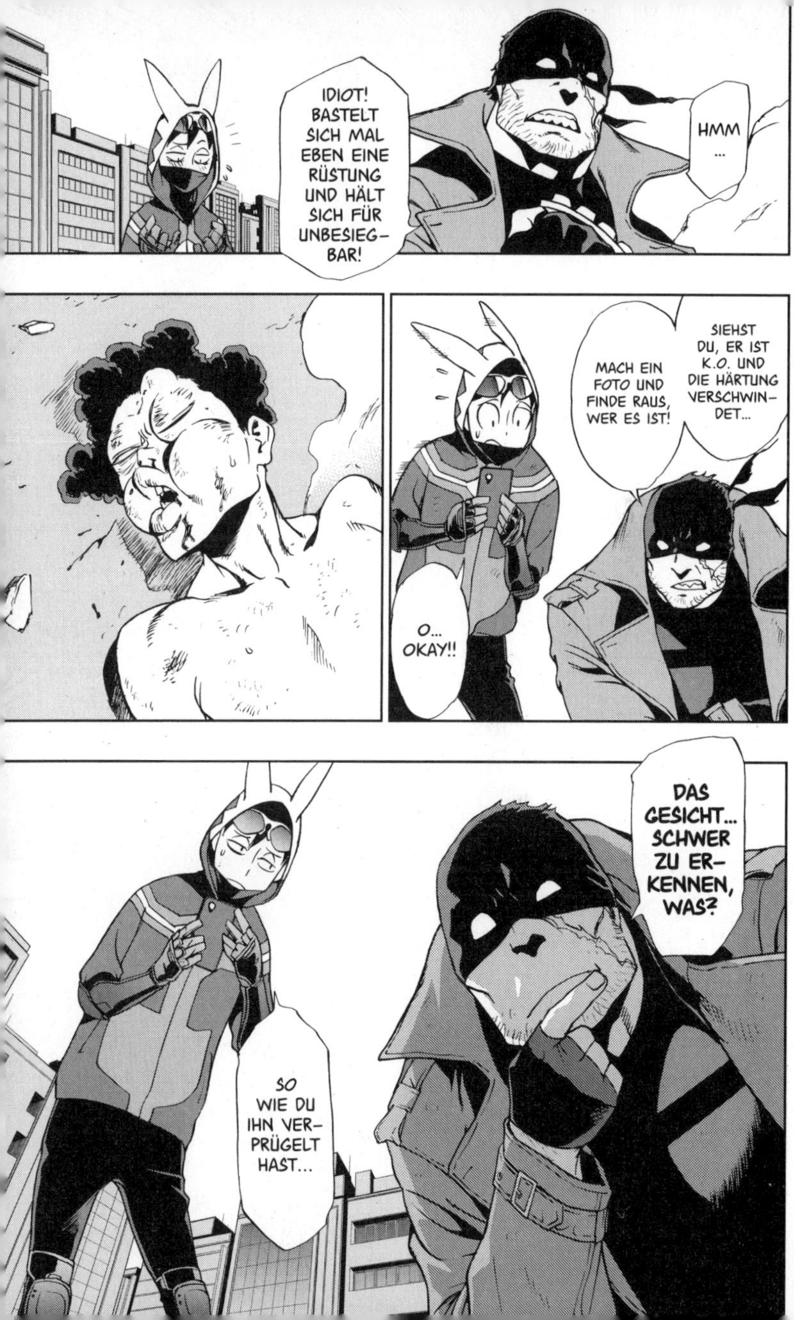

HMM ...
IDIOT! BASTELT SICH MAL EBEN EINE RÜSTUNG UND HÄLT SICH FÜR UNBESIEG-BAR!
SIEHST DU, ER IST K.O. UND DIE HÄRTUNG VERSCHWIN-DET...
MACH EIN FOTO UND FINDE RAUS, WER ES IST!
O... OKAY!!
DAS GESICHT... SCHWER ZU ER-KENNEN, WAS?
SO WIE DU IHN VER-PRÜGELT HAST...

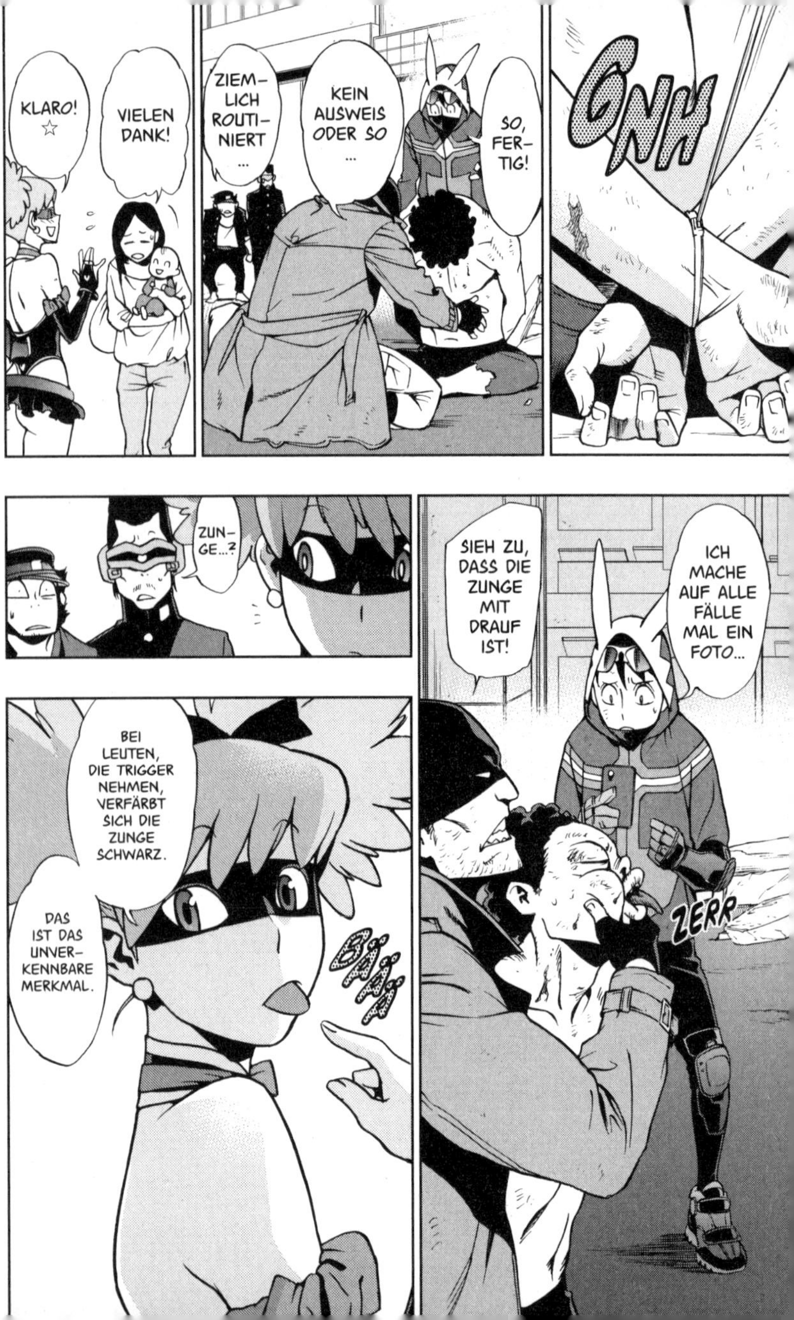
GNH
SO, FERTIG!
KEIN AUSWEIS ODER SO ...
ZIEMLICH ROUTINIERT ...
VIELEN DANK!
KLARO! ☆
ICH MACHE AUF ALLE FÄLLE MAL EIN FOTO...
SIEH ZU, DASS DIE ZUNGE MIT DRAUF IST!
ZERR
ZUNGE...?
BEI LEUTEN, DIE TRIGGER NEHMEN, VERFÄRBT SICH DIE ZUNGE SCHWARZ.
DAS IST DAS UNVERKENNBARE MERKMAL.

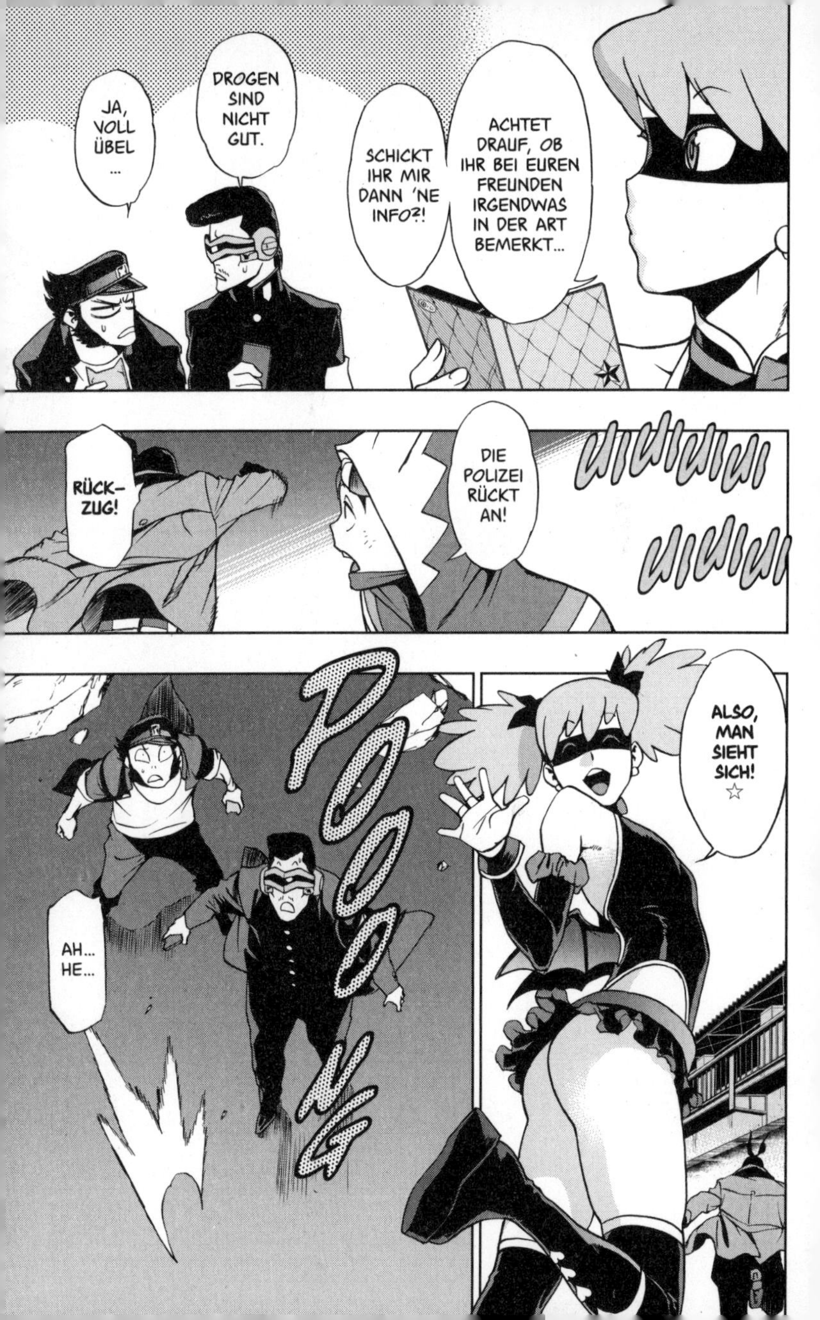
ACHTET DRAUF, OB IHR BEI EUREN FREUNDEN IRGENDWAS IN DER ART BEMERKT...
SCHICKT IHR MIR DANN 'NE INFO?!
DROGEN SIND NICHT GUT.
JA, VOLL ÜBEL ...
UIUIUIUIUI
UIUIUIUI
DIE POLIZEI RÜCKT AN!
RÜCK-ZUG!
ALSO, MAN SIEHT SICH! ☆
POOOONG
AH... HE...

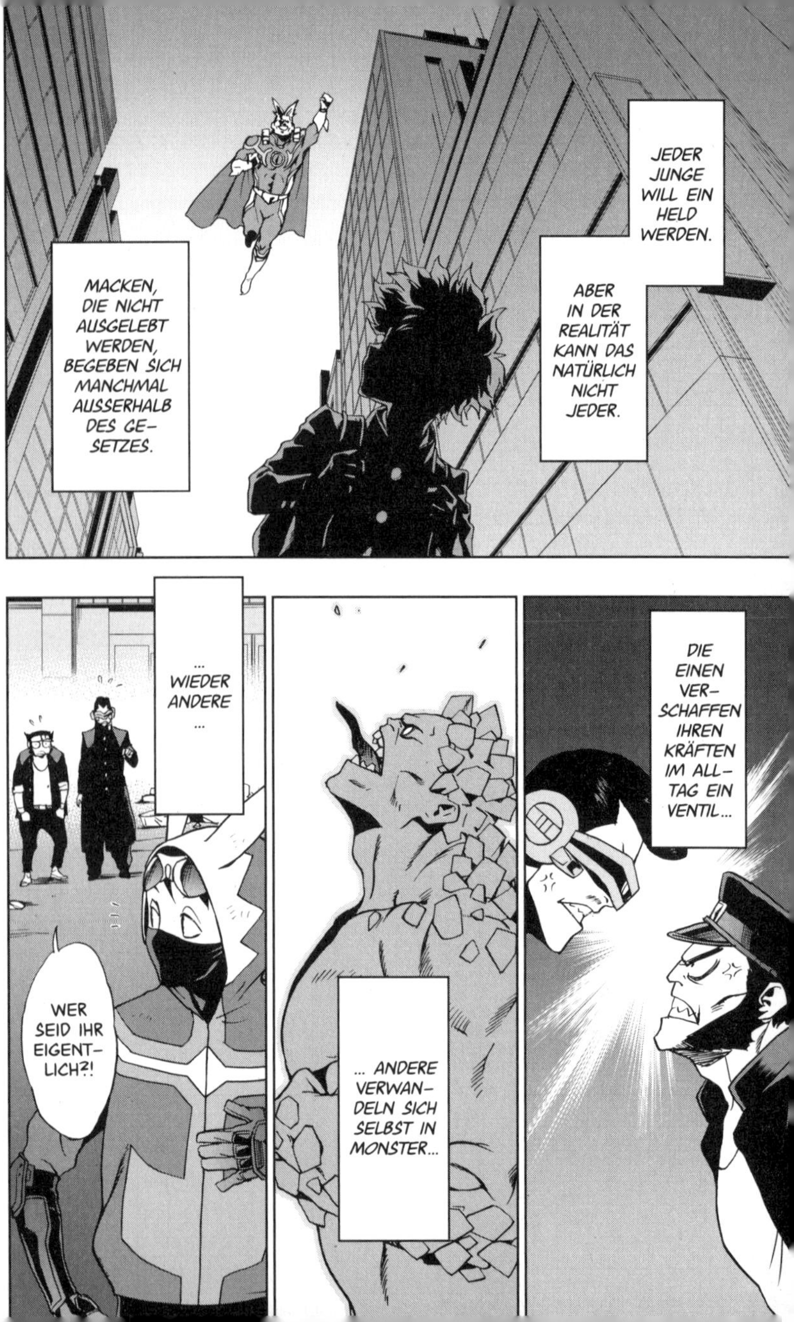
JEDER JUNGE WILL EIN HELD WERDEN.
ABER IN DER REALITÄT KANN DAS NATÜRLICH NICHT JEDER.
MACKEN, DIE NICHT AUSGELEBT WERDEN, BEGEBEN SICH MANCHMAL AUSSERHALB DES GE-SETZES.
DIE EINEN VER-SCHAFFEN IHREN KRÄFTEN IM ALL-TAG EIN VENTIL ...
... ANDERE VERWAN-DELN SICH SELBST IN MONSTER ...
... WIEDER ANDERE ...
WER SEID IHR EIGENT-LICH?!

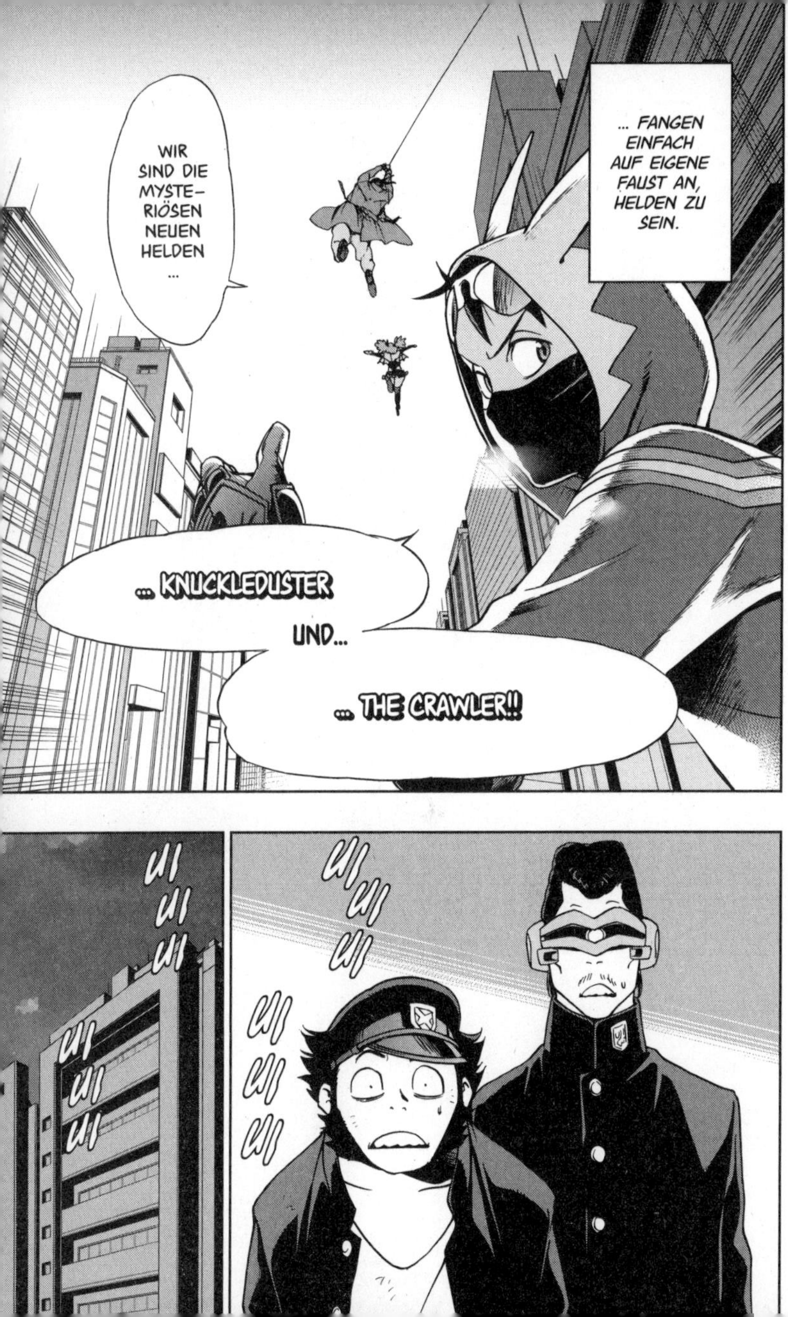
... FANGEN EINFACH AUF EIGENE FAUST AN, HELDEN ZU SEIN.
WIR SIND DIE MYSTE-RIÖSEN NEUEN HELDEN ...
... KNUCKLEDUSTER
UND...
... THE CRAWLER!!
UI UI UI
UI UI UI
UI UI UI
UI UI UI

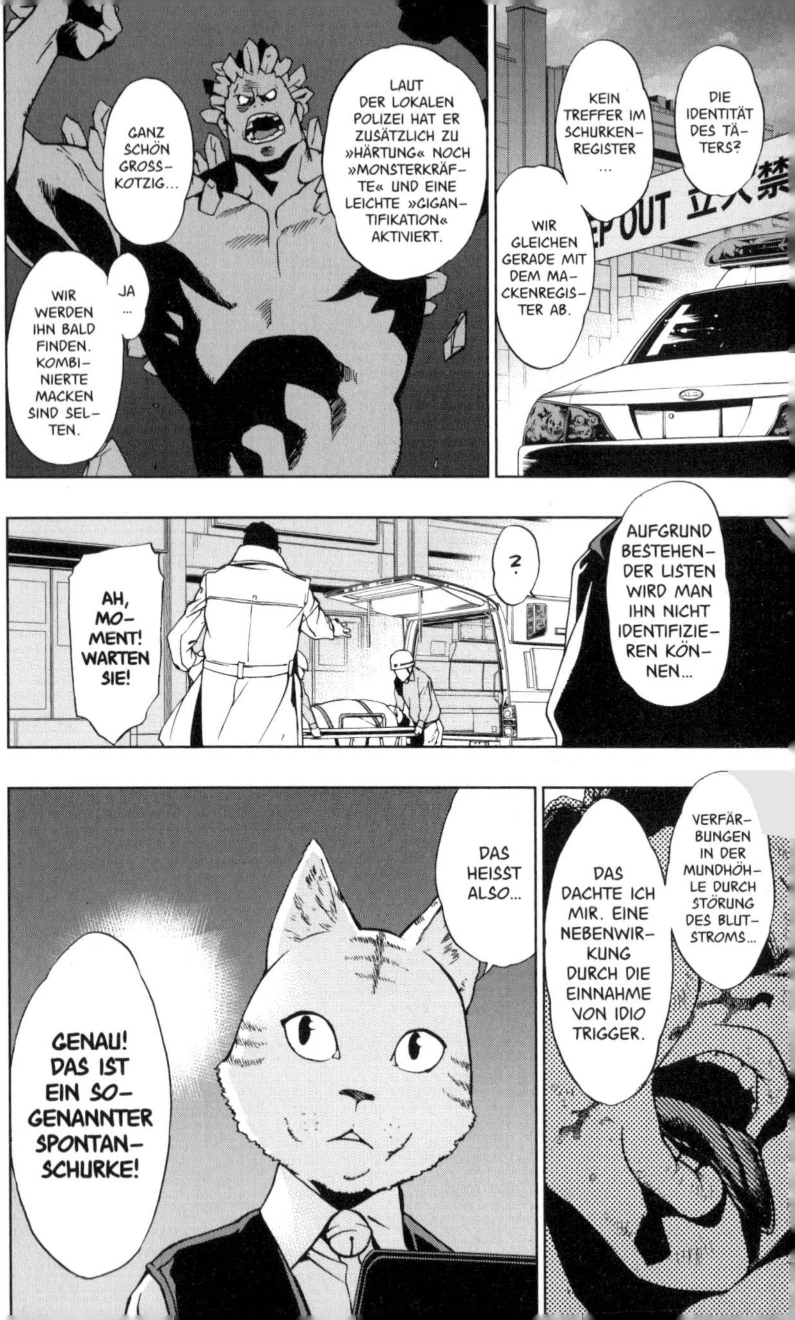
DIE IDENTITÄT DES TÄTERS?
KEIN TREFFER IM SCHURKENREGISTER ...
WIR GLEICHEN GERADE MIT DEM MACKENREGISTER AB.
LAUT DER LOKALEN POLIZEI HAT ER ZUSÄTZLICH ZU »HÄRTUNG« NOCH »MONSTERKRÄFTE« UND EINE LEICHTE »GIGANTIFIKATION« AKTIVIERT.
GANZ SCHÖN GROSSKOTZIG...
JA ...
WIR WERDEN IHN BALD FINDEN. KOMBINIERTE MACKEN SIND SELTEN.
AUFGRUND BESTEHENDER LISTEN WIRD MAN IHN NICHT IDENTIFIZIEREN KÖNNEN...
?
AH, MOMENT! WARTEN SIE!
VERFÄRBUNGEN IN DER MUNDHÖHLE DURCH STÖRUNG DES BLUTSTROMS...
DAS DACHTE ICH MIR. EINE NEBENWIRKUNG DURCH DIE EINNAHME VON IDIO TRIGGER.
DAS HEISST ALSO...
GENAU! DAS IST EIN SOGENANNTER SPONTANSCHURKE!

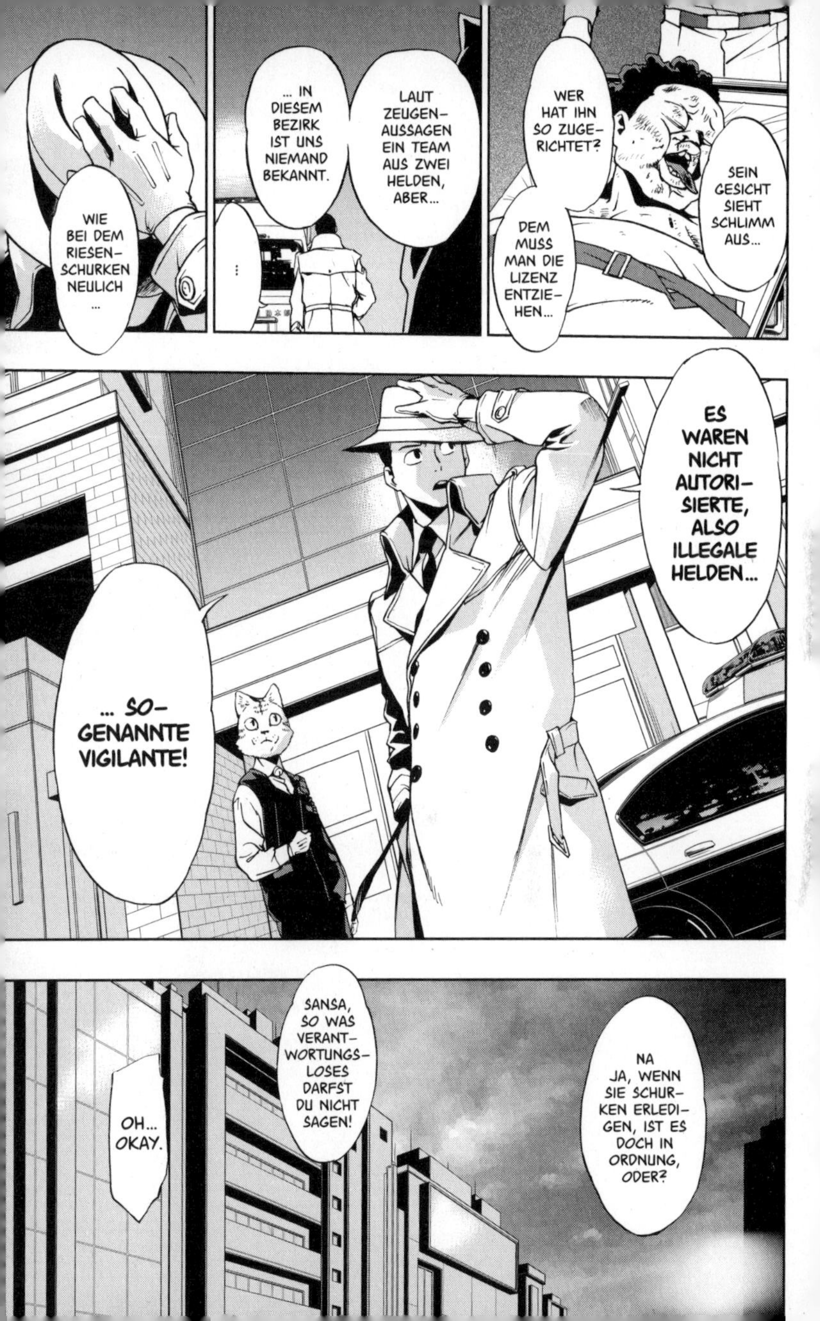

SEIN GESICHT SIEHT SCHLIMM AUS...
WER HAT IHN SO ZUGERICHTET?
DEM MUSS MAN DIE LIZENZ ENTZIEHEN...
LAUT ZEUGENAUSSAGEN EIN TEAM AUS ZWEI HELDEN, ABER...
... IN DIESEM BEZIRK IST UNS NIEMAND BEKANNT.
...
WIE BEI DEM RIESENSCHURKEN NEULICH ...
ES WAREN NICHT AUTORISIERTE, ALSO ILLEGALE HELDEN...
... SOGENANNTE VIGILANTE!
NA JA, WENN SIE SCHURKEN ERLEDIGEN, IST ES DOCH IN ORDNUNG, ODER?
SANSA, SO WAS VERANTWORTUNGSLOSES DARFST DU NICHT SAGEN!
OH... OKAY.

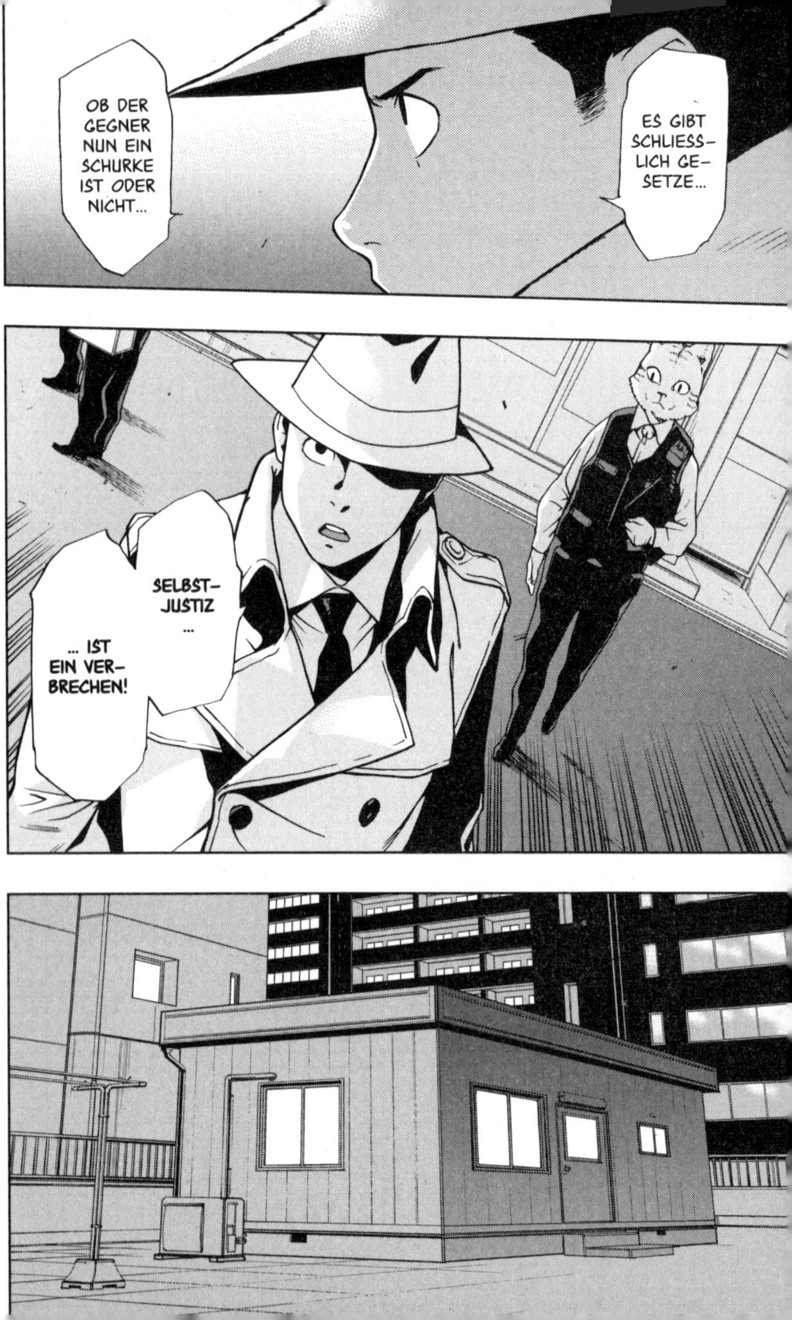
ES GIBT SCHLIESS-LICH GE-SETZE...
OB DER GEGNER NUN EIN SCHURKE IST ODER NICHT...
SELBST-JUSTIZ ...
... IST EIN VER-BRECHEN!

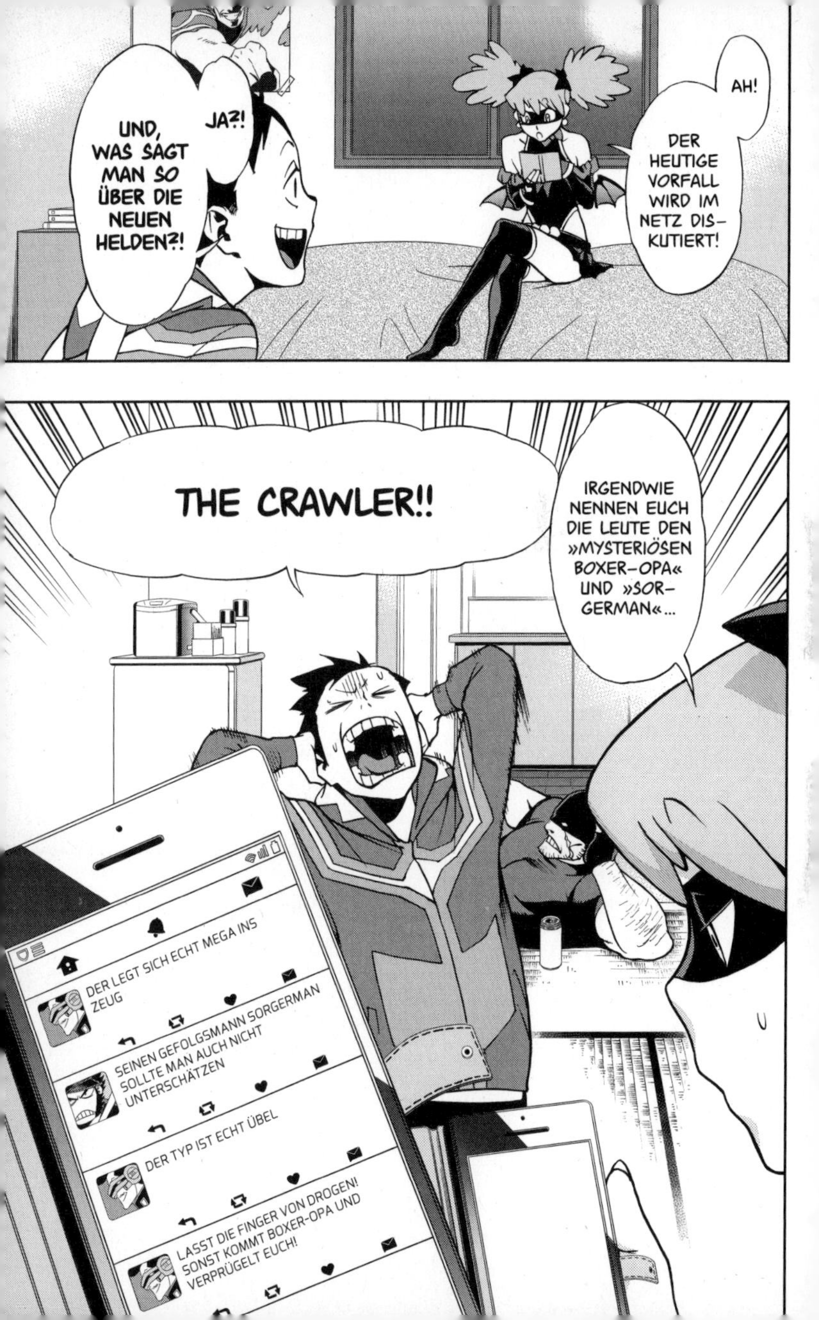
AH!
DER HEUTIGE VORFALL WIRD IM NETZ DIS-KUTIERT!
JA?!
UND, WAS SAGT MAN SO ÜBER DIE NEUEN HELDEN?!
IRGENDWIE NENNEN EUCH DIE LEUTE DEN »MYSTERIÖSEN BOXER-OPA« UND »SOR-GERMAN«...
THE CRAWLER!!
DER LEGT SICH ECHT MEGA INS ZEUG
SEINEN GEFOLGSMANN SORGERMAN SOLLTE MAN AUCH NICHT UNTERSCHÄTZEN
DER TYP IST ECHT ÜBEL
LASST DIE FINGER VON DROGEN! SONST KOMMT BOXER-OPA UND VERPRÜGELT EUCH!

POP ☆ STEP

THE ROUGH DESIGN

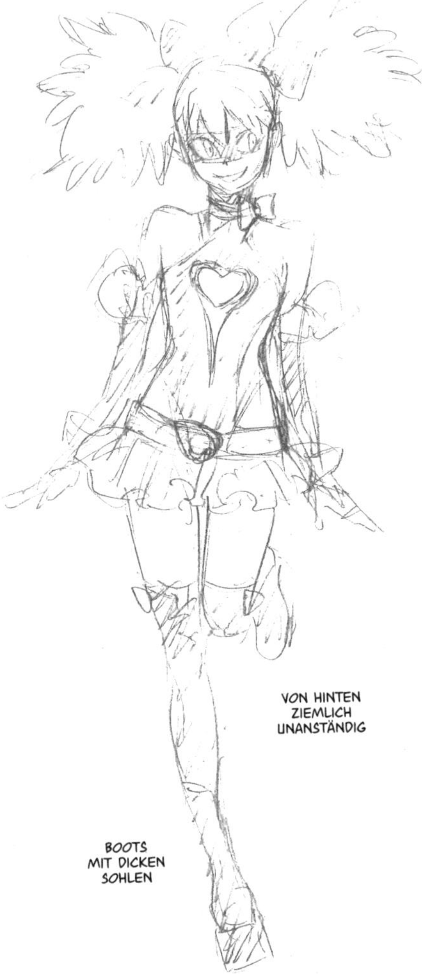

EIGENTLICHER NAME: KAZUHO HANEYAMA

GEBURTSTAG: 28. MAI

GRÖSSE: 1,58 M

MAG: JOGHURT

MACKE: SPRINGEN

THE HINTERGRUNDINFOS

»Ein normalerweise unauffälliges Mädchen haut auf den Putz und hüpft durch die nächtliche Stadt«... Bei der Besprechung habe ich mindestens fünf Mal gesagt: »Dieses Mädchen ist, ihr wisst schon... sie ist Shadow Lady von Masakazu Katsura-Sensei!«, bis der Redakteur schließlich meinte: »Sie mögen Shadow Lady, nicht wahr, Herr Furuhashi?«. YES!

In den Dialogen mit Koichi fällt sie vor allem durch zickiges Verhalten auf, doch bei der Besprechung des Groblayouts habe ich Sachen gesagt wie: »Dieses Mädchen ist einfach nur eine Maulheldin und verwöhnt. Auch wenn sie zickig rüberkommt, soll man an ihrem Gesichtsausdruck erkennen, dass sie sich um Koichi und die anderen Menschen um sie herum Sorgen macht.« Verlangt einem ganz schön was ab, was? Also ich jetzt. (Furuhashi)

Ich fand, dass sie nicht allzu sehr wie eine Kopie von Shadow Lady aussehen sollte, und habe daher die Flügel, die sie in der ersten Zeit noch auf dem Rücken hatte, weggelassen. Doch dann kam von Herrn Furuhashi der Wunsch: »Würden Sie ihr bitte Flügel zeichnen?«, und so kam es zur jetzigen Version. Solche Details sind ihm sehr wichtig (lol)! (Betten)

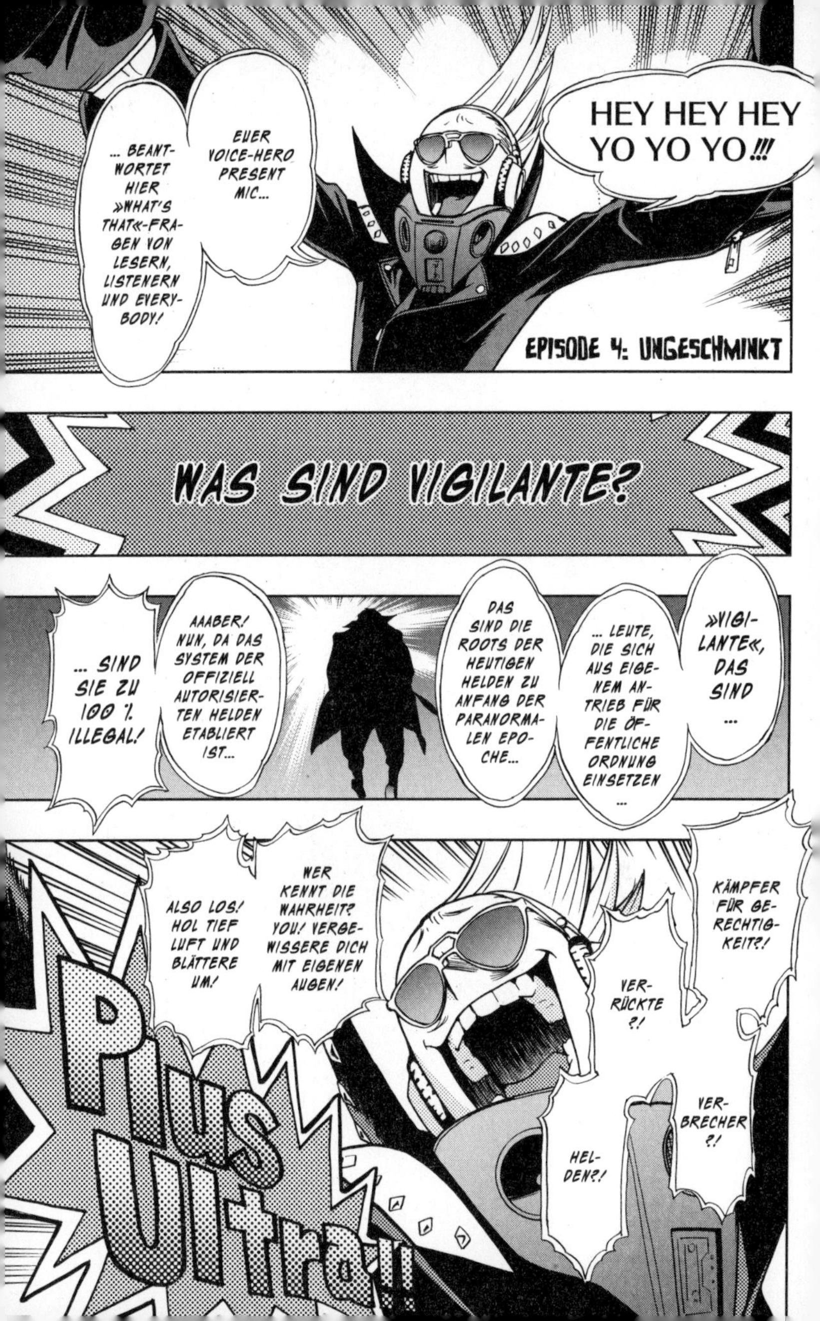
HEY HEY HEY YO YO YO!!!
EUER VOICE-HERO PRESENT MIC...
... BEANTWORTET HIER »WHAT'S THAT«-FRAGEN VON LESERN, LISTENERN UND EVERYBODY!
EPISODE 4: UNGESCHMINKT
WAS SIND VIGILANTE?
»VIGILANTE«, DAS SIND ...
... LEUTE, DIE SICH AUS EIGENEM ANTRIEB FÜR DIE ÖFFENTLICHE ORDNUNG EINSETZEN ...
DAS SIND DIE ROOTS DER HEUTIGEN HELDEN ZU ANFANG DER PARANORMALEN EPOCHE...
AAABER! NUN, DA DAS SYSTEM DER OFFIZIELL AUTORISIERTEN HELDEN ETABLIERT IST...
... SIND SIE ZU 100 % ILLEGAL!
KÄMPFER FÜR GERECHTIGKEIT?!
VERRÜCKTE?!
VERBRECHER?!
HELDEN?!
WER KENNT DIE WAHRHEIT? YOU! VERGEWISSERE DICH MIT EIGENEN AUGEN!
ALSO LOS! HOL TIEF LUFT UND BLÄTTERE UM!
Plus Ultra!!

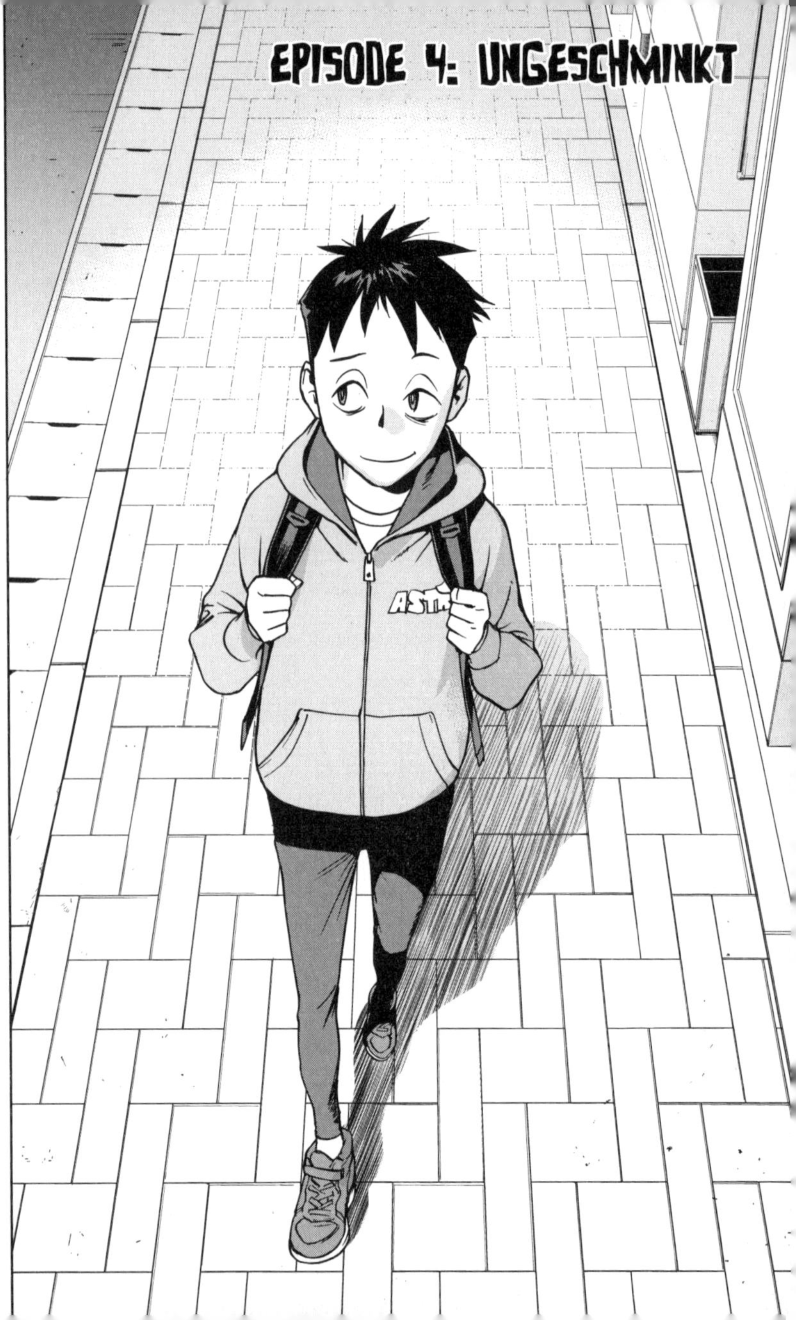
EPISODE 4: UNGESCHMINKT

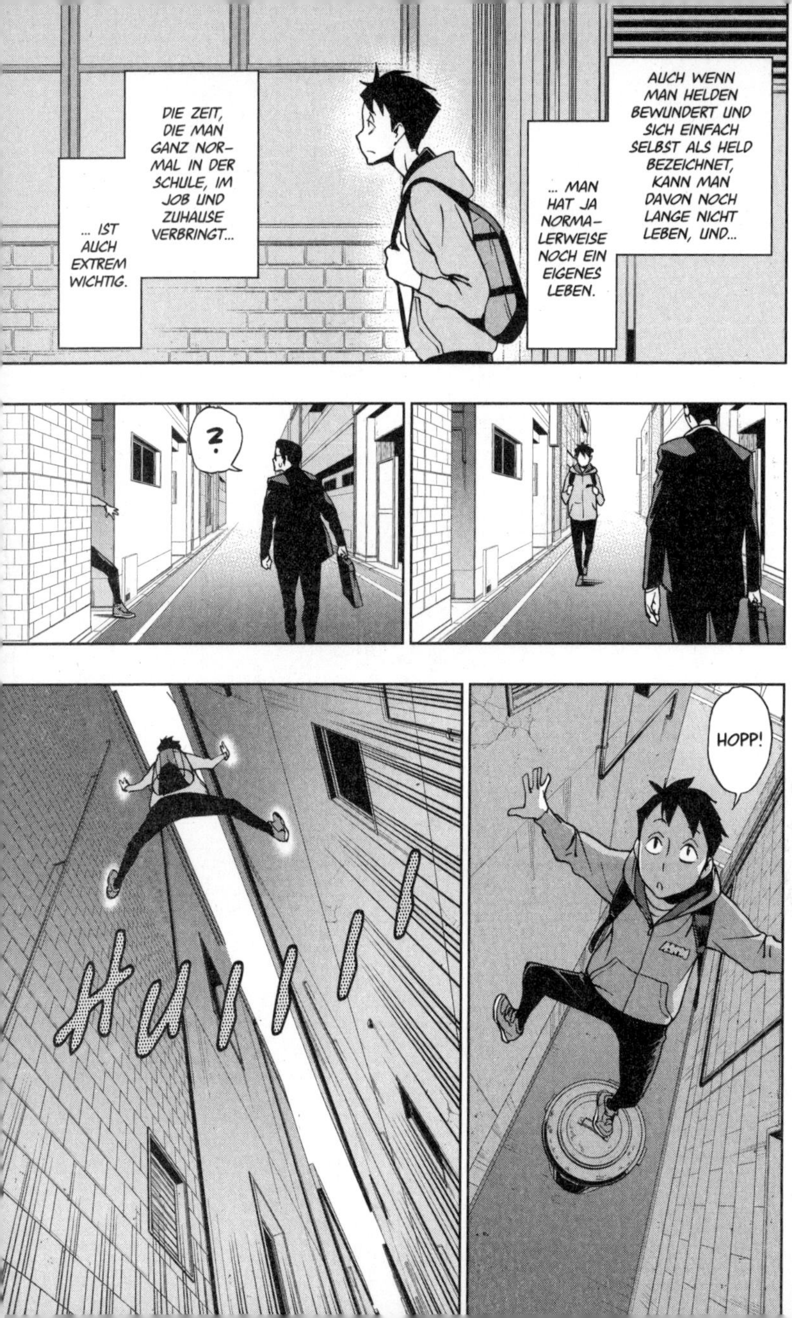
AUCH WENN MAN HELDEN BEWUNDERT UND SICH EINFACH SELBST ALS HELD BEZEICHNET, KANN MAN DAVON NOCH LANGE NICHT LEBEN, UND...
... MAN HAT JA NORMALERWEISE NOCH EIN EIGENES LEBEN.
DIE ZEIT, DIE MAN GANZ NORMAL IN DER SCHULE, IM JOB UND ZUHAUSE VERBRINGT...
... IST AUCH EXTREM WICHTIG.
?
HOPP!
HUIII

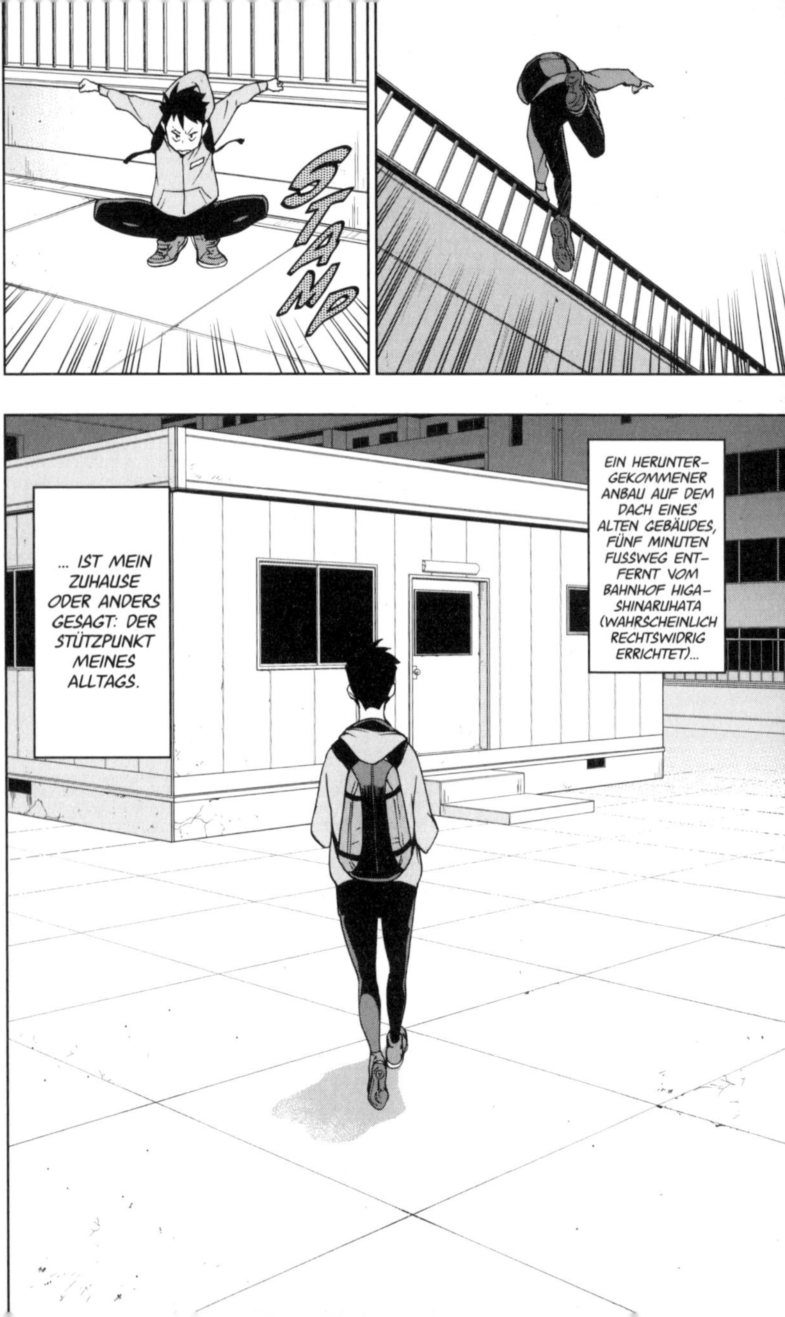
STAMP
EIN HERUNTER-GEKOMMENER ANBAU AUF DEM DACH EINES ALTEN GEBÄUDES, FÜNF MINUTEN FUSSWEG ENT-FERNT VOM BAHNHOF HIGA-SHINARUHATA (WAHRSCHEINLICH RECHTSWIDRIG ERRICHTET)...
... IST MEIN ZUHAUSE ODER ANDERS GESAGT: DER STÜTZPUNKT MEINES ALLTAGS.

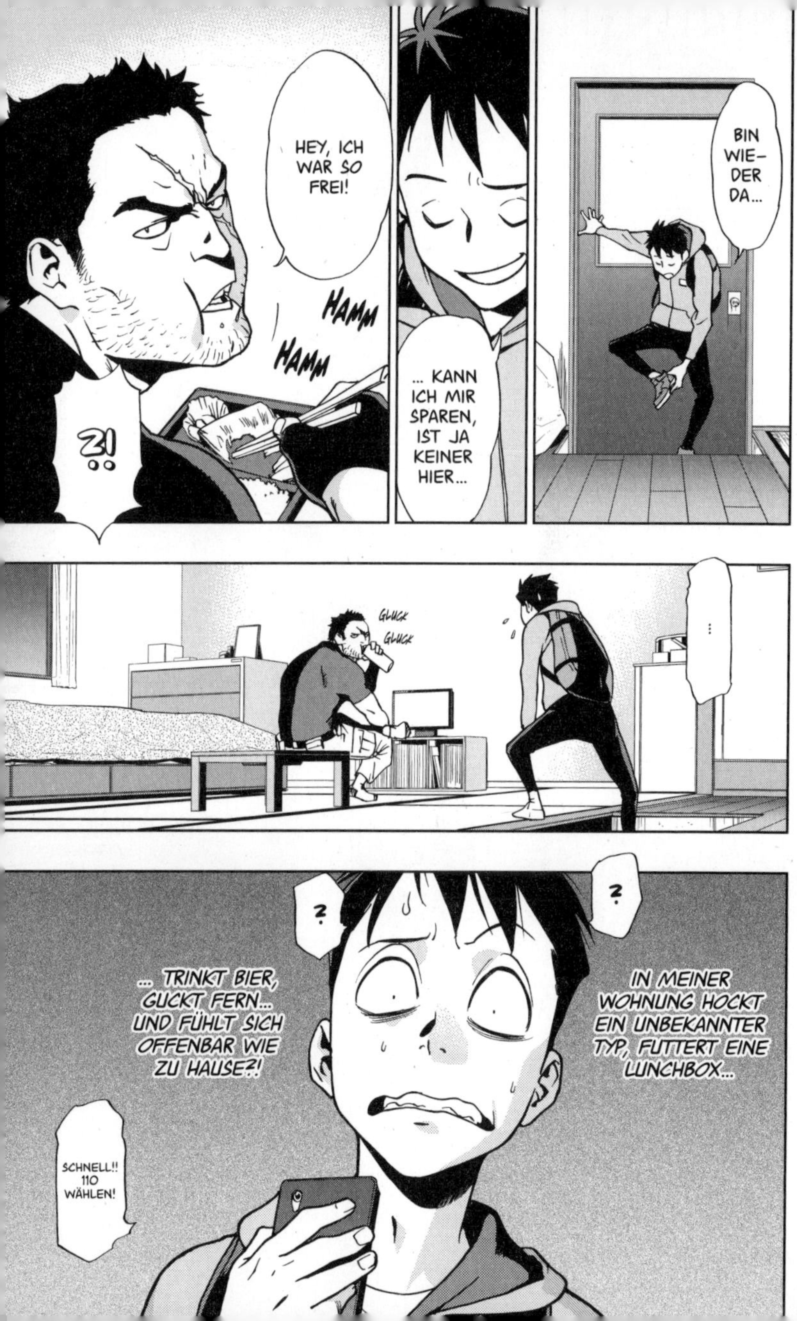
BIN WIE-DER DA...
... KANN ICH MIR SPAREN, IST JA KEINER HIER...
HEY, ICH WAR SO FREI!
HAMM
HAMM
GLUCK
GLUCK
...
?
?
IN MEINER WOHNUNG HOCKT EIN UNBEKANNTER TYP, FUTTERT EINE LUNCHBOX...
... TRINKT BIER, GUCKT FERN... UND FÜHLT SICH OFFENBAR WIE ZU HAUSE?!
SCHNELL!! 110 WÄHLEN!

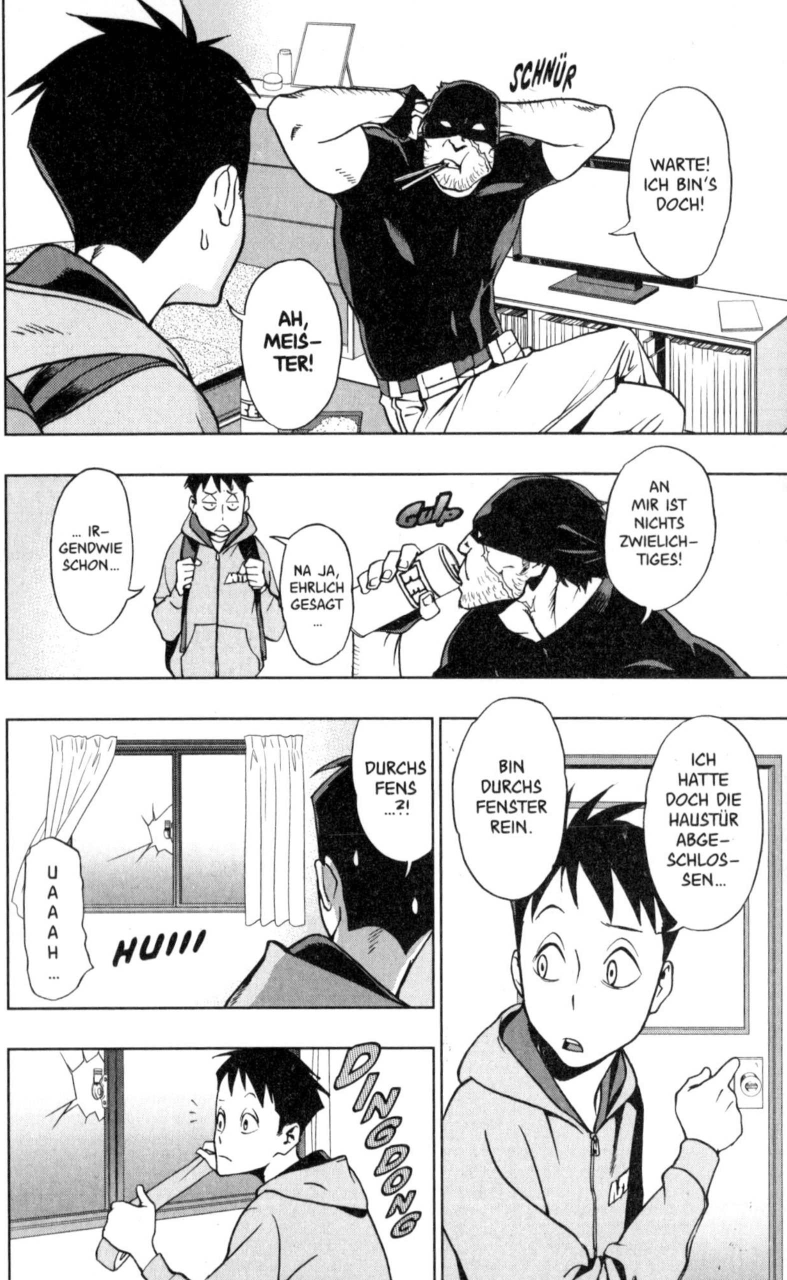
SCHNÜR
WARTE! ICH BIN'S DOCH!
AH, MEISTER!
AN MIR IST NICHTS ZWIELICHTIGES!
GULP
NA JA, EHRLICH GESAGT ...
... IRGENDWIE SCHON...
ICH HATTE DOCH DIE HAUSTÜR ABGESCHLOSSEN...
BIN DURCHS FENSTER REIN.
DURCHS FENS ...?!
HUIII
UAAAAH ...
DINGDONG

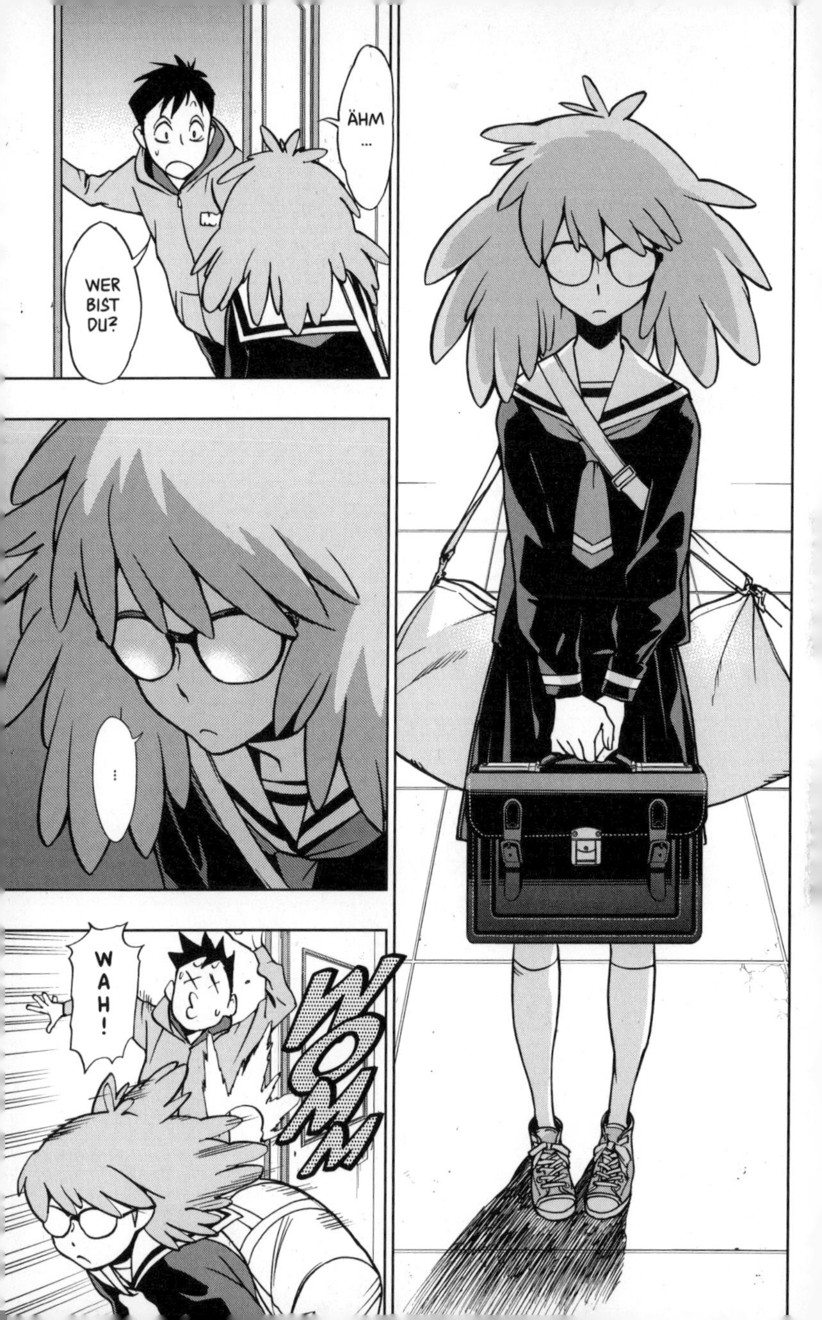
ÄHM ...
WER BIST DU?
...
WAH!
WOMM

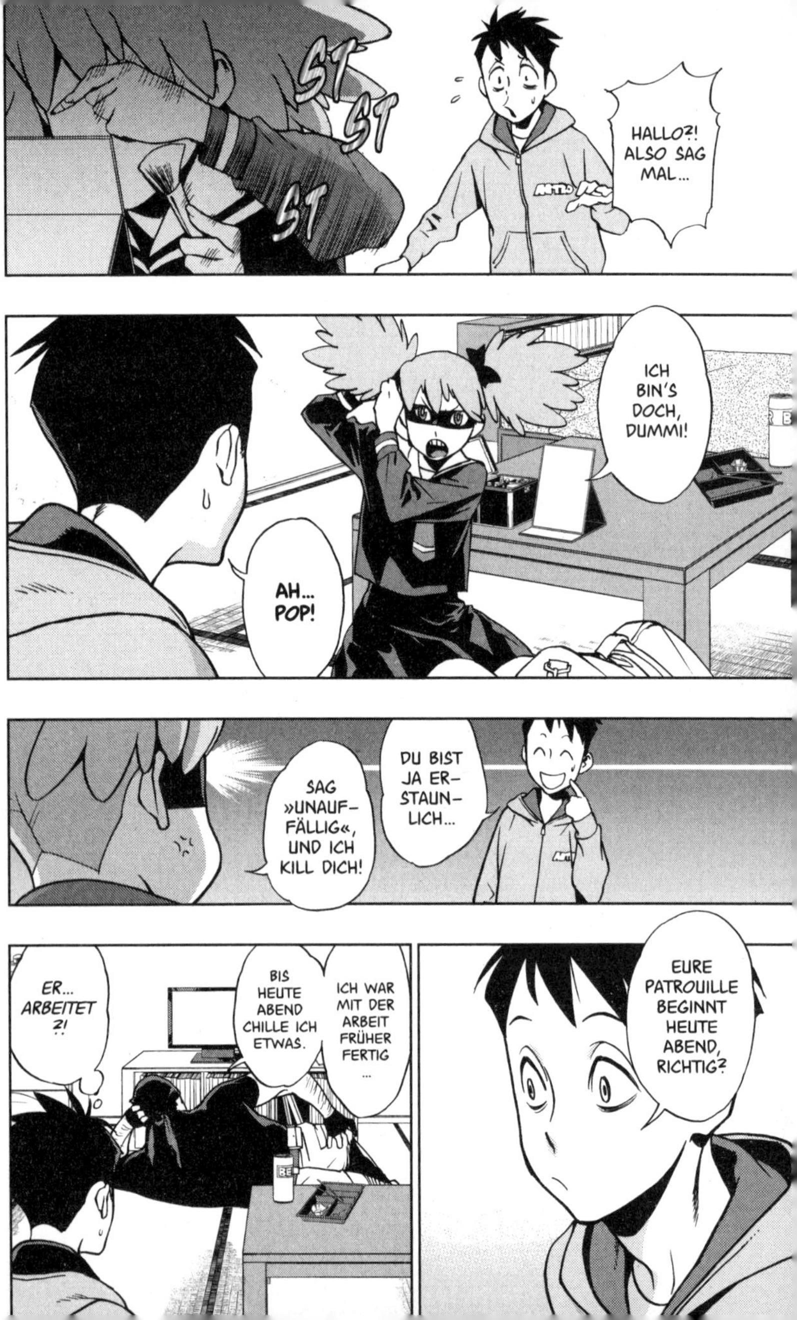
ST
ST
ST
HALLO?! ALSO SAG MAL...
ICH BIN'S DOCH, DUMMI!
AH... POP!
DU BIST JA ER-STAUN-LICH...
SAG »UNAUF-FÄLLIG«, UND ICH KILL DICH!
EURE PATROUILLE BEGINNT HEUTE ABEND, RICHTIG?
ICH WAR MIT DER ARBEIT FRÜHER FERTIG ...
BIS HEUTE ABEND CHILLE ICH ETWAS.
ER... ARBEITET ?!

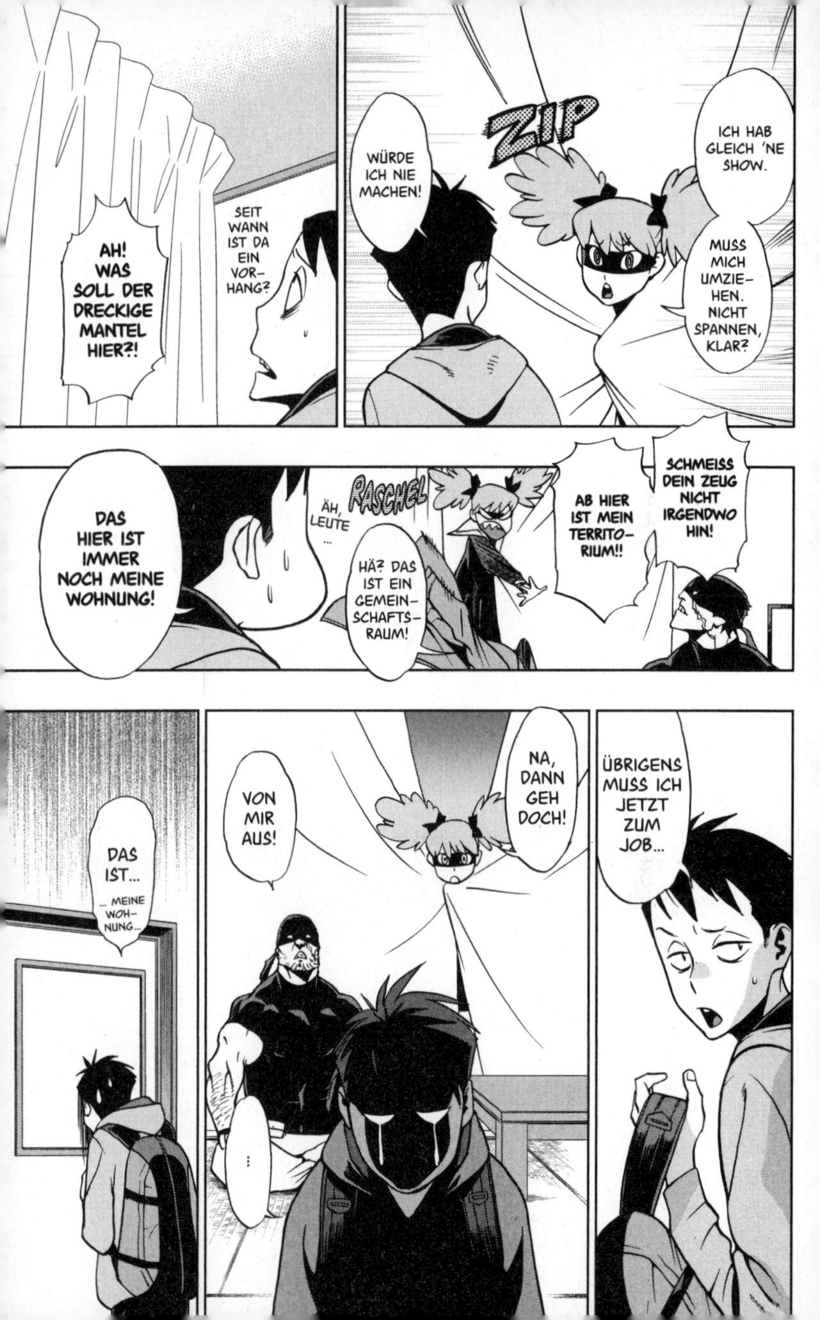

ZIP
ICH HAB GLEICH 'NE SHOW.
MUSS MICH UMZIE-HEN. NICHT SPANNEN, KLAR?
WÜRDE ICH NIE MACHEN!
SEIT WANN IST DA EIN VOR-HANG?
AH! WAS SOLL DER DRECKIGE MANTEL HIER?!
SCHMEISS DEIN ZEUG NICHT IRGENDWO HIN!
AB HIER IST MEIN TERRITO-RIUM!!
RASCHEL
HÄ? DAS IST EIN GEMEIN-SCHAFTS-RAUM!
ÄH, LEUTE ...
DAS HIER IST IMMER NOCH MEINE WOHNUNG!
ÜBRIGENS MUSS ICH JETZT ZUM JOB...
NA, DANN GEH DOCH!
VON MIR AUS!
...
DAS IST...
... MEINE WOH-NUNG...

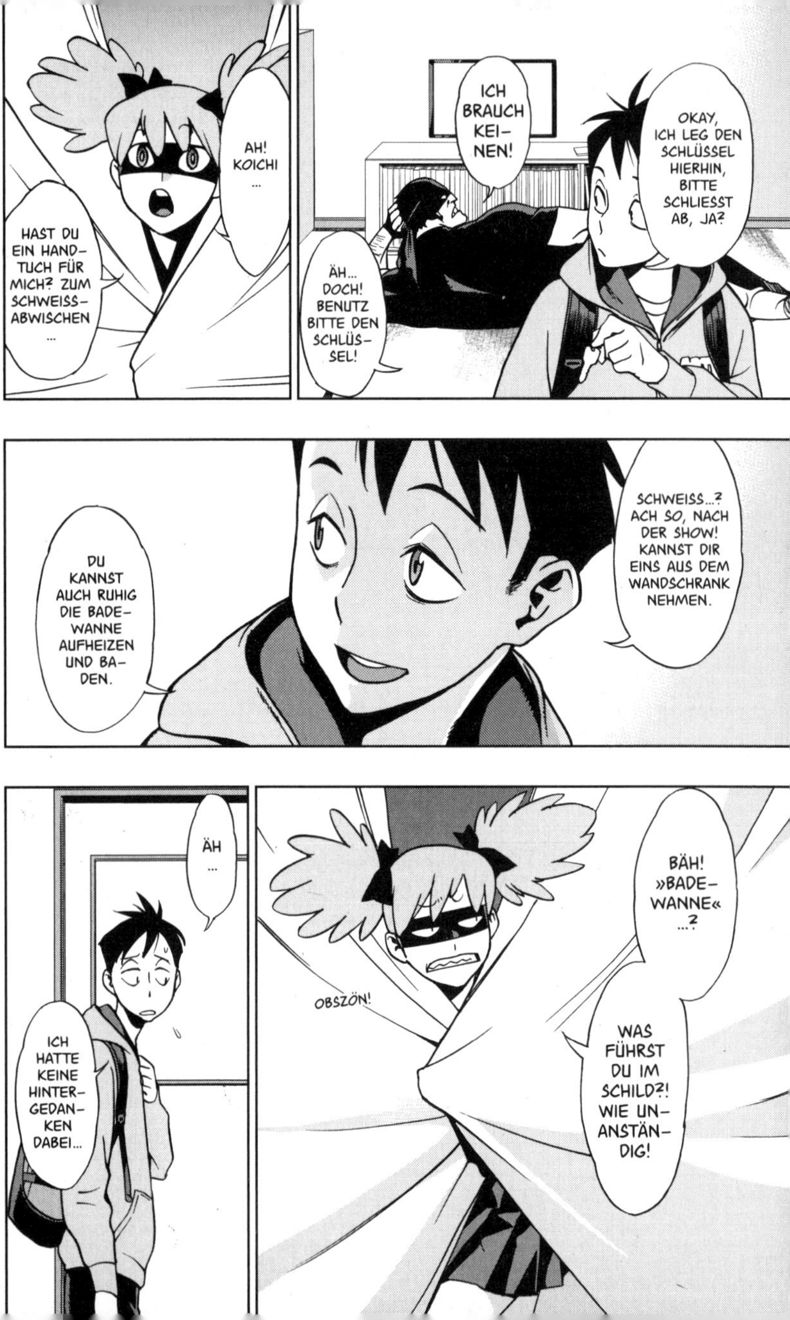
OKAY, ICH LEG DEN SCHLÜSSEL HIERHIN, BITTE SCHLIESST AB, JA?
ICH BRAUCH KEINEN!
ÄH... DOCH! BENUTZ BITTE DEN SCHLÜSSEL!
AH! KOICHI ...
HAST DU EIN HANDTUCH FÜR MICH? ZUM SCHWEISSABWISCHEN ...
SCHWEISS...? ACH SO, NACH DER SHOW! KANNST DIR EINS AUS DEM WANDSCHRANK NEHMEN.
DU KANNST AUCH RUHIG DIE BADEWANNE AUFHEIZEN UND BADEN.
BÄH! »BADEWANNE« ...?
OBSZÖN!
WAS FÜHRST DU IM SCHILD?! WIE UNANSTÄNDIG!
ÄH ...
ICH HATTE KEINE HINTERGEDANKEN DABEI...

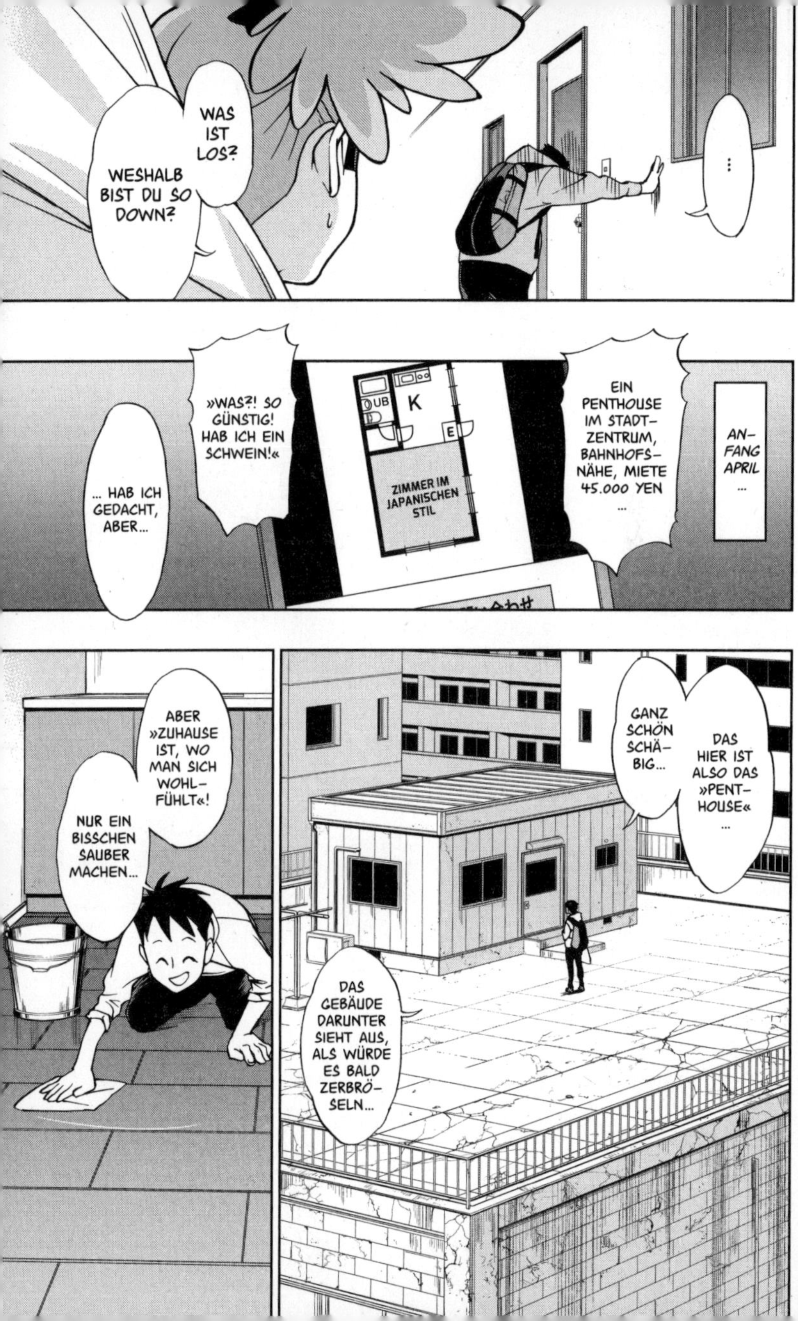
…
WAS IST LOS?
WESHALB BIST DU SO DOWN?
ANFANG APRIL …
EIN PENTHOUSE IM STADTZENTRUM, BAHNHOFSNÄHE, MIETE 45.000 YEN …
UB
K
E
ZIMMER IM JAPANISCHEN STIL
»WAS?! SO GÜNSTIG! HAB ICH EIN SCHWEIN!«
… HAB ICH GEDACHT, ABER…
GANZ SCHÖN SCHÄBIG…
DAS HIER IST ALSO DAS »PENTHOUSE« …
DAS GEBÄUDE DARUNTER SIEHT AUS, ALS WÜRDE ES BALD ZERBRÖSELN…
ABER »ZUHAUSE IST, WO MAN SICH WOHLFÜHLT«!
NUR EIN BISSCHEN SAUBER MACHEN…

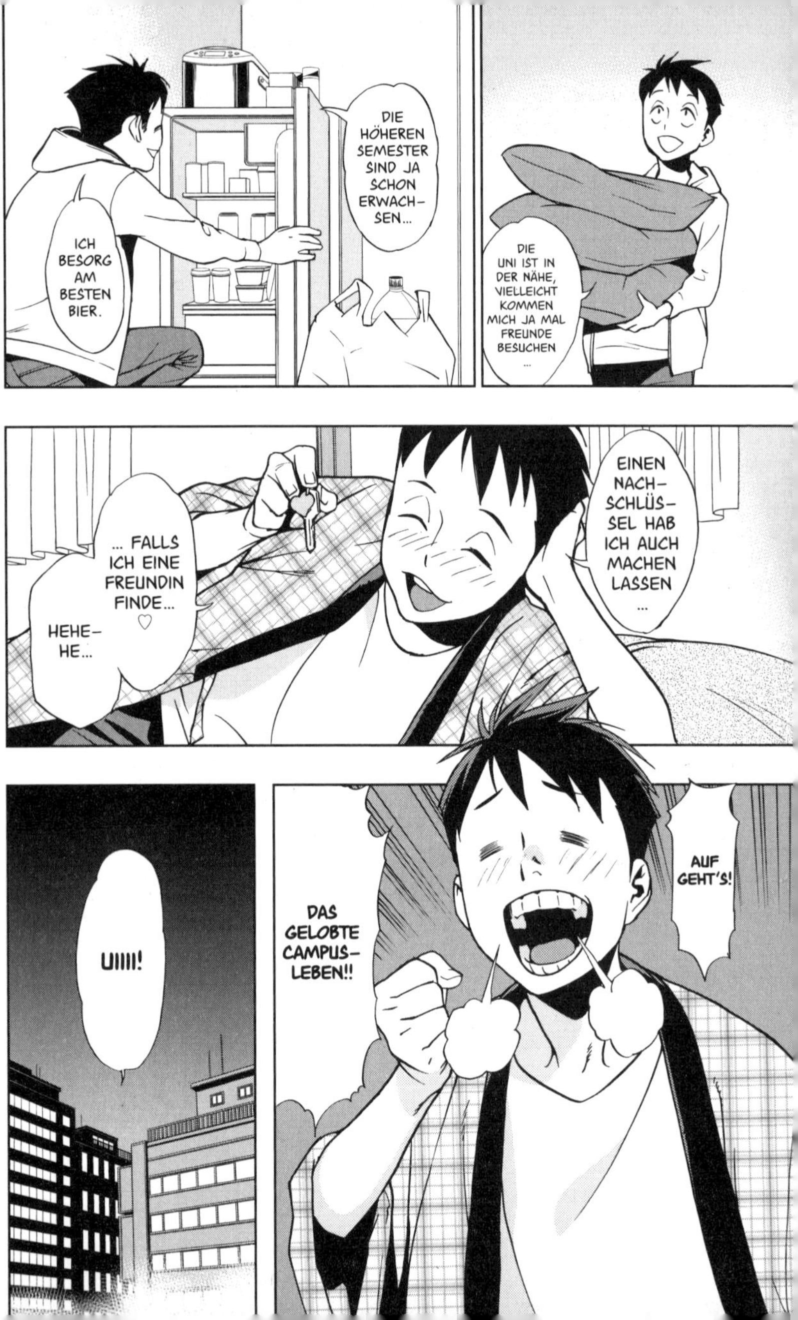
DIE UNI IST IN DER NÄHE, VIELLEICHT KOMMEN MICH JA MAL FREUNDE BESUCHEN ...
DIE HÖHEREN SEMESTER SIND JA SCHON ERWACHSEN...
ICH BESORG AM BESTEN BIER.
EINEN NACHSCHLÜSSEL HAB ICH AUCH MACHEN LASSEN ...
... FALLS ICH EINE FREUNDIN FINDE... ♡
HEHEHE...
AUF GEHT'S!
DAS GELOBTE CAMPUSLEBEN!!
UIIII!

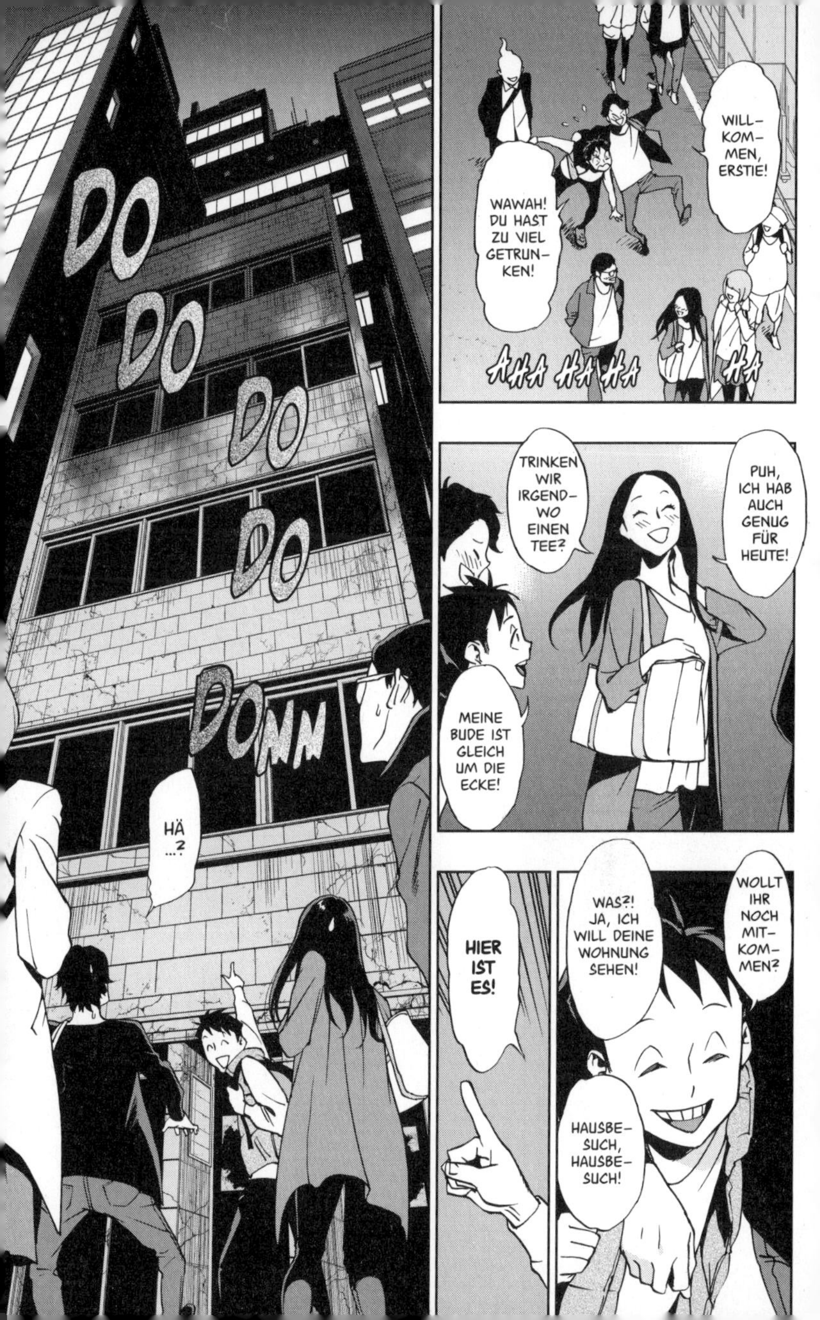
WILL-
KOM-
MEN,
ERSTIE!
WAWAH!
DU HAST
ZU VIEL
GETRUN-
KEN!
AHA HA HA HA
PUH,
ICH HAB
AUCH
GENUG
FÜR
HEUTE!
TRINKEN
WIR
IRGEND-
WO
EINEN
TEE?
MEINE
BUDE IST
GLEICH
UM DIE
ECKE!
WOLLT
IHR
NOCH
MIT-
KOM-
MEN?
WAS?!
JA, ICH
WILL DEINE
WOHNUNG
SEHEN!
HAUSBE-
SUCH,
HAUSBE-
SUCH!
HIER
IST
ES!
DO DO DO DO DOWN
HÄ
...?

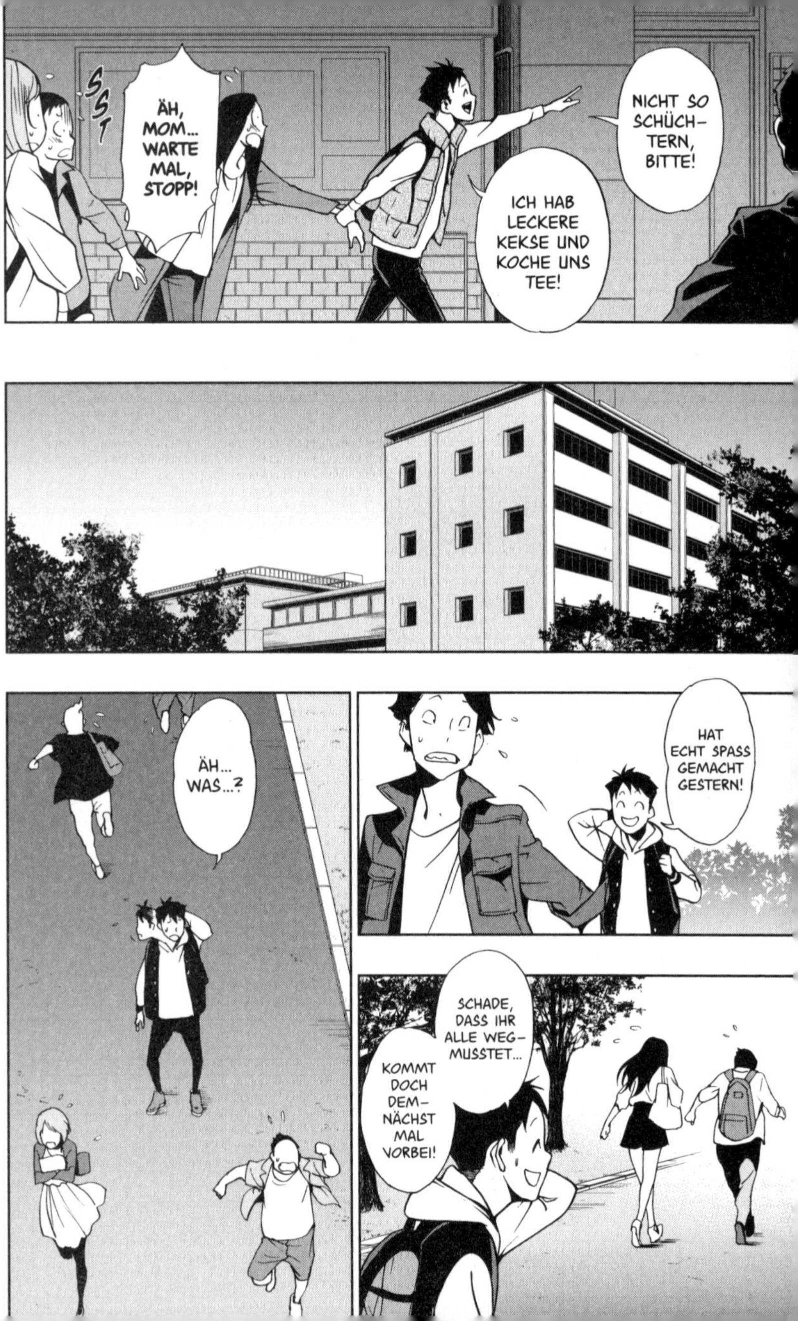
NICHT SO SCHÜCHTERN, BITTE!
ICH HAB LECKERE KEKSE UND KOCHE UNS TEE!
ÄH, MOM... WARTE MAL, STOPP!
SST
HAT ECHT SPASS GEMACHT GESTERN!
ÄH... WAS...?
SCHADE, DASS IHR ALLE WEGMUSSTET...
KOMMT DOCH DEMNÄCHST MAL VORBEI!

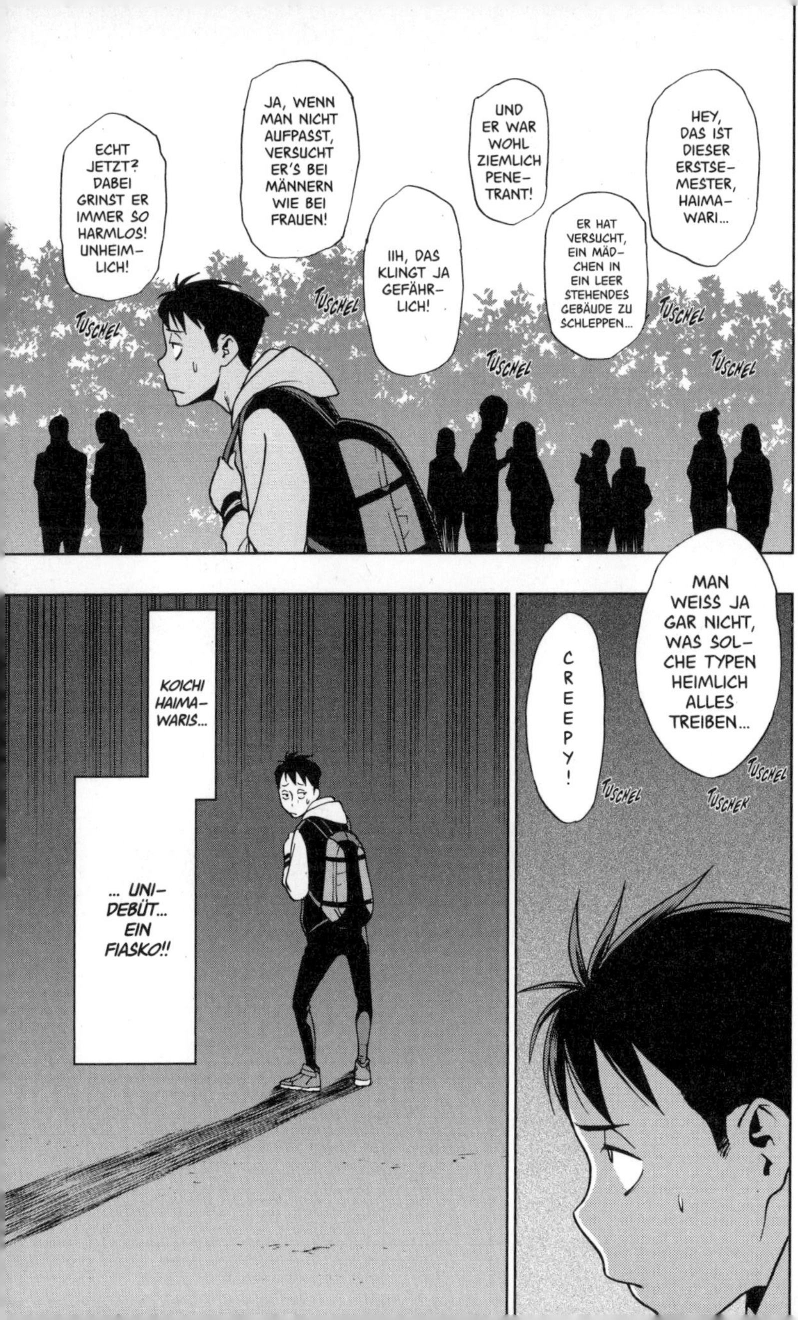
HEY, DAS IST DIESER ERSTSE-MESTER, HAIMA-WARI...
ER HAT VERSUCHT, EIN MÄD-CHEN IN EIN LEER STEHENDES GEBÄUDE ZU SCHLEPPEN...
UND ER WAR WOHL ZIEMLICH PENE-TRANT!
IIH, DAS KLINGT JA GEFÄHR-LICH!
JA, WENN MAN NICHT AUFPASST, VERSUCHT ER'S BEI MÄNNERN WIE BEI FRAUEN!
ECHT JETZT? DABEI GRINST ER IMMER SO HARMLOS! UNHEIM-LICH!
TUSCHEL
TUSCHEL
TUSCHEL
TUSCHEL
TUSCHEL
MAN WEISS JA GAR NICHT, WAS SOL-CHE TYPEN HEIMLICH ALLES TREIBEN...
CREEPY!
TUSCHEL
TUSCHEL
TUSCHEL
KOICHI HAIMA-WARIS...
... UNI-DEBÜT... EIN FIASKO!!

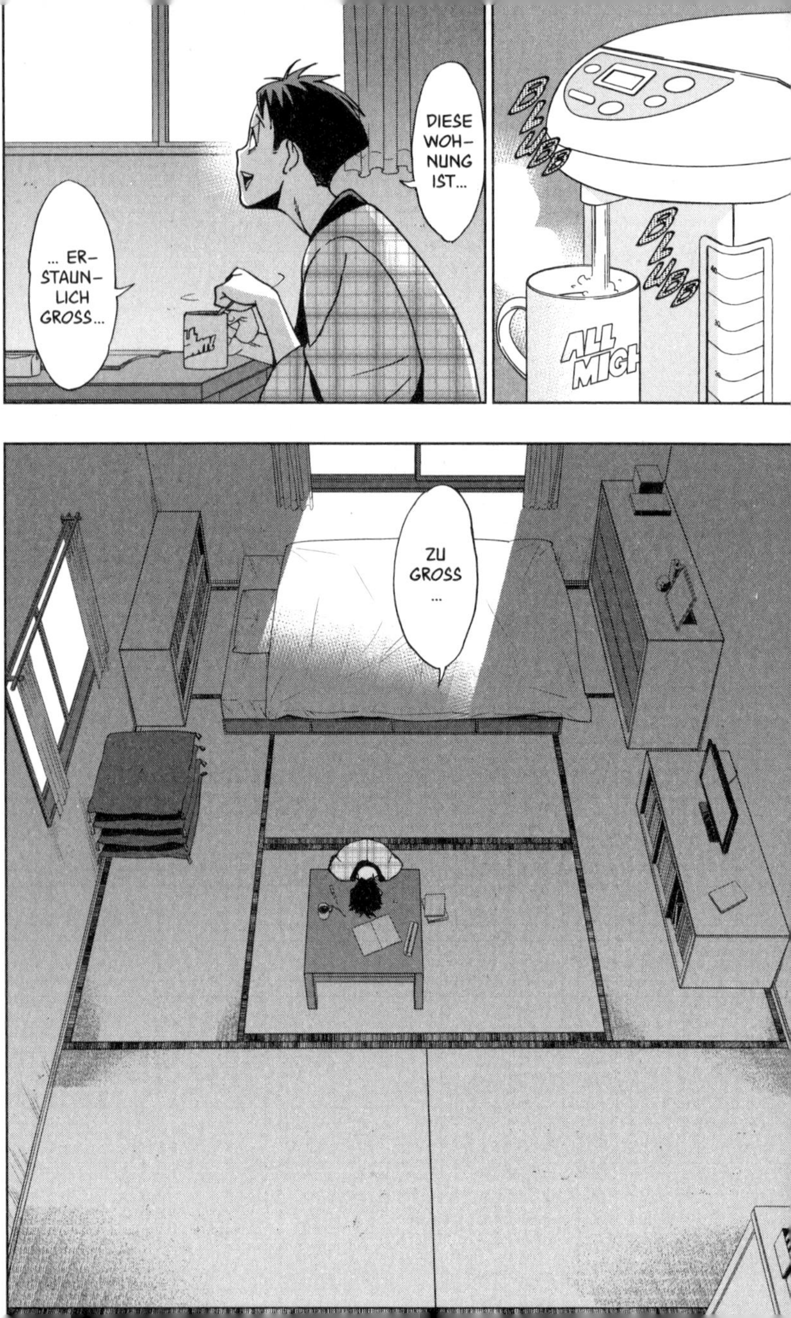
BLUBB
BLUBB
ALL MIGH
DIESE WOH-NUNG IST...
... ER-STAUN-LICH GROSS...
ZU GROSS ...

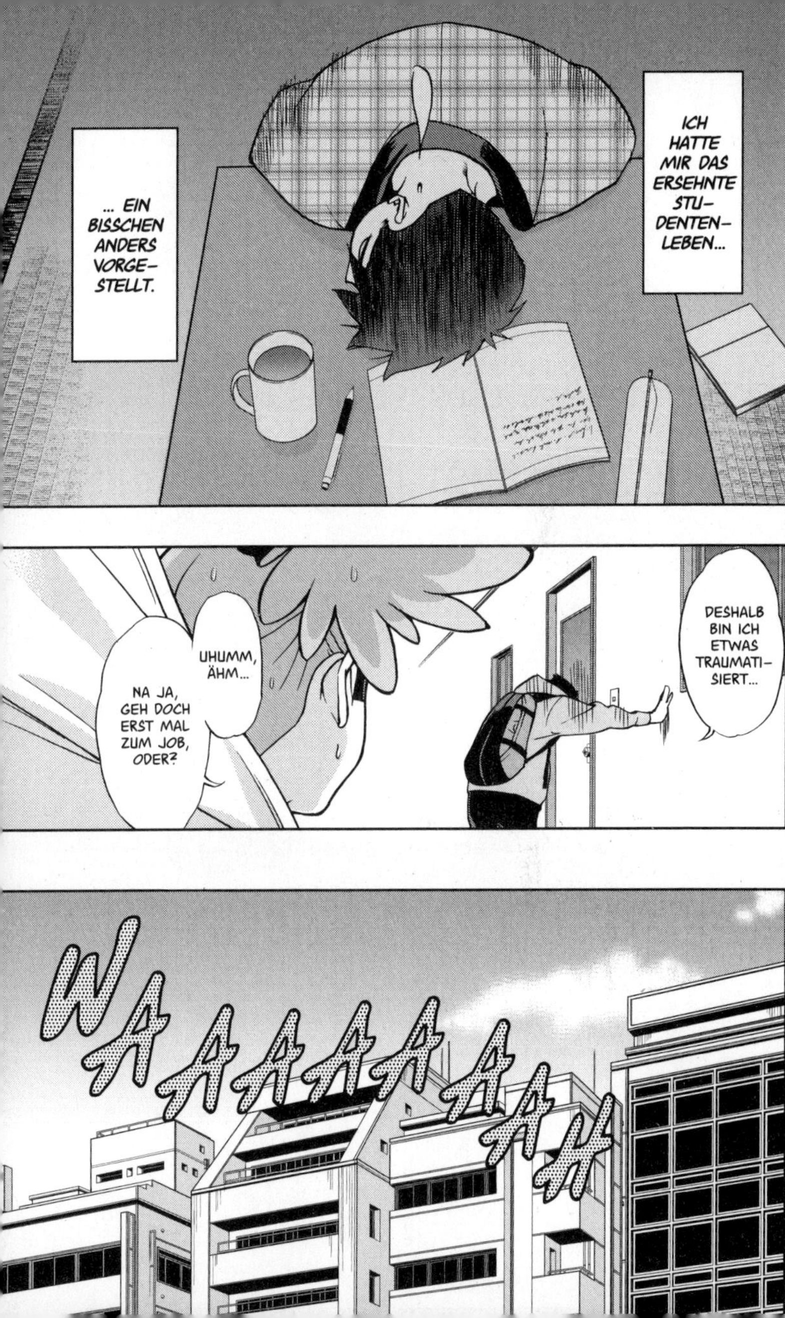
ICH HATTE MIR DAS ERSEHNTE STU-DENTEN-LEBEN...
... EIN BISSCHEN ANDERS VORGE-STELLT.
DESHALB BIN ICH ETWAS TRAUMATI-SIERT...
UHUMM, ÄHM...
NA JA, GEH DOCH ERST MAL ZUM JOB, ODER?
WAAAAAAAAH

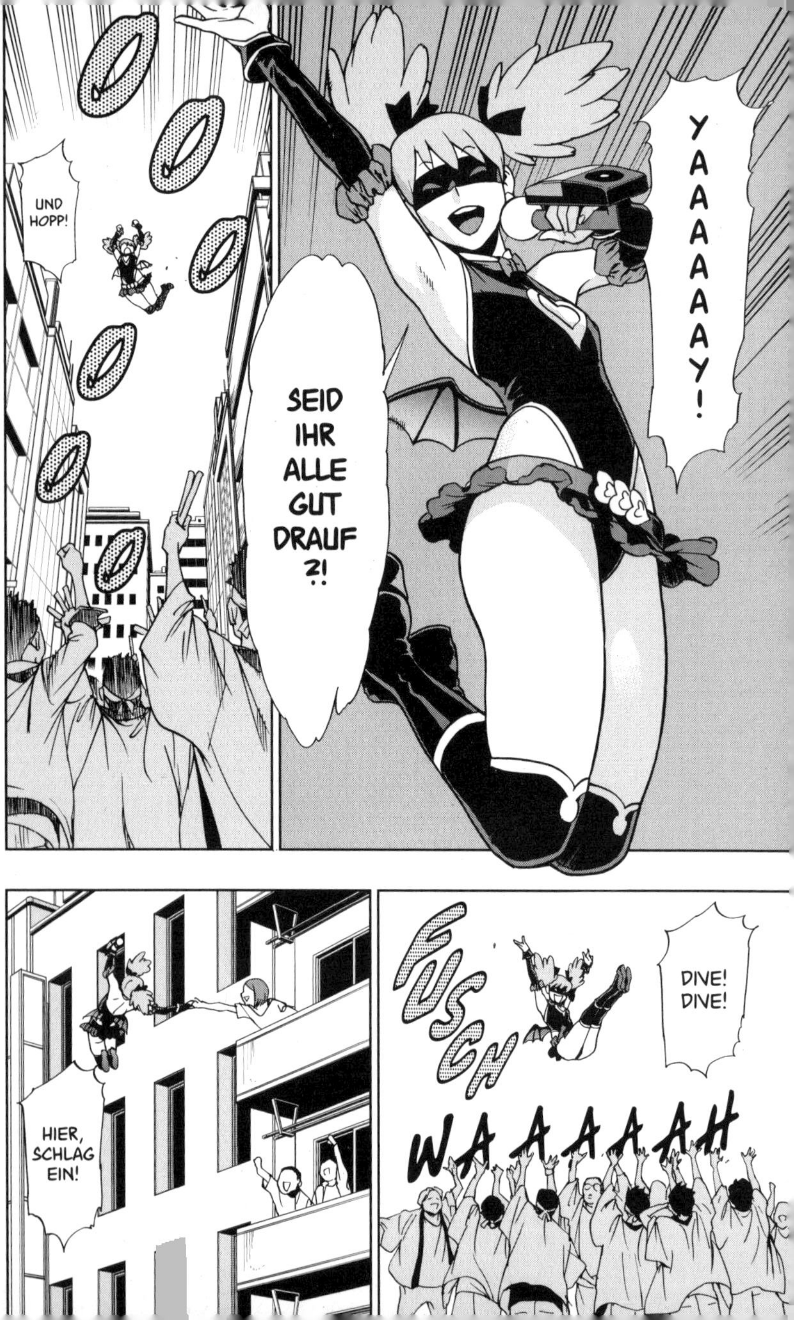
YAAAAAAAY!
SEID IHR ALLE GUT DRAUF?!
UND HOPP!
DIVE! DIVE!
FUSCH
WAAAAAH
HIER, SCHLAG EIN!

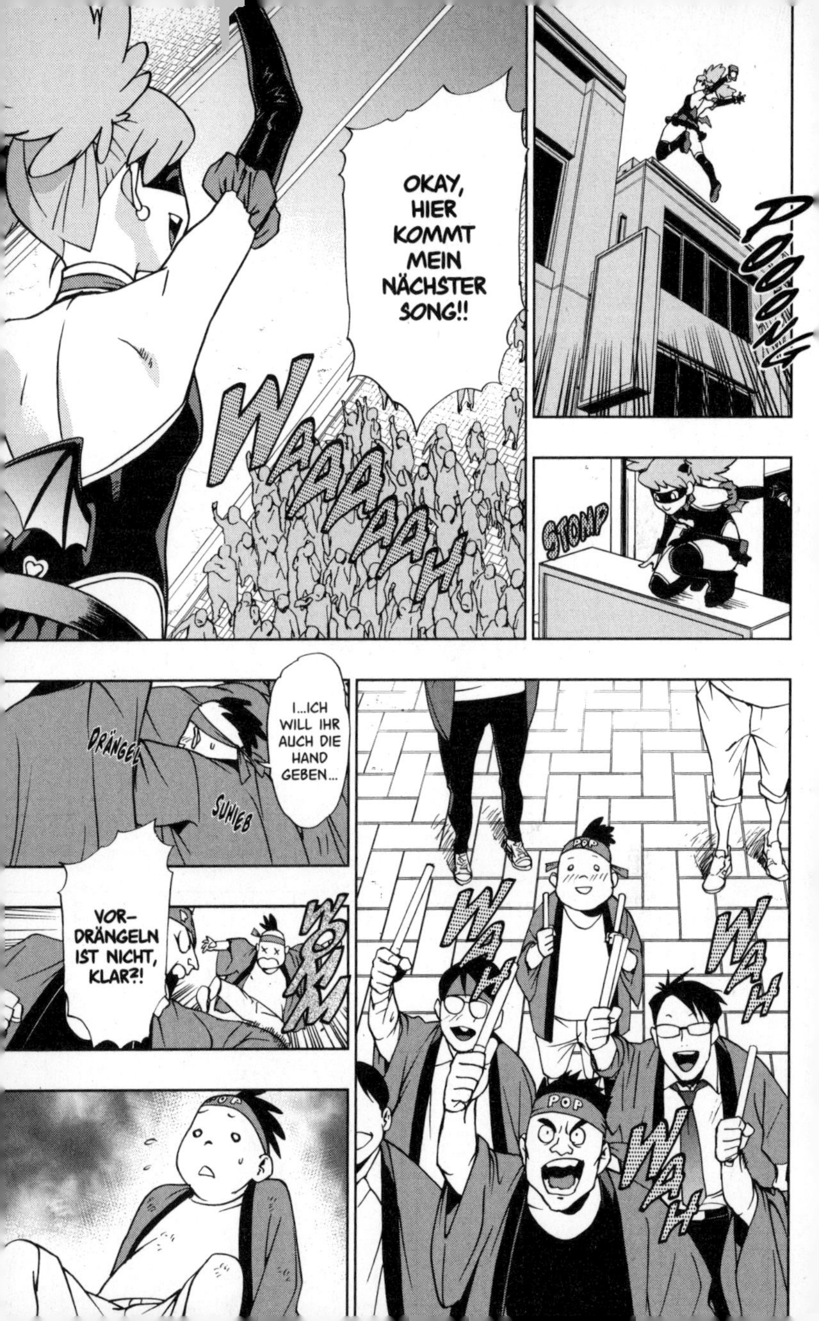
POOOONG
STOMP
OKAY, HIER KOMMT MEIN NÄCHSTER SONG!!
WAAAAAAH
I...ICH WILL IHR AUCH DIE HAND GEBEN...
DRÄNGEL
SUHIEB
VOR-DRÄNGELN IST NICHT, KLAR?!
WAH
WAH
WAH

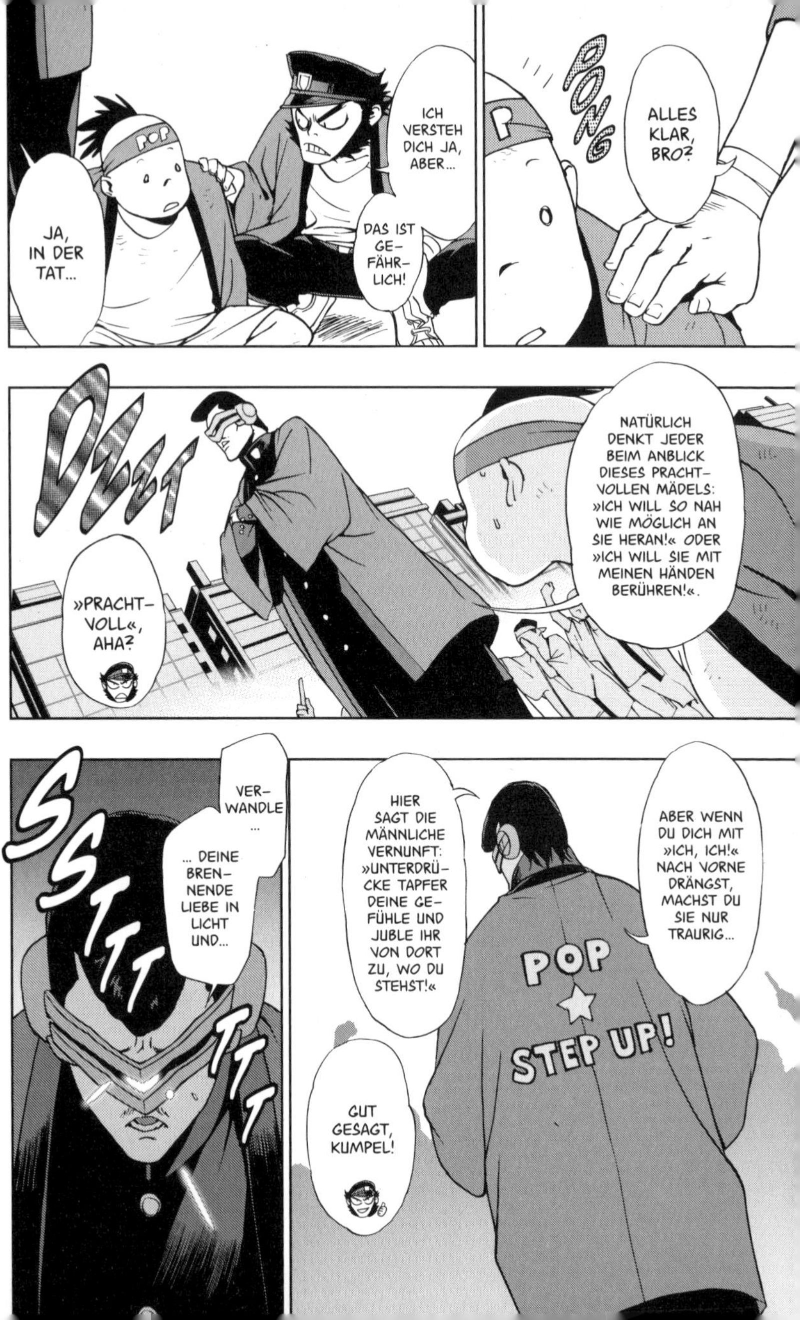
DONG
ALLES KLAR, BRO?
ICH VERSTEH DICH JA, ABER...
DAS IST GEFÄHRLICH!
JA, IN DER TAT...
NATÜRLICH DENKT JEDER BEIM ANBLICK DIESES PRACHTVOLLEN MÄDELS: »ICH WILL SO NAH WIE MÖGLICH AN SIE HERAN!« ODER »ICH WILL SIE MIT MEINEN HÄNDEN BERÜHREN!«.
»PRACHTVOLL«, AHA?
ABER WENN DU DICH MIT »ICH, ICH!« NACH VORNE DRÄNGST, MACHST DU SIE NUR TRAURIG...
HIER SAGT DIE MÄNNLICHE VERNUNFT: »UNTERDRÜCKE TAPFER DEINE GEFÜHLE UND JUBLE IHR VON DORT ZU, WO DU STEHST!«
POP ★ STEP UP!
GUT GESAGT, KUMPEL!
VERWANDLE...
... DEINE BRENNENDE LIEBE IN LICHT UND...

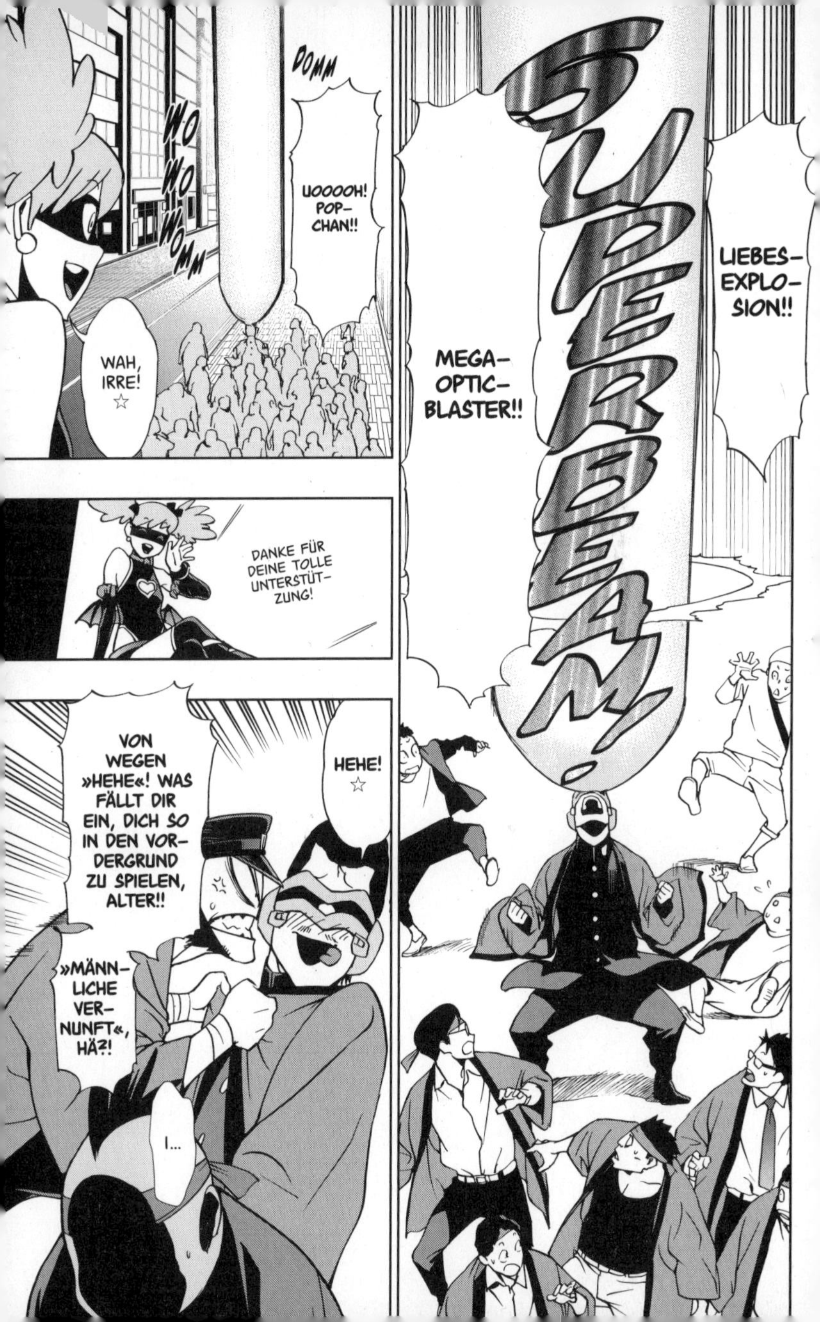
LIEBES-EXPLOSION!!
MEGA-OPTIC-BLASTER!!
SUPERBEAM!
DOMM
WOWOWOWOMM
UOOOOH! POP-CHAN!!
WAH, IRRE! ☆
DANKE FÜR DEINE TOLLE UNTERSTÜTZUNG!
HEHE! ☆
VON WEGEN »HEHE«! WAS FÄLLT DIR EIN, DICH SO IN DEN VORDERGRUND ZU SPIELEN, ALTER!!
»MÄNNLICHE VERNUNFT«, HÄ?!
I...

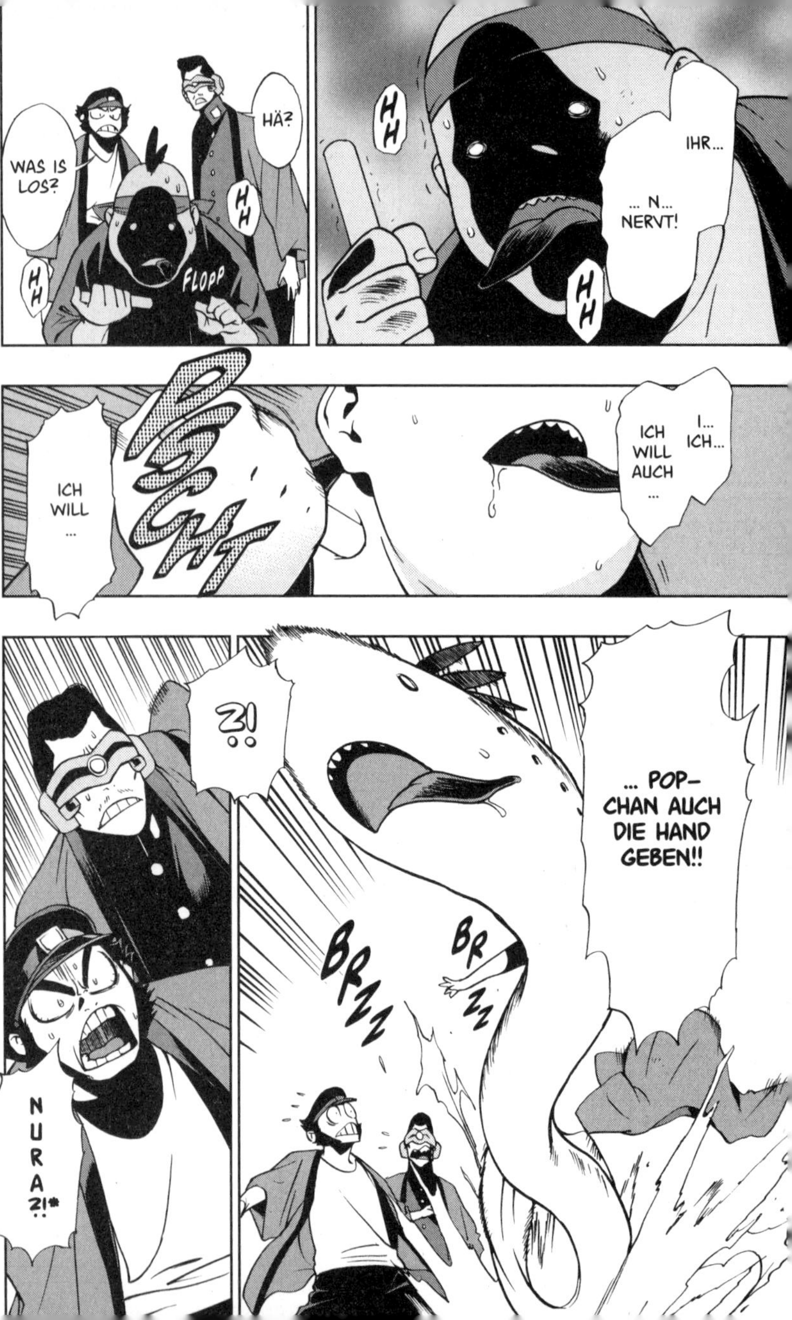

* MEERESLEBEWESEN AUS DEM ANIME »ANPANMAN«

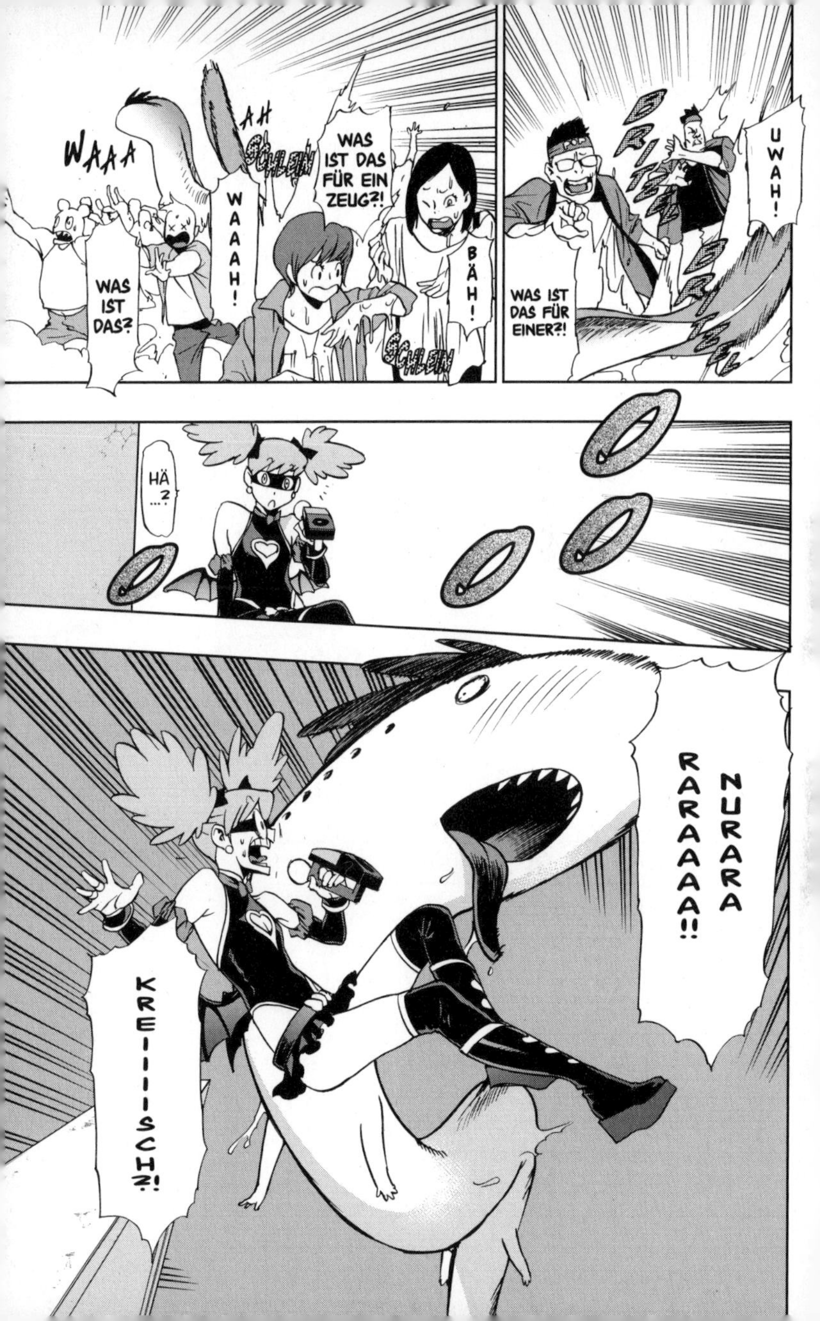
UWAH!
WAS IST DAS FÜR EINER?!
WAS IST DAS FÜR EIN ZEUG?!
BÄH!
SCHLEIM
WAAAAH!
AH
SCHLEIM
WAAA
WAS IST DAS?
HÄ...?
NURARA RARAAAA!!
KREIIIISCH?!

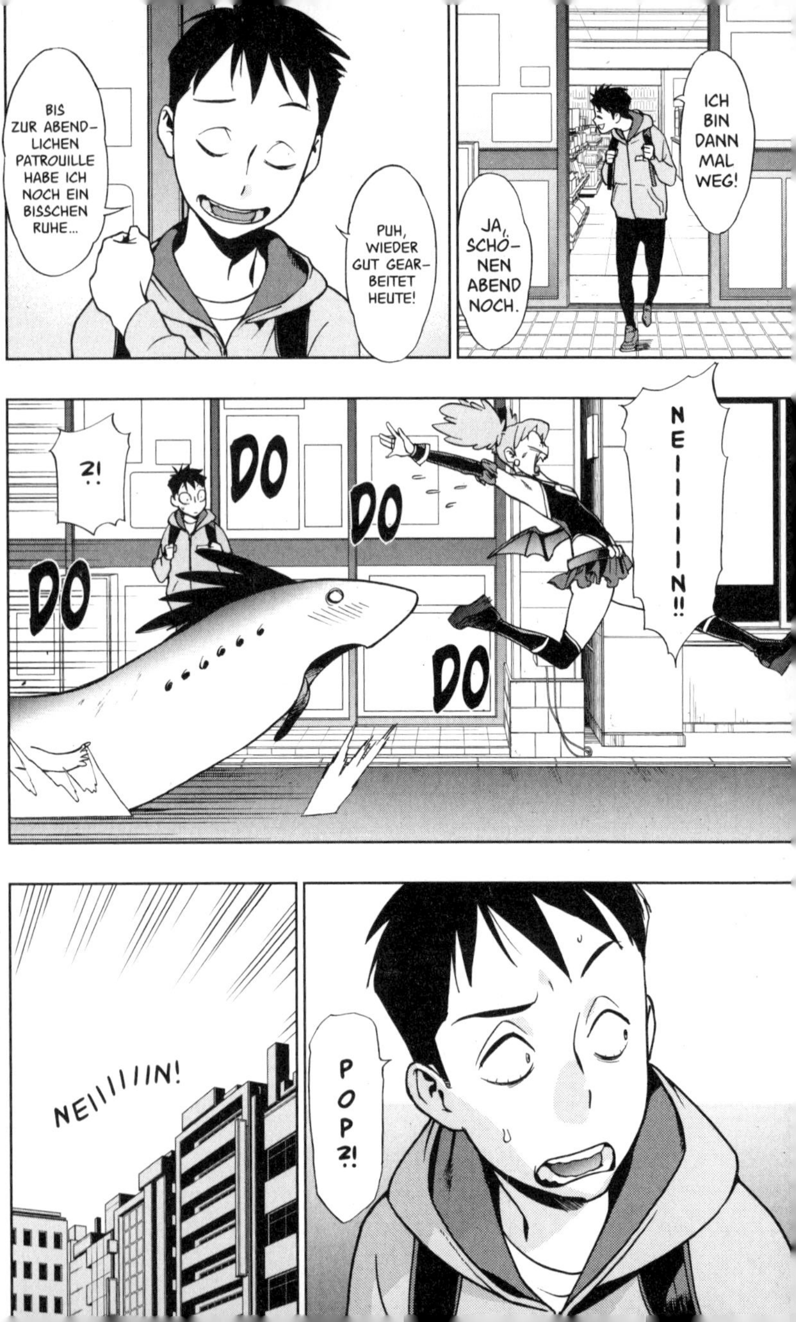
ICH BIN DANN MAL WEG!
JA, SCHÖNEN ABEND NOCH.
PUH, WIEDER GUT GEARBEITET HEUTE!
BIS ZUR ABENDLICHEN PATROUILLE HABE ICH NOCH EIN BISSCHEN RUHE...
NEIIIIIN!!
DO
DO
DO
DO
?!
POP?!
NEIIIIIN!

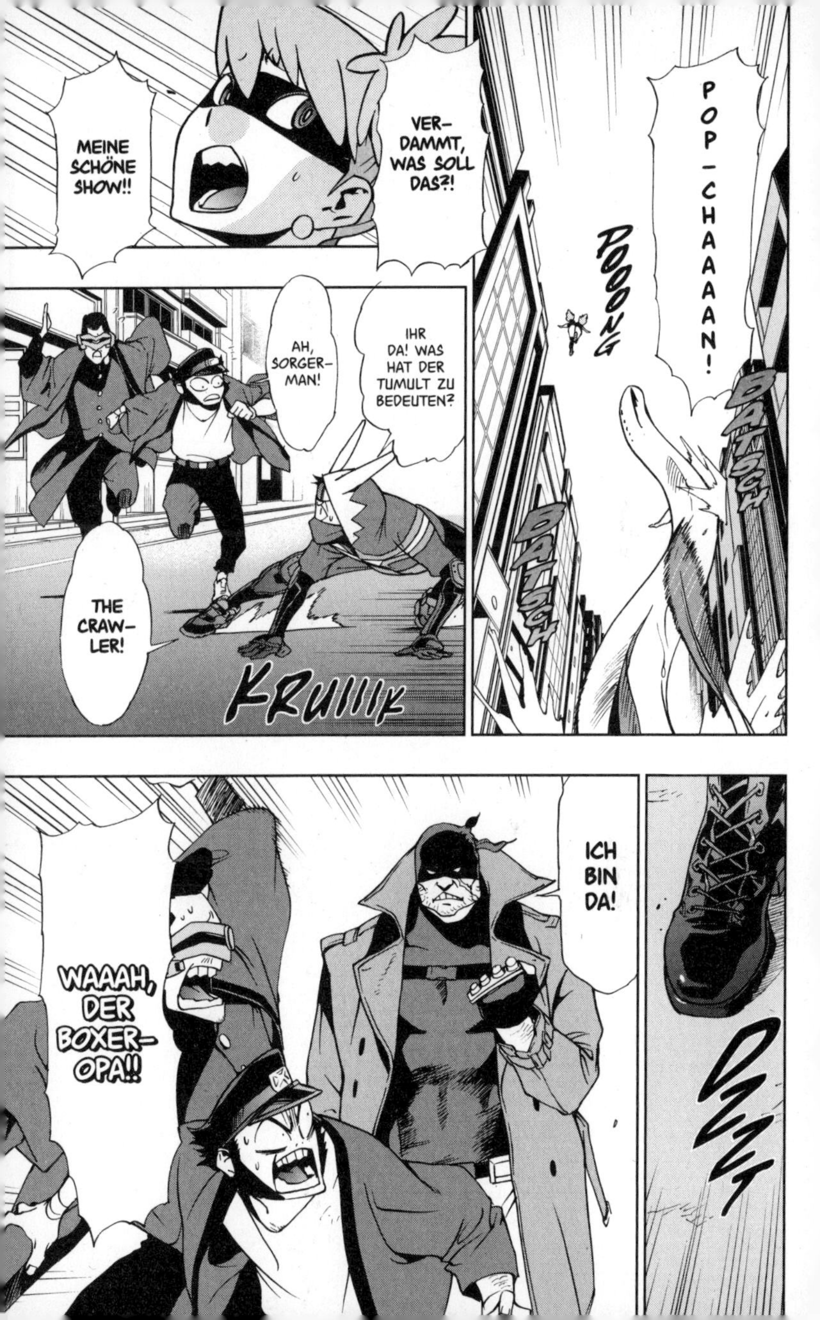

POP-CHAAAAAN!
POOOONG
BATSCH
BATSCH
VERDAMMT, WAS SOLL DAS?!
MEINE SCHÖNE SHOW!!
IHR DA! WAS HAT DER TUMULT ZU BEDEUTEN?
AH, SORGERMAN!
THE CRAWLER!
KRUUUK
ICH BIN DA!
WAAAH, DER BOXER-OPA!!

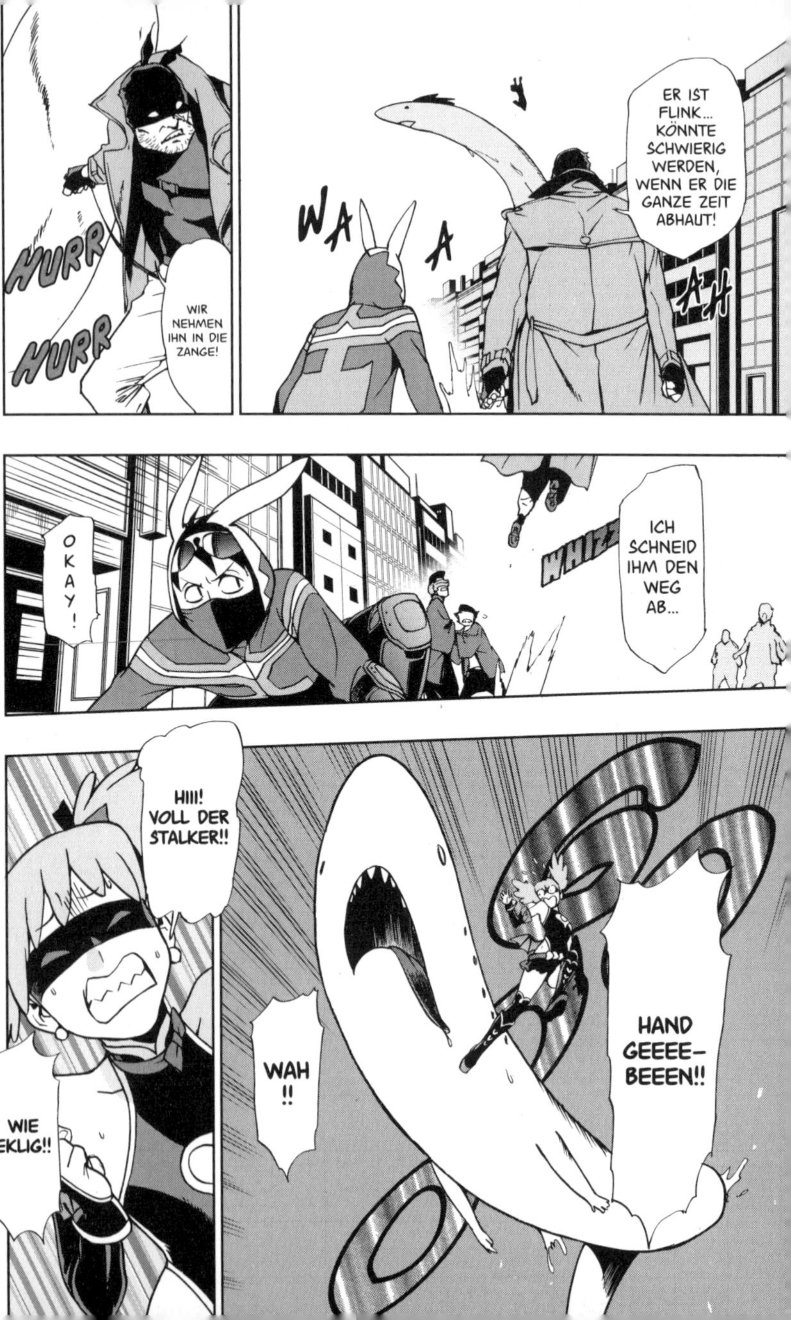
ER IST FLINK... KÖNNTE SCHWIERIG WERDEN, WENN ER DIE GANZE ZEIT ABHAUT!
WAAA
AH
HURR
HURR
WIR NEHMEN IHN IN DIE ZANGE!
ICH SCHNEID IHM DEN WEG AB...
WHIZZ
OKAY!
HAND GEEEE-BEEEN!!
WAH !!
HIII! VOLL DER STALKER!!
WIE EKLIG!!

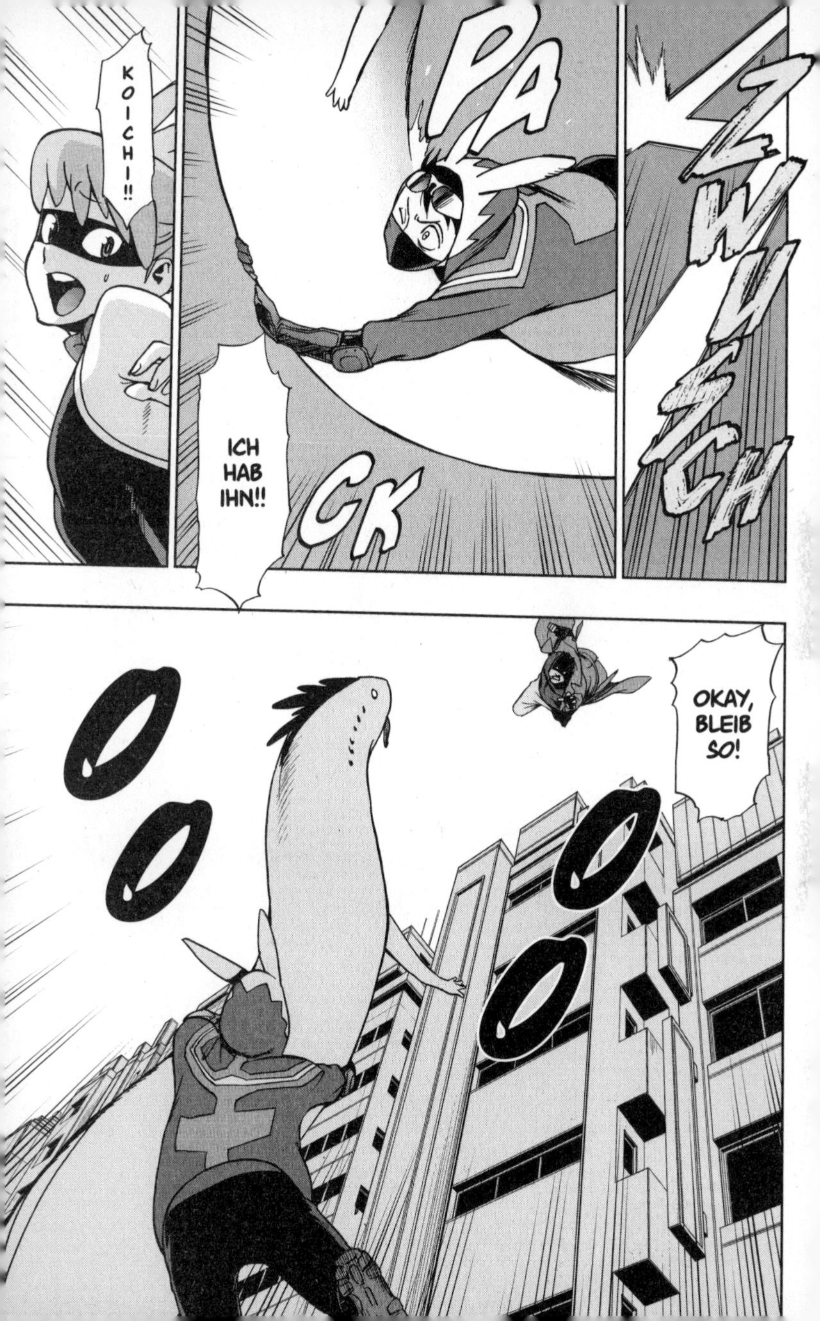
ZWUSCH
PA
CK
ICH HAB IHN!!
KOICHI!!
OKAY, BLEIB SO!

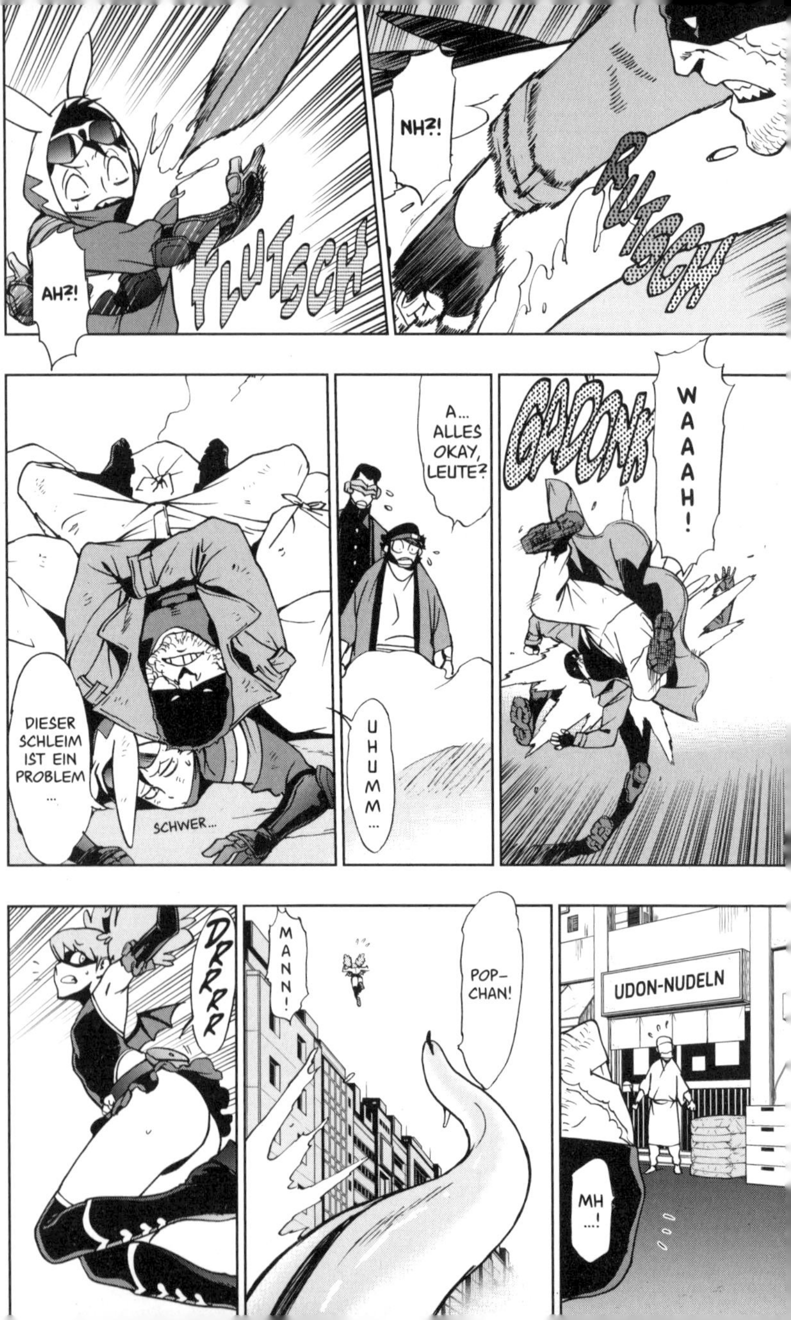
RUTSCH
NH?!
FLUTSCH
AH?!
GADONK
WAAAAH!
A... ALLES OKAY, LEUTE?
UHUMM...
DIESER SCHLEIM IST EIN PROBLEM ...
SCHWER...
UDON-NUDELN
MH ...!
POP-CHAN!
MANN!
DRRRR

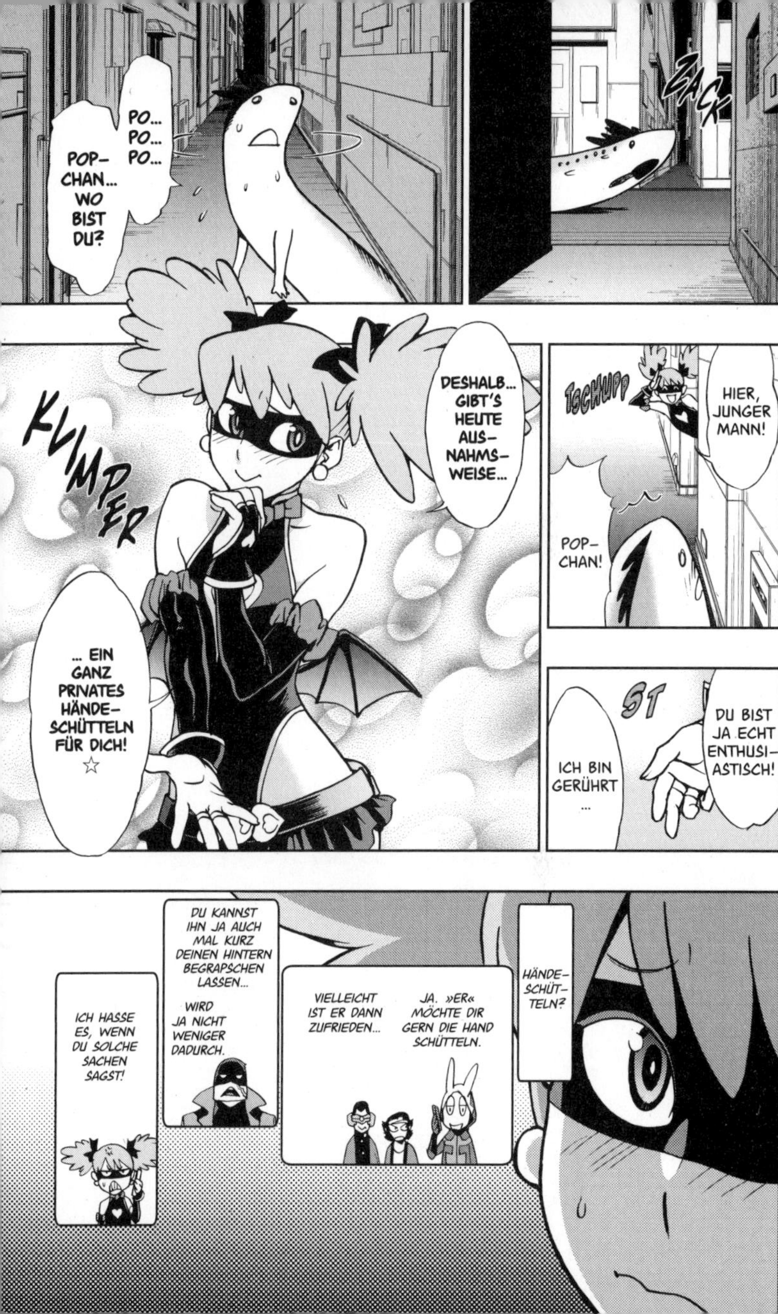
ZACK
PO... PO... PO...
POP-CHAN... WO BIST DU?
TSCHUPP
HIER, JUNGER MANN!
POP-CHAN!
DU BIST JA ECHT ENTHUSIASTISCH!
ST
ICH BIN GERÜHRT ...
DESHALB... GIBT'S HEUTE AUSNAHMSWEISE...
KLIMPER
... EIN GANZ PRIVATES HÄNDESCHÜTTELN FÜR DICH! ☆
HÄNDESCHÜTTELN?
JA. »ER« MÖCHTE DIR GERN DIE HAND SCHÜTTELN.
VIELLEICHT IST ER DANN ZUFRIEDEN...
DU KANNST IHN JA AUCH MAL KURZ DEINEN HINTERN BEGRAPSCHEN LASSEN...
WIRD JA NICHT WENIGER DADURCH.
ICH HASSE ES, WENN DU SOLCHE SACHEN SAGST!

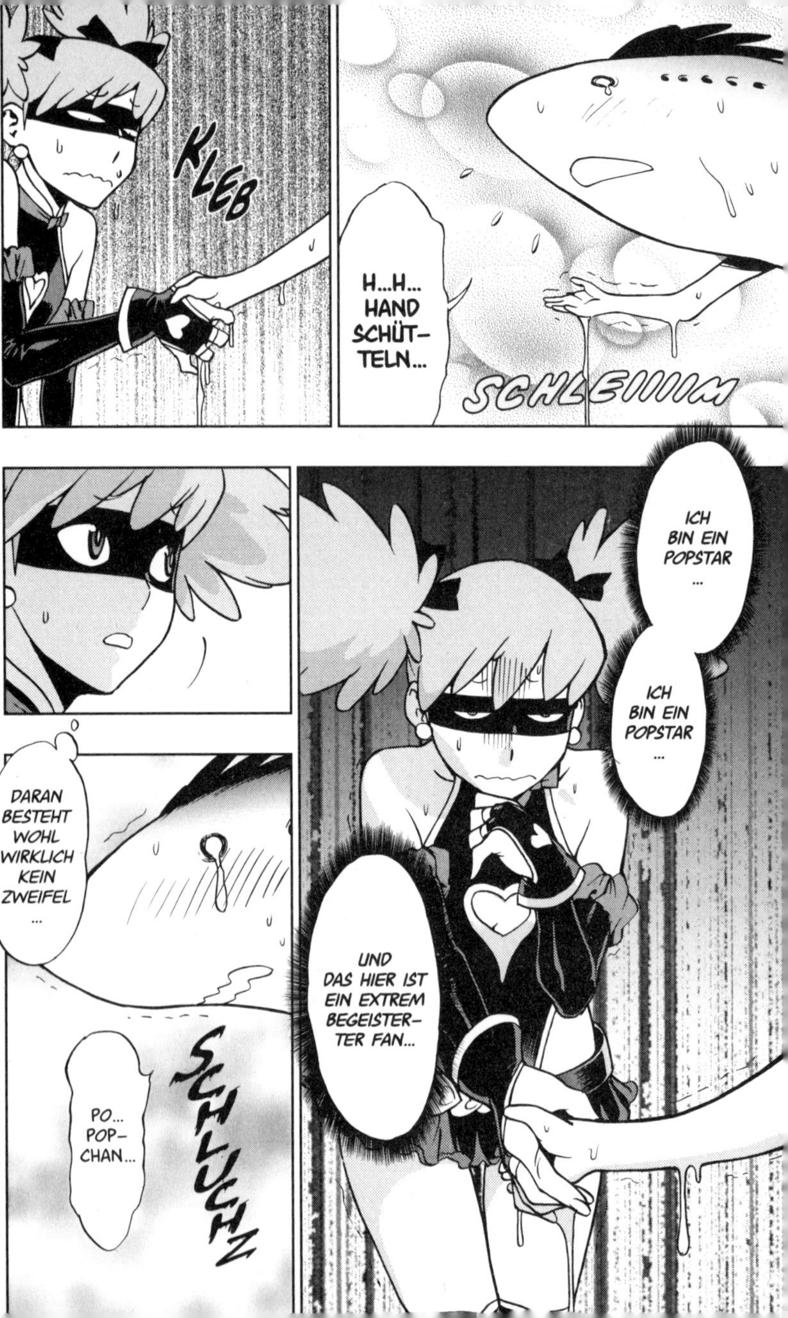
SCHLEIIIIIM
H...H... HAND SCHÜT-TELN...
KLEB
ICH BIN EIN POPSTAR ...
ICH BIN EIN POPSTAR ...
UND DAS HIER IST EIN EXTREM BEGEISTER-TER FAN...
DARAN BESTEHT WOHL WIRKLICH KEIN ZWEIFEL ...
SCHLUCHZ
PO... POP-CHAN...

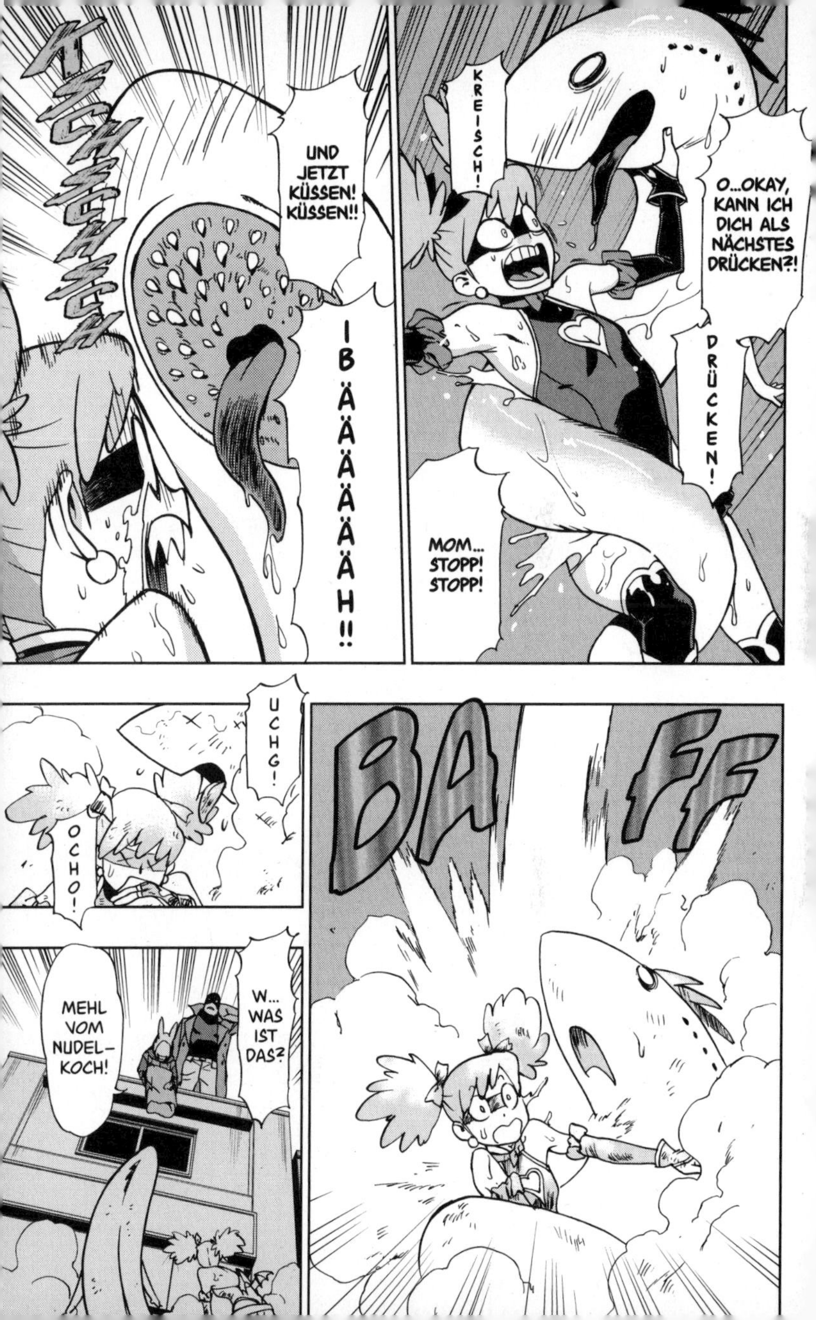
KSCHOMSCH
UND JETZT KÜSSEN! KÜSSEN!!
IBÄÄÄÄÄÄÄH!!
KREISCH!
O...OKAY, KANN ICH DICH ALS NÄCHSTES DRÜCKEN?!
DRÜCKEN!
MOM... STOPP! STOPP!
BAFF
UCHG!
OCHO!
W... WAS IST DAS?
MEHL VOM NUDEL-KOCH!

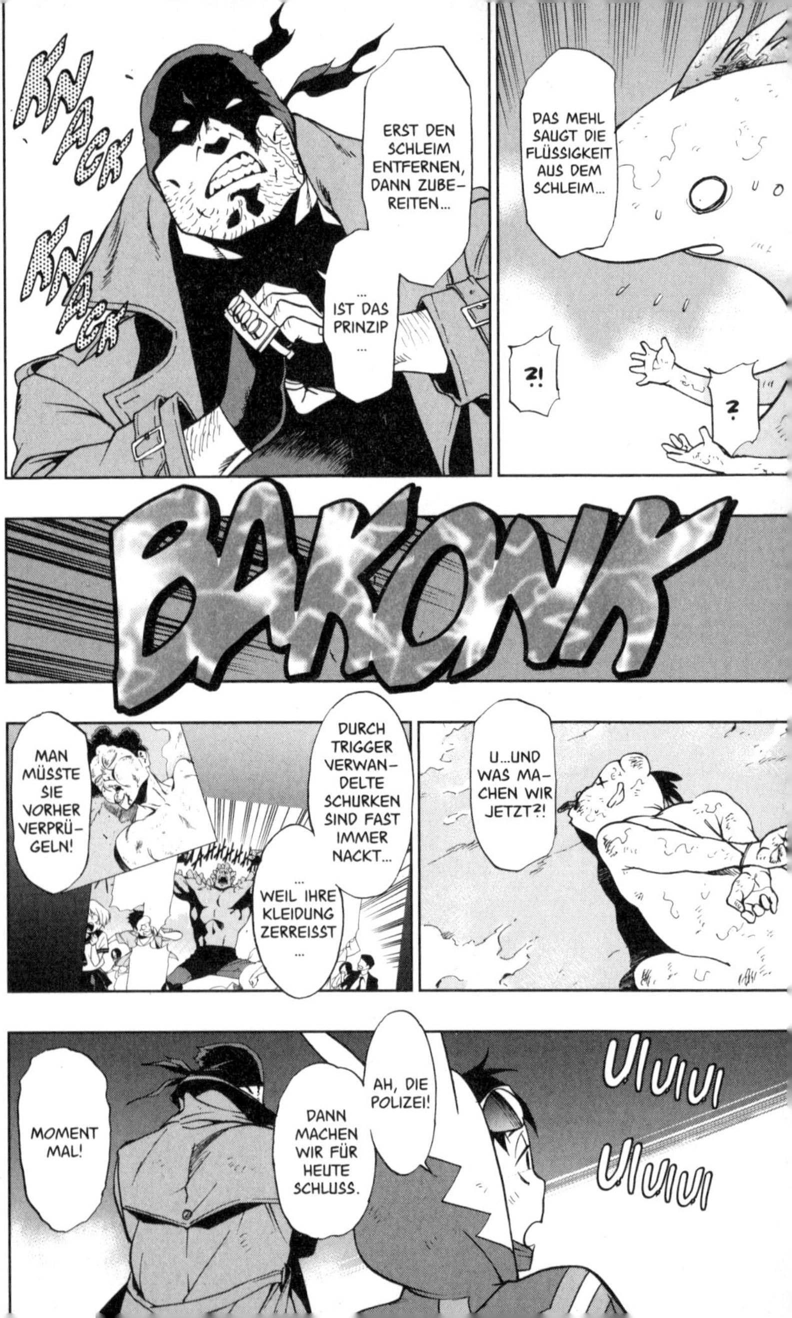
DAS MEHL SAUGT DIE FLÜSSIGKEIT AUS DEM SCHLEIM...
?!
?
ERST DEN SCHLEIM ENTFERNEN, DANN ZUBEREITEN...
... IST DAS PRINZIP ...
KNACK
KNACK
BAKONK
U...UND WAS MACHEN WIR JETZT?!
DURCH TRIGGER VERWANDELTE SCHURKEN SIND FAST IMMER NACKT...
... WEIL IHRE KLEIDUNG ZERREISST ...
MAN MÜSSTE SIE VORHER VERPRÜGELN!
UIUIUI
UIUIUI
AH, DIE POLIZEI!
DANN MACHEN WIR FÜR HEUTE SCHLUSS.
MOMENT MAL!

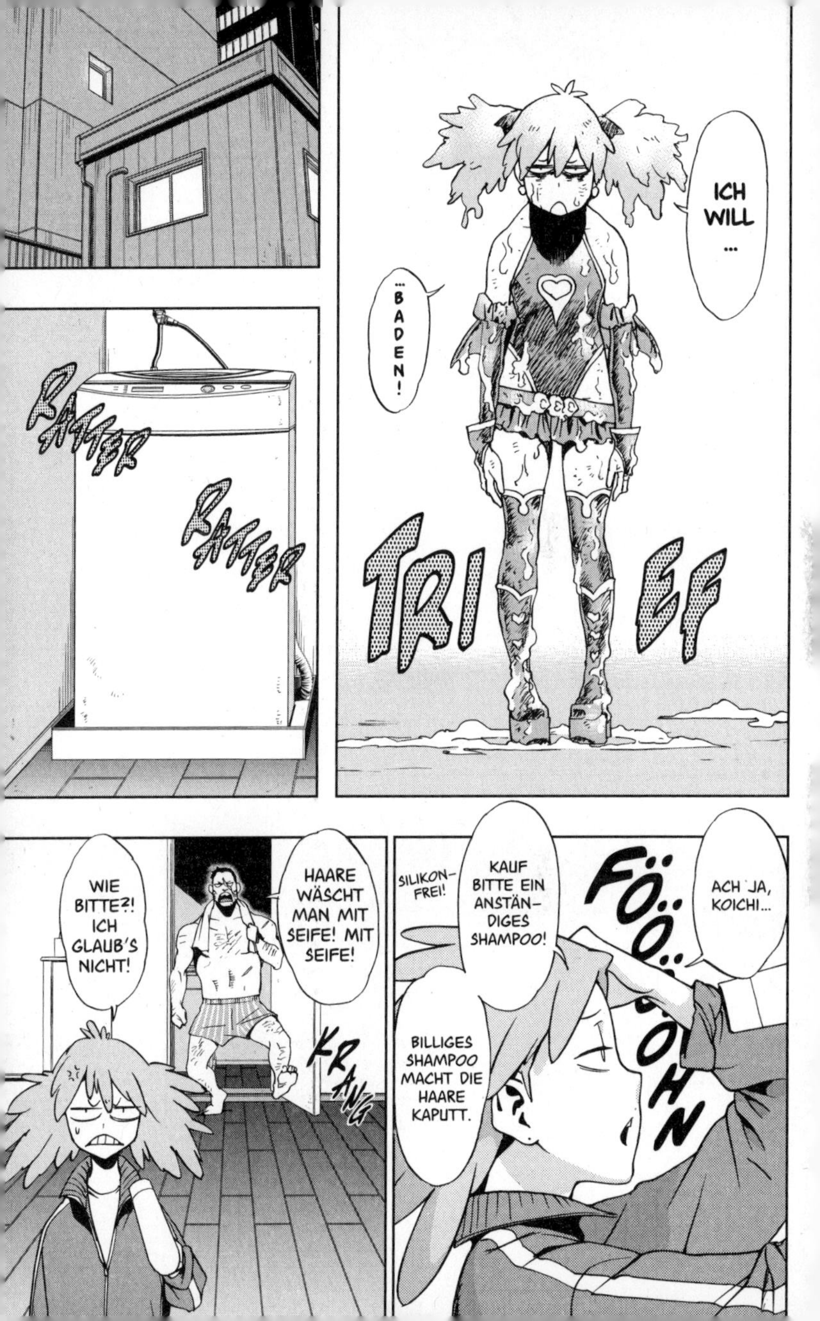
ICH WILL ...
... BADEN!
TRIEF
RATTER
RATTER
ACH JA, KOICHI...
FÖÖÖHN
KAUF BITTE EIN ANSTÄNDIGES SHAMPOO!
SILIKON-FREI!
BILLIGES SHAMPOO MACHT DIE HAARE KAPUTT.
HAARE WÄSCHT MAN MIT SEIFE! MIT SEIFE!
KRANG
WIE BITTE?! ICH GLAUB'S NICHT!

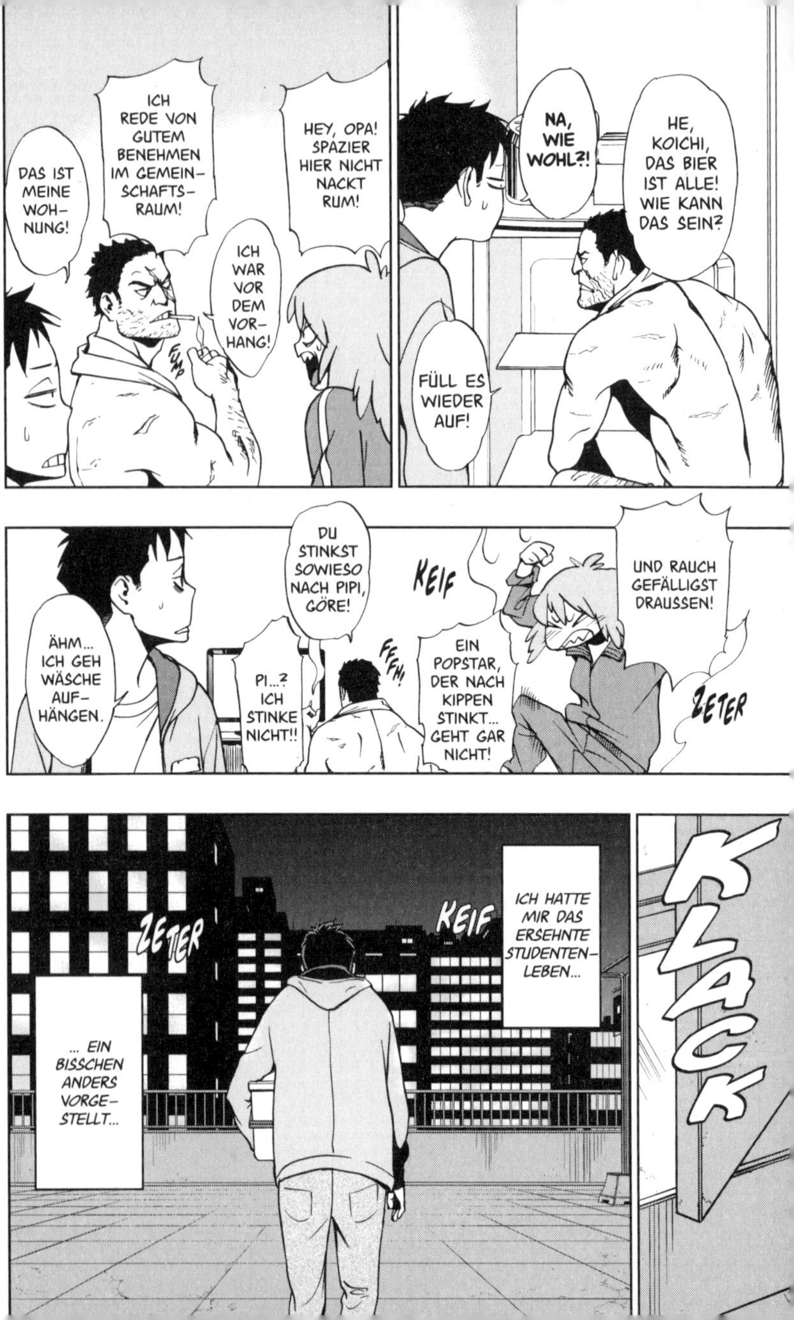
HE, KOICHI, DAS BIER IST ALLE! WIE KANN DAS SEIN?
NA, WIE WOHL?!
FÜLL ES WIEDER AUF!
HEY, OPA! SPAZIER HIER NICHT NACKT RUM!
ICH WAR VOR DEM VORHANG!
ICH REDE VON GUTEM BENEHMEN IM GEMEINSCHAFTSRAUM!
DAS IST MEINE WOHNUNG!
FUMP
UND RAUCH GEFÄLLIGST DRAUSSEN!
ZETER
EIN POPSTAR, DER NACH KIPPEN STINKT... GEHT GAR NICHT!
KEIF
DU STINKST SOWIESO NACH PIPI, GÖRE!
FFFH!
PI...? ICH STINKE NICHT!!
ÄHM... ICH GEH WÄSCHE AUFHÄNGEN.
KLACK
ICH HATTE MIR DAS ERSEHNTE STUDENTENLEBEN...
KEIF
ZETER
... EIN BISSCHEN ANDERS VORGESTELLT...

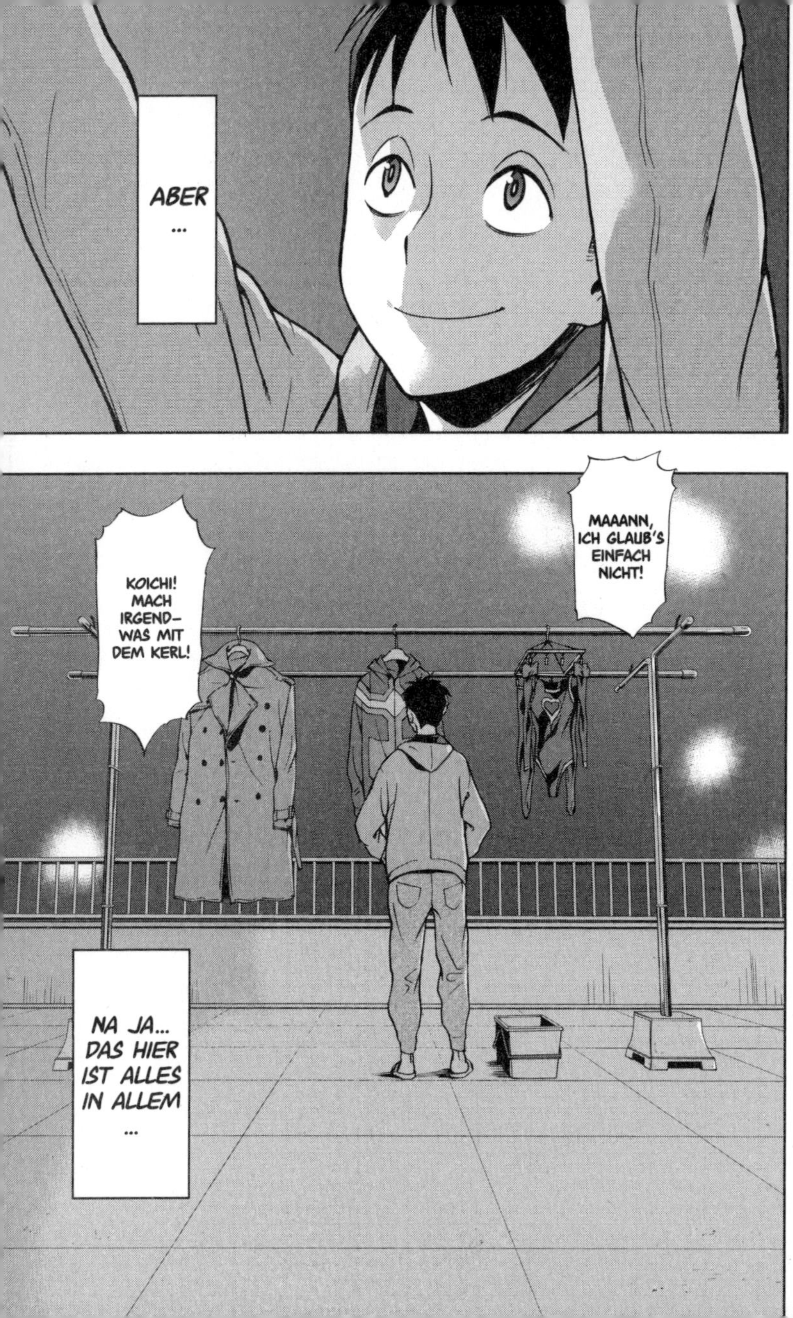
ABER ...
MAAANN, ICH GLAUB'S EINFACH NICHT!
KOICHI! MACH IRGEND-WAS MIT DEM KERL!
NA JA... DAS HIER IST ALLES IN ALLEM ...

SAMAZU & NAMIMARU

EIGENTLICHER NAME: ICHIMOKU SAMAZU

GEBURTSTAG: 1. OKTOBER

GRÖSSE: 1,83 M

MAG: FINSTER ANSTARREN

MACKE: LASERSTRAHL AUS DEN AUGEN

THE ROUGH DESIGN

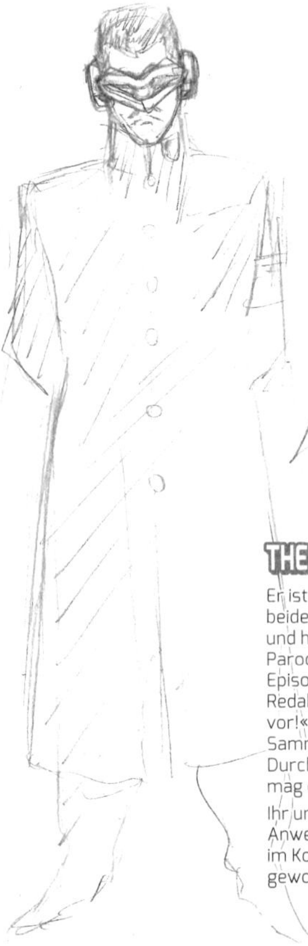

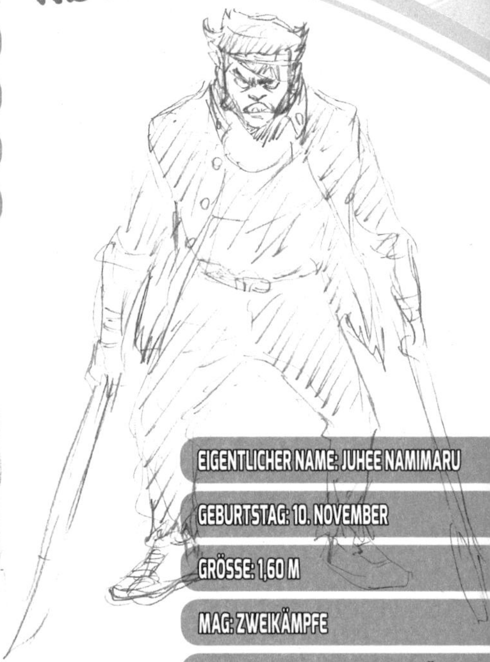

EIGENTLICHER NAME: JUHEE NAMIMARU

GEBURTSTAG: 10. NOVEMBER

GRÖSSE: 1,60 M

MAG: ZWEIKÄMPFE

MACKE: HOLZSCHWERT AUS DEN HÄNDEN

THE HINTERGRUNDINFOS

Er ist dieser eine Typ aus »··-MEN«. Ja. Anfangs wollte ich die beiden eigentlich nur für die Rauferei in Episode 3 verwenden und habe mir gesagt: »Es ist zwar hart an der Grenze zur Parodie, aber na ja, dieses eine Mal…«. Doch dann traten sie in Episode 4 und auch in Episode 5 wieder auf, sodass mein Redakteur schon witzelte »Die beiden kommen ja schon wieder vor!« Zu guter Letzt werden sie nun auf den Bonusseiten im Sammelband als Semi-Stammbesetzung aufgeführt (haha). Durch ihre »Biegsamkeit« sind es dankbare Charaktere und ich mag die beiden sehr. (Furuhashi)

Ihr unfreundliches Aussehen beruht auf Furuhashi-sans Anweisungen. Bei Samazus Visier hatte ich einen gewissen MS im Kopf. Namimaru ist im Verlauf des Zeichnens immer jünger geworden, nicht? (haha) (Betten)

EPISODE 5: BIENE

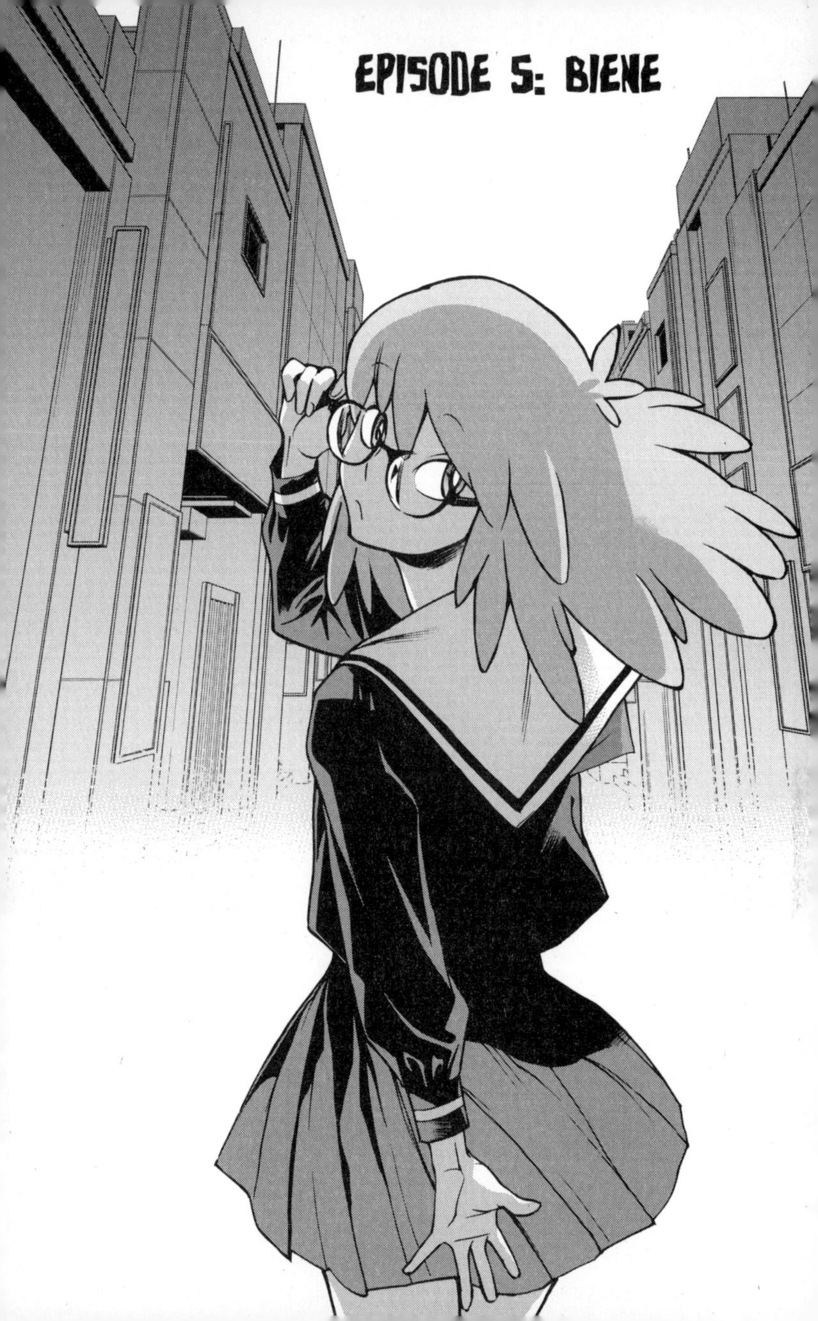

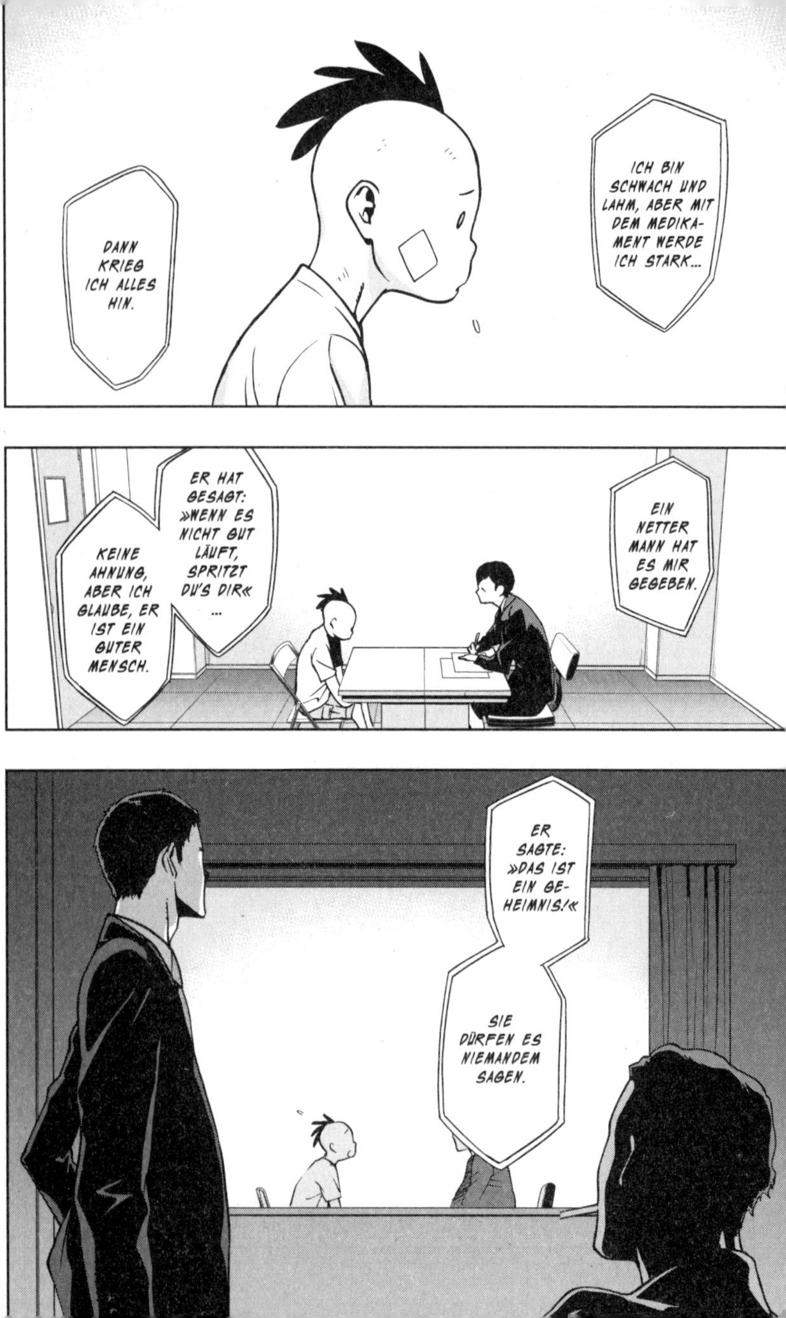
ICH BIN SCHWACH UND LAHM, ABER MIT DEM MEDIKA-MENT WERDE ICH STARK…
DANN KRIEG ICH ALLES HIN.
EIN NETTER MANN HAT ES MIR GEGEBEN.
ER HAT GESAGT: »WENN ES NICHT GUT LÄUFT, SPRITZT DU'S DIR« …
KEINE AHNUNG, ABER ICH GLAUBE, ER IST EIN GUTER MENSCH.
ER SAGTE: »DAS IST EIN GE-HEIMNIS!«
SIE DÜRFEN ES NIEMANDEM SAGEN.

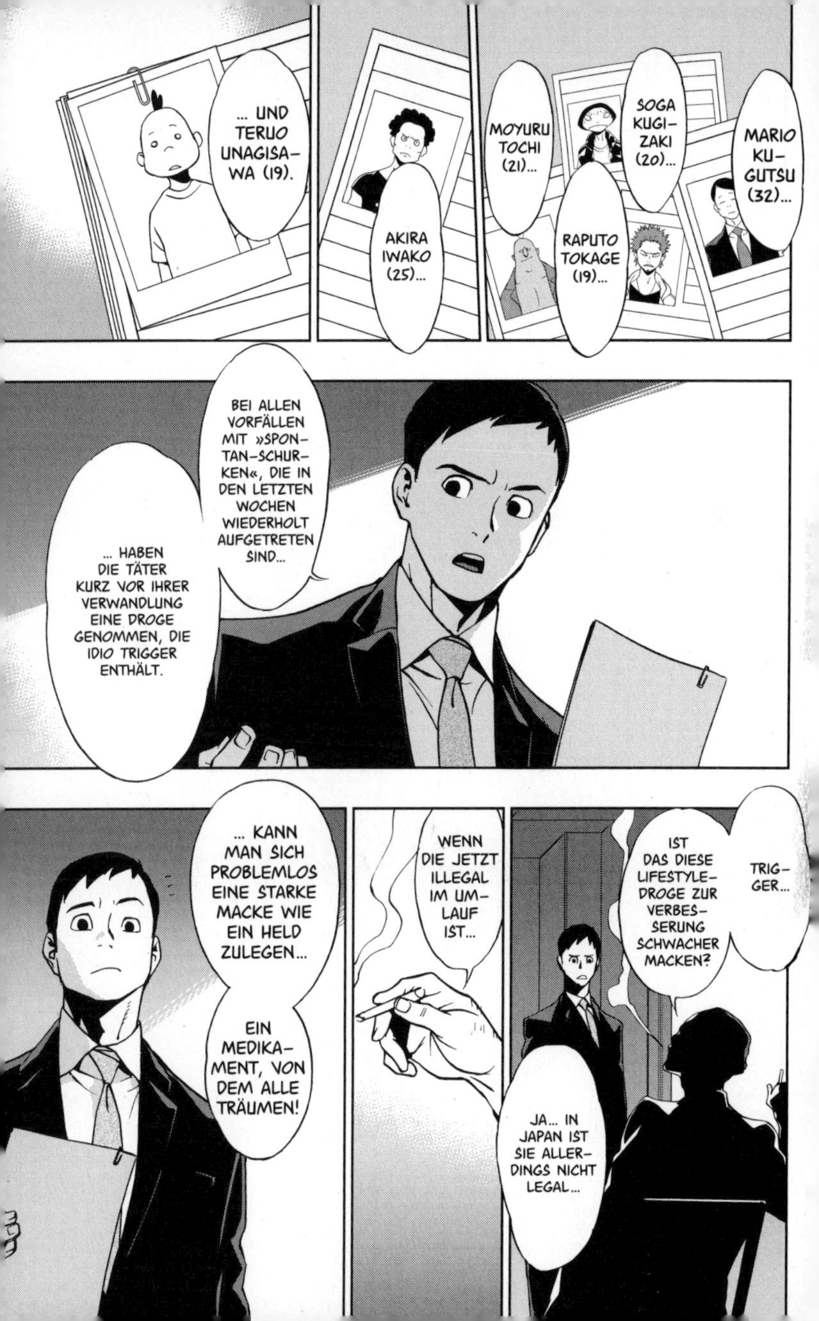
MARIO KUGUTSU (32)...
SOGA KUGIZAKI (20)...
MOYURU TOCHI (21)...
RAPUTO TOKAGE (19)...
AKIRA IWAKO (25)...
... UND TERUO UNAGISAWA (19).
BEI ALLEN VORFÄLLEN MIT »SPONTAN-SCHURKEN«, DIE IN DEN LETZTEN WOCHEN WIEDERHOLT AUFGETRETEN SIND...
... HABEN DIE TÄTER KURZ VOR IHRER VERWANDLUNG EINE DROGE GENOMMEN, DIE IDIO TRIGGER ENTHÄLT.
TRIGGER...
IST DAS DIESE LIFESTYLE-DROGE ZUR VERBESSERUNG SCHWACHER MACKEN?
JA... IN JAPAN IST SIE ALLERDINGS NICHT LEGAL...
WENN DIE JETZT ILLEGAL IM UMLAUF IST...
... KANN MAN SICH PROBLEMLOS EINE STARKE MACKE WIE EIN HELD ZULEGEN...
EIN MEDIKAMENT, VON DEM ALLE TRÄUMEN!

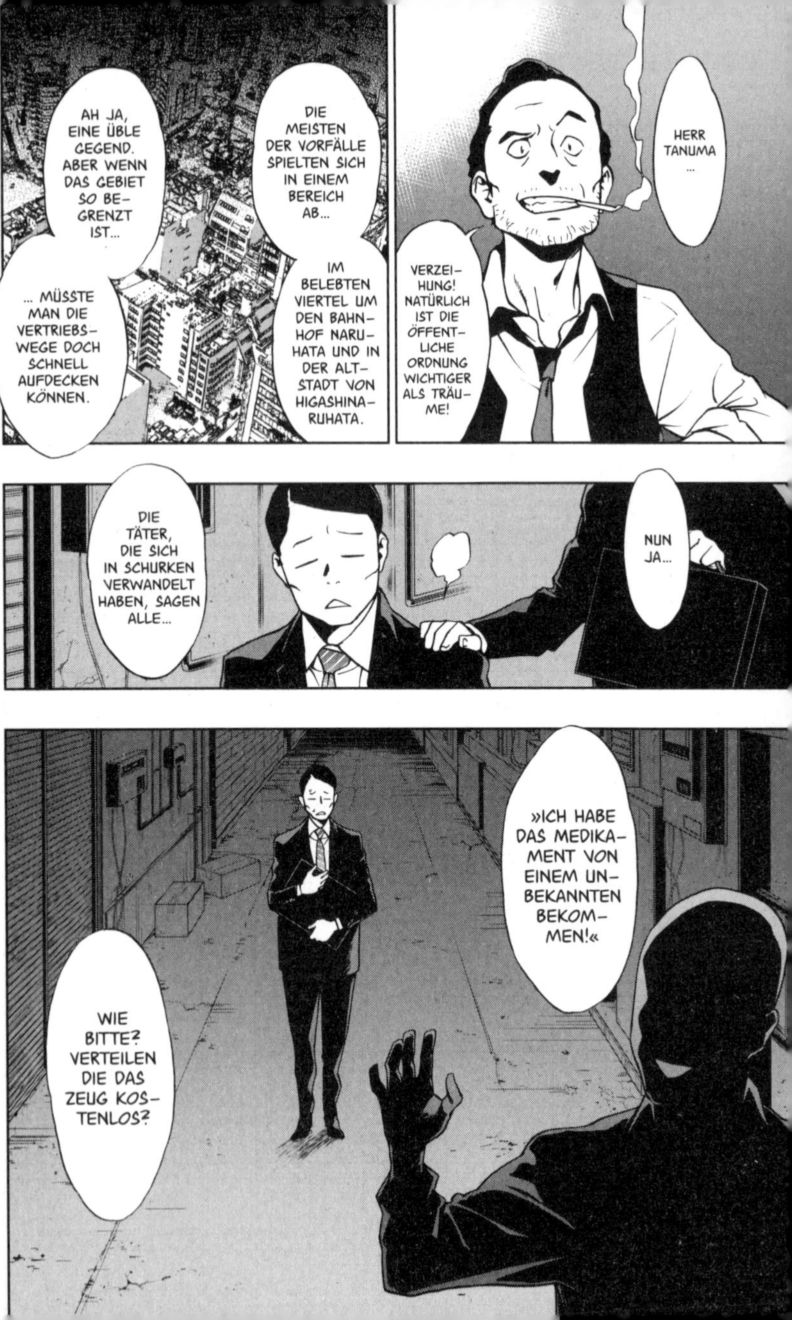
HERR TANUMA ...
VERZEIHUNG! NATÜRLICH IST DIE ÖFFENTLICHE ORDNUNG WICHTIGER ALS TRÄUME!
DIE MEISTEN DER VORFÄLLE SPIELTEN SICH IN EINEM BEREICH AB...
IM BELEBTEN VIERTEL UM DEN BAHNHOF NARUHATA UND IN DER ALTSTADT VON HIGASHINARUHATA.
AH JA, EINE ÜBLE GEGEND. ABER WENN DAS GEBIET SO BEGRENZT IST...
... MÜSSTE MAN DIE VERTRIEBSWEGE DOCH SCHNELL AUFDECKEN KÖNNEN.
NUN JA...
DIE TÄTER, DIE SICH IN SCHURKEN VERWANDELT HABEN, SAGEN ALLE...
»ICH HABE DAS MEDIKAMENT VON EINEM UNBEKANNTEN BEKOMMEN!«
WIE BITTE? VERTEILEN DIE DAS ZEUG KOSTENLOS?

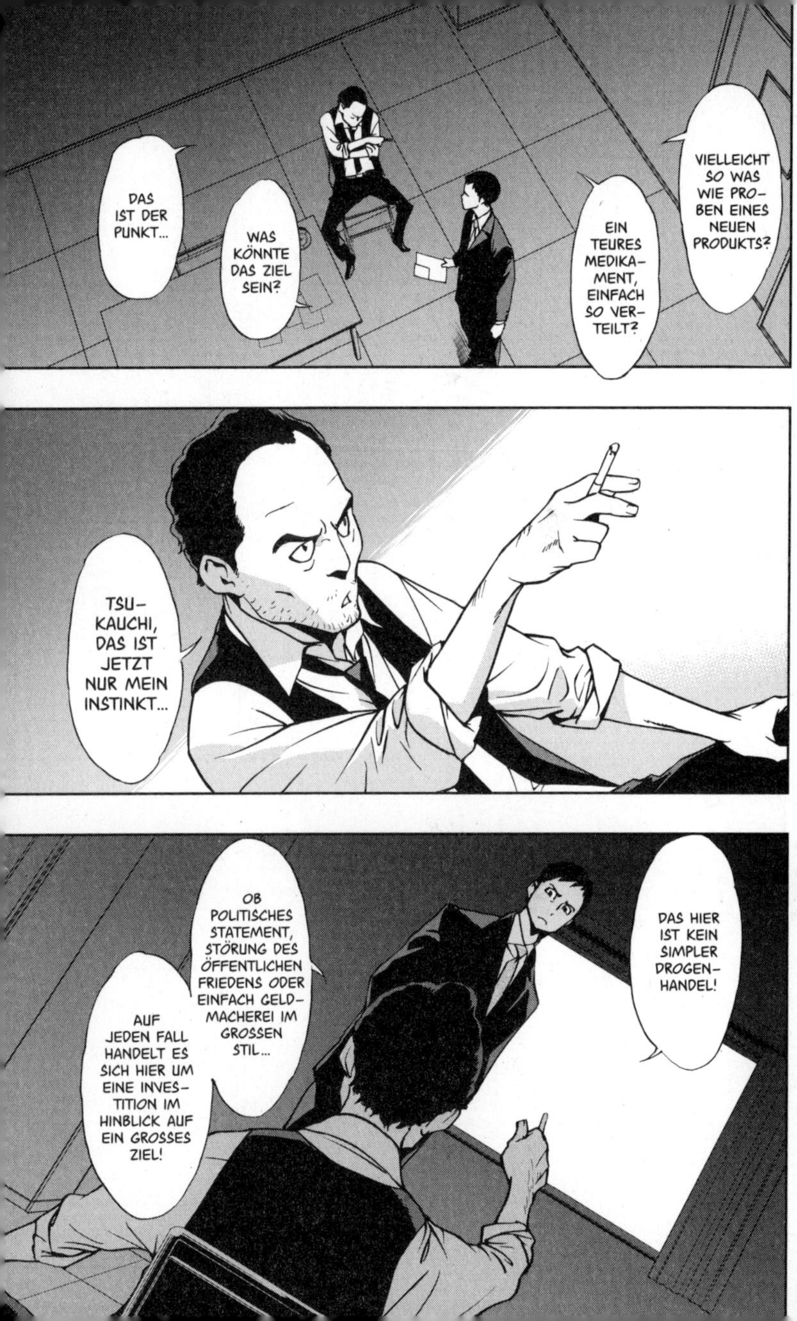
VIELLEICHT SO WAS WIE PROBEN EINES NEUEN PRODUKTS?
EIN TEURES MEDIKAMENT, EINFACH SO VERTEILT?
WAS KÖNNTE DAS ZIEL SEIN?
DAS IST DER PUNKT...
TSUKAUCHI, DAS IST JETZT NUR MEIN INSTINKT...
DAS HIER IST KEIN SIMPLER DROGENHANDEL!
OB POLITISCHES STATEMENT, STÖRUNG DES ÖFFENTLICHEN FRIEDENS ODER EINFACH GELDMACHEREI IM GROSSEN STIL...
AUF JEDEN FALL HANDELT ES SICH HIER UM EINE INVESTITION IM HINBLICK AUF EIN GROSSES ZIEL!

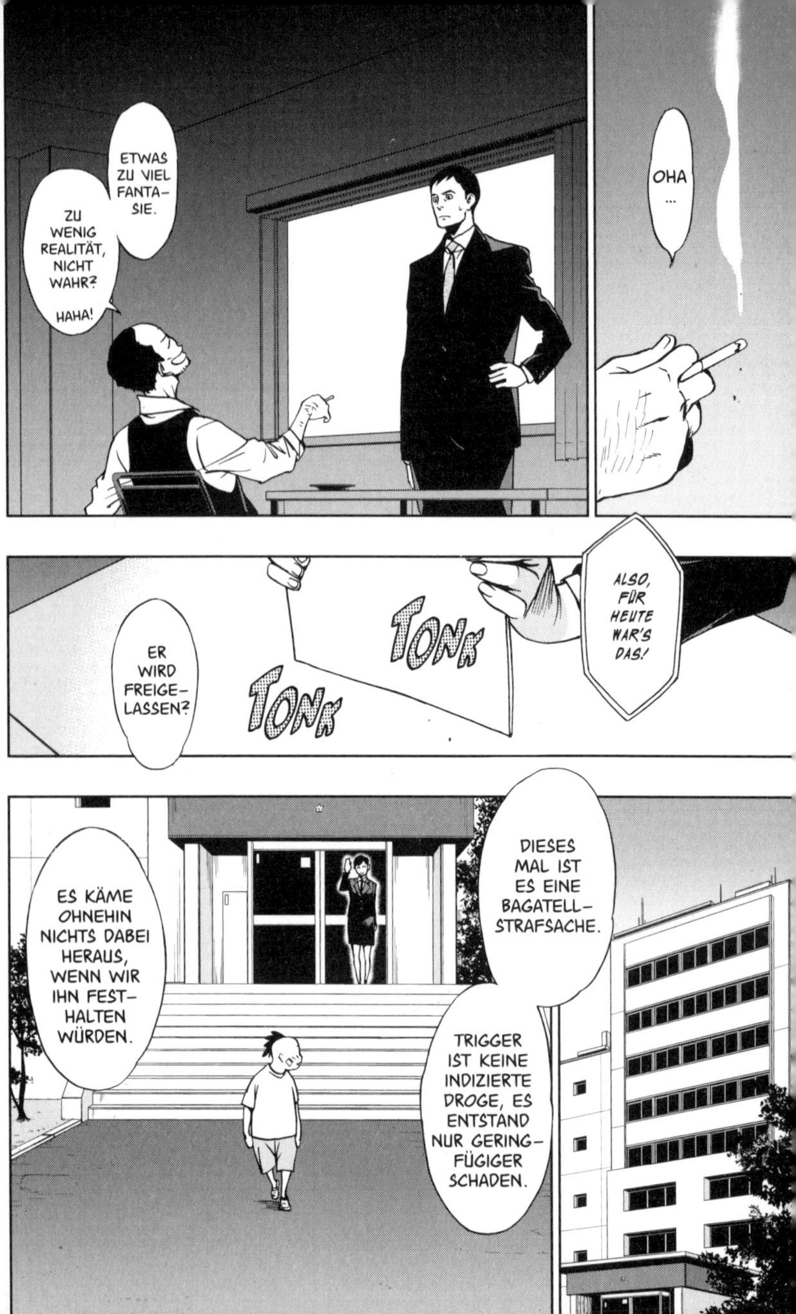
OHA …
ETWAS ZU VIEL FANTA-SIE.
ZU WENIG REALITÄT, NICHT WAHR? HAHA!
ALSO, FÜR HEUTE WAR'S DAS!
TONK
TONK
ER WIRD FREIGE-LASSEN?
DIESES MAL IST ES EINE BAGATELL-STRAFSACHE.
TRIGGER IST KEINE INDIZIERTE DROGE, ES ENTSTAND NUR GERING-FÜGIGER SCHADEN.
ES KÄME OHNEHIN NICHTS DABEI HERAUS, WENN WIR IHN FEST-HALTEN WÜRDEN.

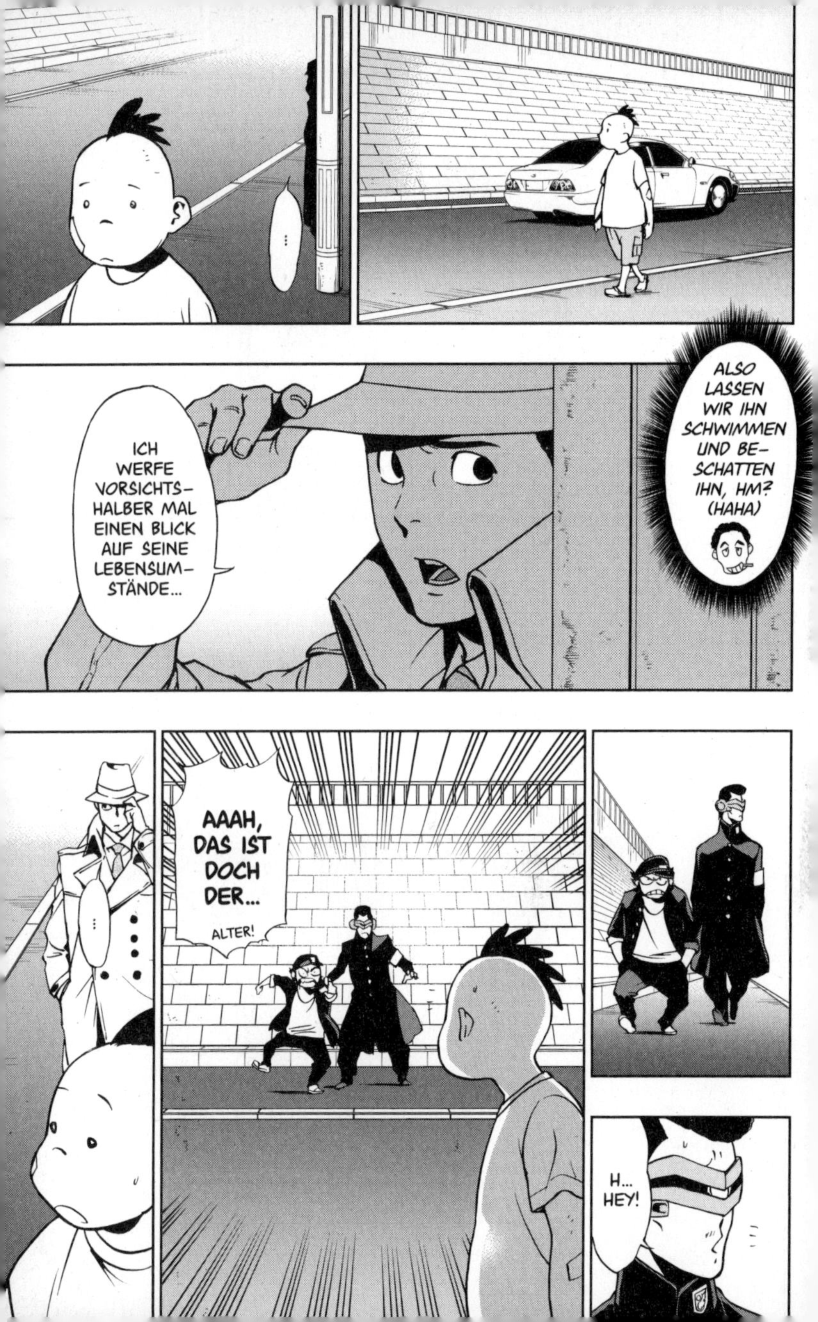
…
ALSO LASSEN WIR IHN SCHWIMMEN UND BE-SCHATTEN IHN, HM? (HAHA)
ICH WERFE VORSICHTSHALBER MAL EINEN BLICK AUF SEINE LEBENSUM-STÄNDE…
H… HEY!
AAAH, DAS IST DOCH DER…
ALTER!
…

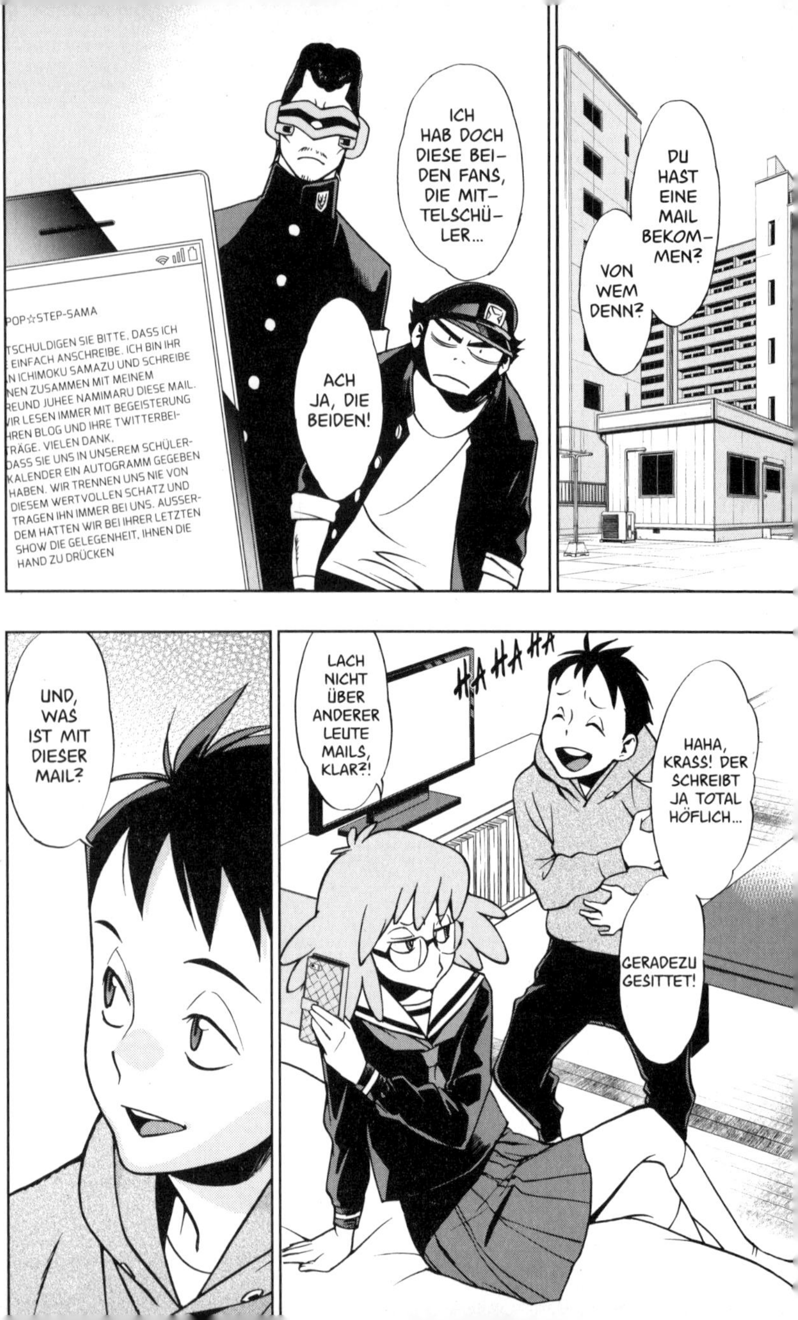
DU HAST EINE MAIL BEKOMMEN?
VON WEM DENN?
ICH HAB DOCH DIESE BEIDEN FANS, DIE MITTELSCHÜLER...
ACH JA, DIE BEIDEN!
POP☆STEP-SAMA
TSCHULDIGEN SIE BITTE, DASS ICH
E EINFACH ANSCHREIBE. ICH BIN IHR
N ICHIMOKU SAMAZU UND SCHREIBE
NEN ZUSAMMEN MIT MEINEM
REUND JUHEE NAMIMARU DIESE MAIL.
VIR LESEN IMMER MIT BEGEISTERUNG
HREN BLOG UND IHRE TWITTERBEI-
TRÄGE. VIELEN DANK,
DASS SIE UNS IN UNSEREM SCHÜLER-
KALENDER EIN AUTOGRAMM GEGEBEN
HABEN. WIR TRENNEN UNS NIE VON
DIESEM WERTVOLLEN SCHATZ UND
TRAGEN IHN IMMER BEI UNS. AUSSER-
DEM HATTEN WIR BEI IHRER LETZTEN
SHOW DIE GELEGENHEIT, IHNEN DIE
HAND ZU DRÜCKEN
HAHAHA
HAHA, KRASS! DER SCHREIBT JA TOTAL HÖFLICH...
GERADEZU GESITTET!
LACH NICHT ÜBER ANDERER LEUTE MAILS, KLAR?!
UND, WAS IST MIT DIESER MAIL?

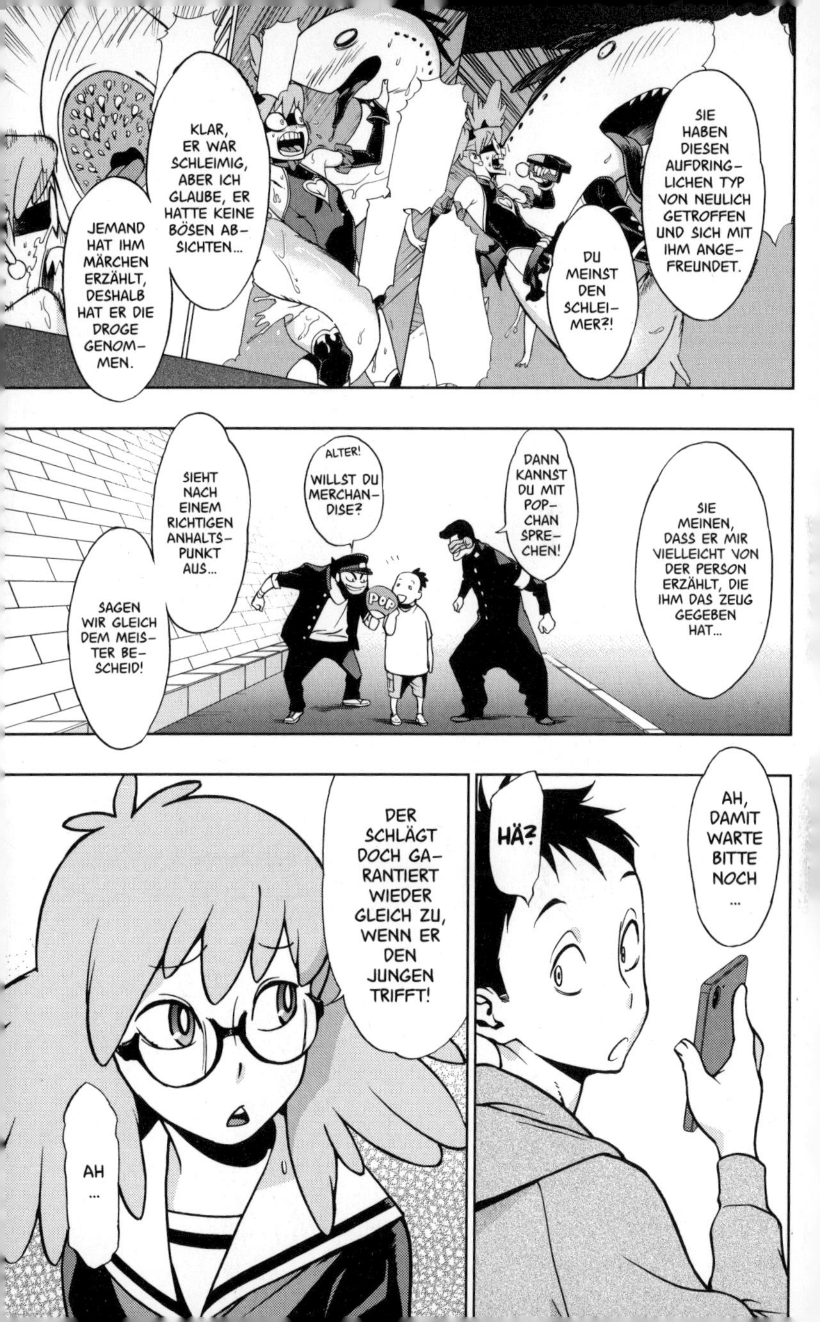
SIE HABEN DIESEN AUFDRINGLICHEN TYP VON NEULICH GETROFFEN UND SICH MIT IHM ANGEFREUNDET.
DU MEINST DEN SCHLEIMER?!
KLAR, ER WAR SCHLEIMIG, ABER ICH GLAUBE, ER HATTE KEINE BÖSEN ABSICHTEN…
JEMAND HAT IHM MÄRCHEN ERZÄHLT, DESHALB HAT ER DIE DROGE GENOMMEN.
SIE MEINEN, DASS ER MIR VIELLEICHT VON DER PERSON ERZÄHLT, DIE IHM DAS ZEUG GEGEBEN HAT…
DANN KANNST DU MIT POP-CHAN SPRECHEN!
ALTER!
WILLST DU MERCHANDISE?
POP
SIEHT NACH EINEM RICHTIGEN ANHALTSPUNKT AUS…
SAGEN WIR GLEICH DEM MEISTER BESCHEID!
AH, DAMIT WARTE BITTE NOCH …
HÄ?
DER SCHLÄGT DOCH GARANTIERT WIEDER GLEICH ZU, WENN ER DEN JUNGEN TRIFFT!
AH …

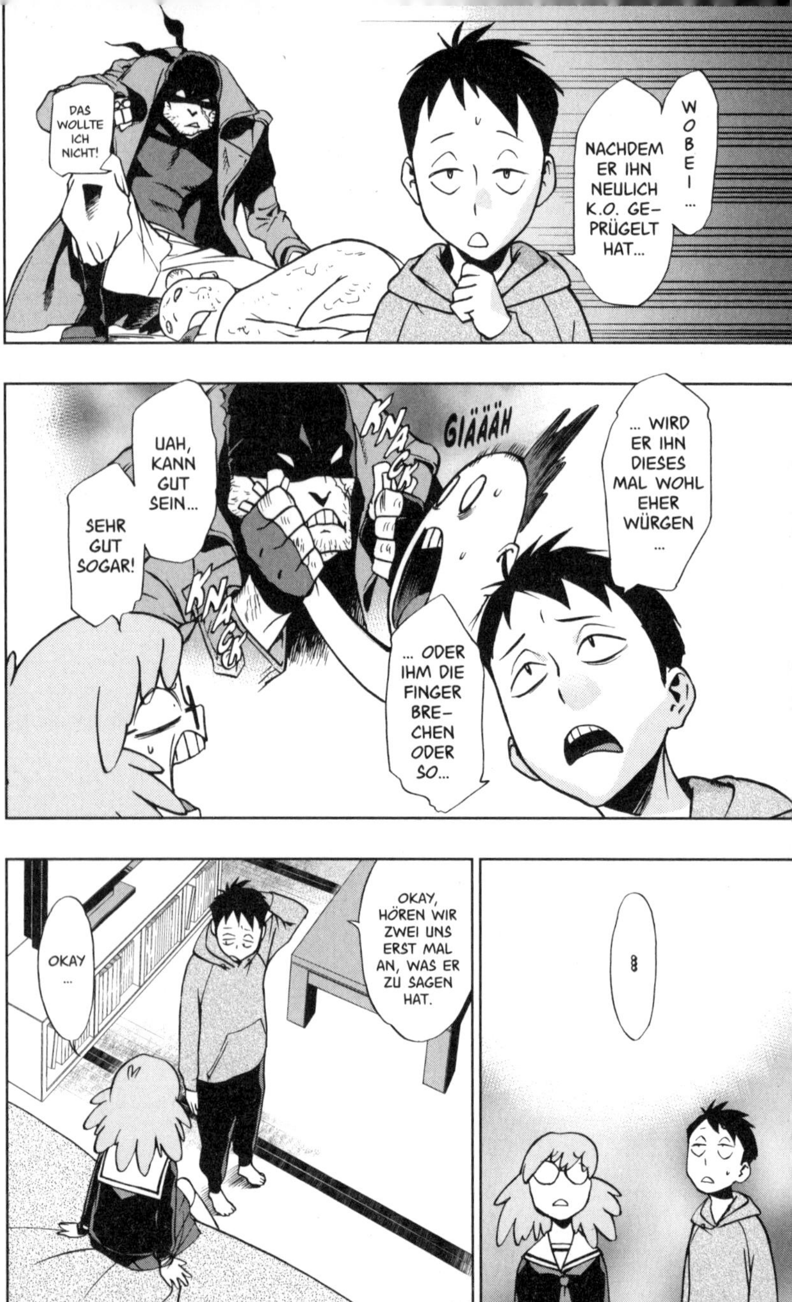
WOBEI ...
NACHDEM ER IHN NEULICH K.O. GE-PRÜGELT HAT...
DAS WOLLTE ICH NICHT!
... WIRD ER IHN DIESES MAL WOHL EHER WÜRGEN ...
GIÄÄÄH
KNACK
UAH, KANN GUT SEIN...
SEHR GUT SOGAR!
... ODER IHM DIE FINGER BRE-CHEN ODER SO...
KNACK
...
OKAY, HÖREN WIR ZWEI UNS ERST MAL AN, WAS ER ZU SAGEN HAT.
OKAY ...

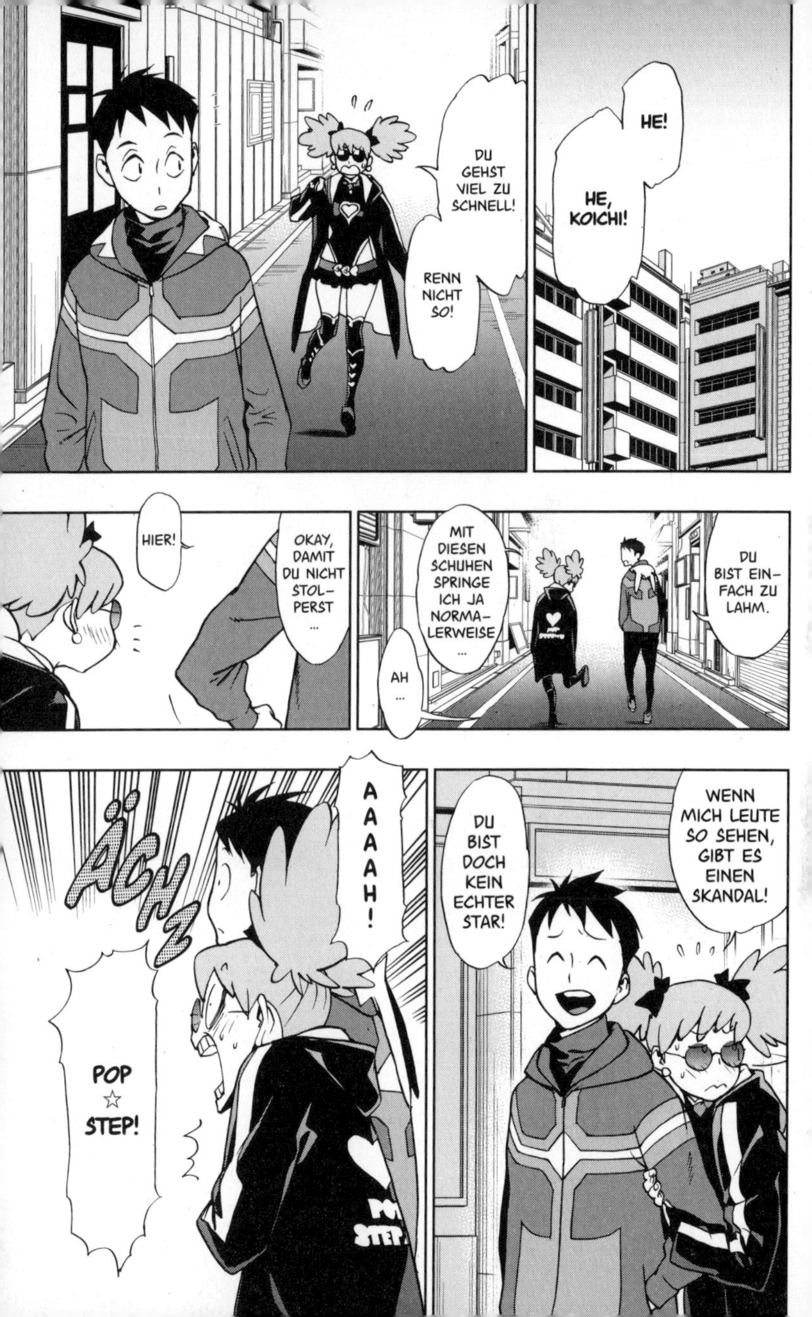
HE!
HE, KOICHI!
DU GEHST VIEL ZU SCHNELL!
RENN NICHT SO!
DU BIST EINFACH ZU LAHM.
MIT DIESEN SCHUHEN SPRINGE ICH JA NORMALERWEISE ...
AH ...
OKAY, DAMIT DU NICHT STOLPERST ...
HIER!
WENN MICH LEUTE SO SEHEN, GIBT ES EINEN SKANDAL!
DU BIST DOCH KEIN ECHTER STAR!
AAAAAH!
ÄCHZ
POP ☆ STEP!

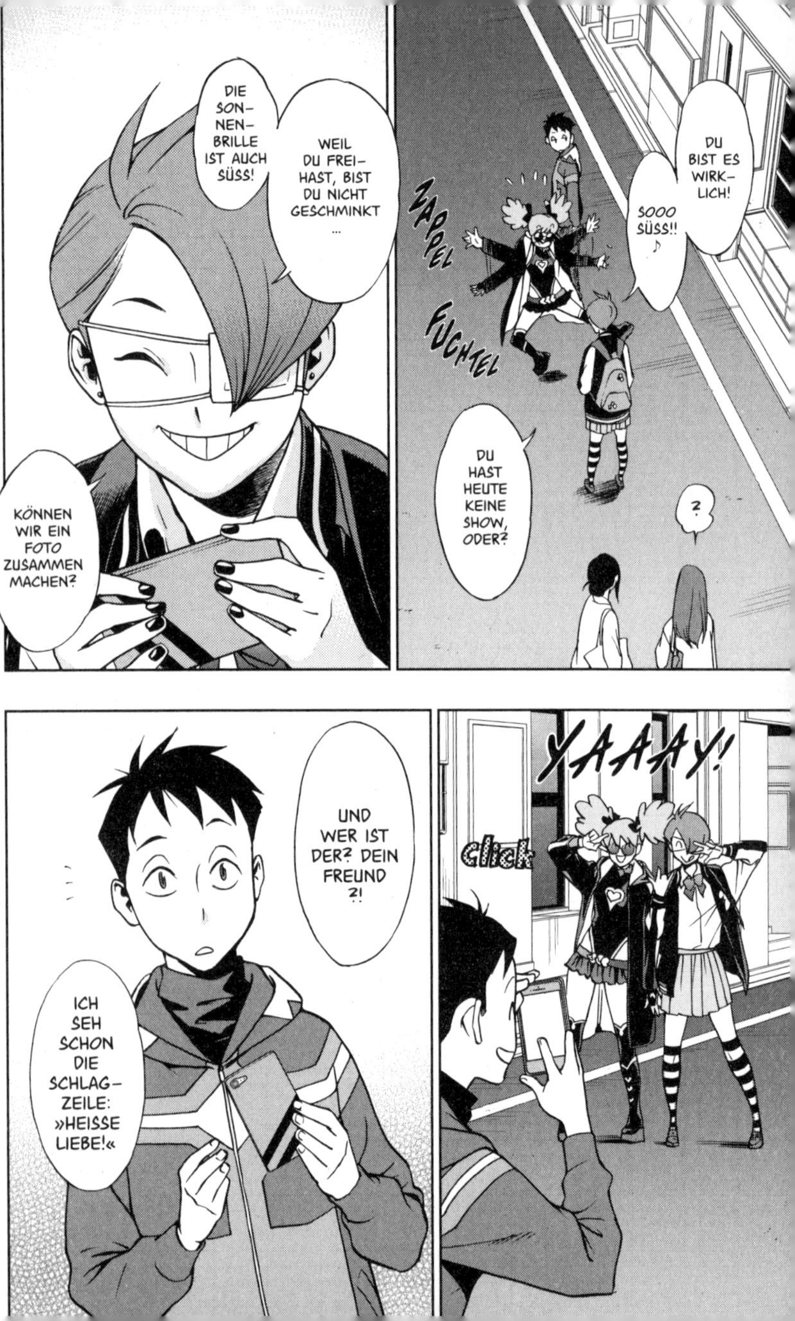
DU BIST ES WIRKLICH!
SOOO SÜSS!! ♪
ZAPPEL
FUCHTEL
DU HAST HEUTE KEINE SHOW, ODER?
?
WEIL DU FREIHAST, BIST DU NICHT GESCHMINKT …
DIE SONNENBRILLE IST AUCH SÜSS!
KÖNNEN WIR EIN FOTO ZUSAMMEN MACHEN?
YAAAY!
Click
UND WER IST DER? DEIN FREUND?!
ICH SEH SCHON DIE SCHLAGZEILE: »HEISSE LIEBE!«

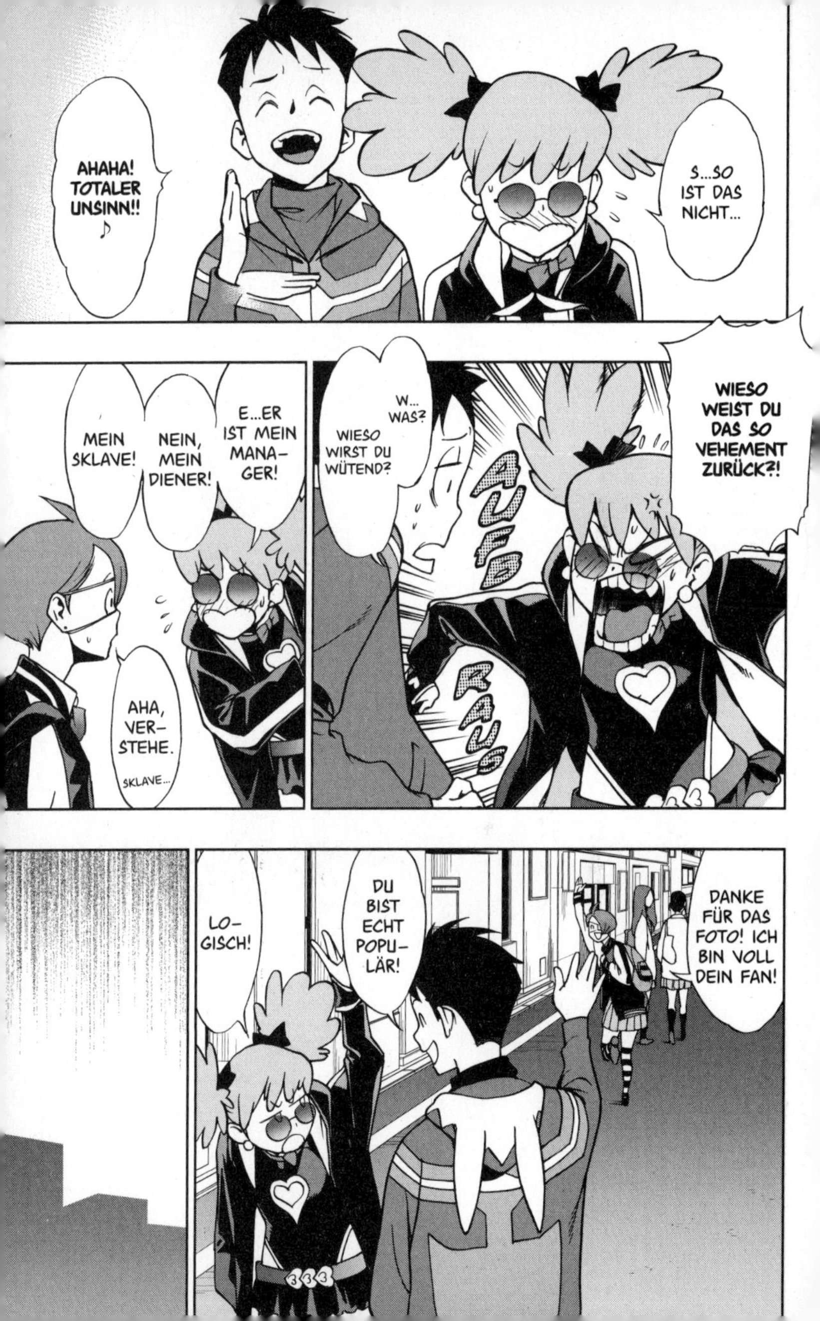

S...SO IST DAS NICHT...
AHAHA! TOTALER UNSINN!! ♪
WIESO WEIST DU DAS SO VEHEMENT ZURÜCK?!
AUFB RAUS
W... WAS?
WIESO WIRST DU WÜTEND?
E...ER IST MEIN MANA-GER!
NEIN, MEIN DIENER!
MEIN SKLAVE!
AHA, VER-STEHE.
SKLAVE...
DANKE FÜR DAS FOTO! ICH BIN VOLL DEIN FAN!
DU BIST ECHT POPU-LÄR!
LO-GISCH!

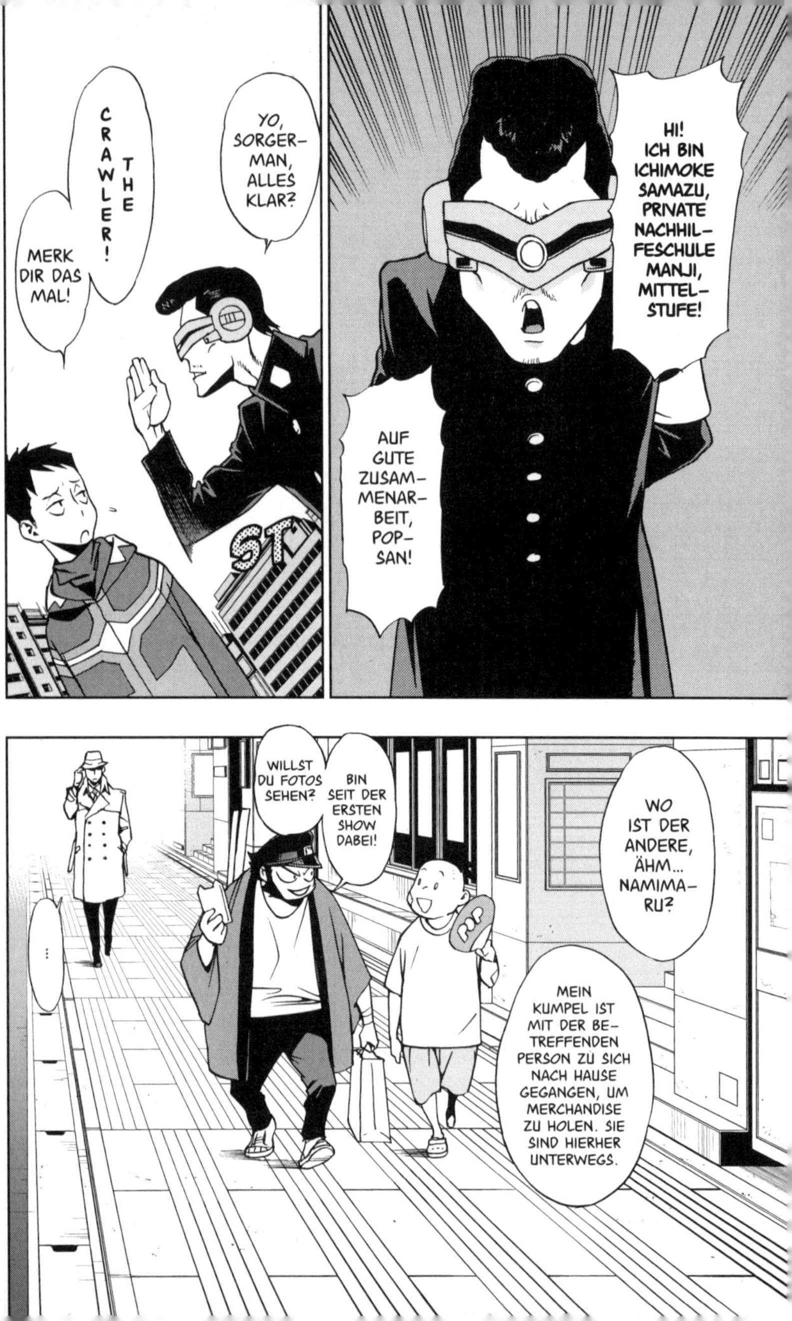
HI! ICH BIN ICHIMOKE SAMAZU, PRIVATE NACHHILFESCHULE MANJI, MITTELSTUFE!
AUF GUTE ZUSAMMENARBEIT, POP-SAN!
YO, SORGERMAN, ALLES KLAR?
THE CRAWLER!
MERK DIR DAS MAL!
WO IST DER ANDERE, ÄHM... NAMIMARU?
MEIN KUMPEL IST MIT DER BETREFFENDEN PERSON ZU SICH NACH HAUSE GEGANGEN, UM MERCHANDISE ZU HOLEN. SIE SIND HIERHER UNTERWEGS.
BIN SEIT DER ERSTEN SHOW DABEI!
WILLST DU FOTOS SEHEN?
...

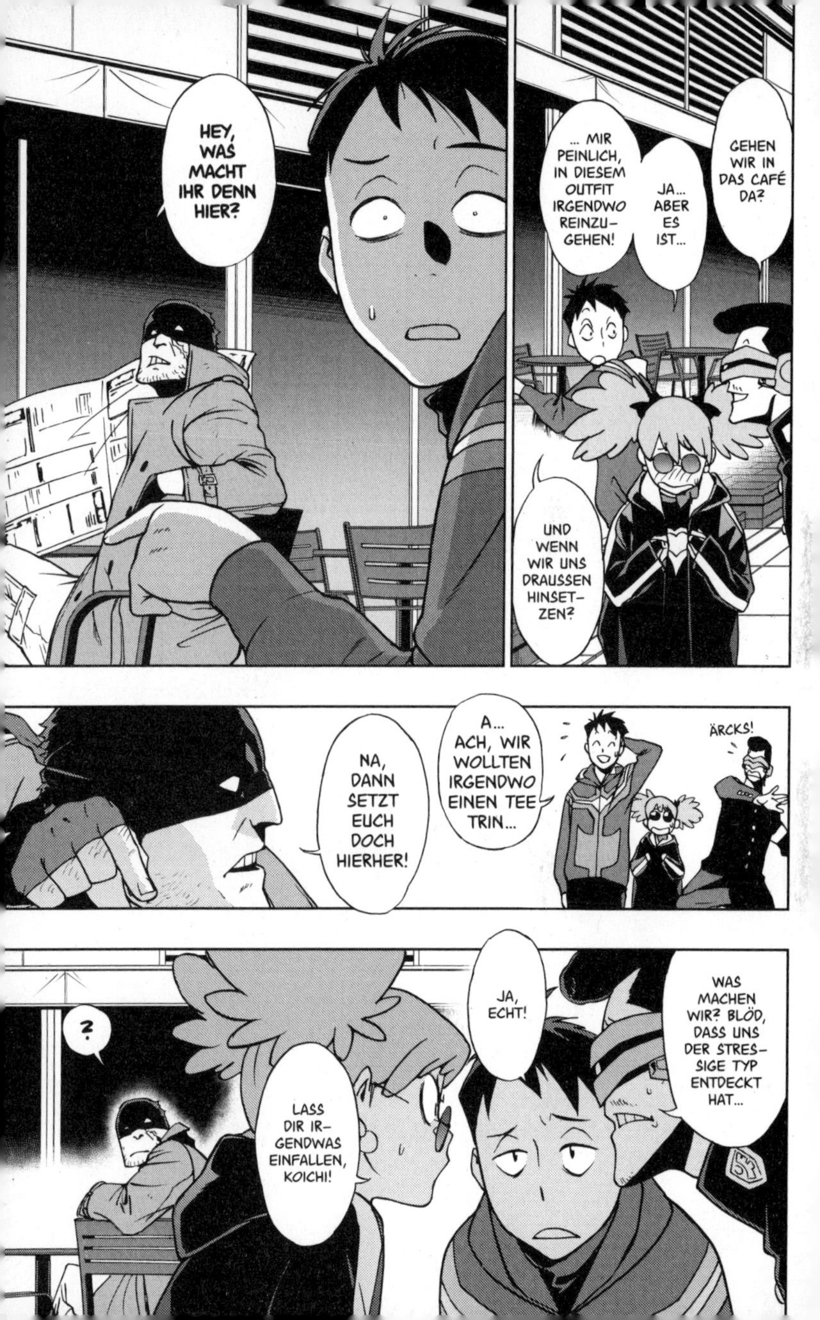
GEHEN WIR IN DAS CAFÉ DA?
JA... ABER ES IST...
... MIR PEINLICH, IN DIESEM OUTFIT IRGENDWO REINZUGEHEN!
UND WENN WIR UNS DRAUSSEN HINSETZEN?
HEY, WAS MACHT IHR DENN HIER?
ÄRCKS!
A... ACH, WIR WOLLTEN IRGENDWO EINEN TEE TRIN...
NA, DANN SETZT EUCH DOCH HIERHER!
WAS MACHEN WIR? BLÖD, DASS UNS DER STRESSIGE TYP ENTDECKT HAT...
JA, ECHT!
LASS DIR IRGENDWAS EINFALLEN, KOICHI!
?

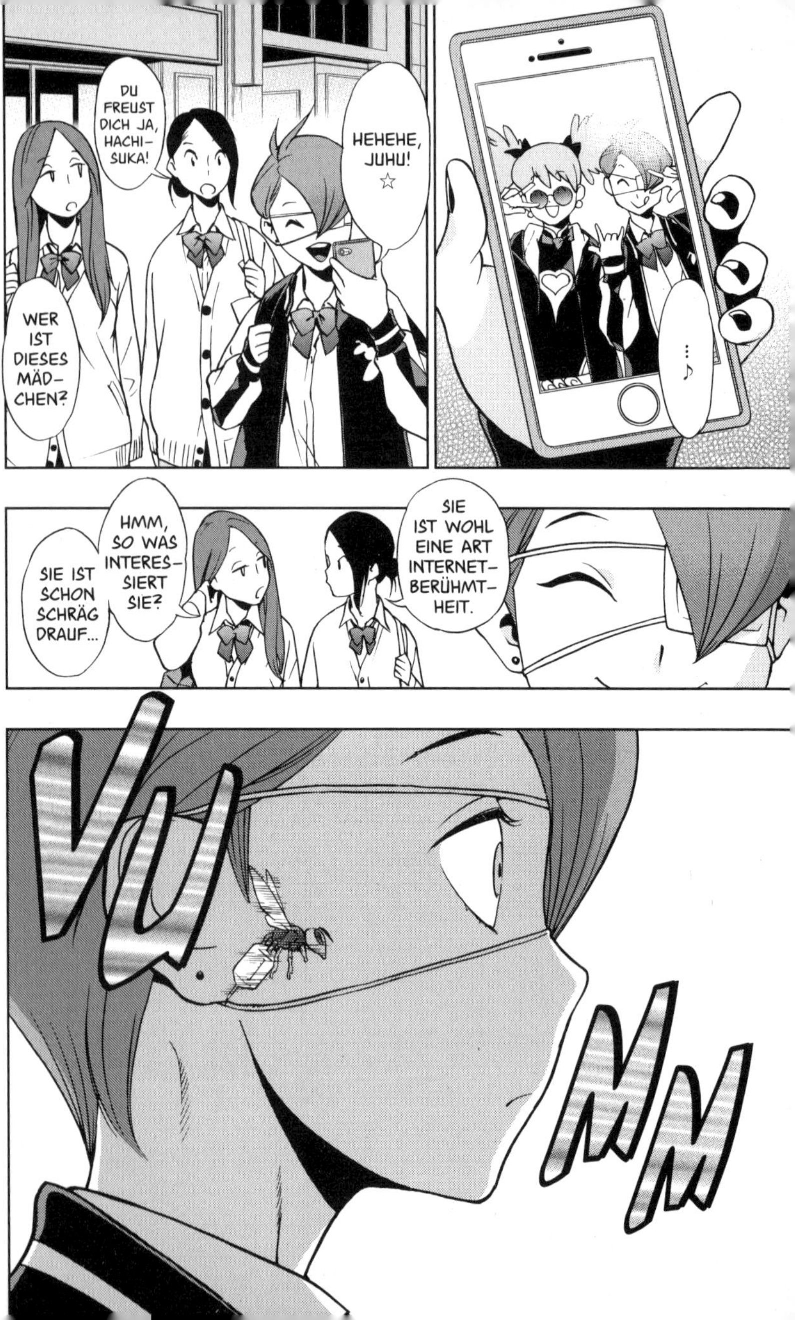
...♪
HEHEHE, JUHU! ☆
DU FREUST DICH JA, HACHISUKA!
WER IST DIESES MÄDCHEN?
SIE IST WOHL EINE ART INTERNET-BERÜHMTHEIT.
HMM, SO WAS INTERESSIERT SIE?
SIE IST SCHON SCHRÄG DRAUF...
VU
MM

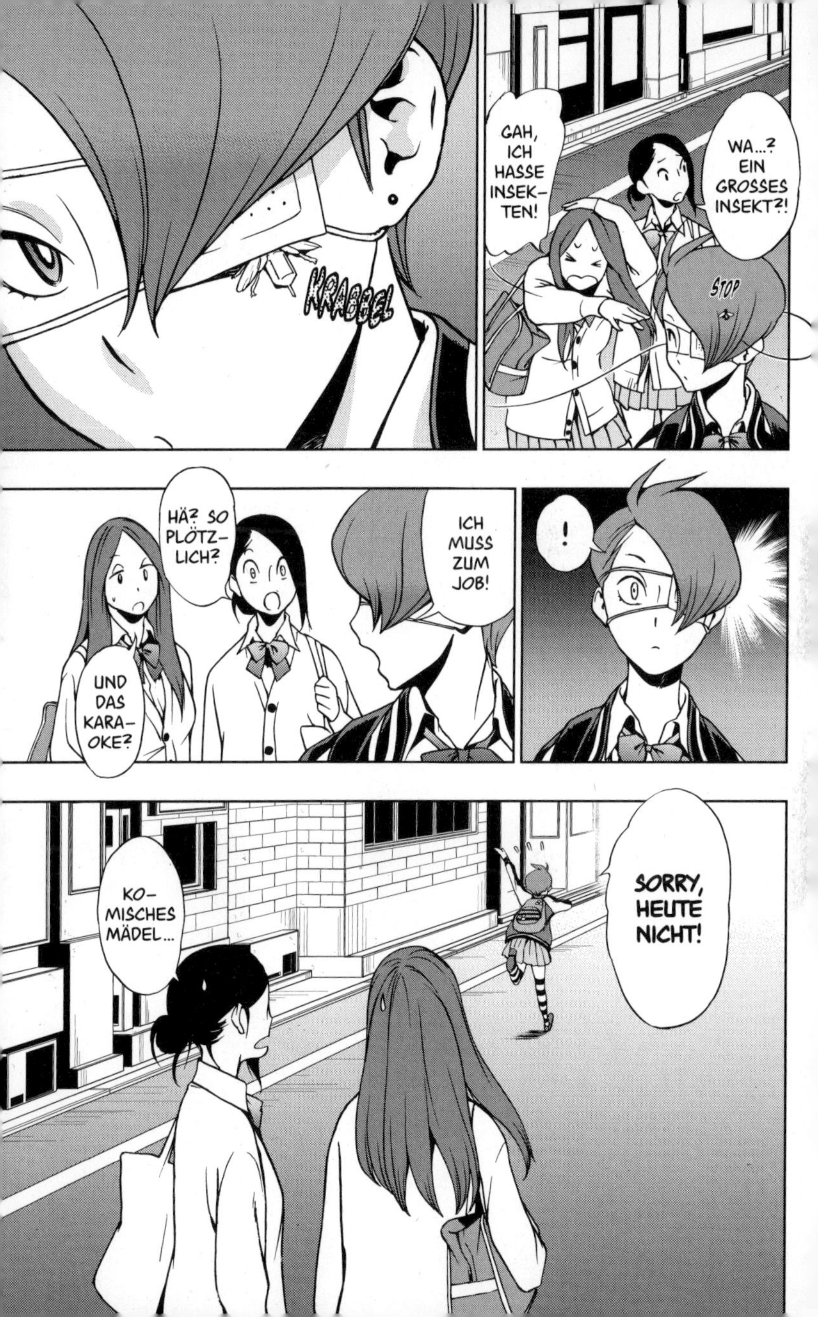
WA...? EIN GROSSES INSEKT?!
GAH, ICH HASSE INSEKTEN!
STOP
KRABBEL
!
ICH MUSS ZUM JOB!
HÄ? SO PLÖTZLICH?
UND DAS KARAOKE?
SORRY, HEUTE NICHT!
KOMISCHES MÄDEL...

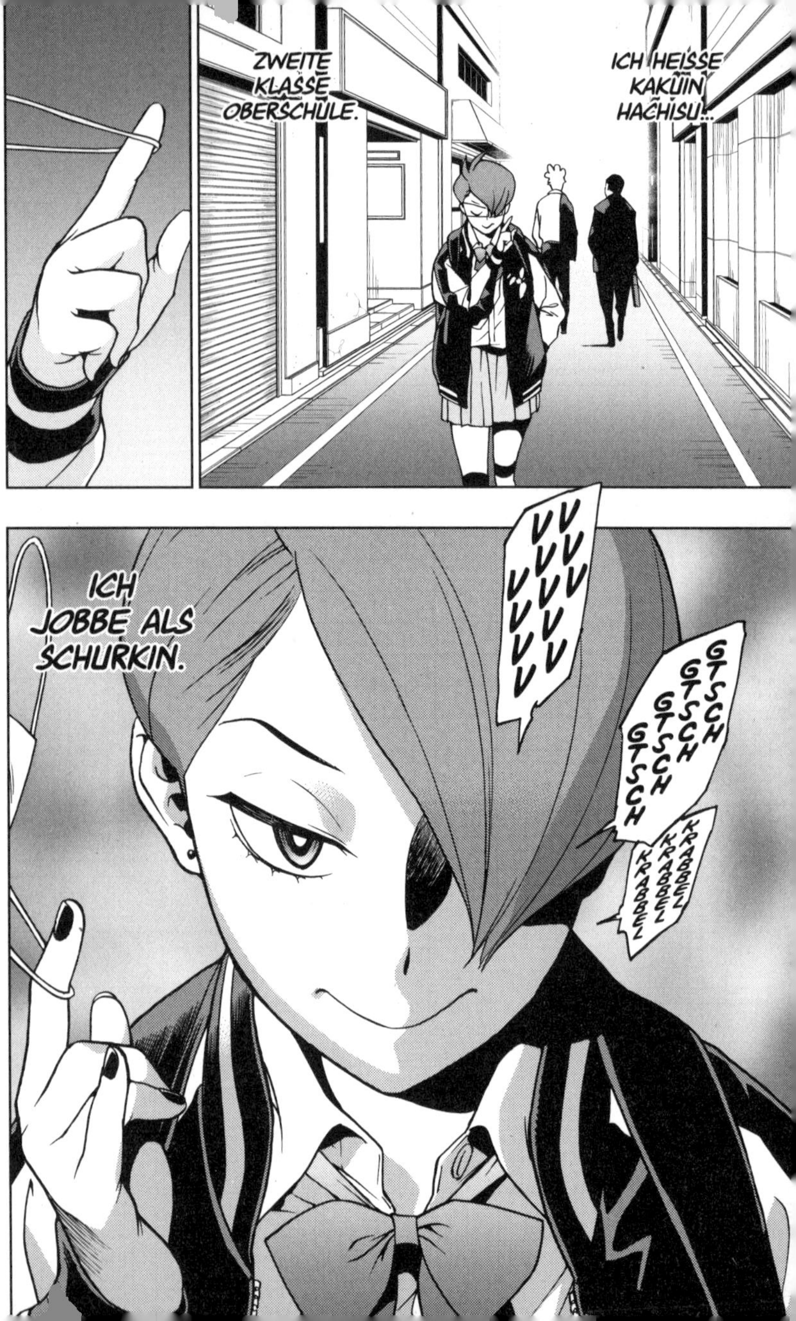
ICH HEISSE KAKUIN HACHISU...
ZWEITE KLASSE OBERSCHULE.
VVVVV VVVVVV VVVVV
GTSCH GTSCH GTSCH GTSCH
KRABBEL KRABBEL KRABBEL
ICH JOBBE ALS SCHURKIN.

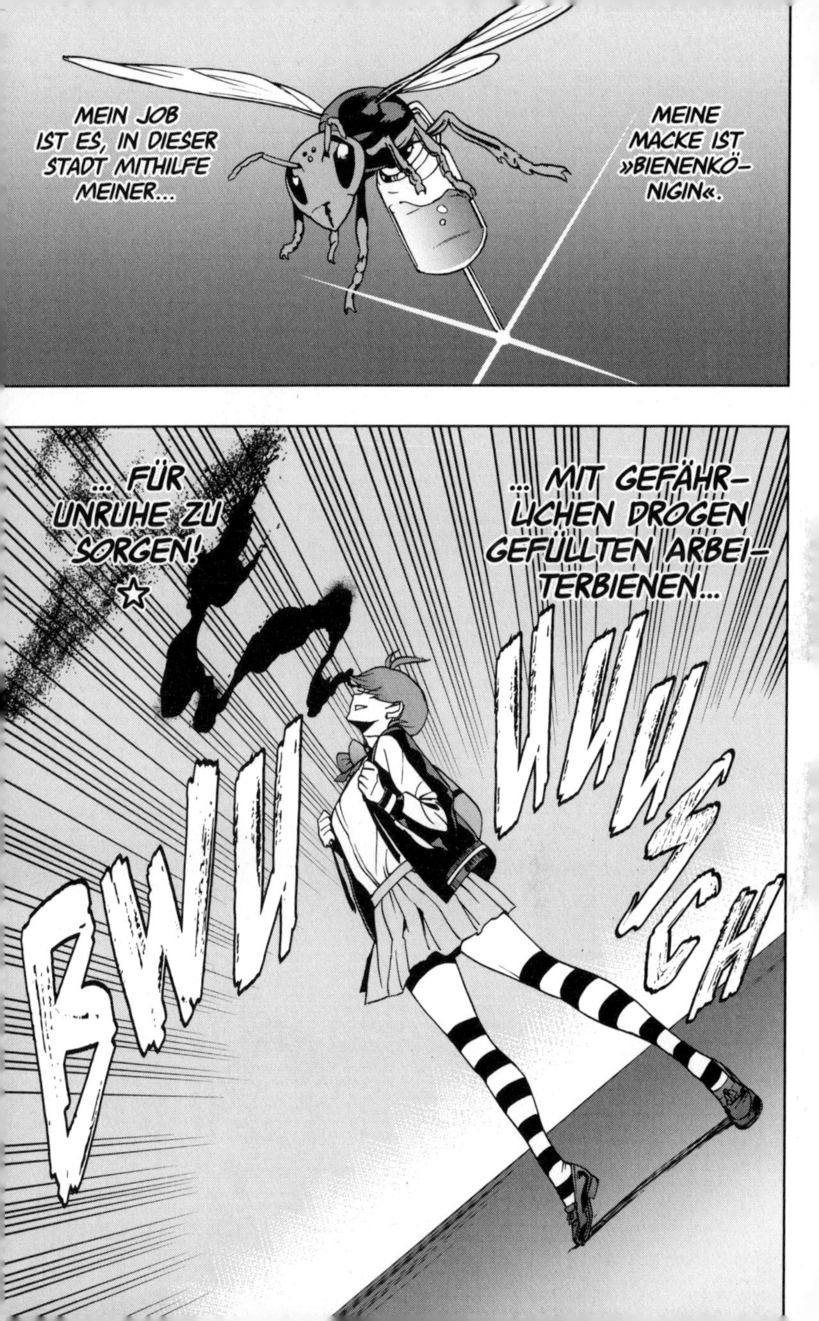
MEINE MACKE IST »BIENENKÖNIGIN«.
MEIN JOB IST ES, IN DIESER STADT MITHILFE MEINER...
... MIT GEFÄHRLICHEN DROGEN GEFÜLLTEN ARBEITERBIENEN...
... FÜR UNRUHE ZU SORGEN! ☆

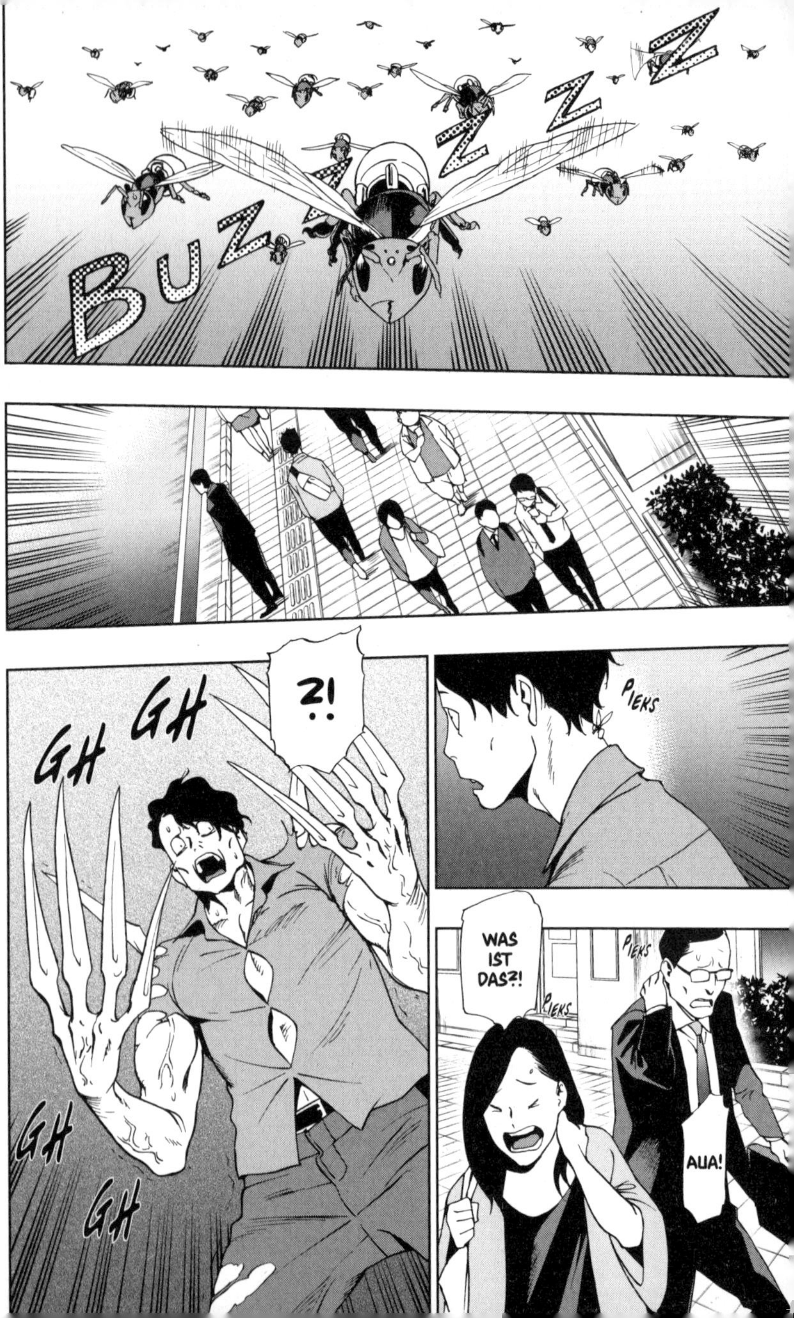
BUZZZZZ
Pieks
?!
GH GH
GH
GH
GH
Pieks
Pieks
Was ist das?!
Aua!

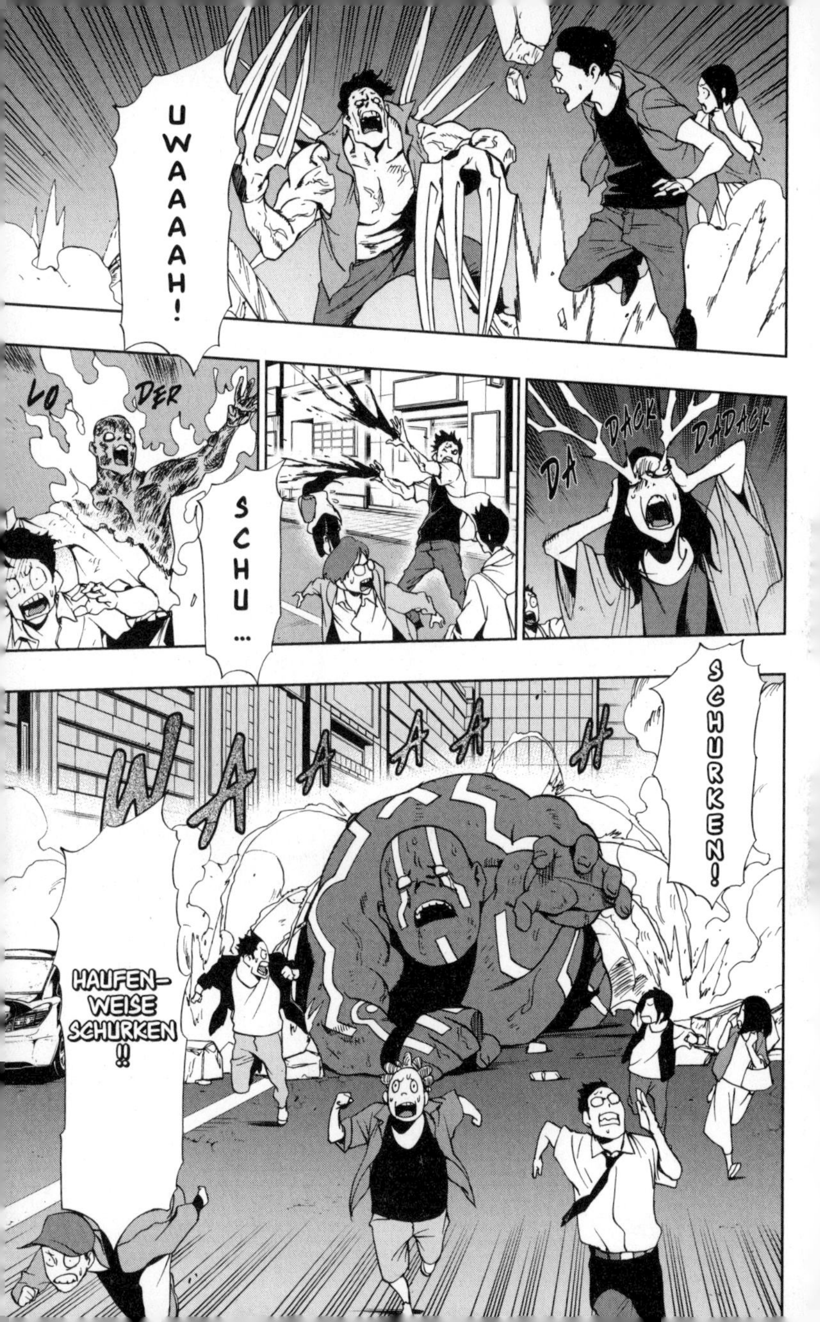
UWAAAAAH!
DA DACK DADACK
SCHU...
LO DER
SCHURKEN!
WAAAH
HAUFEN-WEISE SCHURKEN!!

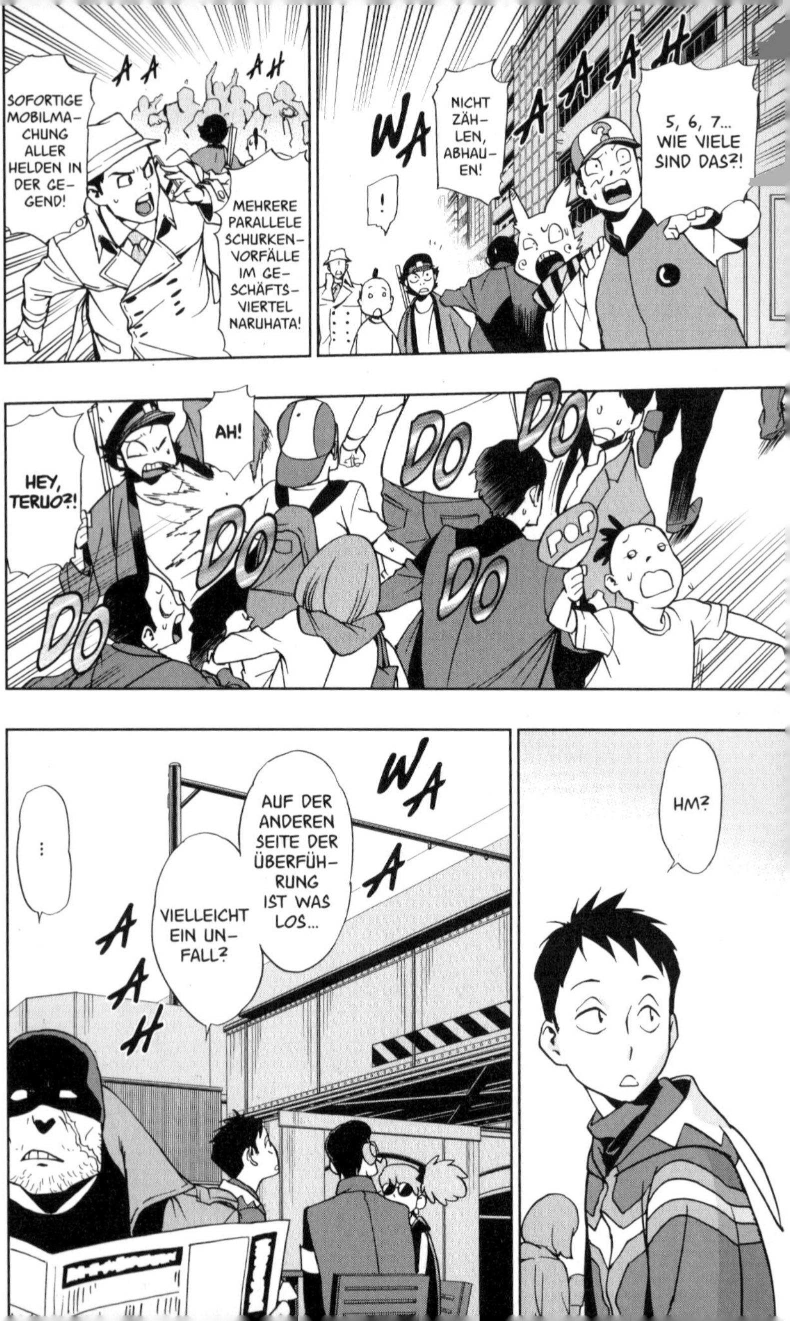
A A
A H
SOFORTIGE MOBILMACHUNG ALLER HELDEN IN DER GEGEND!
MEHRERE PARALLELE SCHURKENVORFÄLLE IM GESCHÄFTSVIERTEL NARUHATA!
WA
!
NICHT ZÄHLEN, ABHAUEN!
A A A A H
5, 6, 7... WIE VIELE SIND DAS?!
HEY, TERUO?!
AH!
DO DO DO DO DO DO
POP
...
AUF DER ANDEREN SEITE DER ÜBERFÜHRUNG IST WAS LOS...
VIELLEICHT EIN UNFALL?
WA A A A A H
HM?

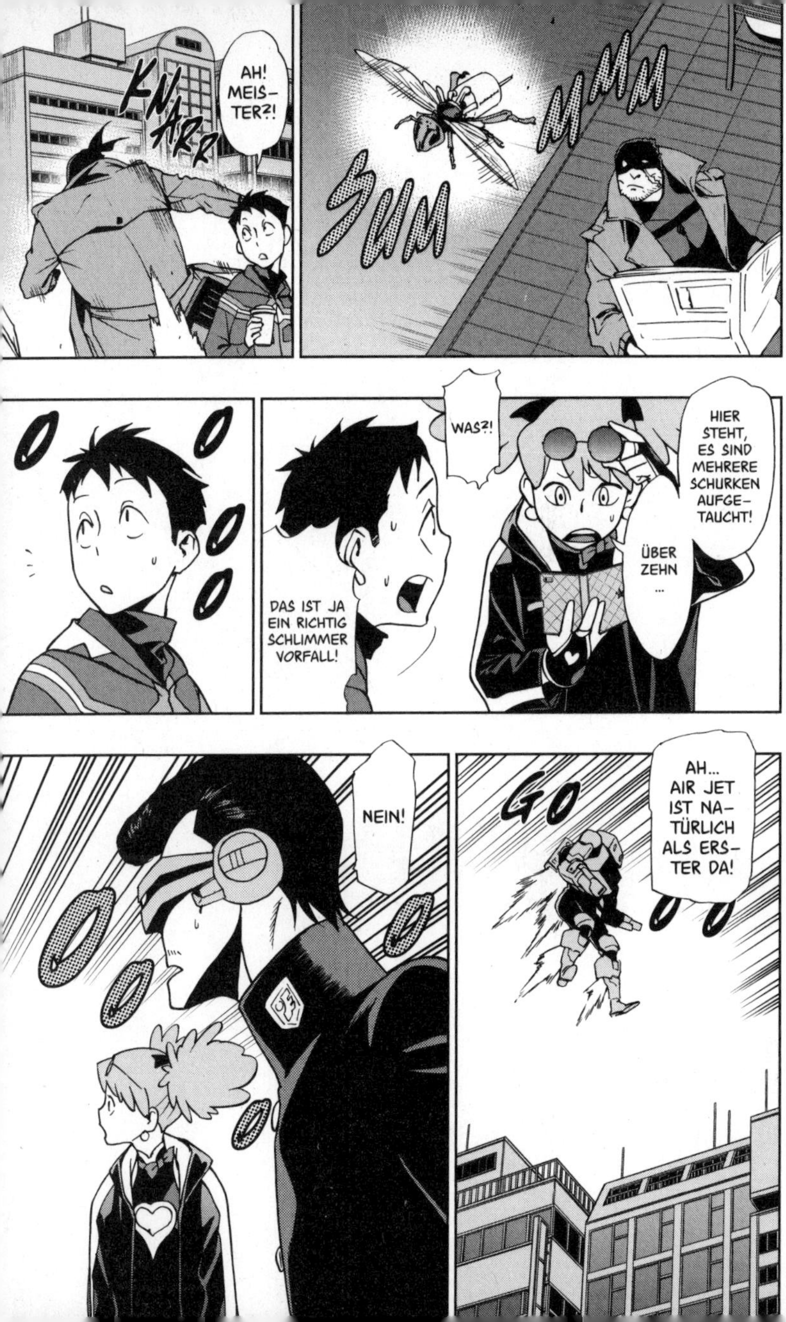
SUMM
AH! MEISTER?!
KNARR
WAS?!
HIER STEHT, ES SIND MEHRERE SCHURKEN AUFGETAUCHT!
ÜBER ZEHN ...
DAS IST JA EIN RICHTIG SCHLIMMER VORFALL!
AH... AIR JET IST NATÜRLICH ALS ERSTER DA!
GO
NEIN!

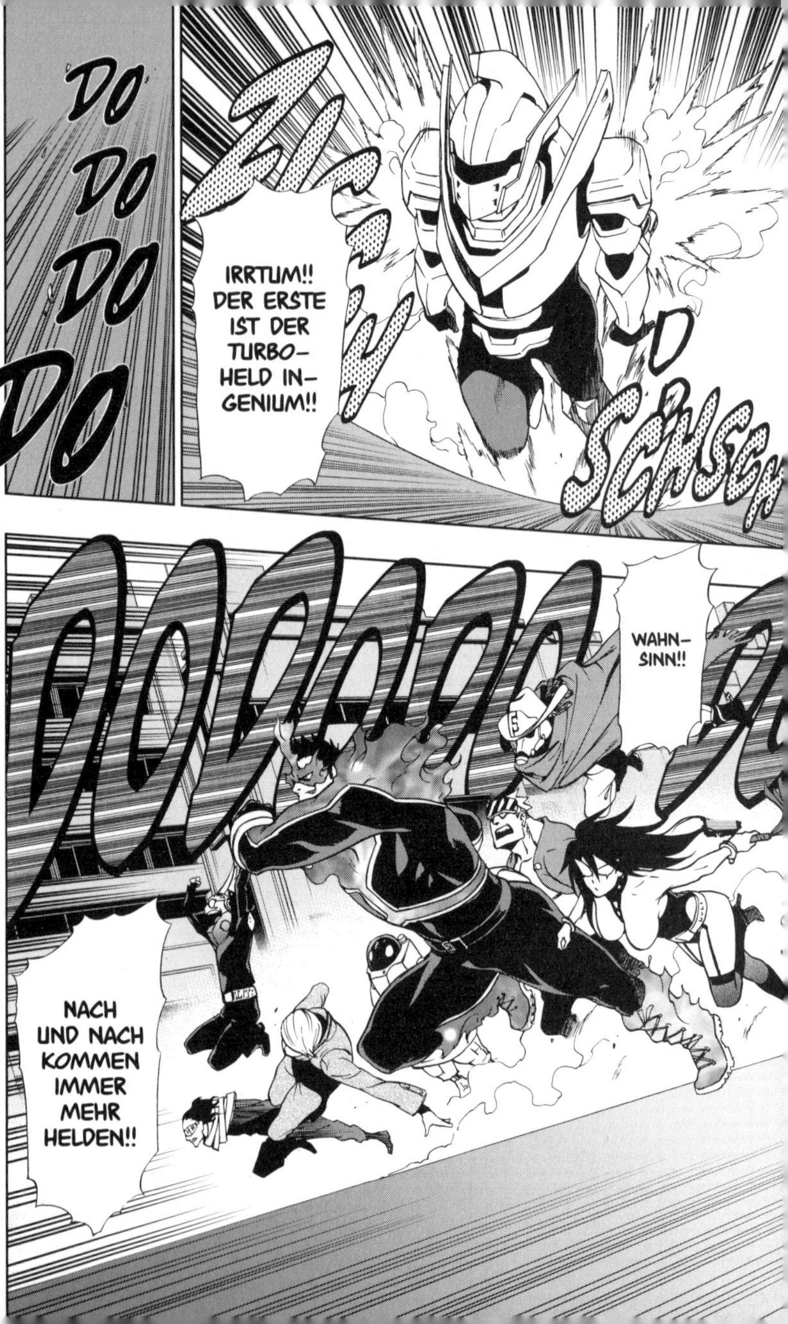
IRRTUM!! DER ERSTE IST DER TURBO-HELD IN-GENIUM!!
SCHSCH
DO DO DO DO
WAHN-SINN!!
NACH UND NACH KOMMEN IMMER MEHR HELDEN!!

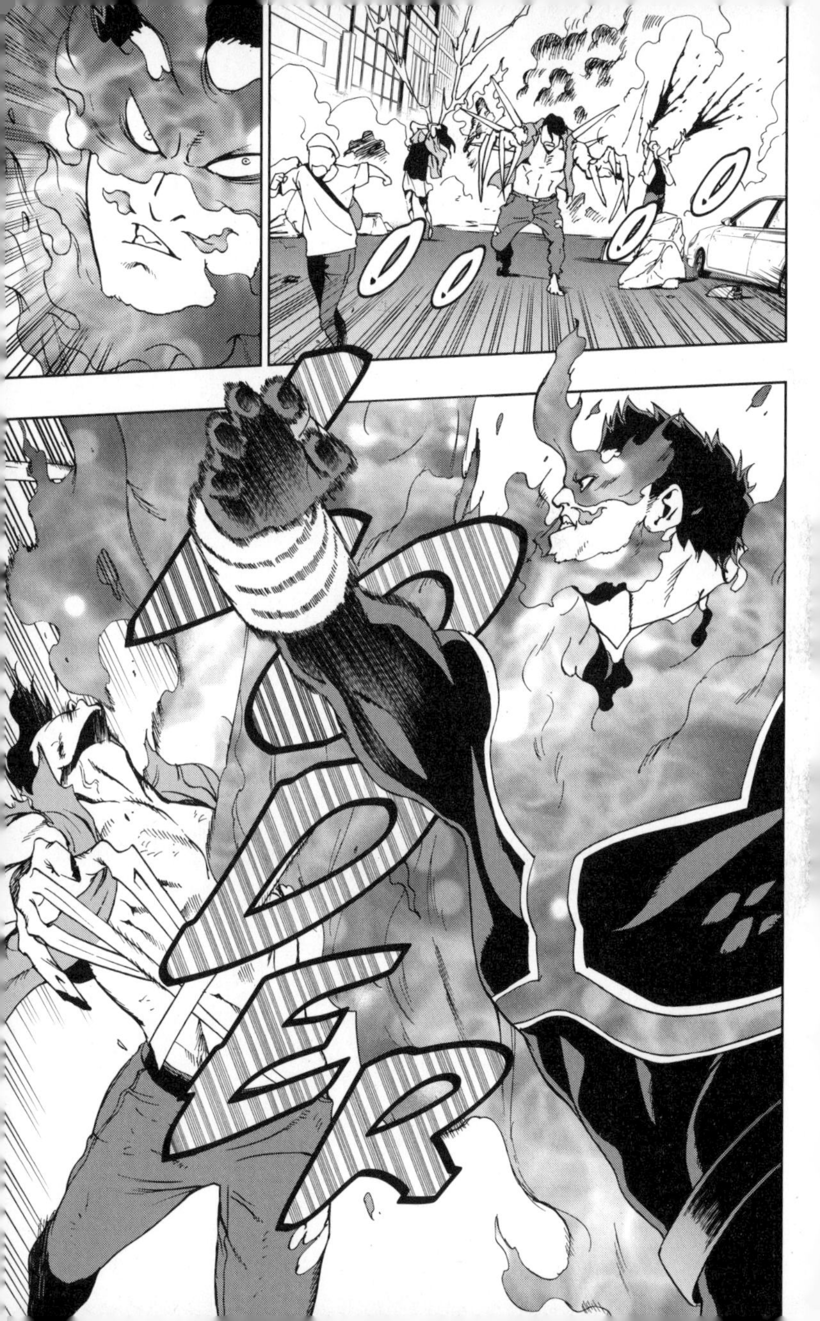

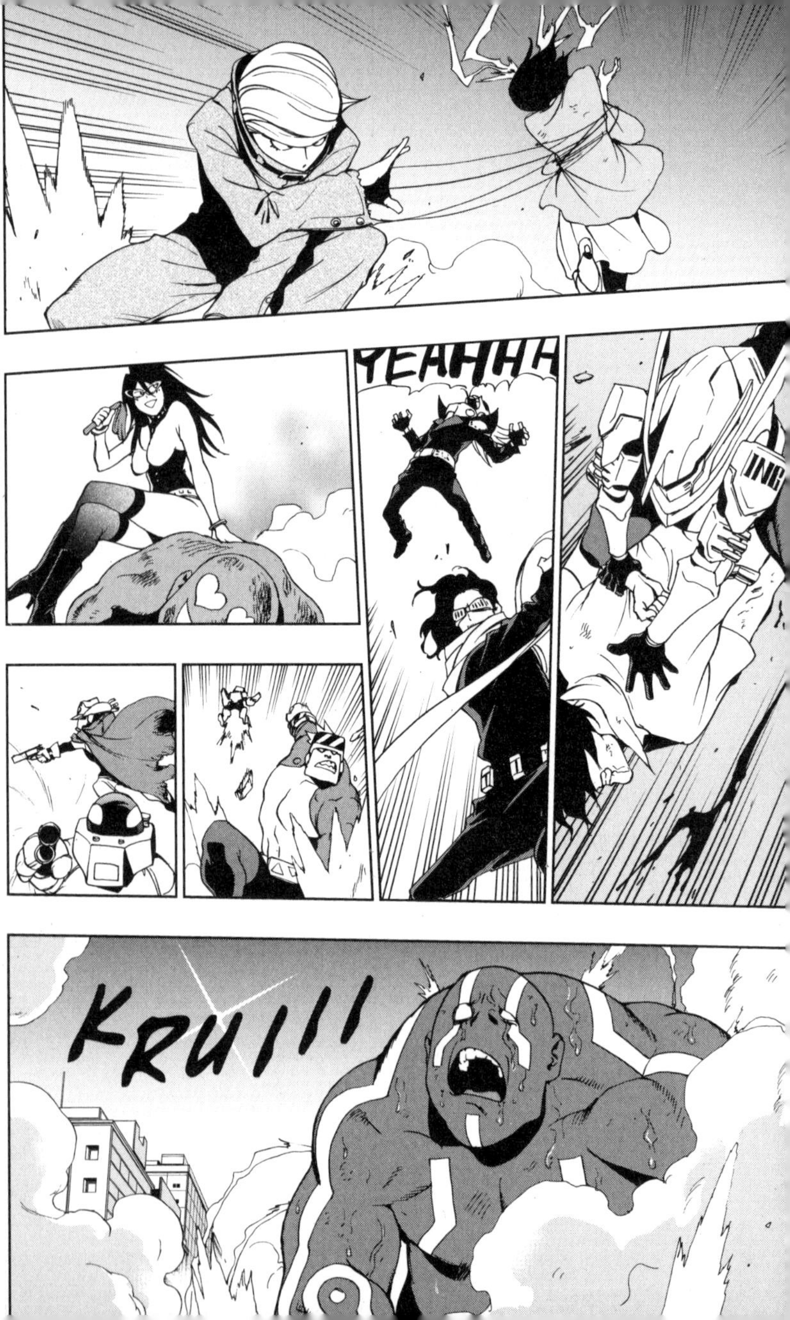
YEAHHH
INC
KRUIII

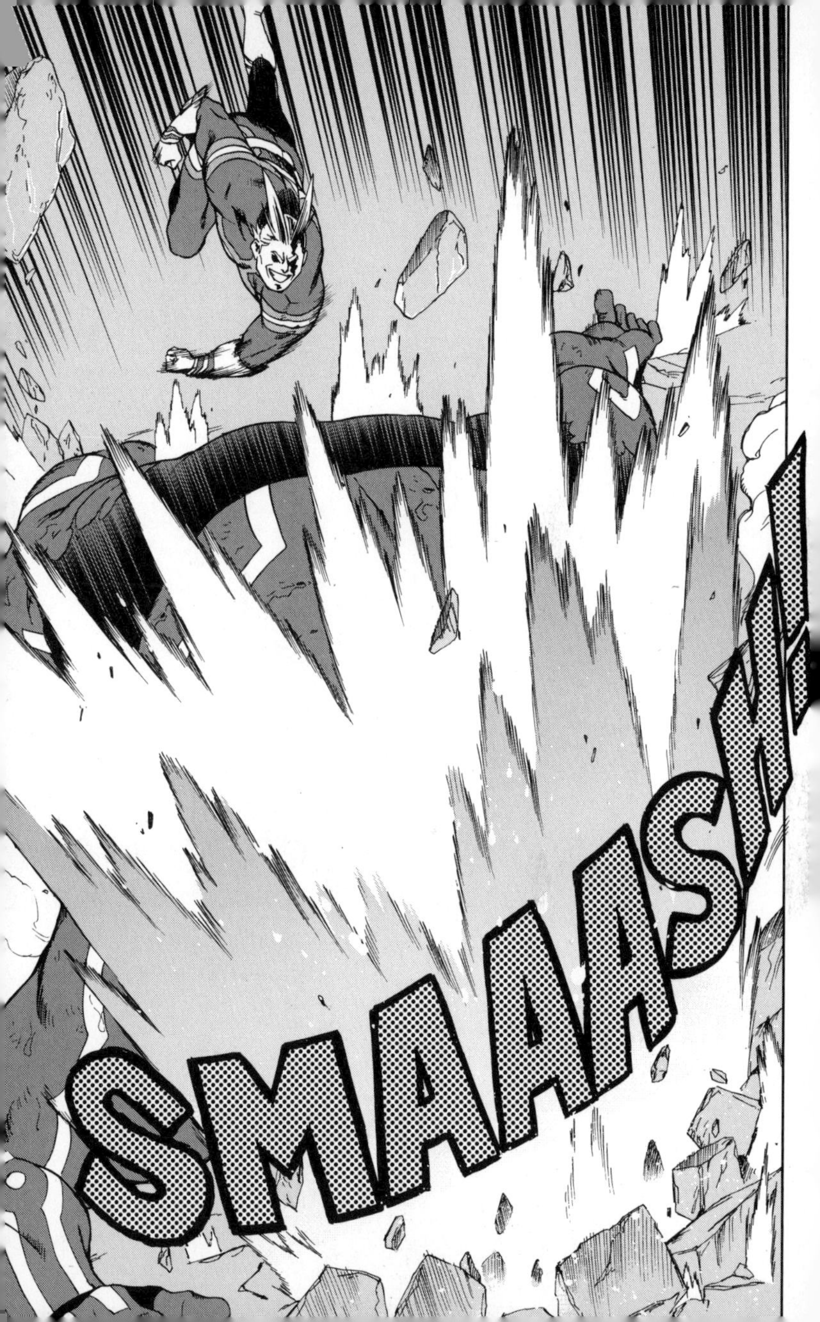
SMAAASH!!

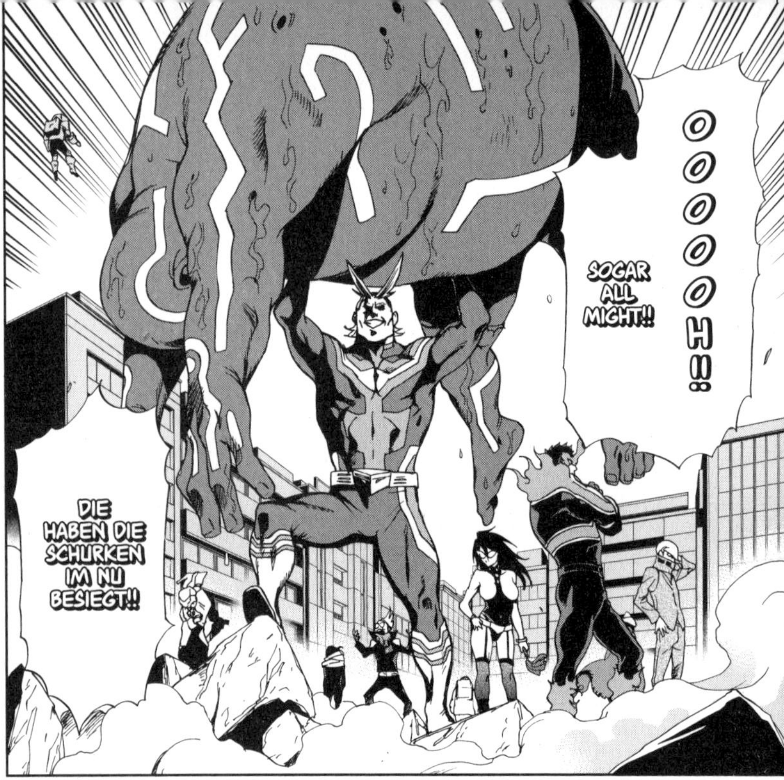
OOOOOOH!!
SOGAR ALL MIGHT!!
DIE HABEN DIE SCHURKEN IM NU BESIEGT!!

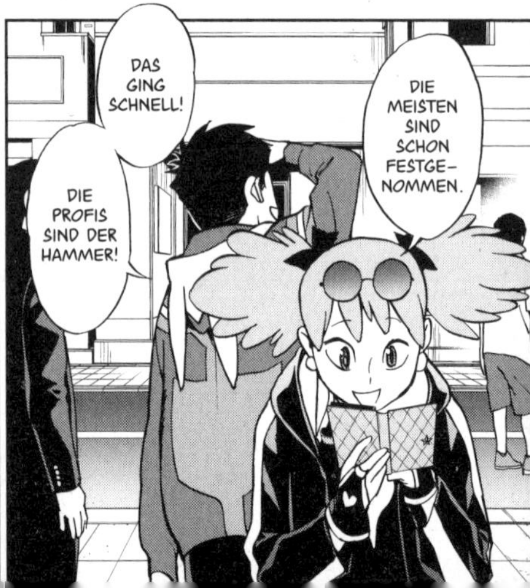
DIE MEISTEN SIND SCHON FESTGE-NOMMEN.
DAS GING SCHNELL!
DIE PROFIS SIND DER HAMMER!

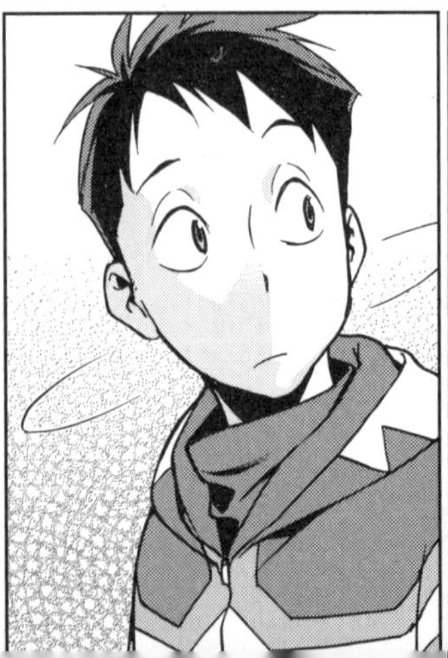

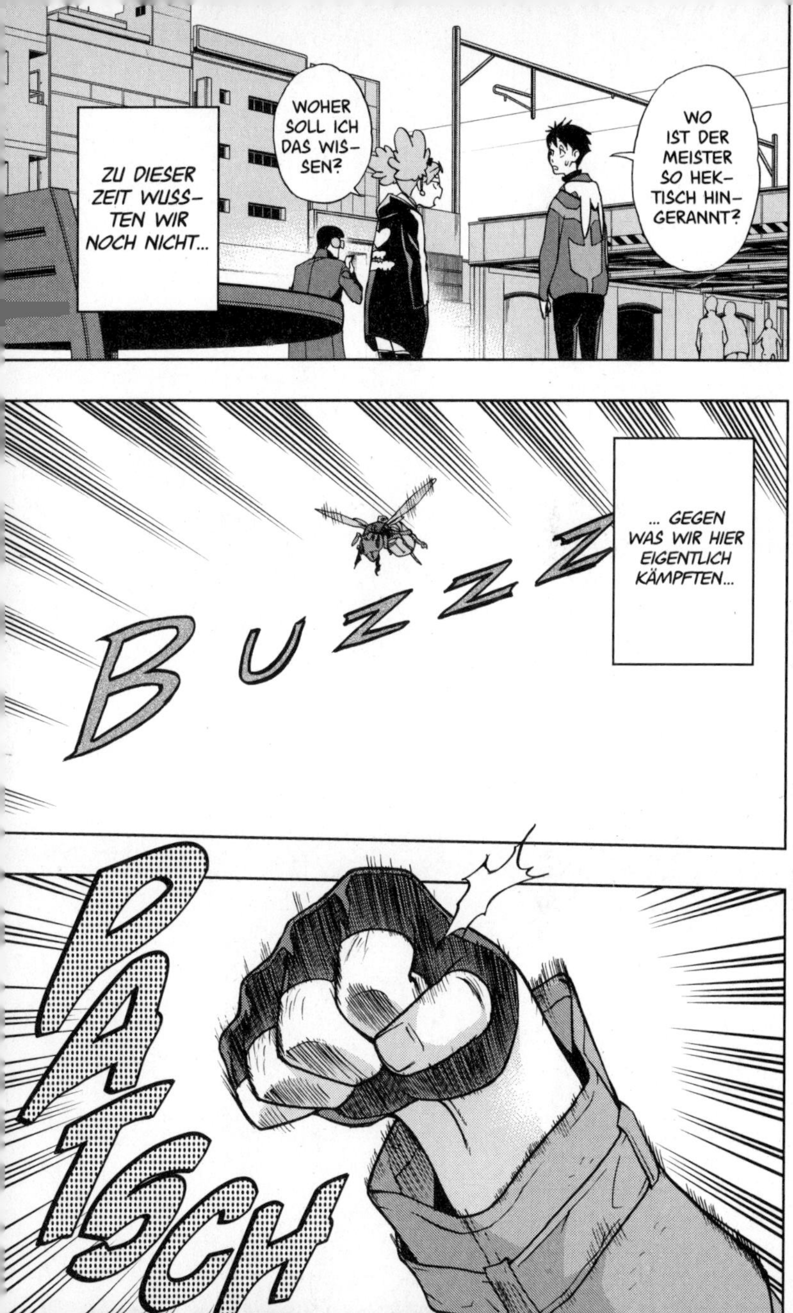
WO IST DER MEISTER SO HEKTISCH HINGERANNT?
WOHER SOLL ICH DAS WISSEN?
ZU DIESER ZEIT WUSSTEN WIR NOCH NICHT...
... GEGEN WAS WIR HIER EIGENTLICH KÄMPFTEN...
BUZZZZ
PATSCH

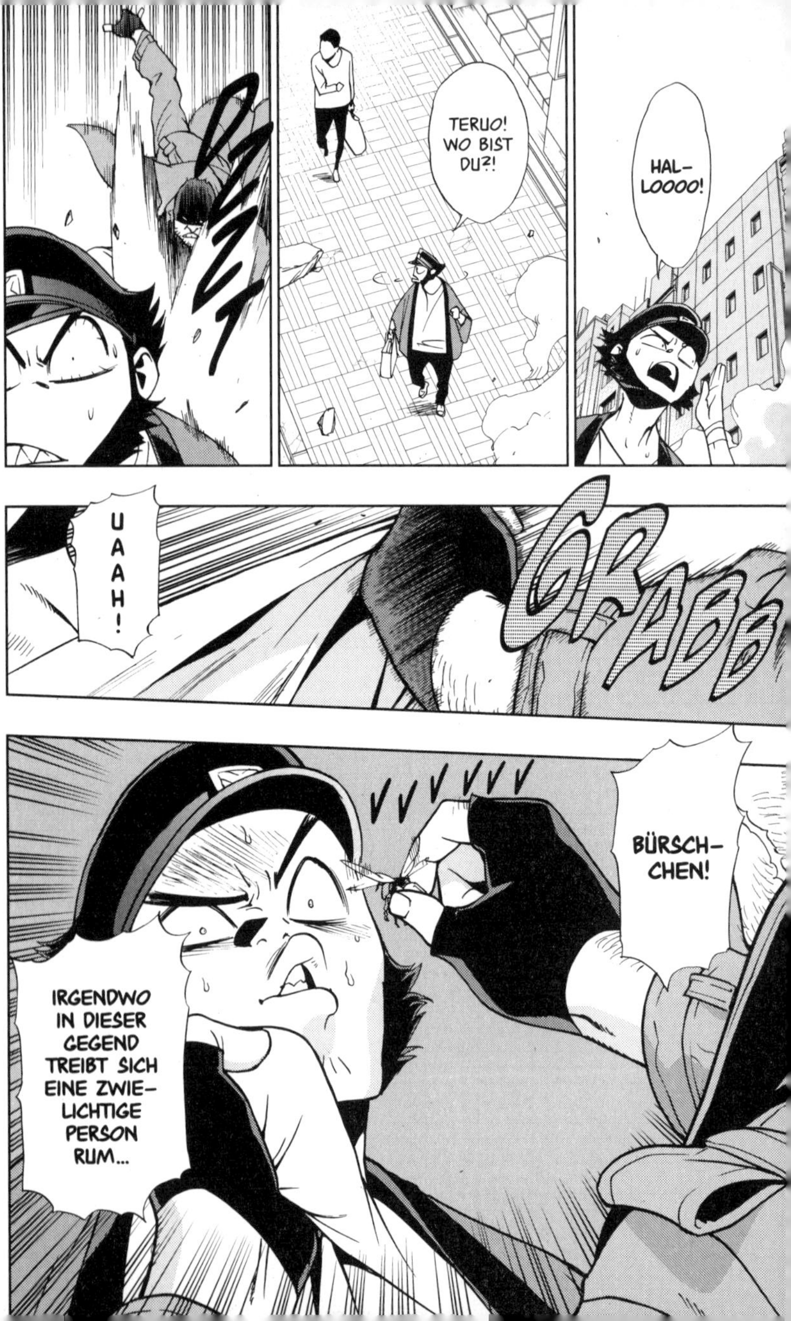
HAL-
LOOOO!
TERUO!
WO BIST
DU?!
GRABB
UAAAH!
BÜRSCH-
CHEN!
IRGENDWO
IN DIESER
GEGEND
TREIBT SICH
EINE ZWIE-
LICHTIGE
PERSON
RUM...

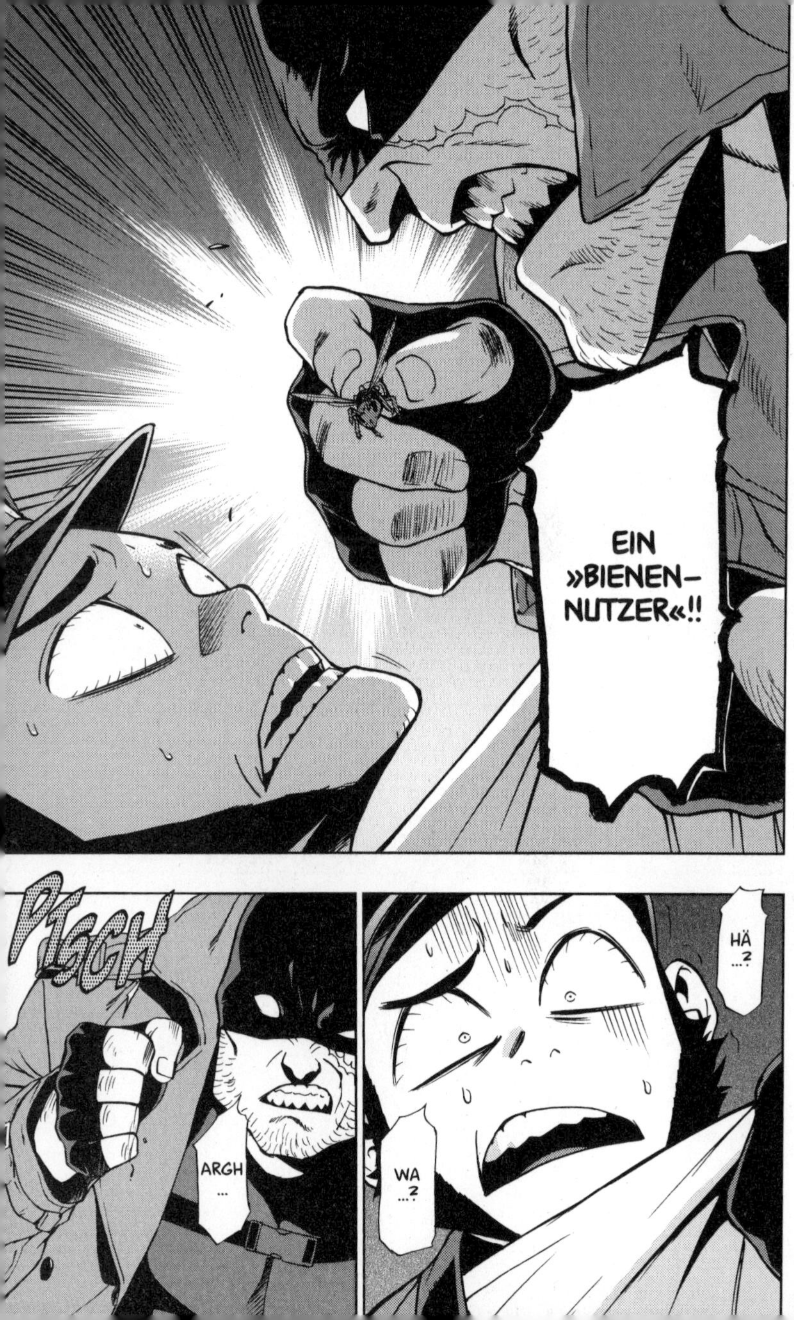
EIN »BIENEN-
NUTZER«!!
PISCH
HÄ ...?
WA ...?
ARGH ...

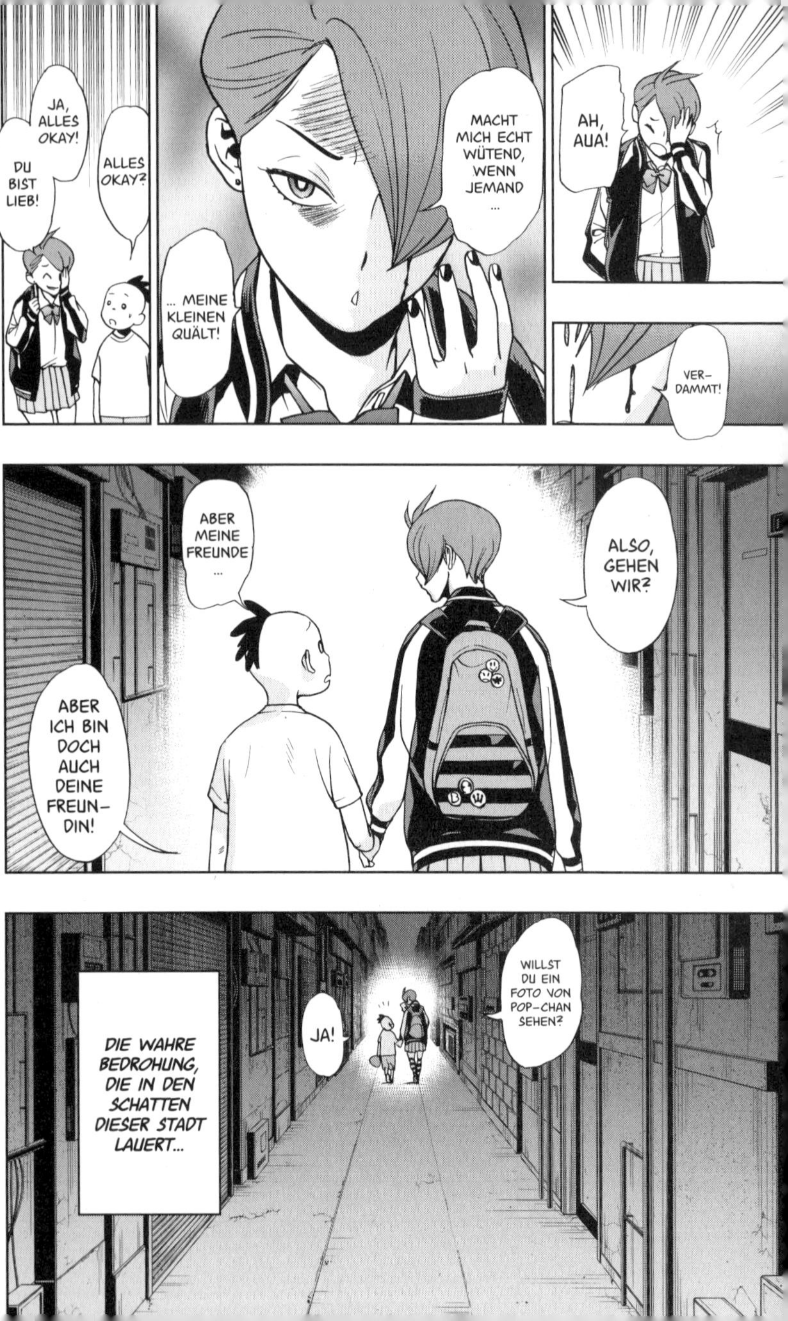
AH, AUA!
VER-DAMMT!
MACHT MICH ECHT WÜTEND, WENN JEMAND ...
... MEINE KLEINEN QUÄLT!
ALLES OKAY?
JA, ALLES OKAY!
DU BIST LIEB!
ALSO, GEHEN WIR?
ABER MEINE FREUNDE ...
ABER ICH BIN DOCH AUCH DEINE FREUN-DIN!
WILLST DU EIN FOTO VON POP-CHAN SEHEN?
JA!
DIE WAHRE BEDROHUNG, DIE IN DEN SCHATTEN DIESER STADT LAUERT...

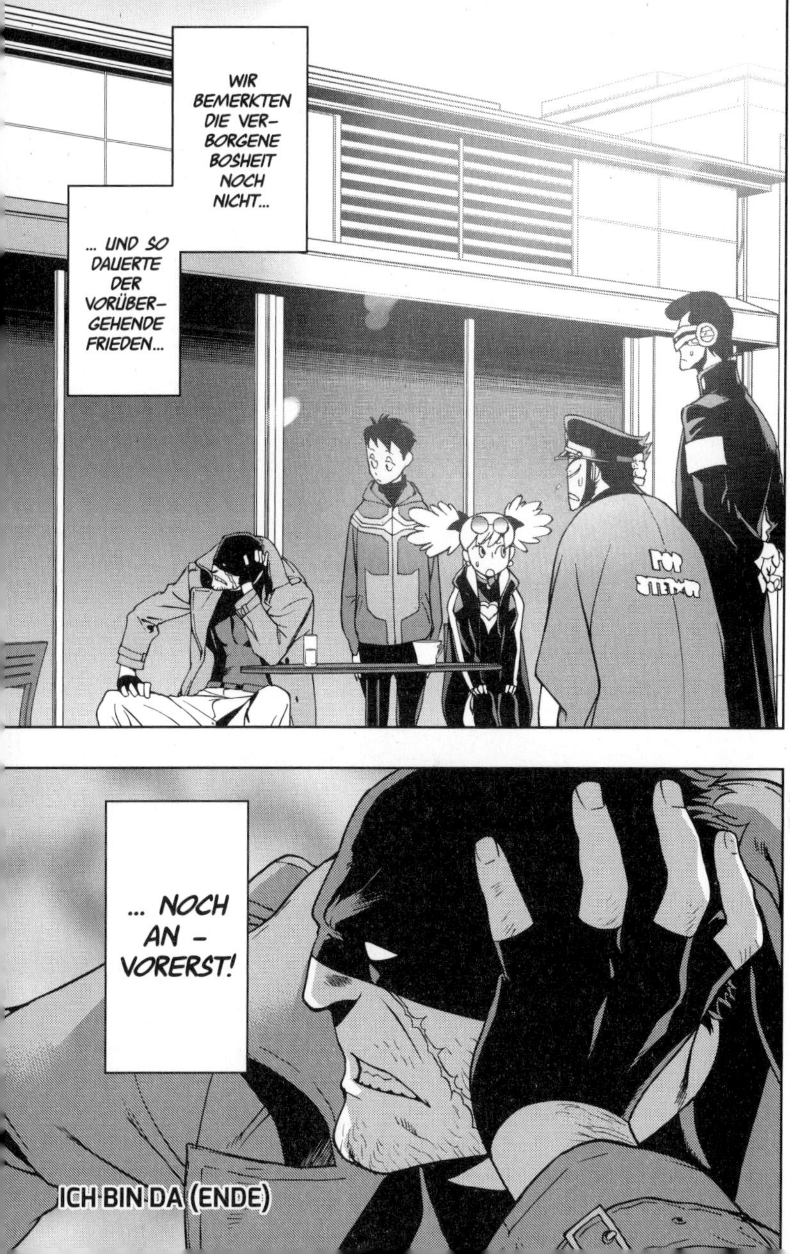
WIR BEMERKTEN DIE VERBORGENE BOSHEIT NOCH NICHT...
... UND SO DAUERTE DER VORÜBERGEHENDE FRIEDEN...
... NOCH AN – VORERST!
ICH BIN DA (ENDE)

Afterword

NACHWORT

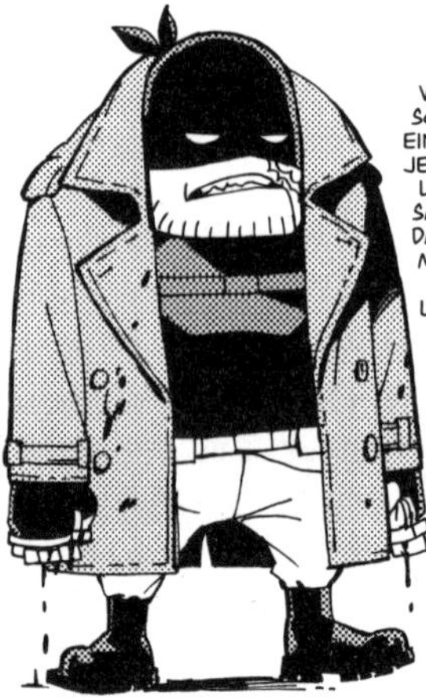

ICH BIN BETTEN. WARUM SOLL ICH'S VERSCHWEIGEN? ICH BIN AUCH EINER VON DENEN, DIE SICH JEDES MAL AUF DAS GROBLAYOUT VON FURUHASHI-SAN FREUEN, WOBEI DANN DAS GEFÜHL »UOOOH! DAS MÜSSEN DIE LEUTE UNBEDINGT SCHNELL LESEN!« UND DAS GEFÜHL »NUOOH! WER BITTE SOLL DAS IN BILDER UMSETZEN?!« MITEINANDER IM WETTSTREIT LIEGEN UND ICH MICH FÜHLE, ALS WÜRDE ICH GLEICH EXPLODIEREN UND MICH IN ALLE HIMMELSRICHTUNGEN VERSTREUEN.

SOLLTE ICH ES SCHAFFEN ZU ÜBERLEBEN, SEHEN WIR UNS IN BAND 2!!

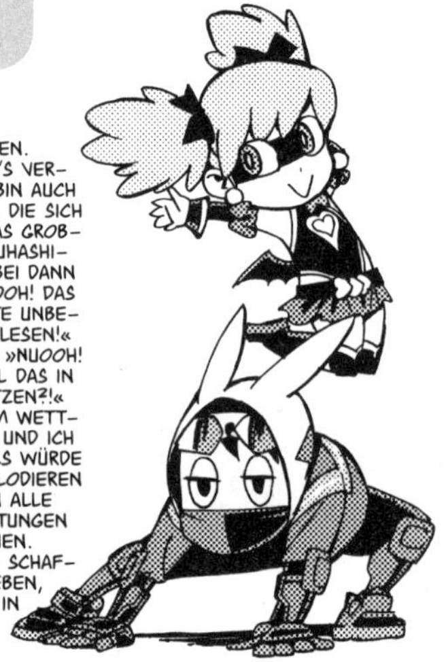

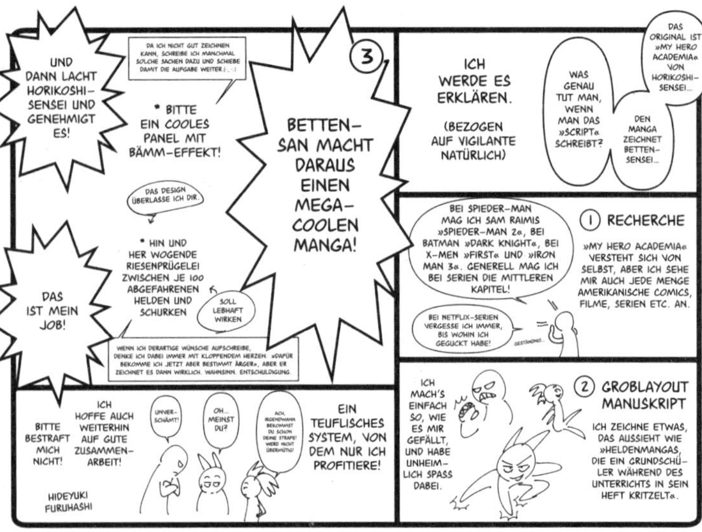

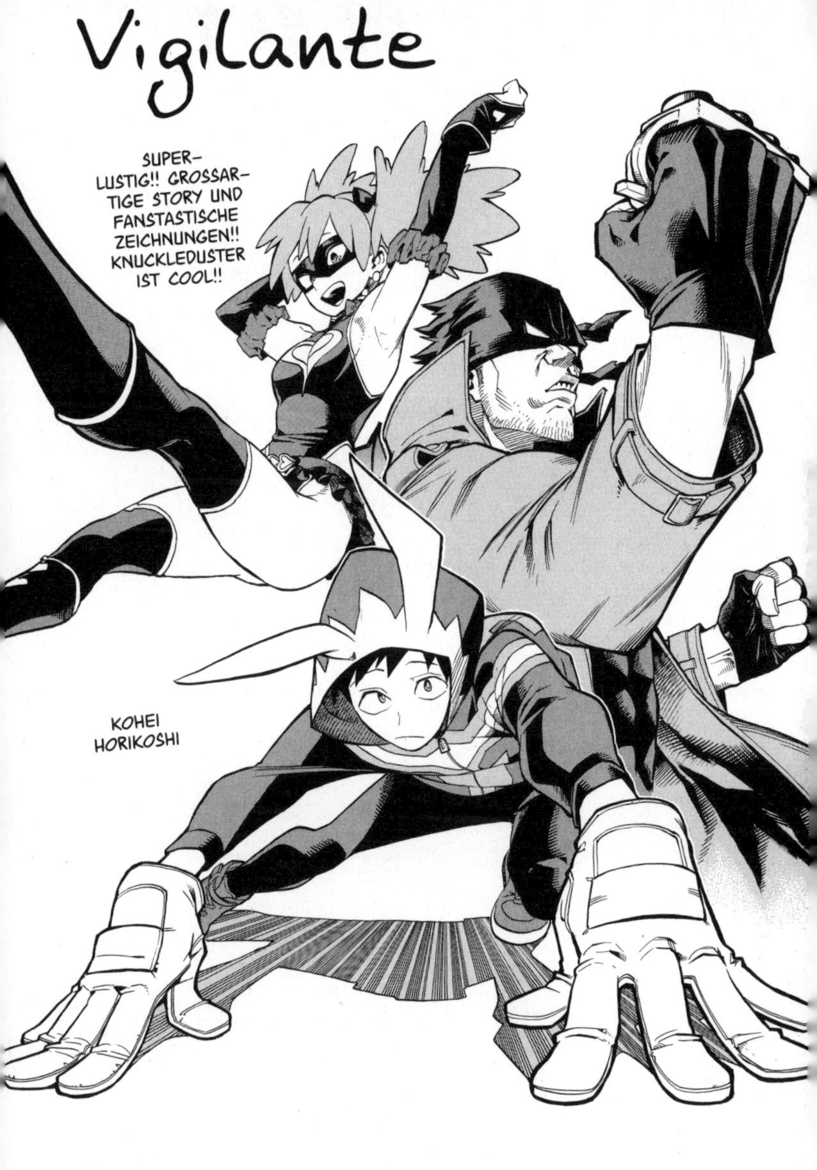

Message from HORIKOSHI

STOP!

VIGILANTE
MY HERO ACADEMIA ILLEGALS

ist eine japanische Serie, die originalgetreu von »hinten« nach »vorne« und von rechts nach links gelesen wird! Schlagt das Taschenbuch also »hinten« auf und blättert Seite für Seite nach »vorne« weiter!

Auch die Bilder und Sprechblasen auf jeder Seite werden von rechts oben nach links unten gelesen, wie es in der Grafik gezeigt wird! Let the battle begin!

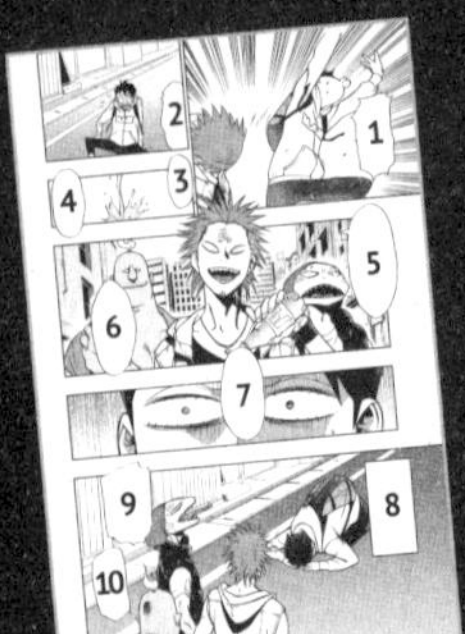

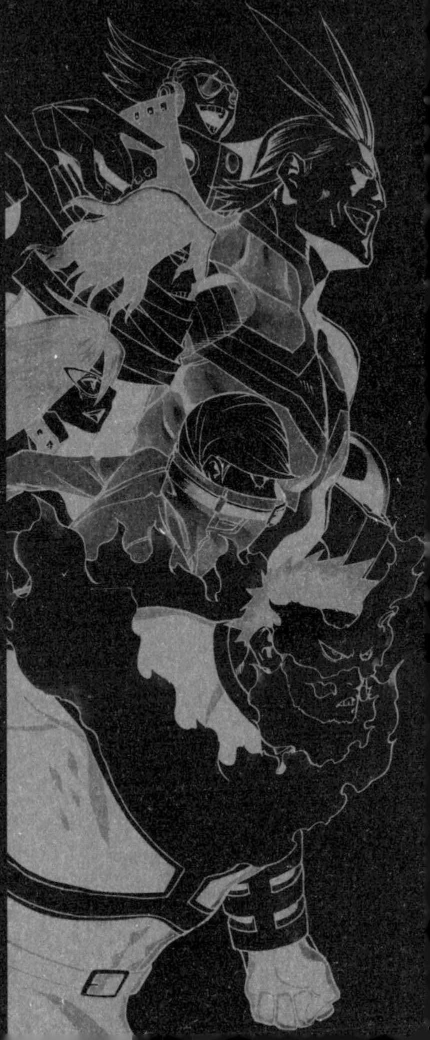